KB042327

유고(1870년~1873년)

디오니소스적 세계관 · 비극적 사유의 탄생 외

니 체 전 집
KGW III 2

3

유고(1870년~1873년)

디오니소스적 세계관 · 비극적 사유의 탄생 외

Nachgelassene Schriften 1870~1873

이진우 옮김

책세상

일러두기

1. 이 책은 독일에서 출간된 《니체전집Nietzsche Werke, Kritische Gesamtausgabe, vol. III 2(Walter de Gruyter Verlag, 1970)》을 완역했다.
2. 주요 인명은 처음 1회에 한하여 원어를 병기했다.
3. 내용의 출전을 밝힌 옮긴이주는 미주로 처리했다.
4. 본문과 미주에 나오는 단행본과 잡지, 음반은 《 》로, 논문, 단편, 시, 음악, 미술 작품은 〈 〉로, 인용문은 " "로, 강조 문구는 ' '로 표시했다. 단, 데그루이터 편집 방식을 존중하여 작품명이 아닌 경우에 〈 〉로 강조한 단어의 기호를 그대로 살렸다.
5. 니체 자필 원고에서 한 번 밑줄이 그어진 글자나 단어들은 고딕체로(원서에서는 자간을 벌려서), 그리스어를 독일어로 음차한 경우에는 이탤릭체로 구분하여 표기했다.
6. 이 책에 사용된 맞춤법과 외래어 표기는 1989년 3월 1일부터 시행된 〈한글 맞춤법 규정〉과 《문교부 편수자료》에 따랐다.

차례

그리스 비극에 관한 두 개의 공개강연

프리드리히 니체 박사

고전문헌학 정교수

1870년 바젤

첫번째 강연
그리스 음악 드라마

오늘날의 연극에서 우리는 그리스 연극예술에 대한 기억뿐만 아니라 여운을 발견할 수 있습니까. 아닙니다, 그것의 근본 형식들은 자연적으로 성장한 것이든 아니면 인위적으로 차용한 것이든, 헬레니즘의 땅에 뿌리를 내리고 있습니다. 단지 이름만 여러 차례 변하고 바뀌었을 뿐입니다. 이는 중세 음악이 여전히 그리스의 음계와 그리스 이름을 가지고 있었던 것과 유사합니다. 우리는 드라마 용어에서도 비슷한 혼란스런 현상과 마주치게 됩니다. 아테네 사람들이 '비극'으로 이해한 것을 우리는 기껏해야 '대(大) 오페라'라는 개념으로 서술합니다. 적어도 볼테르는 키리니Quirini 추기경에게 보낸 서한에서 이렇게 사용하고 있습니다. 이와 반대로 그리스 사람이 우리의 비극을 본다면 자신들의 비극과 일치하는 점을 거의 발견할 수 없을 것입니다. 그러나 그는 셰익스피어 비극의 전체 구성과 근본 성격이 이른바 그들의 신희극에서 차용되었다는 것만은 분명하게 인식할 수 있을 것입니다. 그런데 이 그리스 비극으로부터 오랜 세월에 걸쳐 발전해 나온 것이 바로 로마의 드라마, 로마–게르만의 신비극과 교훈적인 종교극, 그리고 끝으로 셰익스피어의 비극 등입니다. 마찬가지로 셰익스피어 무대의 외적인 형식이 아테네풍의 신희극과 계보상 친화관계에 있음을 간과해서는 안 됩니다. 여기서 물론 앞으로 진보하고 수천 년 동안 계속되어온 발전을 인정하는 사이에 아이스킬로스Aeschylus와 소포클레스Sophokles의 예술작품인 고대의 정통 비극이 현대 예술에 자의적으로 주입되었습니다. 우리가 오늘날 오페라라고 부르는 것은 고대 음악 드라마의 왜곡된 상이라고 할 수 있는데, 이것은 고대를 직접 모방함으로써 생겨났습니다. 자연적 충동의 무의식적 힘도 없이 추상적 이론에 따라 만들어진 오페라는 마치 인공적으로 만들어진 호문쿨루스처럼 현대 음악 발전의 요괴로 행세하고 있습니다. 17세기 초 오페라를 탄생시켰던 고상하고 교양 있는 피렌체 사람들에게는 여러 자료에서 입증되는 고대 음악의 영향력을 부활시키려는 분명한 의도가 있었습니다. 특이한 일입니다! 오페라에 관한 첫 생각이 효과를 얻으려는 의도였으니. 민중의 삶에서 성장한 무의식적 예술의 뿌리들은 이러한 실험으로 인해 끊어지거나 적어도 심하게 망가졌습니다. 그래서 프랑스에서는 민중적 드라마가 소위 고전 비극에게 밀려났습니다. 다시 말해 현학적인 방식으로 생겨난 비극에게 밀려났는데, 이것은 어떤 혼합물도 없이 비극적인 것의 정수를 포함해야 했습니다. 독일에서도 드라마의 자연적 뿌리인 사육제극은 종교개혁 이후 파괴되었습니다. 그 후 민족적 형식의 새로운 창조는 시도조차 되지 않았습니다. 오히려 그 반대로 기존의 외국 표본에 따라 사유되고 만들어졌습니다. 현대 예술의 발전에서 학식, 의식적 지식과 박학은 실제적인 장애물입니다. 예술의 왕국에서 모든 성장과 형성은 깊은 밤중에 이루어져야 하는 것입니다. 그리스 음악의 건전하고 지속적인 발전은 이론과 실천에서 학식으로 고대에 접근하고자 했던 초기 중세에 갑자기 가장 강력하게 저지되고 방해받게 되었다는 사실을 음악사가 우리에게 가르쳐줍니다. 그 결과 취향은 믿을 수 없을 정도로 위축되었습니다. 표면상의 전승과 자연적인 청력 사이의 지속적인 모순 속에서 사람들은 음악을 더 이상 귀를 위해서가 아니라 눈을 위해 작곡하게 되었습니다. 눈은 작곡가가 가진 숙련된 대위법 솜씨에 대해 경탄해야만 했습니다. 눈은 음악의 표현력을 인정해야만 했습니다. 어떻게 이 일을 실행해야 했을까요? 사람들은 텍스트에서 말하고 있는 사물들의 색깔로 악보를 칠했습니다. 식물, 들판, 포도 동산이면 초록색으로, 태양과 빛이 언급되면 자색(紫色)으로 칠했습니다. 이것은 문학 음악이고 읽는 음악이었습니다. 여기에서는 명명백백한 부조리로 여겨지는 것이 내가 말하고자 하는 영역에서는 소수의 사람들만 그렇게 생각할 뿐입니다. 우리에게 유명한 아이스킬로스와 소포클레스는 단지 책의 저자, 가극 각본 작가로만 알려져 있다는 점, 다시 말해서 내가 주장하는 바는 그들이 우리에게 알려져 있지 않다는 것입니다. 우리가 음악의 영역에서는 읽는 음악이라는 교양 있는 그림자극의 단계를 이미 오래전에 넘어섰지만, 시의 영역에서는 책 창작의 부지언스러 음만이 너무 지배적이어서 우리가 얼마나 핀다로스Pindar, 아이스킬로스와 소포클레스에 대해 부당할 수밖에 없으며 또 우리가 무엇 때문에 그들을 알지 못하는가를 말하려면 사려와 분별이 필요합니다. 만약 우리가 그들을 작가라고 칭한다면, 바로 책 창작자의 의미로 말하는 것입니다. 그럼으로써 우리는 그들의 본질을 통찰할 수 있는 모든 길을 잃어버립니다. 우리가 환상으로 가득 찬 강렬한 시간에 오페라를 고대 음악 드라마의 관념이 해명될 수 있을 정도로 이상화하여 우리 영혼 속에 그려볼 때에만, 그들의 본질이 분명히 이해됩니다. 왜냐하면 소위 대오페라에서 모든 관계가 왜곡된 것만큼이나 오페라는 우리를 분산시키는 오락의 산물이기 때문입니다. 그것은 집중의 산물이 아닌 까닭에 나쁜 압운의 너절한 시구와 품위 없는 음악의 노예입니다. 여기서 벌어지는 모든 일이 아무리 기만적이고 뻔뻔스럽다 하더라도 소포클레스에 관해 분명하게 알 수 있는 길은 이 캐리커처로부터 원본을 추론해내고 또 감동의 순간에 은폐되고 왜곡되었을 법한 모든 것을 미리 감안하는 방법뿐입니다. 이런 종류의 환상은 신중하게 검토되어, 그 한 부분 한 부분을 고대의 전통과 대조해야만 합니다. 이렇게 할 경우 우리는 고대 그리스의 작품을 지나치게 그리스화하지 않을 수 있고, 또 세상 어느 곳에도 속하지 않는 무국적 예술작품을 상상하는 우를 범하지 않을 수 있습니다. 이는 사소한 위험이 아닙니다. 이상적인 조형물은 모두 무색이어야 하고 고대의 조각에서는 색채 사용이 허용되지 않았습니다. 이는 바로 얼마 전까지만 해도 절대적으로 통용되던 예술 원리였습니다. 아주 서서히, 그리고 지나치게 그리스적인 그리스인들의 격렬한 저항 덕분에 고대 조형물을 여러 색으로 바라볼 수 있는 길이 열렸던 것입니다. 즉 고대의 조각은 나신이 아니라 그 위에 유채색의 겉옷을 걸치고 있었다는 것입니다. 이와 유사하게, 두 가지 또는 여러 예술 장르들의 결합은 미학적 쾌락을 상승시킬 수 없으며 오히려 그것은 야만적 취향의 탈선이라는 미학적 명제가 일반적으로 사랑받고 있습니다. 그러나 이 명제는 기껏해야 우리가 이제 더 이상 전인으로서 즐길 수 없다는 그릇된 근대적 습관을 입증할 뿐입니다. 우리는 절대적인 예술들로 말미암아 조각조각 찢어진 인간이고, 조각들로서 즐기는 인간인 것입니다. 때로는 청각적 인간으로, 때로는 시각적 인간으로. 이에 반해 우리는 고대의 드라마를 총체적 예술로 생각하는 저 영민한 안젤름 포이어바흐 A. Feuerbach와 유사한 입장을 취합니다. 그는 이렇게 말합니다. "좀더 본질적인 친화력을 고려해볼 때 개별적인 예술들이 드디어 불가분의 전체로, 하나의 새로운 예술 형식으로 다시 융해한다는 것은 전혀 놀랄 일이 아니다. 올림픽 게임은 분열해 있던 그리스 종족들에게 정치적, 종교적 통일을 가져다주었다. 극적인 축제는 그리스 예술들의 재통합을 축하하는 축제와 흡사하다. 이것의 전범은 이미 경건한 군중들 앞에 발현하는 신을 춤과 노래로 찬미하는 사원의 축제 속에 들어 있었다. 건축은 그곳에서처럼 여기에서도 좀더 고귀한 시 영역을 눈에 보이게 현실과 차단시키는 울타리요 토대가 되었다. 화가가 무대장치에 열중하고 있는 모습이 보인다. 화려한 색채 유희의 온갖 매력이 휘황찬란한 무대의상 속에 펼쳐지고 있다. 시예술은 전체의 영혼을 장악했다. 그러나 이 시예술도, 예컨대 사원의 제사에서 사용되는 찬가와 같은 개별적인 시 형식으로서가 아니다. 그리스의 드라마에 중요한 신사와 다릭힌 친시 또는 행위하는 인물들의 이야기들이 우리를 서사 속으로 돌려보낸다. 서정적 운문은 정열적인 장면이나 합창 속에 자리를 차지하고 있는데, 감정적으로, 낭송과 합창, 플루트 연주와 발로 박자를 맞춘 춤에서도 완성을 의미하는 순환고리는 아직 완전히 채워지지 않았다. 운문이 드라마의 가장 내밀한 근본요소라면, 이 새로운 형식의 드라마에서는 조형미술이 운문에 맞서고 있다." 이상이 포이어바흐가 말한 내용입니다. 이런 예술작품을 대하면서 전체 인간으로 그것을 즐기는 법을 배워야 한다는 것은 분명합니다. 반면 우려해야 할 점은 이런 종류의 작품 앞에서도 그것을 습득한답시고 조각조각 분해할지도 모른다는 것입니다. 우리 중 어느 한 사람이 순간이동을 해서 눈 깜짝할 사이 아테네의 축제 공연장에 가 있게 된다면, 그가 받는 첫인상은 낯설고 야만적일 것이라고 나는 믿습니다. 그것도 여러 이유에서 말입니다. 대낮의 태양 빛 아래에서, 저녁과 등불의 은밀한 비밀 효과도 없이 눈부신 현실 아래에 인파가 운집한 광활한 야외 공간을 보게
5 될 것입니다. 모든 시선은 저 아래 무대 위에서 멋있게 움직이고 있는 한 무리의 가면 쓴 남자들과 사람보다 더 큰 인형들에게 향해 있습니다. 이들은 길고 좁은 무대에서 느릿느릿 이리저리 걸어다니고 있습니다. 뒤창이 두꺼운 반장화를 신은 높은 의족 위에 서서, 머리를 덮는 거대한, 진한 색칠을 한 가면을 얼굴에 쓰고, 가슴과 몸, 팔
10 과 다리 속에는 부자연스러울 정도로 속을 넣어 부풀게 만들어서 움직이기도 힘든 질질 끌리는 긴 자락의 옷과 화려한 머리 장식의 무게에 짓눌린 존재를 인형이라 부를 수밖에 없기 때문입니다. 2만 여 명의 청중들이 알아들으려면, 이 형상들은 넓게 구멍낸 입을 통해 우렁찬 목소리로 말하고 노래해야만 합니다. 참으로 마라톤 경
15 기에 비견할 만한 영웅적 과업입니다. 그런데 배우겸 가수인 이들 개개인은 열 시간의 긴장 속에 1,600개의 시구를 말해야 하는데, 적어도 여섯 개의 크고 작은 성악곡이 거기 포함되어 있다는 말을 들으면, 우리의 입은 더욱 벌어지게 됩니다. 더군다나 그것도 과장된 음, 부정확한 발음이 하나라도 있으면 가차없이 비난하는 그런 청
20 중 앞에서 말입니다. 레싱의 표현에 따르면 아테네에서는 천민조차 세련되고 우아한 판단력을 갖추었다고 하지 않습니까. 어떤 집중력과 연습이 필요하며, 얼마나 오랜 기간 준비해야 하고, 이 예술적 과제를 이해하기 위해 얼마나 많은 열정과 노력을 쏟아 부어야 했는가! 간단히 말해 얼마나 이상적인 연극인의 정신인가! 여기에서

는 가장 고귀한 시민들에게 이런 과제가 부여되었으며, 설령 실패해도 마라톤 선수는 체면이 상하는 것은 아니며 무대의상을 걸치고 일상적인 인간상의 초월을 연기하는 배우는 자신의 내면에서 비약을 느낍니다. 이런 비약 속에서 아이스킬로스의 열정적이고 육중한 말은 그에게 너무나 자연스러운 언어가 될 수밖에 없습니다.

배우와 마찬가지로 청중도 숙연히 귀를 기울입니다. 오랜 염원이었던 탈일상적 축제 분위기가 그들 가운데 퍼져나갑니다. 권태로부터의 도피, 어떤 대가를 치르고서라도 자신과 자신의 비참한 신세를 단 몇 시간만이라도 잊어버리겠다는 열의가 저 사람들을 극장으로 내몬 것은 아닙니다. 그리스인은 그에게 익숙한, 그에게 위안을 주는 공론 영역, 즉 시장과 거리, 법정에서의 삶에서 벗어나 조용한 분위기의, 사람들을 끌어 모으는 그런 장엄한 연극 줄거리 속으로 빠져들어갑니다. 이들은 옛 독일인들, 자신의 내적 실존의 순환고리를 힘빈 멀단히면, 오락을 간접히 원하지만, 법정에서 오 ㄱ가는 설전에서 정말 유쾌한 오락을 발견하는 그런 독일인들과 같지 않습니다. 따라서 이런 설전이 독일 연극의 형식과 분위기를 결정합니다. 이와는 달리 성대한 주신제에서 벌어지는 비극을 구경하러 오는 아테네인들의 영혼은 비극을 탄생시킨 그런 요소들을 일면 지니고 있습니다. 그것은 바로 강력하게 솟구치는 봄의 충동, 모든 순박한 민족과 자연 전체가 봄이 다가올 때면 저절로 느끼게 되는 감정, 광란과 질주가 뒤섞인 감정입니다. 주지하다시피 우리의 사육제나 가면무언극도 원래는 그런 봄의 축제였는데, 종교적 동기에서 그 생성 연대가 약간 뒤로 밀렸을 뿐입니다. 여기에서는 모든 것이 깊숙한 본능에서 나옵니다. 고대 그리스의 주신제에서 볼 수 있던 엄청나게 긴 행렬은 중세의 세인트 존 축제나 세인트 바이트 축제에서 춤추고 노래하고 뛰면서 이 도시 저 도시로 몰려다니던, 무도병 걸린 춤꾼들과 흡사합니다. 오늘날의 의학은 그런 현상을 중세의 전염병이라고 진단할 수도 있습니다. 우리는 단지 고대 드라마가 그런 전염병으로부터 활짝 꽃피었으며, 현대 예술의 불행은 그것이 비밀스러운 원천으로부터 솟아나지 않았다는 점이라는 사실을 확인하고자 할 뿐입니다. 초창기 드라마에서 거칠게 날뛰는 군중들이 사티로스와 시레누스로 분장하고 얼굴에는 검댕이와 연단 그리고 다른 약초의 즙을 칠하고, 화환을 머리에 얹고 숲과 들판을 떠돌아다녔다면, 그것은 방자함도 자의적인 방종도 아닙니다. 전능한, 너무나 갑자기 자신의 존재를 만천하에 공포한 봄의 영향으로 삶의 활력이 넘쳐흘러 황홀경에 빠지게 되고 자신이 마법에 걸렸다는 믿음과 환각 현상들이 도처에서 나타나게 되는 것입니다. 그리고 이런 집단적인 환각에 빠진 사람들이 떼지어 전국을 돌아다니는 것입니다. 바로 이곳이 드라마의 요람입니다. 드라마는 어떤 사람이 복면을 하고 다른 사람을 속이려 할 때 시작하는 것이 아니기 때문입니다. 그렇지 않습니다. 오히려 한 사람이 무아지경에 빠져 자신이 변신했다고, 마법에 걸렸다고 믿으면서 시작됩니다. '무아지경', 망아의 상태에서는 단 한 걸음만 떼면 됩니다. 우리는 자신으로 되돌아오는 것이 아니라 다른 존재가 됨으로써 스스로 마법에 걸린 사람처럼 행동하는 것입니다. 연극을 관람하면서 우리가 느끼는 깊은 놀라움은 결국 여기에서 기원합니다. 우리가 딛고 서 있는 토대가 흔들리고 개인의 불용해성과 견고성에 대한 믿음 역시 흔들립니다. 주신제의 군중들이 자신의 변신을 믿었듯이, 한여름밤 꿈의 조각과는 정반대로 드라마 작가는 자신이 창조한 인물들의 실재성을 믿습니다. 이런 믿음이 없는 사람은 티르수스Thyrsus 애호가는 될 수 있을지언정 디오니소스의 진정한 하인, 바쿠스는 될 수 없습니다.

　이런 주신제에 있는 자연적 삶의 흔적은 아테네풍 연극의 전성기에는 여전히 청자의 영혼 속에 들어 있었습니다. 이들은 저녁마다 혹사당하고 지친 감각을 가지고 극장에 와서 감동을 느끼고자 하는 나태하고 권태로운 정기 회원들이 아닙니다. 현대 연극계를 옥죄는 정신병자용 가죽조끼라 할 수 있는 이런 청중들과는 반대로 아테네의 관중들이 극장 계단에 앉을 때, 그들은 이른 아침의 신선한, 축제의 감흥에 들뜬 감각을 가지고 있습니다. 아무리 단순한 것도 그들에게는 아직 단순한 것이 아니었습니다. 그의 미학적 지식은 연극이 열렸던 과거의 행복했던 날들에 대한 기억들에서 나오며, 자기 민족의 연극적 천재성에 대한 신뢰는 끝이 없습니다. 그러나 가장 중요한 점은 비극의 음료를 마실 수 있는 기회가 너무 드물어 그는 매번 처음 맛본 때처럼 그렇게 즐긴다는 것입니다. 이런 의미에서 나는 천장 벽화와 채색 돔에 찬성표를 던진, 현재 생존하는 가장 훌륭한 건축가의 말을 인용하고자 합니다. "가장 가까이 있는 것들과 통속적이고 직접적인 접촉에서 벗어나고 인간의 익숙한 시선에서 빗겨서는 것보다 예술작품에 더 유익한 일은 없다. 편안하게 보는 것에 길들여짐으로써 시신경은 너무나 둔해져서 그는 자극과 색과 형태의 관계를 마치 베일 뒤에서 인식하는 것처럼 인식한다." 이와 유사한 주장을 드문 연극 관람에도 적용할 수 있으리라 생각됩니다. 예사롭지 않은 태도와 감정으로 관람한다는 것은 회화와 연극에도 득이 될 것입니다. 그러나 그렇다고 고대 로마의 관습처럼 극장에서 서서 관람하라고 권하는 것은 아닙니다.

　우리는 이제까지 배우와 관중들만을 고찰했습니다. 세 번째로 이제 시인들을 생각해봅시다. 여기서 나는 시인의 의미를 그리스인들이 이 단어를 이해했던 것처럼 넓은 뜻으로 사용했습니다. 그리스 비극작가들이 새로운 예술에 미친 무한한 영향은 단지 가극 대본작가로서만 국한된다는 것은 맞는 말입니다. 그러나 그게 정말이라면, 아이스킬로스의 삼부작은 아테네의 관중들, 관객과 시인들과 함께 틀림없이 우리에게 파괴적인 영향을 미쳤을 것이라고 나는 확신합니다. 왜냐하면 그것은 예술가를 완벽하고 조화로운 모습으로 보여줄 것이며, 그에 비해 우리의 위대한 시인들은, 시작은 멋지게 했지만 미완성인 조각상 같은 모습을 하고 있을 것이기 때문입니다.

　고대 그리스에서 극작가에게는 되도록 어려운 과제가 주어졌습니다. 우리의 극작가들이 소재 선택에서, 또 배우의 숫자나 그 밖의 사소한 문제들에서 누리고 있는 자유를 아테네의 예술비평가들은 방종이라고 여겼을 것입니다. 그리스 예술 전체에 통용되는 자랑스러운 법칙은 가장 힘든 과제만이 자유인을 위한 과제라는 것입니다. 따라서 조형예술작품의 권위와 명성은 그 작업이 얼마나 고난도의 기술을 요하며, 사용된 재료가 얼마나 딱딱한가에 달려 있었습니다. 극작가로서 명성을 얻는 길을 평탄치 않게 했던 어려운 과제들은 배우의 제한된 수, 합창 이용, 제한된 신화의 범위, 그리고 무엇보다 저 5종 경기자의 미덕, 즉 시인과 음악가로서, 무도가와 연출가로서 그리고 마지막으로 배우로서 반드시 재능이 있어야만 한다는 것이었습니다. 그것은 우리의 극작가들에게는 항상 구원의 닻이었고, 소재가 새롭고 흥미로운 것은 그들이 그것을 스스로 선택했기 때문이었습니다. 그들은 새로운 이야기를 절정까지, 즉 긴장이 최고조에 달했을 때까지만 이어가면, 끝날 때까지 아무도 자리를 뜨지 않을 거라고 확신하던 이탈리아의 즉흥시인들처럼 생각했습니다. 흥미로운 내용의 매력으로 관객을 마지막까지 붙들어둔다는 것은 그리스 비극에서는 들어보지도 못한 이야기입니다. 명작의 소재는 이미 알고 있는 것들이고 그 서사 형식과 서정적 형식 또한 관객들에게는 어린 시절부터 낯익은 것들입니다. 진정한 관심을 유발한다는 것만도 이미 오레스테스와 오이디푸스에게는 영웅적 행위였습니다. 그러나 이런 관심을 일깨우는 데 반드시 필요한 수단은 얼마나 제한되어 있고 얼마나 한정되어 있었던가! 여기에서 제1차 고려 대상은 합창단입니다. 합창단은 고대 시인들에게나 프랑스 비극작가들에게 마찬가지로 중요했던 사람들인데, 그들은 무대 양측에 앉아, 무대를 일종의 제후의 대기실로 변화시켰습니다. 프랑스의 비극작가는 함께 공연하지 않으면서도 함께 공연한다고 할 수 있는 이 기이한 '합창단'을 위해 무대장치를 변경할 수 없었고, 무대 위에서의 언어와 동작을 그들에게 맞추어 변화시켜야 하지 않았습니까! 이렇게 고대의 합창은 연극의 전체 줄거리를 위해 줄거리의 공공성, 비극 행위의 장소로서 야외 공연장을 요구합니다. 이것은 무모한 요구입니다. 왜냐하면 비극적 행위와 이를 위한 준비는 보통 대로에서 일어나는 법이 없으며, 은밀한 장소에서 몰래 꾸며지기 때문입니다. 모든 것을 공공연히, 모든 일을 밝은 빛 아래에서, 합창단 앞에서 진행한다는 것―그것은 잔인한 요구입니다. 물론 사람들이 어느 때인지는 몰라도 미학적으로 꼬투리 잡을 심산으로 이를 요구했다는 말은 아닙니다. 오히려 연극이 장구한 세월 발전해오면서 이 단계에 이르게 되었으며, 유능한 천재가 풀어야 마땅할 어려운 과제가 바로 여기 있음을 사람들이 본능적으로 알고 이 단계에 머물렀다는 것이 더 타당할 것입니다. 주지하다시피 원래 비극은 대합창이었습니다. 이러한 역사적 인식은 저 멋진 문제를 풀 수 있는 단서를 제공해줍니다. 전성기에도 고대 비극의 주요 효과 및 전체 효과는 항상 합창에 근거하고 있었습니다. 합창은 가장 우선적으로 고려되어야 할, 무시해서는 안 될 요소였습니다. 대략 아이스킬로스에서 에우리피데스에 이르는 연극의 단계는 합창이 전체의 구색을 맞추는 것에 불과할 정도로 중요성이 줄어들었던 시기였습니다. 한 걸음만 앞으로 나가면, 장면이 무도극을 지배하고 식민지가 본국 수도를 지배할 지경이었습니다. 무대 인물들의 토론과 그들의 독창이 전면에 나서서 이제까지 유효했던 합창음악적인 전체 인상을 압도했습니다. 이 걸음은 내디뎌졌고, 그들의 동시대인인 아리스토텔레스는 이것을 유명한, 혼란스러운, 아이스킬로스 연극의 본질과 전혀 부합하지 않는 정의 속에 고정시켰습니다.

하나의 극작품을 고안할 때 가장 먼저 생각해야 할 일은 등장인물들과 밀접하게 연관된 한 무리의 남자들과 여자들을 만들어내야 하는 일입니다. 그 다음 서정적이고 음악적인 대중의 정서를 폭발적으로 분출시킬 수 있는 동기들을 찾아야만 합니다. 시인은 합창단으로부터 무대 인물들 그리고 아테네의 관객들을 볼 수 있었습니다. 가극대본 작가들만 가진 우리들은 무대로부터 합창단을 바라봅니다. 아테네 관중의 의미는 하나의 비유로는 제대로 설명할 수 없습니다. 슐레겔이 이 관객을 "이상적인 관중"이라 했다면, 이것은 시인 합창단이 사건을 파악하는 방식에서 동시에 관중이 이 사건을 어떻게 파악했으면 좋겠다는 자신의 희망사항을 암시하는 것 이상의 의미는 없습니다. 그러나 이로써 단 하나의 측면이 강조되었을 뿐입니다. 무엇보다 중요한 것은 영웅을 연기하는 배우가 마치 확성기를 통하듯 합창단을 통해 엄청나게 증폭된 감정으로 관중에게 다가갈 수 있다는 점입니다. 여러 사람들이 모여 있지만, 합창단은 음악적으로 대중이 아니라, 초자연적인 폐를 가진 거대한 개인인 것입니다. 그리스인들의 이 동일 음unison의 합창음악 속에 ─ 멜로디가 질식하여 나중에 다시 발견되어야 할 정도로 조화, 다수의 상징이 오랫동안 너무나 지배적이었던 기독교 음악의 발전 과정과는 정반대로 ─ 어떤 윤리적 사상이 들어 있는가를 언급하는 것은 시의 적절하지 않습니다. 합창단은 비극 속에 나타나는 시인의 환상을 규정하는 것입니다. 즉 장엄한 안단테의 종교적 공무는 시인의 넘처흐르는 원기 발랄한 창의력에 제약을 가합니다. 반면 이런 세악이 없을뿐더러 환상적 사실주의에 바탕을 둔 영국의 비극은 훨씬 더 격렬하고 도취적이지만, 베토벤 식의 알레그로처럼 실제로 더 비장한 체합니다. 합창이 서정적이고 장중한 선언의 기회를 여러 번 가진다는 것은 고대 연극의 경제에서 가장 중요한 명제입니다. 그러나 이는 가장 짧은 전설 한 마디로도 쉽게 이룰 수 있는 일입니다. 그러므로 꼬이고 얽힌 것들, 음모와 술수들, 인위적으로 근사하게 결합되어 있는 것들, 간단히 말한다면 근대 비극의 성격을 규정 짓는 모든 요소가 여기에는 없습니다. 고대의 음악연극에는 계산하고 고려해야만 할 것은 없습니다. 신화의 어떤 영웅들이 아무리 교활하다 해도 그는 단순하고 정직한 면모 또한 지니고 있습니다. 한

번도, 에우리피데스에게서조차 연극의 본질이 체스 게임의 본질로 변형된 적은 없습니다. 반면 체스 게임 같은 요소가 이른바 근대 희극의 특징이 되어버리긴 했지만 말입니다. 따라서 고대의 어떤 연극들은 그 단순한 구조를 두고 보면 우리 비극들의 단 하나의 장, 대개는 빠른 속도로 파국으로 치닫는 5장과 유사합니다. 프랑스의 고전 비극은 그 전범인 그리스의 음악극을 단지 가극 대본으로만 알았기 때문에, 또 합창이 도입되자 당황하면서 아주 새로운 요소를 수용했습니다. 그것도 단지 호라티우스 Horaz 가 정한 5장을 완성하기 위해서. 이 바닥짐, 그것 없이 저 예술 형식이 감히 바다로 나아갈 수 없는 그런 바닥짐의 역할을 바로 술수가 했던 것입니다. 다시 말하면 그것은 오성이 풀어야 할 수수께끼였고 소인배들의 놀이터로서 근본적으로 비극적이지 않은 열정이었습니다. 이로 인해 프랑스 비극의 성격은 새로운 아테네 희극의 성격에 현저하게 근접했습니다. 이와 비교해 옛 비극은 줄거리와 긴장의 측면에서 빈약합니다. 심지어 비극의 초기 발달 단계에서 중심은 줄거리, 즉 드라마 drama가 아니라 고통, 즉 파토스 pathos 에 놓여 있었다고 주장할 수도 있습니다. 줄거리는 대화가 생겨나자 거기에 첨가되었습니다. 실제의 진지한 행동은 연극의 전성기에 공개된 장면으로 연출되지 않았습니다. 비극이 원래 객관적인 서정시와 다른 점은 그것이 특정한 신화적 존재의 상태에서, 그 존재의 의상을 입고 부르는 노래였다는 것입니다. 우선 사티로스와 실레노스로 분장한 남성들로 구성된 주신 송가 합창단이 무엇 때문에 자신들이 그토록 흥분하고 있는지를 설명해야만 합니다. 그는 관중들이 쉽게 이해할 수 있는, 투쟁과 고통으로 얼룩진 디오니소스 개인사의 한 단락을 암시합니다. 나중에는 신이 직접 등장하는데, 이는 두 가지를 노리고 있었습니다. 우선 지금 자신이 겪고 있는 그런 모험담을 개인적으로 이야기하면서 이를 통해 자신의 추종자들의 활발한 관심을 불러일으킬 목적이었습니다. 다른 한편 디오니소스는 저 열정적인 합창이 울려 퍼지는 동안 살아 있는 신의 형상, 살아 있는 신의 조각 그 자체였습니다. 실제로 고대의 배우는 모차르트 오페라의 돌로 된 손님의 면모를 지니고 있었습니다. 최근의 음악 극작가는 이에 관해 다음과 같이 자신의 타당한 견해를 피력하고 있습니다. "의상을 입은 우리 배우들의 모습에는 자연적 인간이 보이지만, 그리스인들 앞에 나타나는 이는 비극적 가면을 쓴 인위적인, 이렇게 말해도 된다면, 영웅으로 양식화된 인물이다. 종종 백여 명의 인물들이 등장하는 우리의 넓은 무대는 연극 상연을, 최대한 생생하게 재현된 화려한 색채의 회화로 만든다. 뒷배경이 앞으로 바짝 당겨진 고대의 좁은 무대는 선명한 산격을 두고 움직이는 많지 않은 배우들을 닮아 있는 양각이나 사원 벽공에 새겨진 살아 움직이는 대리석 그림으로 만든다. 아테나와 포세이돈의 싸움을 묘사한 파르테논 박공의 저 대리석 형상들에 기적이 일어나 생명의 숨길이 불어 넣어졌다면, 그들은 아마 소포클레스의 언어로 말했을 것이다."

나는 조금 전 시사했던 관점, 즉 그리스 연극에서는 행위가 아니라 고통을 강조한다는 관점으로 돌아오겠습니다. 우리가 분명 아이스킬로스와 소포클레스에게 부당한 대우를 했음에 틀림없다고, 또 그들을 제대로 알지 못한다고 내가 주장했던 까닭을 한결 쉽게 이해할 수 있을 것입니다. 수난을 포함한 모든 감정이 어떤 식으로 분출하여 감동적인 인상을 주게 되는지 알지 못하거나, 안다고 해도 극

그리스 비극에 관한 두 개의 공개강연 25

히 미미하기 때문에, 하나의 극작품에 대한 아테네 관중의 판단을 통제할 수 있는 척도가 우리에게는 없습니다. 그리스 비극에 대해서 우리는 무능력자입니다. 그것은 비극의 주요 효과가 대개 우리가 상실해버린 한 요소, 즉 음악에 근거하고 있기 때문입니다. 고대 연극에서 음악이 차지하는 위치는 글루크Gluck가 자신의 오페라 〈알체스트 Alceste〉의 유명한 서문에서 요구했던 것과 전적으로 일치합니다. 음악은 시를 받쳐주어야 합니다. 음악은 줄거리를 중단하거나 쓸데없는 미화로 방해하지 않으면서 동시에 감정 표현과 상황의 의도를 강화시켜야 한다는 것입니다. 색채의 생생한 색감과 빛과 그림자의 적당한 혼합이 오점 없이 잘 배열된 그림을 위해 존재하듯이, 음악은 윤곽을 파괴하지 않으면서 인물들에게 활력을 주는 역할을 하면서 시를 위해 존재해야 합니다. 음악은 말하자면 목적을 위한 수단으로 이용되었습니다. 음악의 과제는 신과 영웅들이 겪는 수난과 고통이 청중들에게서는 강렬한 동정심으로 전환되도록 하는 데 있습니다. 물론 말도 동일한 과제를 가지고 있지만, 말은 훨씬 더 힘들게, 우회로를 거쳐야만 이런 과제를 해결할 수 있습니다. 말은 우선 개념의 세계에 작용하고, 이곳에서 비로소 정서에 영향을 줍니다. 말은 이렇게 먼 길을 거쳐서도 목표에 이르지 못할 때가 종종 많습니다. 반대로 음악은 세상 사람 모두 이해하는 진정한 보편언어로서 직접 심장을 관통합니다.

물론 그리스 음악은 그렇게 보편적으로 이해 가능한 언어가 전혀 아니었고 오히려 그것은 학문적 방식으로 창조된, 청각적 이론에서 추상화된 것이며 우리에게 이질적인 음향 세계를 의미한다는 견해가 널리 퍼져 있습니다. 사람들은 여전히 그리스 음악에서는 3도 음정이 불협화음으로 느껴진다는 미신을 믿고 다닙니다. 우리는 이제 이런 기존 관념들에서 완전히 벗어나야 하며, 그리스 음악이 중세 음악보다 우리 정서에 더 맞다는 사실을 주장해야만 합니다. 고대의 작곡 중에서 남아 있는 것들은 날카로운 리듬적 구성에서 우리의 민속음악을 연상시킵니다. 전체 고대의 시예술과 음악은 원래 이 민속음악에서 싹트고 자라났습니다. 물론 순수한 기악음악도 있긴 합니다. 그러나 거기서는 단지 거장 기질만이 여전히 영향력을 행사하고 있을 뿐입니다. 진정한 그리스인은 기악음악에서는 아시아의 이방인들에게서 수입한 것, 무언가 무시무시한 것이라는 느낌만 받을 뿐입니다. 원래 그리스 음악은 성악음악이었습니다. 여기에서는 시인이 자신이 지은 노래의 작곡자가 되어야만 할 정도로 낱말 언어와 음향 언어 사이의 자연스러운 끈이 아직 끊어지지 않았습니다. 그리스인들은 노래를 성악 외의 다른 방법으로 배우지 않았습니다. 그들은 노래에서 단어와 음향의 내밀한 일체감을 느꼈던 것입니다. 현대의 무례한 예술의 영향을 받고, 예술들이 개별화된 상황에서 성장한 우리는 텍스트와 음악을 함께 즐길 만한 능력이 없습니다. 우리는 서로 분리하여, 즉 독서에서는 텍스트를, 듣기에서는 음악을 즐기는 데 익숙합니다. 그리고 그 때문에 시를 낭독하고 연극을 관람하고 책을 읽을 때, 우리는 스스로의 판단을 신뢰할 수 없습니다. 또한 음악만 아름답다면, 말도 되지 않는 텍스트를 견딜 만하다고 생각합니다. 이는 그리스인에게는 정말 야만스런 짓거리로밖에 느껴지지 않을 일입니다.

이제 고대 음악에는 방금 강조한 시와 음향예술의 자매관계 외에 두 가지 다른 특징이 있습니다. 즉 단순함을 넘어 빈약하기까지

한 화음과 풍부한 리듬적 표현 수단. 나는 합창이 단지 목소리의 수에서 독창과 달라진다는 것을, 그리고 반주 악기가 극히 제한된 다성음, 즉 오늘날의 의미에서 화음을 허용했다는 것을 이미 시사했습니다. 가장 우선적 요구는 불려진 노래의 내용을 이해한다는 것이었습니다. 사람들이 대담한 메타포와 사상적 비약이 가득 담긴 핀다로스나 아이스킬로스의 합창을 정말 이해했다면, 이는 노래부르는 기술이 놀라울 뿐만 아니라 동시에 극히 특징적인 음악적 강세와 리듬이 전제되어야만 합니다. 텍스트와 엄격하게 평행으로 움직이는 음악적-리듬적 악장 구성에서 다른 한편 외적 표현 수단으로춤동작, 즉 무도법이 옆에서 진행됩니다. 관중들의 눈앞에서 무대와 객석 사이의 넓은 평면 위에서 마치 아라베스크처럼 펼쳐지는무용수들의 변화하는 움직임 속에서 사람들은 다소 볼 수 있게 된음악을 느낍니다. 음악이 시의 효과를 고양시키는 동안, 무도법은음악을 설명합니다. 이와 함께 시인과 음향시인에게는 동시에 생산적인 발레 대가가 되어야 한다는 과제가 발생합니다.

여기서 연극에서 사용되는 음악의 한계에 관해 한마디 해야 할것 같습니다. 고대 음악 드라마의 해체 과정이 시작된다는 의미에서 고대 음악 드라마의 아킬레스건이라 할 수 있는 이 한계의 중대한 의미는 지금 논의해서는 안 될 문제입니다. 그것은 고대 비극과지금 언급한 문제에 대해서는 내가 다음 강연에서 다룰 예정이기때문입니다. 여기에서는 다음의 사실을 확인하는 것으로 충분할 것입니다. 즉 시로 된 모든 것을 노래로 부를 수는 없었고, 우리의 멜로드라마 속에서처럼 기악이 연주되는 가운데 때로는 말을 하기도했습니다. 그러나 우리는 이런 말을 항용 반서창으로 생각했기 때문에 반서창의 특징인 우렁찬 소리가 음악 드라마에 이원론을 초래하지는 않았습니다. 오히려 이 말 속에 음악의 위력적인 영향력이 더욱 강화되었습니다. 이런 서창-음의 여운은 이른바 성경 장구 독송에서 울리고 있습니다. 즉 카톨릭 교회에서 복음서나 서간문, 기
⁵ 도문들을 낭송하는 그런 독송음에서 말입니다. '독송하는 사제는 중간 구두점에서 그리고 문장 끝에서 목소리를 변화시킴으로써 독송을 더욱 명료하게 하는 동시에 단조로움을 피했습니다. 그러나 성스러운 행위의 중요한 순간에 성직자들의 목소리, 주기도문이 높아지고 미사의 감사 서문경, 축성은 낭독조의 노래가 됩니다.' 대미
¹⁰ 사의 제례는 많은 부분에서 그리스 음악극을 연상시킵니다. 다른 게 있다면, 그리스에서는 모든 것이 훨씬 더 밝고 따스하고 아름다웠다는 것입니다. 물론 그 대신 기독교 교회의 저 비밀스럽고 영원한 상징은 없고 덜 내면적이지만 말입니다.

　　존경하는 청중 여러분, 이제 마지막에 이른 것 같습니다. 나는 조
¹⁵ 금 전 고대 음악극의 창조자를 5종 경기자 펜타틀로스Pentathlos와 비교했습니다. 또다른 이미지 하나를 통해 고대의 전체 예술에 대해 이 음악 드라마적 5종 경기가 어떤 의미를 가지는지 좀더 자세히 알아볼 수 있습니다. 고대 복식사에서 아르킬루스는 중요한 위치를 차지하고 있습니다. 그가 바로 자유롭게 잡은 주름, 우아하고
²⁰ 화려하며 고상한 긴 겉옷을 처음으로 소개했던 사람입니다. 그전에 그리스인들은 의복에서 야만적이었고 자유롭게 잡은 주름을 알지 못했습니다. 그리스 음악 드라마는 고대의 전체 예술에서 이 자유로운 주름과 같습니다. 개별적 예술에서 자유롭지 못한 모든 것, 고립된 모든 것을 극복했습니다. 그들이 함께 올리는 희생축제에서

는 미 그리고 용기에 찬가가 헌정되었습니다. 속박 속에서도 품위를 잃지 않으며, 다양성 속에서도 통일되어 있으며, 많은 예술들의 활발한 활동 속에서도 하나의 예술작품인―이것이 바로 고대의 음악극입니다. 이 음악 드라마를 보고 현재의 예술 개혁가들의 이상을 기억하는 사람은 동시에 미래의 예술은 겉만 번드르르한, 그러나 속임수에 불과한 신기루가 아니라고 말해야만 할 것입니다. 우리가 미래에 희망하는 것은 한때 현실이었던 것입니다. 2천여 년 전의 과거 한때 말입니다.

두 번째 강연
소크라테스와 비극

바젤, 1870년 2월 1일

그리스 비극은 유사한 이전의 모든 예술 장르와는 다른 방식으로 죽어갔습니다. 다른 예술 장르들은 모두 아름다운 죽음을 맞이했지만, 그리스 비극은 비극적으로 끝났습니다. 훌륭한 자손을 남기고 고통 없이 고요하게 숨을 거두는 것이 이상적인 자연 상태에 어울리는 것이라 한다면, 고대 예술 장르들의 종말은 우리에게 그러한 이상적인 상태를 보여줍니다. 그들이 죽어가고 사라져가는 동안 더 아름다운 다음 세대가 이미 고개를 힘차게 곧추세웁니다. 이에 반해 그리스 음악 드라마의 죽음과 함께 도처에서 통절하게 느껴지는 거대한 공허가 발생했습니다. 사람들은 시 자체가 사라져버렸다고 말했습니다. 사람들은 말라빠져 앙상한 아류들을 조소하면서, 저승에서 옛 거장들의 빵 부스러기로 끼니를 때울 수 있도록 그들을 저승의 신에게 보냈습니다. 절인 양배추에 대한 강한 식욕이 갑자기 누군가를 엄습하는 것처럼 사람들은, 아리스토파네스가 표현한 것처럼, 위대한 마지막 사자(死者)에 대한 동경을 느꼈습니다. 그러나 비극을 자신의 선구자와 스승으로 숭배하는 새로운 예술 장르가 실제로 꽃을 피웠습니다. 여기서 우리는 놀랍게도 다음의 사실을 인식하지 않을 수 없습니다. 새로운 예술 장르는 분명 자기 어머니의 모습을 닮았지만, 어머니가 죽음과의 오랜 싸움에서 보여주었던 모습을 지니고 있었습니다. 이 비극이 치른 단말마의 고통은 에우리피데스라고 하고, 나중에 발생한 예술 장르는 신(新) 아티카 희극으로 알려져 있습니다. 이 희극 속에는 타락한 비극 형태가 명맥을 유지하고 있으며, 그것은 너무도 비참하고 고통스러운 사망의 기념비가 되었습니다. —

우리는 에우리피데스가 신 아티카의 희극 작가들에게서 누렸던 대단한 숭배를 알고 있습니다. 유명한 사람들 중 한 사람인 필레몬은 죽은 사람이 여전히 생명과 오성을 가지고 있다는 것을 확신할 수만 있다면 저승에서 에우리피데스를 보기 위해 곧바로 목을 매달 수도 있다고 말했습니다. 그런데 에우리피데스가 메난드로스 Menander, 필레몬과 공통으로 가지고 있으며 또 이들에게 본보기로 작용했던 것은 다음과 같이 간단히 가장 짧게 요약될 수 있습니다. 그들은 관객을 무대 위로 끌어들였습니다. 에우리피데스 이전에는 영웅적으로 만들어진 사람들이 옛 비극에 등장했던 신들과, 신과 인간이 결합해서 생겨난 반신(半神)들의 후예라는 사실을 금방 알아차릴 수 있었습니다. 관객은 그들에게서 그리스 문화의 이상적인 과거를 보았으며, 또 고양된 순간에는 자신들의 영혼에도 살아 숨쉬고 있는 모든 것의 현실을 보았습니다. 에우리피데스와 함께 관객, 즉 일상적 삶의 현실 속에 있는 인간은 무대 위로 몰려나갔습니다. 예전에는 단지 위대하고 용감한 성향들만을 재현했던 거울은 충실해졌고, 그로써 더욱 민중적이 되었습니다. 호화로운 의상은 어느 정도 투명해졌고, 가면은 반(半)가면으로 되었습니다. 일상의 형식들이 분명히 두드러졌습니다. 그리스인들의 전형적인 모습인 오디세우스의 형상은 아이스킬로스에 의해 교활하고 고귀한 성격의 대단한 프로메테우스 인물로 고양되었습니다. 새로운 작가들의 손을 거치면서 오디세우스 형상은 선량하지만 교활한 노예

역할로 전락했습니다. 그래서 그는 종종 뻔뻔스러운 악인으로 전체 드라마의 중심에 서 있었습니다. 에우리피데스가 아리스토파네스의 〈개구리들〉에서 물 치료법으로 비극예술을 쇠진하게 만들고 또 비극예술의 중압감을 약화시켰다는 공로를 자신에게 돌렸는데, 그것은 특히 영웅 주인공들에게 타당합니다. 관객들은 물론 수사학의 화려한 의상으로 치장한 에우리피데스의 무대 위에서 근본적으로 자기 자신의 분신을 보고 들었습니다. 이상의 관념은 낱말 속으로 은둔했고, 사상으로부터 도피했습니다. 그런데 우리는 바로 이 점에서 에우리피데스의 혁신 가운데 눈에 띄는 훌륭한 측면과 접하게 됩니다. 민중은 그에게서 말하는 법을 배웠습니다. 그 자신은 아이스킬로스와의 경쟁에서 이 점을 자랑합니다. 민중은 그를 통해 이제

규칙에 따라 작품을 대하고,
　　　　대사의 행을 하나하나씩 꼼꼼하게 말하고,
진술하고, 생각하고, 보고, 이해하고, 속이고,
　　　　사랑하고, 몰래 들어가고,
의심하고, 부인하고, 이러저리 따지는

법을 압니다.
　그로 인해 새로운 희극은 말문이 열렸습니다. 반면, 사람들은 에우리피데스에 이르기까지는 어떻게 무대 위에서 품위 있게 일상사를 말해야 할지 알지 못했습니다. 에우리피데스가 자신의 모든 정치적 희망을 걸고 있는 중산층은 이제 말문을 열었습니다. 그런데

이제까지의 비극에서는 반신(半神)이, 옛 희극에서는 술 취한 사티로스나 반신이 언어의 교사가 되었습니다.

"나는 우리가 살고 활동하는 집과 저택을
서술했다.
그리고 나는 판단에 내 자신을 내맡겼다. 그것을 알고 있는
모든 사람은
나의 예술을 평가했기 때문이다."

그렇습니다. 그는 이렇게 스스로 자랑합니다.

나는 예술에 사상과 개념을 부여함으로써
그것들 주위에 지혜를
불어넣었다.
그래서 지금 여기서는
누구나 철학을 하고,
가정과 농가,
들과 가축은
그 어느 때보다 영리하게 운영되고 있다.
항상 연구하고 생각한다.
무엇 때문에? 무엇을 위해? 누가? 어디에서? 어떻게? 무엇을?
이것은 어디로 갔는가, 누가 내게서 이것을 빼앗았는가?

그런 식으로 교육받고 계몽된 대중으로부터 신희극, 즉 교활한

장난을 즐기는 연극적인 체스 게임이 탄생합니다. 에우리피데스는 이 신희극의 합창 선생 역할을 했던 것입니다. 다른 게 있다면, 이번에는 청중들의 합창을 연습해야만 했던 것이라고 할까. 이들이 에우리피데스식으로 노래를 부르게 되면서, 곧 죄지은 젊은 남성들, 경박하지만 마음씨 좋은 노인들, 코체부식 매춘부들, 프로메테우스식의 가정노예들의 연극이 시작되었습니다. 그러나 합창 선생으로서 에우리피데스는 끝없는 칭송의 대상이었습니다. 비극과 더불어 비극작가들도 함께 죽었다는 사실을 알지 못했더라면, 에우리피데스에게서 더 많이 배우겠다고 자살하겠다는 사람도 나왔을 것입니다. 하지만 비극의 종말과 함께 고대 그리스인은 자신의 불멸성을 포기하고 말았던 것입니다. 이상적인 과거에 대한 믿음뿐만 아니라 이상적 미래에 대한 믿음도 함께 말입니다. 유명한 묘비명의 구절, "늙으면 경박하고 변덕스럽다"는 연로한 그리스 정신에도 해당됩니다. 찰나와 기지는 이 정신이 가장 숭배한 신이었습니다. 적어도 그 정신적 자세를 놓고 본다면, 이제 제5신분, 즉 노예가 지배하게 된 셈입니다.

　이런 식으로 회고하다 보면, 우리는 에우리피데스를 이른바 혹세무민하는 인물로 부당하지만 과격하게 고발하면서 "그에게서 유래하지 않는 악이 어디 있는가?"라는 아이스킬로스의 말로 일을 마무리하고 싶은 유혹을 받습니다. 그러나 나쁜 영향을 그에게서 추론해내더라도, 한 가지 분명히 짚고 넘어가야 할 사실은 에우리피데스는 최고의 지성과 양심으로 행동했으며 위대한 방식으로 하나의 이상을 위해 자신의 일생을 바쳤다는 것입니다. 자신이 인식했다고 믿었던 그런 엄청난 해악에 맞서 투쟁하는 방식에서, 개인으로서

자기 재능과 생애를 걸고 그것에 대항했던 방식에서 다시 한번 고
대 마라톤 시대의 영웅 정신이 드러납니다. 에우리피데스로 인해
시인이 비극에서 추방된 후, 시인은 그에게 있어서 반신(半神)이 되
었다고 우리는 주장할 수 있습니다. 저 엄청난 해악, 그가 인식했다
고 믿었고 그것에 저항해 그토록 영웅적인 투쟁을 벌였던 그 해악
이란 바로 음악극의 몰락이었습니다. 그런데 에우리피데스는 어떤
점에서 음악극이 몰락하고 있다고 생각했던 것인가? 아이스킬로스
와 소포클레스, 그와 동시대를 살았던 선배들의 비극에서 그는 음
악 드라마의 몰락을 발견했습니다. 이는 매우 놀라운 사실입니다.
혹시 그가 잘못 본 것은 아닐까? 그가 아이스킬로스와 소포클레스
에게 부당했던 것은 아닐까? 이른바 몰락에 대한 그의 반응이 혹시
종말의 시작이 아니었을까? 이 모든 질문이 현재 우리 주변에서 거
세게 제기되고 있습니다.

　에우리피데스는 고독한 사상가였고, 당시 대중의 일반적 취향에
따르지 않는 사상가였습니다. 그는 까다로운 이단아로 대중의 우려
를 자아내게 하는 그런 작가였습니다. 행운은 대중만큼이나 그의
편은 아니었습니다. 당시의 비극작가에게는 대중이 바로 행운을 가
져다주었기 때문에, 우리는 왜 그가 생시에 알량하게도 비극적 승
리의 영광만을 얻었는지 이해하게 됩니다. 왜 이 유능한 시인은 시
대의 대세를 거슬러야만 했는가? 무엇 때문에 그는 아이스킬로스
와 소포클레스 같은 작가들이 걸어갔던 길, 국민적 사랑의 태양이
비추고 있는 길에서 벗어났던가? 단 한 가지 이유, 즉 음악 드라마
의 몰락에 대한 믿음 때문입니다. 이 믿음을 그는 극장의 관객석에
서 얻었습니다. 그는 오래 전부터 비극과 아테네 청중 사이에 얼마

나 넓은 틈새가 벌어져 있는지 예리하게 관찰해왔습니다. 시인에게 가장 고귀하고 가장 어려운 것이 청중에게 제대로 받아들여지지 않고, 그저 아무 상관이 없는 것으로 느껴지고 있었던 것입니다. 시인이 전혀 강조하지 않았던 우연한 요소들이 뜻밖의 효과를 내면서 청중을 감동시키는 것이었습니다. 시인의 의도와 그 효과 사이의 이런 불일치에 대해 깊이 생각하면서 그는 서서히 하나의 예술 형식, 그 주요 법칙이 '모든 것이 다 이해될 수 있도록 이성적이어야 한다'는 예술 형식에 이르게 됩니다. 이제 요소 하나 하나가 이 합리적인 미학의 법정으로 불려나왔습니다. 신화를 필두로, 주요 등장인물들, 연극적 구성, 합창음악 그리고 마지막으로 가장 결정적인 언어가. 우리가 소포클레스의 비극과 비교하여 에우리피데스의 비극에서 시적인 결함이나 퇴보로 느끼는 것은 바로 이 열정적인 비판 과정, 저 지나친 사려의 결과였던 것입니다. 어떻게 비평가가 시인이 될 수 있는지 그 내표적인 예가 바로 여기 있다고 우리는 말할 수도 있습니다. '비평가'라는 말을 들으면서, 우리의 인상이 예술의 문제에 관한 한 자신의 의견을 말하지 못하도록 오늘날 우리 청중들의 입을 막고 있는 저 허약하고 주제넘은 존재들이 우리의 인상을 결정해서는 안 될 것입니다. 에우리피데스는 그가 평가한 시인들보다 더 잘하고자 했던 것입니다. 그처럼 말보다 행동이 앞서는 사람은 공개적으로 비판당할 권리가 없는 것입니다. 에우리피데스 연극의 모든 차이점을 통해 이 관점을 제시하는 것이 원래 필요한 일이기는 하지만, 나는 여기서 생산적 비판의 한 사례만을 들고자 합니다. 에우리피데스의 서곡보다 더 우리의 무대기술과 배치되는 것은 없을 것입니다. 신이든 영웅이든, 한 명의 등장인물이 연극이 시작하자마자 나타나 자신이 누구이며, 앞으로 어떤 내용이 전개될 것이며, 이제까지 무슨 일이 일어났는지, 작품이 진행되는 동안 무슨 일이 벌어질 것인지를 이야기합니다. 현대의 극작가라면 이는 긴장 효과를 경솔하게 포기하는 것이라고 말할 것입니다. 무
5 슨 일이 일어났는지, 앞으로 무슨 일이 일어날지 모두 다 알고 있는 것입니다. 그러면 누가 마지막까지 참고 기다리려 하겠습니까? 에 우리피데스의 생각은 전혀 달랐습니다. 고대 연극의 효과는 긴장이 나, 이제 무슨 일이 벌어질 것인가에 대한 매혹적인 불확실성에 기 반을 두고 있지 않습니다. 고대 연극의 효과는 주신 송가의 음악적
10 근본 특성이 다시 울려퍼지는 웅장하고 열정적인 장면에 근거합니다. 그런데 이런 장면을 감상하는 것을 가장 어렵게 하는 것은 과거 사의 조직망에 나 있는 구멍, 빠진 연결고리인 것입니다. 청중이 이 런 저런 인물의, 이런 저런 줄거리의 의미를 머리 속으로 계산하는 한, 그가 주인공의 고통과 행위 속에 완전히 몰입해 그의 비극에 동
15 감한다는 것은 불가능합니다. 아이스킬로스와 소포클레스의 비극 은 대개 첫 장면에서 이해에 필요한 모든 실마리를 우연히 청중들 의 손에 쥐어줄 수 있게끔 아주 정교하게 구성되어 있었습니다. 여 기에서도 필수적인 것, 형식적인 것에 마치 가면을 씌우는 듯한 그 런 예술가의 기품 있는 수완이 드러납니다. 그런데 어쨌든 에우리
20 피데스는 이 첫 장면 동안 청중들이 과거사의 문제들을 계산하느라 고 동요할 것이며, 그래서 도입부의 시적인 아름다움을 놓칠 것이 라는 소견을 말해야 한다고 믿었습니다. 그래서 그는 서곡을 프로 그램으로 만들어 그것을 믿음직한 인물, 즉 신으로 하여금 낭독하 게 했던 것입니다. 이 서곡을 통해 신화를 형상화하는 자신의 방법

에 대한 모든 의구심을 없애버릴 수 있었기 때문에, 이제 그는 신화
도 좀더 자유롭게 작품화할 수 있었습니다. 자신의 이러한 견해가
연극론적으로 여러 장점을 가지고 있다는 확신에서 에우리피데스
는 아리스토파네스Aristophanes의 개구리 입을 빌려 아이스킬로스
5   를 비난합니다.

> "자, 이제 나는 곧 너의 서곡에 대해
> 이런 식으로 비극의 제1부를 만든
> 그를 우선 비판하리라, 이 위대한 인물을!
10   그가 사태를 논한다면, 그의 정신은 혼란한 것이다."

    그러나 서곡에 해당되는 것은 훨씬 악명 높은 자동 해결사인 신
deus ex machina에도 해당됩니다. 서곡이 그의 프로그램이듯이 그
는 미래의 프로그램을 고난합니다. 이 서사적 회고와 전망 사이에
15 연극적-서정적 현실과 현재가 놓여 있는 것입니다.
    에우리피데스는 의식적인 미학에 따라 작품을 쓴 최초의 극작가
입니다. 그는 의도적으로 가장 이해하기 쉬운 이성적인 것을 추구
했습니다. 그의 영웅들은 그들의 말처럼 그렇게 사실적입니다. 그들
은 속마음을 모두 털어놓는 인물들이었던 반면, 아이스킬로스와 소
20 포클레스의 인물들은 말보다 내면적으로 더 깊이 있고 더 속이 꽉
찬 사람들입니다. 이들은 원래 자신에 관해 말을 할 때만 더듬거립
니다. 에우리피데스는 인물들을 창조하는 동시에 분해합니다. 그의
해부 앞에서 이 인물들의 내면에 감추어진 것은 더 이상 없습니다.
소포클레스가 아이스킬로스에 대해, 올바른 일을 하지만 무의식적

으로 한다고 말했다면, 에우리피데스는 소포클레스가 무의식적이기 때문에 옳지 않은 일을 한다는 견해를 가질 것입니다. 소포클레스가 아이스킬로스에 비해 더 잘 알고 있었던 것, 그리고 그로 인해 그에게도 유익했던 것은 기술적인 방식의 영역 밖에 놓여 있는 것이 아니었습니다. 에우리피데스를 제외하고 고대의 어떤 시인도 미학적 근거를 대면서 자신의 최고작을 옹호할 만한 위치에 있지 않았습니다. 왜냐하면 그리스 예술의 전체 발전 과정에서 놀랍고 기이한 일은 개념이나 의식, 이론이 아직 언급되지 않았고, 제자가 스승에게 배울 수 있는 것은 모두 기술과 관련된 것이라는 점이었기 때문입니다. 예컨대 토어발트젠에게 고대의 외관을 부여하는 것은 그가 반성적이지 않으며, 말도 잘 하지 않고 글도 잘 쓰지 못하고 또한 진정한 예술가적 지혜가 아직 그의 의식 속에 들어오지 않았다는 것입니다.

이에 반해 에우리피데스 주변에는 현대 예술가들의 고유한 특성이라 할 수 있는 굴절된 빛이 어리어 있습니다. 비그리스적이라 할 수 있는 그의 예술성은, 가장 간략하게, 소크라테스주의라는 개념으로 규정될 수 있습니다. "아름답기 위해서는 모든 것이 의식적이어야 한다"는 "선하기 위해서 모든 것은 의식적이어야 한다"는 소크라테스의 명제에 상응하는 에우리피데스의 명제입니다. 에우리피데스는 소크라테스적 합리주의의 시인인 것입니다.

고대 그리스인들은 소크라테스와 에우리피데스, 두 이름을 한데 묶어 생각했습니다. 에우리피데스가 글을 쓸 때, 소크라테스가 도와주었다는 것은 아테네에서는 누구나 아는 공공연한 비밀이었습니다. 여기서 우리는 사람들이 얼마나 섬세하게 에우리피데스의 비극에서 소크라테스적 요소를 가려내 들을 수 있었던지를 알 수 있습니다. '과거의 황금' 시대 추종자들은 국민을 망친 인물로 소크라테스와 에우리피데스의 이름을 한꺼번에 들었습니다. 전해지는 말에 의하면 소크라테스는 비극을 전혀 관람하지 않았지만, 에우리피데스의 새 작품이 상연되면 청중들 가운데 있었다고 합니다. 좀더 깊은 의미에서 이 두 이름은 저 유명한 델피의 신탁, 소크라테스의 전체 인생관에 결정적 영향을 미쳤던 저 신탁에 나란히 등장합니다. 소크라테스가 현자 중의 현자라는 델피 신의 말은 에우리피데스가 지혜의 경쟁에서 이등 상을 받았다는 평가를 동시에 담고 있습니다.

익히 알려진 바와 같이 소크라테스도 처음에는 신의 발언을 불신했습니다. 그는 신이 옳은지 확인하려고 정치인, 연설가, 시인과 예술가들을 두루 만나보았습니다. 혹 그들 가운데 자신보다 더 현명한 사람이 있지 않은지 찾아보려고 말입니다. 그는 신의 말이 맞다는 것을 알았습니다. 그는 자기 착각에 빠져 있는 당대의 유명인사들을 보았고, 그들이 자신의 일을 제대로 인식하지도 못하고 단지 본능적으로 그 일을 처리하고 있는 것을 보았습니다. '단지 본능에서', 이것은 소크라테스주의의 표어입니다. 합리주의가 소크라테스의 이런 삶의 경향에서보다 더 소박하게 나타나는 곳도 없을 것입니다. 그는 한 번도 자신이 던진 질문 전체의 정당성을 의심해본 적이 없었습니다. '지혜는 근본적으로 지식에 있다.' '사람들은 무엇을 말할 수 없고 또다른 사람을 설득할 수 없는가를 알지 못한다.' 이것이 대략 소크라테스의 기이한 선교 활동의 원칙입니다. 그런데 이 활동은 오히려 가장 짙은 불만의 먹구름을 그의 주변으로 몰고 왔는데, 그 까닭은 이 원칙 자체로 소크라테스를 공격할 수 있는 사람이 아무도 없었기 때문이었습니다. 그러기 위해서는 사람들이 소유하지 못했던 능력, 변증법과 대화술에서의 소크라테스의 탁월함이 필요했을 것입니다. 한없이 심오해진 게르만적인 의식에서 볼 때 저 소크라테스주의는 완전히 뒤바뀐 세상처럼 보입니다. 그러나 소크라테스가 자신의 비생산적인 논쟁을 하면서 신적 소명의 품위와 진지함을 주장했을 때 특히 당대의 시인들과 예술가들에게 아주 지루하고 어리석은 사람으로 보였을 것이라고 우리는 가정할 수 있습니다. 논리의 광신자는 벌떼처럼 참을 수 없는 존재들입니다. 그런데 그렇게 편파적인 오성 뒤에 불굴의 의지가 감추어져 있으며, 환상적이고 매력적인 추한 외모에 강직한 성격의 원초적이고 개인적인 힘이 있다고 상상해봅시다. 우리는 에우리피데스처럼 위대한 재능도 소크라테스 사상의 진지함과 깊이에는 어쩔 수 없이 불가항력으로 의식적인 예술 창작의 길로 경도될 수밖에 없었으리라고 이해하게 될 것입니다. 에우리피데스가 보았다고 믿었던 비극의 몰락은 소크라테스적인 환영이었습니다. 아무도 옛 예술 기법의 지혜를 개념과 언어로 옮기지 못했기 때문에, 소크라테스는, 또한 그에게 유혹당한 에우리피데스도 그 지혜를 부정했던 것입니다. 이 입증되지 못한 '지혜'에 에우리피데스는 이제 소크라테스적 예술작품을 맞세웁니다. 물론 그 껍데기에는 당시 지배적인 예술작품에 동화하고 적응한 요소들이 잔뜩 붙어 있었지만. 그 다음 세대는 무엇이 껍질이고 무엇이 알맹이인지 제대로 인식했습니다. 껍질을 벗기자 그것은 예술적 소크라테스주의의 과실, 연극적인 체스 게임, 음모술수적 작품으로 나타납니다.

소크라테스주의는 본능을, 그리고 이와 함께 예술을 경멸했습니다. 그는 원래 지혜의 왕국이었던 장소에서 바로 이 지혜를 부정했습니다. 소크라테스는 단 한 가지 경우에만 본능의 힘을, 그것도 아주 특징적인 방식으로 인정했습니다. 소크라테스는 자신의 오성이 의심스러워지는 특별한 상태에서 이상하게도 들려오는 초자연적인 목소리를 통해 확고한 발판을 얻습니다. 이 목소리는, 들릴 때마다 매번 그에게 경고합니다. 무의식적 지혜는 여기저기서 그의 의식을 방해하려고, 이 비범한 사람에게서 목소리를 높입니다. 여기에서도 소크라테스는 정말 뒤바뀐, 거꾸로 된 세상에 속했던 사람이라는 사실이 분명하게 드러납니다. 그 모든 생산적인 소질 가운데 무의식적인 것이 창조적이고 긍정적인 작용을 하는 반면, 의식은 비판하고 경고하는 태도를 취합니다. 그에게서 본능은 비평가가 되고, 의식은 창조자가 되는 것입니다.

본능적인 면을 경시하는 소크라테스적 태도는 에우리피데스 외에 두 번째 천재에게 영향을 미쳐 예술을 더 극단적인 형태로 개혁하게 합니다. 신과 같은 플라톤도 이 점에서는 소크라테스에게 희생된 셈입니다. 기존의 예술에서는 단지 허상의 모방만 성행한다고 생각했던 그는 그의 표현대로 하자면 "고상하고 높이 칭송받는" 비극도 편안한 것, 감각의 비위를 맞추어주는 것만을 묘사하지, 불편하지만 동시에 쓸모있는 것은 서술하지 않는 아첨 예술에 속한다고 보았습니다. 이에 따라 그는 고의로 비극적 예술을 청소 요령이나 요리 방법과 함께 열거했습니다. 이처럼 각양각색의 화려한 예술은 이성적 기질의 사람에게는 반감을 불러일으켰고, 예민하고 자극받기 쉬운 기질의 사람에게는 위험한 부싯돌이었습니다. 비극작가들을 이상국가에서 추방할 이유는 이것으로 충분합니다. 그에 따르면 예술가들은 유모나 청소부, 면도사나 제과기술자와 함께 국가제도의 쓸모없는 부속품입니다. 예술에 대해 플라톤이 내린 의도적으로 매몰차고 부정적인 선고는 어딘지 병적입니다. 자기 자신에 대한 분노를 극복한 후에야 비로소 그런 견해를 주장하게 된 그, 소크라테스주의를 위해 자신의 예술가적 성향을 발로 짓밟았던 그는 이 준엄하고 신랄한 평가를 통해 존재의 깊은 상처가 아직 아물지 않았다는 점을 알려줍니다. 시인의 진정한 창조 능력은, 그것이 사물의 본질에 대한 의식적 통찰이 아닌 까닭에 플라톤의 빈정거림을 받았고 예언가나 점성술가의 재능과 동급으로 취급되었습니다. 시인은 감격으로 의식을 잃어 오성이 그를 떠나버리기 전에는 시를 지을 능력이 없다는 것입니다. 이 '무분별한' 예술가들에 대해 플라톤은 진정한 예술가, 즉 철학자의 이미지를 대비시키면서, 자신이 이 이상에 이른 유일한 사람이며, 그의 《대화》는 완벽한 국가에서 읽혀져야 할 것이라는 점을 분명하게 밝힙니다. 그러나 플라톤의 예술작품, 《대화》의 본질은 기존의 형식과 양식들을 두루 섞어 만든 무형식과 무양식입니다. 플라톤이 옛 예술작품의 근본적인 결함으로 지적했던 것이 이 새로운 예술작품에도 그대로 나타난다는 비난은 받아서는 안 된다는 것입니다. 즉 그것은 허상의 모방이 되어서는 안 됩니다. 일반적인 개념으로 말한다면, 모방되어야 할 실제 자연적인 것이 존재해서는 안 된다는 것입니다. 양식적으로 통일된 언어 형식이라는 엄격한 전통적 법칙을 파괴했듯이, 그렇게 그는 모든 예술 장르, 산문과 시, 이야기, 서정시, 연극 사이에서 부유합니다. 소크라테스주의는 견유학파의 저서에서 더욱 왜곡됩니다. 그들은 여러 양식들이 뒤섞여 있는 현상 그리고 산문 형식과 음운 형식 사이에서 왔다갔다하는 현상이 마치 시레누스 같은 소크라테스의 외모, 가재 눈, 두꺼운 입술과 축 늘어진 배를 반영하는 것 같다고 생각합니다.

5   소크라테스주의의 심각한, 여기에서는 단지 간략하게 언급했던 비예술적인 효과와 관련해 다음과 같이 합창하게 하는 아리스토파네스가 옳다고 하지 않을 사람이 어디 있겠습니까.

> "소크라테스 옆에
10   앉고 싶지도 말하고 싶지도 않은 사람,
> 뮤즈의 예술을 저주하지도 않고,
> 비극의 최고 명작을
> 경멸하면서 못 본 척하지 않는 사람이여, 만세!
> 과장되고 공허한 말과
15   추상적인 망상에
> 한가한 열정을 쏟는다는 것은
> 실속 없는 바보짓이라네!"

소크라테스에 반대하여 말할 수 있는 가장 심각한 내용을 어떤
20   꿈이 그에게 말했습니다. 소크라테스는 감옥에서 "소크라테스, 음악을 해라!"라고 자신에게 말하는 꿈을 여러 번 꾸었다고 친구들에게 말했습니다. 그러나 소크라테스는 생애 마지막 날까지 자신의 철학이 바로 최고의 음악이라고 생각하면서 스스로를 달래곤 했습니다. 마침내 감옥에서 그는 양심의 가책을 덜려고 저 '천한' 음악

을 하겠다고 다짐합니다. 그는 실제로 알고 있던 몇 개의 산문 우화를 운문으로 개작했지만, 나는 그가 이 운문 연습으로 뮤즈들과 진정한 화해를 했다고 생각하지 않습니다.

고대 그리스적 문화의 한 측면, 즉 아폴론적 명료성이 어떤 이질적 혼합물도 없이 소크라테스에게서 구현되고 있습니다. 마치 투명한 광선처럼 그는 그리스에서 탄생될 학문의 선구자와 전령관으로 나타납니다. 그러나 학문과 예술은 서로 배척합니다. 이런 관점에서 소크라테스가 추한 모습을 한 최초의 위대한 그리스인이라는 사실도 의미심장합니다. 그의 모든 면이 상징적이듯이 말입니다. 그는 순수한 학문의 성격을 가장 예리하게 서술하는 논리학의 아버지이며 모든 전통적 예술의 빛을 자신 속에 흡수한 음악 드라마의 파괴자입니다.

이제까지 암시될 수 있었던 것보다 더 깊은 의미에서 소크라테스는 음악의 파괴자입니다. 소크라테스주의는 소크라테스보다 더 오래되었습니다. 예술을 해체할 수 있는 그 영향력은 훨씬 오래 전부터 감지될 수 있었습니다. 소크라테스주의의 고유한 변증법적 요소는 소크라테스가 등장하기 훨씬 전 음악 드라마 속으로 틈입하여 그 아름다운 몸에 끔찍한 피해를 입혔습니다. 파멸은 대화에서 시작되었습니다. 주지하다시피 대화는 원래 비극의 요소가 아니었습니다. 두 명의 배우가 무대에 등장한 후부터, 다시 말하면 비교적 늦게 대화가 발달했습니다. 물론 그전에는 대화와 비슷하게 영웅과 합창 지휘자가 서로 말을 주고 받는 경우가 있었지만, 한 사람이 다른 사람 아래에 위치한 불평등한 관계에서 변증법적 논쟁은 불가능했습니다. 그러나 두 명의 동등한 주전 선수들이 맞서자마자, 시합은 그리스적인 충동에 따라 벌어집니다. 말과 근거의 시합이. 반면 사랑에 빠진 대화는 언제나 그리스 비극에서 요원한 곳에 떨어져 있었습니다. 이 시합은 청중의 가슴속에 있는 한 가지 요소에, 즉 예술에 적대적이어서 뮤즈의 미움을 사고는 그때까지 연극예술의 공연 장소에서 추방되어 살고 있던 '악한' 불화의 신 에리스에게 호소했습니다. 선한 에리스는 옛날부터 모든 음악적 행사를 주도했고, 비극에서 서로 겨루고 있는 세 명의 시인들을 판결하러 모인 군중들 앞으로 이끌고 나가는 역할을 맡았습니다. 그러나 법정에서 이루어진 논쟁이 그대로 모방되어 비극으로 들어오면서, 음악 드라마의 본질과 효과에서 이원론적인 대립이 처음으로 나타납니다. 고통을 함께 나누는 동정심은 뒤로 물러나고 변증법의 쩅쩅 울리는 무기 시합에 대한 즐거움이 전면에 나서는 비극이 바로 이때 등장합니다. 연극의 주인공은 패배해서는 안 됩니다. 즉 그는 이제 말의 주인공으로 만들어져야 합니다. 소위 격행 대화에서 시작하는 과정이 지속되고, 이 과정은 주인공들이 하는 길게 늘어진 연설로 이어집니다. 점차 모든 인물이 예리하고, 명료하고 이해하기 쉽게 말하는 데 소모적인 노력을 기울인 나머지, 소포클레스식 비극을 읽는 우리는 전체적으로 지나치게 복잡하고 혼란스러운 인상을 얻게 되었습니다. 마치 이 모든 인물이 비극적인 사건 때문이 아니라 논리적인 비대화로 인해 파멸하지 않았나 하는 생각이 들 정도입니다. 셰익스피어의 주인공이 변증법을 사용하는 방법이 얼마나 다른지 한번 비교해보면 알 수 있을 것입니다. 그들의 생각, 추측과 결론은 음악적 미와 내면화로 흠뻑 젖어 있지만, 후대의 그리스 비극에서는 극히 우려될 정도로 양식의 이원주의가 지배합니다. 즉 이곳에

서는 음악의 힘이, 다른 곳에서는 변증법의 힘이 지배합니다. 후자
가 점점 우세해지고, 드디어 그것은 전체 연극의 구성에서 결정적
인 언권을 행사합니다. 이 과정은 음모술수극으로 막을 내립니다.
그로써 저 이원론은 극복되었고, 그 결과는 한 선수, 즉 음악의 완
패였습니다.

    그런데 이 과정이 비극에서 시작했지만 희극으로 끝난다는 사실
은 의미심장합니다. 동정심이라는 깊은 원천에서 발원한 비극은 본
질적으로 염세적입니다. 여기에서 존재는 무언가 끔찍한 것이고 인
간은 어리석은 것입니다. 비극의 주인공은, 최근의 미학이 잘못 추
측하고 있는 것과는 달리, 운명과 투쟁하는 과정에서 자신을 입증
하지도 않고, 그가 마땅히 당할 고통을 겪지도 않습니다. 오히려 머
리에 무언가를 덮어쓰고 보지 않은 채 맹목적으로 자신의 불행 속
으로 뛰어드는 존재입니다. 그는 절망적이지만 품위를 잃지 않은
태도로 방금 인식한 공포의 세상 앞에 서 있습니다. 그의 이런 태도
는 가시처럼 우리의 영혼 안으로 파고듭니다. 반면 변증법은 본질
적으로 낙천적입니다. 변증법은 원인과 결과를 믿고, 또한 죄와 벌,
미덕과 행운의 필연적 관계를 믿습니다. 그것의 계산 문제는 나머
지 없이 나누어져야 합니다. 변증법은 자신이 개념적으로 해부할
수 없는 모든 것은 부정합니다. 변증법은 항상 자신의 목표에 이릅
니다. 모든 결론은 환호의 축제이고 광명이고 의식이며, 자신만이
숨쉴 수 있는 공기입니다. 이 요소가 비극 안으로 틈입해 들어오면,
밤과 낮, 음악과 수학의 이원론이 발생합니다. 논거와 반대 논거로
자신의 행위를 방어해야 하는 주인공은 우리의 동정심을 잃어버릴
위험에 처해 있습니다. 나중에 그가 필시 겪게 될 불행은 그가 어디

에선가 계산을 잘못했다는 것을 입증하기 때문입니다. 계산 착오로 야기된 불행은 이미 희극의 동기였습니다. 변증법에 대한 쾌락이 비극을 와해시켰을 때, 새로운 희극이 나타나고 이와 더불어 술책과 간계의 영원한 승리가 이루어집니다.

소크라테스적 의식 그리고 미덕과 지식, 행복과 미덕의 필연적 연합에 대한 그의 낙천적인 믿음은 에우리피데스의 많은 작품의 결말에서 결혼과 더불어 행복한 삶이 지속될 수 있는 가능성이 열리게 되는 효과로 나타납니다. 신이 기계 위에 나타나자마자 우리는 가면 뒤에 소크라테스가 숨어 있으며, 자신의 천칭으로 행복과 미덕이 평형을 이루게 하려고 애쓰고 있다는 사실을 알아챕니다. 삼척동자라도 소크라테스의 명제 "미덕은 지식이다. 오로지 무지에서 죄를 범한다. 미덕을 가진 자는 행복한 자이다"들은 알고 있습니다. 염세적인 비극의 종말은 이 세 가지 근본 형태의 낙관주의로 말미암은 것입니다. 에우리피데스가 활동하기 훨씬 전부터 이러한 관점은 비극의 해체에 종사해왔습니다. 미덕이 지식이라면, 미덕을 갖춘 주인공은 변증가입니다. 완전히 미개한, 윤리적 사유의 범용성과 허약함으로 인해 윤리적으로 변증론을 펼치는 주인공은 도덕적인 속물근성과 천박함의 전령처럼 보입니다. 에우리피데스는 말할 것도 없고 소포클레스 비극의 아름다운 등장인물들, 안티고네, 엘렉트라, 오이디푸스도 자신이 참을 수 없을 정도로 진부한 사유의 길로 들어섰다는 사실을, 또 연극의 인물들은 말로 하는 자신들의 선언보다 언제나 아름답고 더 훌륭하다는 사실을 인정할 수 있는 용기를 가져야만 하고, 또 고백해야만 합니다. 이런 관점에서 볼 때 우리가 시대적으로 앞선 아이스킬로스의 비극에 내리는 평가는 훨씬 더 긍정적일 수밖에 없습니다. 아이스킬로스는 자신의 최고작을 무의식적으로 창조했던 것입니다. 셰익스피어의 언어와 성격 묘사에서 이렇게 비교할 수 있는 확고한 거점을 확보할 수 있습니다. 그에게서도 윤리적 지혜가 발견됩니다. 이에 비하면 소크라테스주의는 너무 건방지고 너무 조숙해 보입니다.

지난 강연에서 나는 그리스 음악 드라마에서 드러나는 음악의 한계에 관해서는 의도적으로 많이 언급하지 않았습니다. 그것을 설명하는 과정에서 내가 음악 드라마에서의 음악의 한계가 음악 드라마의 해체 과정이 시작된 위험한 지점이라고 표현했어도 이해가 될 것입니다. 비극은 낙관적인 변증법과 윤리학으로 인해 몰락했습니다. 이는 음악 드라마가 음악의 부족으로 인해 몰락했다는 말보다 훨씬 더 많은 것을 말합니다. 소크라테스주의가 비극 안으로 유입되면서 음악은 대화나 독백과 융합하지 못하게 되었습니다. 아이스킬로스의 비극에서 그렇게 될 수 있는 성공적인 첫걸음이 이루어졌음에도 말입니다. 그 결과는 점점 위축되고, 점점 더 좁은 경계 안으로 내몰린 음악이 더 이상 비극 안에서 평안을 느끼지 못하고 비극 밖에서 절대적 예술로 좀더 자유롭고 좀더 대담하게 발전한다는 것입니다. 점심식사 시간에 영혼을 등장시키는 것은 우스운 일입니다. 비극적 음악의 뮤즈처럼 그토록 비밀스럽고, 진지한 감동에 사로잡힌 뮤즈에게 법정에서, 변증법적 논쟁의 중간 휴식 시간에 노래하라고 요구하다니 얼마나 우스운가. 우스운 일을 한다는 느낌에서 뮤즈는 비극 속에서 갑자기 침묵합니다. 자신이 그렇게 파렴치한 방식으로 모독당했다는 사실에 경악한 듯이. 뮤즈는 점점 자신의 목소리를 높이려 하지 않고, 마침내 어찌할 바를 몰라, 비극에 적절치 못한 일들을 노래하게 됩니다. 뮤즈는 이에 수치심을 느끼고 극장에서 아주 도망가버립니다. 좀더 터놓고 이야기한다면, 그리스 음악극의 최대 전성기는 아이스킬로스가 활발한 활동을 펼쳤던 시기, 즉 음악극이 아직 소포클레스의 영향을 받지 않았던 시기입니다. 소포클레스와 함께 음악 드라마는 서서히 몰락을 길을 걷고, 에우리피데스가 아이스킬로스의 비극에 의식적인 대항을 하면서 마침내 급격한 파국으로 치닫게 됩니다.

이러한 평가는 현재 유행중인 미학과는 배치됩니다. 실로 이 평가에 대한 결정적인 증거로 어떤 다른 천재보다 아이스킬로스와 친했던 아리스토파네스를 증거로 대는 것보다 더 설득력 있는 것은 없습니다. 비슷한 사람들은 서로를 알아봅니다.

마지막으로 질문 하나만 더 던진다면, 음악 드라마는 정말, 영원히 죽은 것인가? 게르만인은 과거의 사라진 예술작품에 '대오페라'말고는 옆에 세울 것이 없었단 말인가? 마치 헤라클레스 옆에는 으레 원숭이가 등장하듯이? 바로 이것이 우리 예술이 당면한 심각한 문제입니다. 그리고 게르만으로서 이 문제의 심각성을 [+ + +]

디오니소스적 세계관

프리드리히 니체

1.

자신들의 세계관이 가지고 있는 비밀스런 이론을 자신들의 신을 통해 말하고 동시에 숨겼던 그리스인들은 예술의 이중적 원천으로 아폴론과 디오니소스 두 신을 내세웠다. 예술의 영역에서 이 이름들은 대립되는 양식들을 대변한다. 이 양식들은 상호투쟁 속에서도 거의 항상 나란히 등장하며, 오직 한 번 그리스의 '의지'가 꽃피웠던 절정의 순간에 아티카 비극의 예술작품으로 융해되어 나타난다. 요컨대 인간은 두 상태, 즉 꿈과 도취 속에서 실존의 환희에 이르게 되는 것이다. 모든 사람이 완전한 예술가로 존재하는 꿈의 세계의 아름다운 가상은 모든 조형예술의 아버지이며, 또 앞으로 우리가 보게 되겠지만 그것은 절반은 시의 아버지이기도 하다. 우리는 형태를 직접적으로 이해하는 가운데 즐기게 되고 모든 형식은 우리에게 말을 건넨다. 아무튼 상관이 없거나 불필요한 것이라고는 아무것도 없다. 이러한 꿈의 현실이 마련해주는 지고의 삶 속에서 우리는 여전히 은근히 내비치고 있는 그 가상의 미광을 느끼게 된다. 이 지각이 중지해야 비로소 병과 같은 격정의 영향이 시작된다. 이 영향 속에서 꿈은 이제 더 이상 생기를 고양시키지 못하고, 이 꿈의 상태로 말미암은 치유의 자연력은 사라진다. 그러나 이 경계 안에는 우리가 통상 우리의 내면에서 찾고자 하는 유쾌하고 친밀한 상징들만 있는 것은 아니다. 진지한 것, 슬픈 것, 우울한 것, 어두운 것도 역시 똑같은 쾌감을 가지고 직관되지만, 단지 여기에서도 가상의 베일이 팔랑거리고 있음에 틀림없으며, 그것은 현실의 근본 형식들을 완전히 은폐하지 않아도 될 뿐이다. 현실을 대상으로 한 개개인의 유희가 꿈이라고 한다면, (광의의) 조형가의 예술은 꿈과의 유희이다. 대리석 덩어리로서의 입상은 아주 현실적인 것이다. 그러나 입상이 꿈의 형태로서 가지는 현실성은 신의 살아 있는 인격이다. 그 입상이 환상의 모습으로 예술가의 눈앞에 어른거릴 때 그는 여전히 현실과 유희하고 있는 것이며, 그가 이 모습을 대리석에 옮겨놓을 때 그는 꿈과 유희하고 있는 것이다.

그런데 아폴론은 어떤 의미에서 예술의 신으로 만들어질 수 있었는가? 그것은 그가 오로지 꿈의 표상을 상징하는 신으로 존재하는 한에서만 그렇다. 그는 철두철미하게 '빛을 발하면서 나타나는 자'이다. 그는 아주 깊은 근원에서부터 빛나는 광채를 통해 현현하는 태양과 빛의 신이다. '아름다움'이 그의 요소이며 영원한 젊음이 그에게 주어졌다. 그러나 꿈의 세계의 아름다운 가상 역시 그의 영역에 속한다. 불완전하게 이해되는 낮의 현실과 반대되는 이 상태의 완전성, 한 차원 높은 진리는 아폴론을 진리 예언의 신으로 격상시키는 한편, 예술가적 신으로 만들기도 한다. 아름다운 가상의 신은 곧 참된 인식의 신이기도 해야 하는 것이다. 그러나 병적인 격정의 영향을 주지 않기 위해서는, 다시 말해 가상이 착각을 불러일으키지도 또 기만시키지도 않게 하려면 꿈의 환상이 넘어서는 안 될 저 부드러운 경계선 또한 아폴론의 존재에 꼭 필요하다. 알맞은 한계, 저 거친 격정으로부터의 자유, 조형가 신의 지혜와 안정이. 그의 눈은 '태양처럼' 고요해야 한다. 그의 시선이 노하고 불쾌한 빛을 띨 때조차 아름다운 가상의 신성함은 그 위에 놓여 있어야 한다.

　이에 반해 디오니소스적 예술은 도취, 황홀과의 유희에 기반을 둔다. 천진난만한 자연인을 도취의 자기망각으로까지 고취시키는 것은 바로 두 가지 힘, 봄의 충동과 도취의 영약이다. ㄱ 효과들이 디오니소스라는 인물을 통해 상징화되었다. 두 상태에 이르면 개별화의 원리는 깨지고, 주관적인 것은 폭력적으로 분출하는 일반적 인간성과 일반적 자연성의 힘 앞에서 완전히 사라진다. 디오니소스 축제는 인간과 인간 사이에 유대를 맺어줄 뿐만 아니라, 인간과 자연을 화해시킨다. 땅은 자발적으로 자신의 선물을 내놓고, 가장 광포한 야수들마저도 평화롭게 서로 가까워진다. 표범과 호랑이들은 꽃으로 장식한 디오니소스의 마차를 끈다. 궁핍과 자의가 인간들 사이에 그어놓았던 세습적 신분과 같은 경계들은 사라진다. 노예가 자유인이 되고, 귀족과 천민이 같은 바쿠스 합창단원으로 화합한다. '세계들의 조화'를 알리는 복음은 점점 불어나는 무리들을 통해 이곳에서 저곳으로 급속히 퍼져나간다. 노래하고 춤추면서 인간은 스스로를 좀더 높은 이상적인 공동체의 구성원이라고 천명한다. 그는 걷는 법과 말하는 법을 잊어버린 것이다. 아니 그 이상이다. 그는 마법에 걸린 것처럼 느끼며, 그는 실제로 다른 사람이 되어버린 것이다. 짐승들이 말하고, 땅이 우유와 꿀을 주는 것처럼 인간에게서도 역시 초자연적인 것이 울려나온다. 그는 스스로를 신으로 느낀다. 평상시에는 오직 상상력 속에서만 살아 숨쉬고 있던 것, 그는 지금 그것을 자기 자신에게서 느낀다. 지금 그에게 상징과 입상들은 무엇을 말하는가? 인간은 더 이상 예술가가 아니다. 그는 예술작품이 되어버렸다. 그가 꿈속에서 보았던 소요(逍遙)하는 신들처

럼 그 자신도 그렇게 도취되고 고양되어 소요한다. 자연이 지닌 예
술의 힘이—그것은 이미 어느 한 인간의 예술의 힘이 아니다—여
기서 계시되고 있는 것이다. 고귀한 점토가 여기서 빚어지고, 귀중
한 대리석이 여기서 조각된다. 그것이 바로 인간이다. 예술가 디오
니소스가 만든 인간은, 입상이 아폴론적 예술가와 맺는 것과 같은
관계를 바로 자연과 맺는다.

　도취가 자연이 인간과 행하는 유희라고 한다면, 디오니소스적 예
술가의 창조는 도취와의 유희다. 사람들이 도취를 스스로 경험하지
않았다면, 이 상태는 오로지 비유적으로만 파악될 수 있다. 그것은
사람들이 꿈을 꾸면서 동시에 꿈을 꿈이라고 느끼는 것과 비슷한
것이다. 마찬가지로 디오니소스를 받드는 경배자는 도취 상태에 있
어야 하고, 동시에 관찰자로서 자신 뒤에 잠복하고 있어야 한다. 냉
정과 도취가 번갈아 나타나는 상태에서가 아니라 나란히 나타나는
병존 상태에서 디오니소스적 예술가가 드러난다.

　이와 같은 병존이 그리스 문화의 정점을 특징짓는다. 본래는 아
폴론만이 그리스의 예술신이었다. 그리고 아시아에서 폭풍처럼 밀
려오는 디오니소스를 약화시켜 가장 아름다운 형제의 연분을 탄생
시킨 것이 바로 아폴론의 힘이었다. 우리는 여기서 그리스적 본질
의 이상주의를 가장 용이하게 파악할 수 있다. 아시아인들에게는
저급한 충동이 가장 조야한 형태로 해방되는 것을 의미하는 자연의
식이, 또 일정한 시간 동안 모든 사회적 유대를 파괴하는 동물의 범
유녀적(遊女的) 삶을 의미하는 자연의식이, 그리스인들에게는 세계
구원의 축제, 즉 광명으로 충만한 변용의 날이 되었다. 그들 존재의
숭고한 충동들이 모두 이와 같은 비밀의식의 이상화를 통해 계시되

었다.

　그러나 헬레니즘이 질풍노도처럼 다가오는 이 새로운 신보다 더 커다란 위험에 처했던 적은 없었다. 또한 델피적 아폴론의 지혜가 이때보다 더 아름다운 빛 속에 드러났던 적은 없었다. 아폴론은 우선 서항하면서 거의 느끼지 못할 정도의 아주 섬세한 망으로 이 맹렬한 적을 감쌌고, 그는 반쯤 포로가 되어 유유히 돌아다녔다. 델피의 사제들은 새로운 의식이 사회의 재생 과정에 깊은 영향을 미친다는 점을 통찰해, 정치적-종교적 의도에서 이 의식을 장려함으로써, 또 아폴론적 예술가는 사려깊은 절제를 통해 바쿠스 숭배의 혁명적 예술에서 무엇인가를 배움으로써 그리고 델피의 의식 질서에 따른 1년 절기의 지배가 마침내 아폴론과 디오니소스에게 배분됨으로써 두 신들은 똑같은 승자로 그들의 싸움을 끝맺을 수 있었다. 전장에서 화해가 이루어진 것이다. 아폴론적 요소가 얼마나 격렬하게 디오니소스의 비합리적 초자연성을 억제했는가를 제대로 보고자 한다면, 고대 음악의 주종인 바쿠스 찬가 디티람부스가genos dithy-rambikon 동시에 고요한 찬가hesychastikon로 불렸다는 사실을 생각하면 된다. 그런데 아폴론적 예술 정신이 강하게 성장하면 할수록, 형제신 디오니소스도 더욱 자유롭게 발전했다. 전자가 아름다움을 부동의 광경을 통해 완전하게 바라보았던 바로 그 시기, 즉 피디아 시대에 후자는 비극을 통해 세계의 비밀과 세계의 경악을 해석했고, 비극적 음악을 통해 가장 내면적인 자연 사상, 모든 현상 속에 내재하고 모든 현상을 넘어서는 '의지'의 떨림을 표현했다.

　음악도 아폴론적 예술이라고 한다면, 엄밀하게 말해 율동과 율동의 조형적 힘만이 아폴론적 상태를 서술하기 위해 발전했다. 아폴론의 음악은 음들로 이루어진 건축이다. 그것도 고대 그리스의 현악기 키타라의 특성이라고 할 수 있는 암시된 음들로만 된 건축이다. 디오니소스 음악뿐만 아니라 음악 자체의 성격을 서술하는 요소는 깊은 감동을 주는 음의 힘과 비길 데 없는 화음의 세계를 조심스럽게 멀리하고 있다. 음의 종류에 관한 그리스인들의 엄격한 서술에서 알아차릴 수 있듯이, 그들은 화음에 대해 아주 섬세히 지각하고 있었다. 물론 실제로 울려나오는, **실행된** 조화에 대한 그들의 욕구는 근대 세계에서보다는 훨씬 적었다. 화성의 순서와 그 약기법, 그리고 이른바 선율 속에는 예전에 나타난 적도 없는 '의지'가 직접 드러난다. 모든 개인은 비유로서, 일반적 규칙에 대한 개별적 경우로서 기능할 수 있다. 그러나 반대로 디오니소스적 예술가는 현상하는 것의 본질을 직접 이해할 수 있도록 서술해야 한다. 그는 아직 형태를 이루지 않은 의지의 혼돈에 대해 명령하며, 창조의 계기가 있을 때면 언제나 이 혼돈으로부터 새로운 세계뿐만 아니라 이미 현상으로 알려진 과거의 세계도 다시 창조할 수 있다. 후자의 의미에서 그는 비극적 음악가인 것이다.

최면에 걸린 흥분 상태에서 영혼의 모든 음계가 광란하는 디오니소스적 도취 또는 봄의 충동의 해방을 통해, 자연은 자신의 최고 힘을 표현한다. 자연은 개별 존재를 다시 가깝게 결합시키고, 그들로 하여금 스스로를 하나로 지각할 수 있게 한다. 그렇게 해서 개별화의 원리는 의지가 지속적으로 약화된 상태로 나타난다. 의지가 쇠퇴하면 할수록 만물은 더욱 개별적인 것으로 분열되고, 개인이 자신만만하게 자의적일수록 이 개체가 종사하는 유기체는 더욱 약해진다. 따라서 이 상태에서는 의지의 감상적 특성, 즉 사라진 것에 대한 '피조물의 한숨'이 분출된다. 최고의 기쁨에서 경악의 외침이 울려퍼지고, 보상할 수 없는 상실을 동경하는 한탄의 음이 울려나온다. 풍만한 자연은 사투르누스 신에게 제사를 올리고 동시에 자신의 장례식을 치르는 것이다. 사제들의 감정은 극히 기이하게 뒤섞여 있어, 공포는 쾌락을 불러일으키고, 환호는 가슴에서 고통스러운 음을 끌어낸다. *해방자holysios*라 불리는 신은 모든 것을 자신으로부터 해방시키고, 모든 것을 변신시킨다. 그런 식으로 흥분된 대중들의—이들에게서 자연은 음성과 움직임을 얻었다—노래와 몸짓은 호메로스적 그리스 세계에서는 전대미문의 새로운 것이었다. 그것은 그들에게는 어딘가 동양적인 것이었다. 그들은 운율과 조형의 엄청난 힘을 가지고 이 요소를 압도해야 했고, 또 이집트 신전양식을 제압했던 것처럼 실제로 제압했다. 위압적인 본능에 아름다움의 족쇄를 채운 것은 바로 아폴론적 민족이었다. 이 민족은 자연의 가장 위험한 요소들을 속박하고, 가장 나누석인 심승들에게 멍에를 걸었다. 그리스인들이 행한 디오니소스 축제의 정신화를 다른 민족들에게서 동일한 원천으로부터 발생한 정신화와 비교해볼 때, 우리는 헬레니즘의 이상주의적 힘에 가장 감탄한다. 비슷한 축제들은 태고적에도 도처에서 확인된다. 가장 유명한 것은 사카엔이라는 이름으로 바빌론에서 거행된 것이다. 닷새 동안 계속되는 축제에서 모든 국가의 끈과 사회적 유대가 갈기갈기 찢긴다. 성적 방종, 절제 없는 매춘으로 가족 파괴가 중심을 이룬다. 이에 대립되는 모형이 에우리피데스가 바쿠스 축제 속에서 그리고 있는 그리스 디오니소스 축제의 모습이다. 스코파스와 프락시텔레스가 입상으로 농축시켰던 것과 똑같은 사랑의 자극과 음악적 변용의 도취가 이

축제에서 흘러넘친다. 어떤 사자(使者)가 햇볕이 내리쬐는 정오에
자신이 양떼들을 몰고 산꼭대기로 올라갔다고 이야기한다. 보지 못
했던 것을 볼 수 있는 올바른 시간과 올바른 장소가 바로 그때와 그
곳이다. 목양신 판은 지금 잠을 자고, 하늘은 이제 영광을 받쳐주는
부동의 배경이 되며, 날은 이제 활짝 만개한다.

그 사자는 알프스 초원 위에 모여서 노래하는 세 개의 여성 합창
단을 발견한다. 땅 위에 한가하게 누워 정숙한 태도를 취하고 있는
그들을. 많은 부인들은 잣나무에 기대어 있으며, 만물은 졸고 있다.
갑작스레 펜테우스의 어머니가 환호하기 시작한다. 잠은 달아나고,
모든 사람이 벌떡 일어선다. 고귀한 관습의 원형. 젊은 처녀들과 부
인들은 곱슬곱슬한 머리카락을 어깨 위로 늘어뜨린다. 잠자는 동안
끈과 매듭이 풀어졌다면 노루가죽을 바로잡는다. 사람들은 친숙하
게 뺨을 핥고 있는 뱀으로 허리를 두르고, 몇몇 부인들은 새끼 늑대
와 노루를 품에 안고 젖을 먹인다. 모든 것은 담쟁이덩굴과 메꽃으
로 장식되어 있다. 담쟁이와 포도잎을 감은 바쿠스의 지팡이로 바
위를 한 대 치면 물이 솟구쳐 오르고, 지팡이로 땅을 찌르면 포도주
의 샘이 솟는다. 가지에서는 달콤한 꿀이 방울져 떨어지고, 누군가
가 손가락으로 땅바닥을 건드리기만 해도 눈같이 하얀 우유가 샘솟
는다. ─ 이것은 진정 마법의 세계다. 자연이 인간과의 화해 축제를
벌이는 것이다. 아폴론은 찢긴 디오니소스를 다시 짜맞추었다고 전
한다. 그것은 아폴론이 새롭게 창조한, 아시아적 분열에서 구원된
디오니소스의 모습이다.

2.

그리스 신들은 호메로스가 우리에게 보여주는 것처럼 완성의 상태이다. 그들은 결코 궁핍과 욕구의 산물로 파악될 수 없다. 불안한 정서를 지닌 사람들이 그러한 존재들을 생각해냈을 리 만무하다. 삶을 외면하지 않기 위해, 천재적인 환상의 상징들이 아무런 목표도 없이 투영된 것이다. 이 신들의 입으로 말하는 것은 삶의 종교이지, 의무나 고행 또는 정신성의 종교가 아니다. 이 모든 형상은 실존의 승리를 숨쉬고, 풍요로운 삶의 감정이 그들의 제식에 동반한다. 그들은 요구하지 않는다. 존립하고 있는 것은, 그것이 선한 것이든 악한 것이든 그들 속에서 신성화된다. 다른 종교들의 진지함, 신성성과 엄격함에 견주어보면, 그리스 종교는 환상적 유희로 평가절하될 수 있는 위험이 있다. 종종 그 중요성이 오인되는 심오한 지혜의 특성을 그려볼 수 없으면 그렇다. 그런데 이 특성을 통해 갑자기 저 에피쿠로스 신들이 존재는 요일무이한 메슬끼긱 민족의 창조로, 거의 최고의 창조로 나타난다. 사슬에 묶여 있는 숲의 신이 죽을 수밖에 없는 인간에게 감추고 있는 것은 바로 **민족**의 철학이다. '최선은 존재하지 않는 것이고, 차선은 곧 죽는 것이다.' 그 신들의 세계의 배경을 이루는 것 역시 동일한 철학이다. 그리스인은 실존의 공포와 끔찍함을 알았지만, 살 수 있기 위해 그것을 감추었다. 괴테의 상징으로 말하면 장미꽃 밑에 숨겨진 십자가다. 오로지 아킬레우스에게 이른 죽음을 결정하고 오이디푸스에게는 전율의 결혼을 규정한 모이라moira의 어두운 통치가 제우스, 아폴론, 헤르메스와 같은 광명의 형상들에 의해 은폐되어야 하기 때문에 저 빛나는 올림푸스 신들의 세계가 지배하게 되었다. 누군가가 저 **중간세계**

의 예술가적 가상을 치워버렸다면, 사람들은 숲의 신, 즉 디오니소스적 수행자의 지혜를 좇아야만 했을 것이다. 이 민족의 예술가적 정신이 이러한 신들을 창조하게 된 것은 바로 이와 같은 궁핍 때문이었다. 그러므로 변신론은 결코 헬레니즘의 문제가 아니었다. 우리는 세계의 실존과 세계의 성질에 관한 책임을 신들에게 요구하는 것을 삼가야 한다. 신들도 역시 운명의 여신인 아낭케ananke에 예속되어 있다. 이것은 가장 희귀한 지혜의 고백이다. 실제로 존립하고 있는 이 고백의 실존을 변용의 거울을 통해 보고, 이 거울로 메두사에 대항해 자신을 지키는 것—이는 살 수 있기 위한 그리스적 '의지'의 천재적 전략이었다. 만약 실존이 더욱 높은 영광에 둘러싸여 그들의 신들 속에 현시되지 않았다면, 감수성이 지극히 예민하고 고통에 대해 그토록 훌륭한 능력을 갖춘 이 민족이 어떻게 그것을 감내할 수 있었겠는가! 예술을 탄생시키는 바로 그 충동이, 계속 살도록 유혹하는 실존의 보완과 완성으로서, 올림푸스의 세계도 생겨나게 했다. 아름다움, 안정과 향락의 세계를.

호메로스적 세계에서 삶은 이러한 종교의 영향으로 말미암아 그 자체로 추구할 만한 가치가 있는 것으로 파악된다. 그 신들이 비추는 밝은 태양빛 아래의 삶. 호메로스적 인간들의 고통은 이러한 실존과의 결별, 특히 곧 다가올 결별과 관련이 있다. 한탄의 소리가 울려퍼지면, 그것은 '단명의 아킬레우스'를 한탄하는 소리이고 인간 세대의 짧은 순환에 관한 소리이며 영웅시대가 사라지는 것에 관한 소리이다. 설사 그것이 날품팔이의 삶이라 할지라도, 삶이 지속하기를 동경하는 것이 위대한 영웅의 품위를 손상하는 것은 아니다. 헬레니즘에서처럼 '의지'가 그렇게 명백하게 천명된 적은 없다.

헬레니즘의 한탄조차도 헬레니즘의 찬가다. 그래서 현대인은 자연과 인간 사이의 완전한 화음을 들을 수 있다고 믿는 그 시대를 갈망한다. 그래서 그리스적인 것은, 의식적인 자신의 의지 긍정에 걸맞는 찬란한 본보기를 찾아 헤매는 모든 사람에게 수수께끼를 풀어주는 암호이다. 향락에 탐닉하는 작가들의 손길을 통해 마침내 '그리스적 명랑'이라는 개념이 생겨나서, 경박하게 게으름을 피우는 삶이 불경스럽게도 '그리스적'이라는 말로 감히 용서를 구하려 하거나, 한술 더 떠 자랑으로 생각하려고 한다.

가장 고귀한 것에서 천박한 것에 이르는 이 모든 생각에도 불구하고 그리스 문화는 여전히 너무 거칠고 단순하게 받아들여지고, 분명하지만 동시에 편파적인 민족들(예컨대 로마인들)의 이미지에 따라 형성되었다. 우리는 건드리기만 하면 금으로 변하곤 하는 한 민족의 세계관에서도 마찬가지로 예술가적 가상에 대한 욕구가 있다는 사실을 추측해야만 한다. 이미 언급한 바와 같이 우리는 이 세계관에서 무시무시한 환상을 만나게 된다. 그것은 자연이 자신의 목적을 성취하기 위해 규칙적으로 사용하는 바로 그 환상이다. 진정한 목표는 광기의 환영으로 감춰져 있다. 이 환영을 구하려고 우리는 손을 내뻗고, 자연은 이렇게 기만하여 그 목표를 성취한다. 의지는 그리스인들에게서 예술작품으로 변용된 자기 자신의 모습을 바라보고자 한다. 자신을 찬미하려면, 그의 피조물들 역시 자기 자신을 찬미할 만한 가치가 있는 것으로 느껴야만 했고, 더욱 높은 차원의 영역에서 자신을 재발견해야 했다. 다시 말해 이 직관의 완성된 세계가 명법 또는 비난으로 작용하지 않고서도 그들은 이상적인 것으로 고양되어야 했다. 이것이 바로 그들이 자신의 환영, 즉 올림푸스의 신들을 바라볼 수 있는 아름다움의 영역이다. 그리스적 의지는 이 무기를 가지고 예술가적인 것과 상관있는 재능, 즉 **고통과 고통의 지혜를 위한 재능에** 대항해 싸운다. 그리고 이 싸움의 결과로 그리고 승리의 기념비로 비극이 탄생했다.

5   **고통의 도취와 아름다운 꿈**에는 각각 다른 신들의 세계가 있다. 전자는 자기 존재의 전능 속에서 자연의 가장 내면적인 사상에까지 침투한다. 그는 무서운 실존을 향한 충동을 인식하고, 동시에 실존에 들어선 모든 것의 지속적 죽음을 인식한다. 그가 창조하는 신들은 선하고 악하며, 우연과 유사하고, 갑작스레 등장하는 계획적 정연함으로 사람을 놀라게 하며, 동정심이 없고 아름다운 것에 대한

10 기쁨을 모른다. 그들은 진리와 친화 관계에 있으며, 개념에 가깝다. 그들이 특정한 형태로 농축되는 것은 드물고 어렵다. 그들을 바라보면 돌로 변한다. 어떻게 그들과 살아야만 하는가? 그러나 그래서는 안 된다는 것이 그들의 가르침이다.

15 이 신의 세계가, 마치 처벌이 따르는 비밀처럼, 완전히 은폐될 수 없다면, 그 곁에 세워진 찬란하게 빛나는 올림푸스 세계의 꿈의 탄생을 통해 이 신의 세계에서 시선을 돌려야 한다. 그렇기 때문에 이 신들의 세계의 진리 또는 상징이 더욱 강하게 타당성을 주장하면 할수록 그 색깔의 이글거리는 열과 형상들의 감성은 더욱 고양된

20 다. 그런데 진리와 아름다움 사이의 투쟁이 디오니소스 예식에서보다 더 강하게 드러났던 적은 없다. 자연은 이 의식 속에서 모습을 드러내고, 놀랍도록 분명하게 자신의 비밀을 말한다. 그가 말하는 소리에 눌려 유혹적인 가상은 거의 힘을 잃을 정도다. 이 샘은 아시아에서 솟아올랐으나, 그리스에서 강이 되어야 했다. 왜냐하면 그

는 이곳에서 아시아가 제공하지 못했던 것, 즉 가장 가벼운 절제력과 통찰력과 결합된 가장 민감한 감수성과 고통의 능력을 처음으로 발견했기 때문이다. 아폴론은 그리스 문화를 어떻게 구원했는가? 그는 새로 온 신을 아름다운 가상의 세계, 즉 올림푸스 신들의 세계로 끌어올렸다. 가장 명망 있는 신들, 예컨대 제우스와 아폴론이 가지고 있는 명예들 중에서 많은 것이 그에게 봉헌되었다. 사람들은 이 낯선 이를 결코 괴롭히지 않았다. 그러기에는 그 역시 무서운 (어떤 의미에서도 적이 틀림없는) 이방인이었고, 손님을 후대하는 주인집을 폐허로 만들기에 충분할 정도로 강력했다. 거대한 혁명이 모든 생활 형식에서 시작했다. 디오니소스는 여기저기로, 예술 속으로도 침투했다.

직관, 아름다운 것, 가상은 아폴론적 예술의 영역을 경계짓는다. 그것은 눈꺼풀을 닫고 꿈꾸는 꿈속에서 예술가적으로 창조하는 눈이 신성화한 변용의 세계이다. 서사시도 우리를 이와 같은 꿈의 상태에 빠지게 한다. 우리는 눈을 뜨고서도 아무것도 보지 못하고, 내면의 상징을 즐겨야 한다. 우리가 이 상징들을 생산하도록 음유시인은 개념들로 자극하려고 한다. 그런데 여기서는 조형예술의 효과가 우회적으로 성취된다. 조각가는 조각된 대리석을 통해 꿈결에 자신이 직관한 살아 있는 신에게 우리를 인도하는 까닭에, 본래 목적*telos*으로 떠올렸던 형상이 조각가뿐만 아니라 감상자에게도 분명해지고, 조각가는 입상의 매개형상을 통해 감상자로 하여금 뒤따라 똑같이 볼 수 있도록 만든다. 마찬가지로 서사시인은 살아 있는 동일한 형상을 보고, 다른 사람도 이 형상을 직관할 수 있도록 보여준다. 그러나 그는 자기 자신과 사람들 사이에 어떤 입상도 세우지 않는다. 그는 오히려 그 형상이 자신의 삶을 어떻게 증명하고 있는가를 동작, 음성, 말, 행위를 통해 이야기한다. 그는 우리로 하여금 많은 효과들을 원인으로 환원시키도록 강요하며, 우리 스스로가 예술가적으로 구성하도록 강권한다. 우리가 형상, 집단 또는 영상을 분명하게 표상할 수 있다면, 그리고 그 자신이 처음에 그 표상들을 산출했던 꿈과 같은 상태를 우리에게 전달한다면, 그는 자신의 목표를 성취하는 것이다. 조형적 창조를 하라는 서사시의 요청은 서정시가 서사시와 얼마나 절대적으로 다른지를 증명해준다. 왜냐하면 서정시는 결코 형상을 만드는 것을 목표로 하지 않기 때문이다. 양자사이의 공통점은 오직 질료적인 것, 낱말, 더 일반적으로 말하자면 개념뿐이다. 만약 우리가 시에 관해 말한다면, 우리는 조형예술 및 음악과 조화를 이룰 수 있는 범주를 말하는 것이 아니라 그 자체 완전히 다른 두 가지 예술 수단, 즉 그 중의 하나는 조형예술로의 길을 의미하고, 다른 하나는 음악으로의 길을 의미하는 예술 수단의 교착(膠着)을 말하는 것이다. 그러나 양자는 모두 예술 창조에 이르는 수단일 뿐 예술 자체는 아니다. 이런 의미에서는 물론 회화와 조각도 예술의 수단일 뿐이다. 본래 예술은, 그것이 미리 하는 선-창조든 아니면 추후에 하는 후-창조든 상관없이 형상들을 창조할 수 있음을 의미한다. 예술의 **문화의미**는 바로 이 특성, 지극히 인간적인 이 특성에 근거한다. 예술 수단을 통해 예술을 강요하는 사람으로서의 예술가가 동시에 예술 활동의 흡수 기관일 수는 없다.

　　아폴론적 문화의 형상 의식은—이 문화가 신전이나 입상으로 또는 호메로스적 서사시에서 표현되든 간에—척도에 대한 윤리적 요청이라는 고귀한 목표를 가지고 있다. 이 요청은 아름다움에 대한 심미적 요청과 병행한다. 척도, 한계가 인식될 수 있다고 여겨지는 곳에서만, 척도를 요청으로 설정할 수 있다. 그 한계를 지키기 위해서 우리는 그것을 알아야 한다. 그렇기 때문에 아폴론적 경고는 '그노티 세아우톤gnothi seauton(너 자신을 알라)'이다. 그러나 아폴론적 그리스인이 자신을 보고 인식할 수 있었던 거울은 올림푸스 신들의 세계였다. 이곳에서 그는 꿈의 아름다운 가상에 둘러싸여 있는 자신의 가장 고유한 본질을 인식했다. (몰락한 거인족 세계에 대해) 새로운 신들의 세계의 활동을 속박했던 척도는 아름다움이었다. 그리스인이 가슴 깊이 지키고 있는 한계는 아름다운 가상의 한계였다. 가상과 척도를 지향하는 문화의 가장 내면적인 목적은 진리의 은폐일 수밖에 없을 것이다. 강력한 거인족에게도 그랬듯이 이 문화에 봉사하는 지칠 줄 모르는 연구자에게도 '결코 너무 많이 하지 말라meden agan'는 경고가 내려졌다. 인간 인식을 지나치게 장려하는 것이 장려자뿐만 아니라 장려의 대상인 사람에게도 똑같이 파멸의 근원이 될 수 있다는 본보기가 프로메테우스를 통해 그리스 문화에 제시되었다. 프로메테우스의 지혜를 가지고 신 앞에서 주장하고자 하는 사람은 헤시오도스처럼 '메트론 에케인 소피에스 metron echein sophies(지혜의 척도를 가져야 한다).'

그런데 이런 식으로 건립되고 예술가적으로 보호된 세계에 디오니소스 축제의 망아적 색조가 스며들었다. 이 축제에서는 자연의 과도함이 모두 쾌락, 고통과 인식 속에 동시에 드러났다. 이제까지 한계로, 척도의 규정으로 타당했던 모든 것이 여기서는 예술가적 가상임이 입증된다. '과도함'이 진리로 폭로되었다. 마법의 힘으로 열광시키는 민중의 노래가 처음으로 강렬한 감정에 취해 요란해지기 시작했다. 그렇다면 겁먹은 듯 암시석인 키타나의 소리로 찬미가를 읊조리는 아폴론의 예술가는 무엇을 의미했는가? 예전에는 시적-음악적 조합 내에서 신분처럼 계승되고 동시에 모든 세속적 활동에 대해 거리를 두었던 것, 아폴론적 수호신의 힘으로 인해 단순한 건축술 단계에 머무를 수밖에 없었던 것, 즉 음악적 요소가 여기서는 모든 한계를 벗어 던졌다. 예전에는 가장 단순한 형태의 지그재그로 움직이던 율동이 바쿠스의 춤으로 흐느적거린다. 소리가 울려퍼졌다. 예전과 같이 형체 없는 유령처럼 희석된 소리가 아니라 군중들에 의해 수천 배로 커지고 깊은 저음의 관악기 반주를 받아 울리는 소리가. 그리고 가장 비밀스러운 일이 일어났다. 자신의 운동을 통해 자연의 의지를 직접 이해시키는 화음이 이 세계에 탄생한 것이다. 아폴론적 세계에서 예술가적으로 감춰졌던 사물들이 이제 디오니소스의 주위에서 큰 소리를 냈다. 올림푸스의 신들이 발하는 모든 미광이 실레노스의 지혜 앞에서 창백해졌다. 망아적 도취 속에서 진리를 말하는 예술이 가상 예술의 뮤즈를 몰아냈다. 자신의 경계와 척도를 지니고 있던 개인은 디오니소스 상태의 자기 망각 속에서 몰락했다. 우상의 황혼이 가까이 다가왔다.

스스로를 아폴론적으로 창조하는 데 반대하여 디오니소스적 요소들의 입장을 허락한 의지의, 궁극적으로는 하나일 수밖에 없는 이 의지의 의도는 무엇이었는가?

그것은 새롭고 더욱 차원 높은 실존의 *수단mechane*, 즉 비극적 사상의 탄생 때문이었다. ──

3.

실존의 통상적 경계와 한계를 파괴하는 디오니소스적 상태의 황홀은, 그것이 지속되는 동안 무감각에 빠지게 하는 혼수(昏睡)의 요소를 함축하고 있다. 과거에 체험했던 모든 것이 이 요소 속으로 침잠한다. 이 망각의 틈을 통해 일상적 현실 세계와 디오니소스적 현실 세계가 서로 갈라진다. 그러나 일상 현실이 다시 의식 속으로 들어오자마자 그것은 **구토**의 감정으로 지각된다. 이 상태의 결실이 의지를 부정하는 금욕적 정서이다. 사상 속에서 디오니소스적인 요소는 좀더 높은 차원의 세계 질서로 통속적 세계 질서와 대치한다. 그리스인은 이 죄와 운명의 세계에서 철저하게 도피하고자 했다. 그리스인은 결코 죽음 후의 세계로 자신을 위로하지 않았다. 그의 동경은 신들을 넘어서 더 높은 곳을 향했다. 그는 다채롭게 빛나는 신들의 반영과 함께 실존을 부정했다. 도취에서 깨어나는 의식 상태에서 그는 곳곳에 널려 있는 인간 존재의 경악스러운 면과 부조리한 면을 본다. 그것이 그를 구역질나게 만드는 것이다. 이제 그는 숲의 신의 지혜를 이해한다.

여기서 그리스적 의지가 자신의 아폴론적-낙관적 근본 원리를 가지고 허용할 수 있었던 가장 위험한 한계에 이르게 된다. 저 부정적 정서를 다시 되돌려놓기 위해 그리스적 의지는 여기서 곧 자신이 가지고 있는 자연의 치유력을 발휘했다. 그 수단은 비극적 예술 작품이고 비극적 이념이다. 그의 의도가 결코 디오니소스적 상태를 약화하거나 또는 억압하는 것일 수는 없었다. 직접 압도하는 것은 불가능했다. 그리고 가능하다고 할지라도, 그것은 너무나 위험했다. 왜냐하면 그리스적 의지가 발산됨으로써 저지되고 있는 요소가 다른 궤도로 분출하여 모든 삶의 혈관 속으로 스며들기 때문이다.

특히 실존의 경악스러운 것과 부조리한 것에 대한 구토의 사상을 더불어 살아갈 수 있는 생각으로 변형시키는 것이 중요했다. 경악스러운 것을 예술가적으로 제어한 숭고한 것과 구역질 나는 부조리를 예술가적으로 방출한 익살스러운 것이 바로 그처럼 변형된 생각들이다. 서로 얽혀 있는 이 두 가지 요소는 하나의 예술작품으로 통합되고, 이 예술작품은 도취를 모방하고 도취와 유희한다.

숭고한 것과 익살스러운 것은 아름다운 가상의 세계를 넘어서는 하나의 행보이다. 왜냐하면 일종의 모순이 두 개념 속에서 지각되기 때문이다. 다른 한편으로 그것들은 결코 진리와 일치하지 않는다. 그것들은 진리를 은폐하는 베일이다. 그것은 비록 아름다움보다 투명하기는 하지만 여전히 하나의 베일에 불과하다. 그러므로 우리는 이들 속에서 아름다움과 진리 사이의 중간세계를 가지게 된다. 이 중간세계에서는 디오니소스와 아폴론을 부정하는 것이 가능하다. 이 세계는 도취와의 유희 속에서 드러나지, 도취에 완전히 탐닉한 상태에서 드러나지 않는다. 배우에게서 우리는 디오니소스적 인간, 본능적 시인과 가수와 무용수를 다시 발견한다. 그렇지만 그것은 유희로 연극한 디오니소스적 인간이다. 그는 숭고함의 충격 속에서나 그칠 줄 모르는 웃음의 충격 속에서 자신의 원형에 이르고자 한다. 그는 아름다움을 넘어서지만, 그렇다고 해서 진리를 찾지는 않는다. 양자의 중간에서 떠돌아다니고 있다. 그는 아름다운 가상을 추구하지는 않지만 가상은 추구한다. 그리고 진리를 추구하지는 않지만 진리처럼 보이는 개연성(진리의 상징과 기호)은 추구한다. 우선 배우는 물론 개개인을 묘사하지는 않았다. 디오니소스적 군중, 즉 민중이 서술되어야 했던 것이다. 그래서 디오니소스 찬가의 합창대가 있었다. 도취와의 유희를 통해, 주위에 둘러서 있는 관객의 합창대와 마찬가지로, 배우 자신이 도취에서 해방되어야 했다. 아폴론적 세계의 관점에서 그리스 문화는 구원되고 속죄되어야 했다. 올바른 구원과 속죄의 신 아폴론이 그리스인을 투시적 무아경과 실존에 대한 구토로부터 구제했다. 비극적-희극적 사상의 예술작품을 통해.

숭고한 것과 익살스러운 것의 새로운 예술세계, 즉 '개연성'의 예술세계는 예전의 아름다운 가상의 예술세계와는 달리 다른 신관과 세계관에 기반을 두고 있었다. 실존의 공포와 부조리, 흐트러진 질서와 비이성적 계획성, 간단히 말해 전체의 자연에 내재하는 무시무시한 고통에 대한 인식은 예술적으로 감춰졌던 운명의 여신 모이라, 복수의 여신 에리스, 메두사와 고르곤의 베일을 벗겼다. 올림푸스의 신들은 구토의 위협에 처해 있었던 것이다. 그러나 그들은 숭고함과 익살스러움의 대상 속으로 침잠함으로써 비극적-희극적 예술작품 속에서 구원되었다. 그들은 이제 오직 아름답게만 존재하려 하지 않고, 동시에 옛 신들의 질서와 그 숭고성을 흡수했다. 이제 그들은 두 집단으로 나뉘어졌다. 오직 몇몇 신들만이 중간에서 떠돌아다니면서, 어떤 때는 숭고한 신이, 다른 때는 익살스러운 신이 되기도 했다. 특히 디오니소스 자신이 저 이중적 본질을 갖게 되었다.

그리스 문화의 비극 시대에 사람들이 어떻게 다시 살 수 있었는가는 아이스킬로스와 소포클레스의 두 유형에서 가장 잘 나타난다. 사유하는 사상가인 전자에게 숭고한 것은 위대한 정의 속에서 가장 잘 나타난다. 그에게서 인간과 신은 가장 밀접한 주관적 공통성을 가지고 있다. 그는 신적인 것, 정의로운 것, 윤리적인 것과 행복한 것이 통일적으로 서로 엉켜 있다고 생각한다. 인간이나 거인 같은 개별적 존재는 이 저울로 측량되었다. 신들은 이 정의의 규범에 따라 재구성된다. 예를 들면 눈을 멀게 하고 죄를 짓도록 유혹하는 악마에 ― 이는 올림푸스의 신들에게 축출된 태고적 신의 세계의 잔재이다 ― 대한 민간신앙은, 이 악마가 정의롭게 형벌을 주는 제우스의 손에 쥐어진 도구가 됨으로써 교정된다. 마찬가지로 매우 오래된, ― 역시 올림푸스 신들에게는 낯선 ― 성(性)을 저주하는 사상의 실상이 가차없이 드러난다. 아이스킬로스는 개개인이 신을 모독하는 불경을 저지를 필연성이 전혀 없으며, 또 모든 사람이 이로부터 벗어날 수 있다고 생각하기 때문이다.

　아이스킬로스가 올림푸스적 사법의 고상함에서 숭고한 것을 발견하는데 반해, 소포클레스는 그것을 ― 놀랍게도 ― 올림푸스적 사법이 가지는 불가침성의 고상함에서 본다. 그는 모든 점에서 민중의 관점을 재건한다. 경악할 만한 운명의 부당성이 그에게는 숭고한 것처럼 보였다. 진정 풀 수 없는 인간 실존의 수수께끼가 그의 비극적 시신(詩神)이었다. 고통은 그에게서 변용을 얻게 되며, 신성화하는 그 무엇으로 파악된다. 인간적인 것과 신적인 것 사이의 간격은 측량할 수 없다. 따라서 가슴 깊이 우러나오는 순종과 좌절이 당연한 것이다. 본래적 덕성은 소프로쉬네*Sophrosyne*, 즉 절제이다. 그것은 본래 부정적인 덕성이었다. 영웅적 인간은 어떠한 덕성도 가지고 있지 않은 가장 고귀한 인간이다. 그의 운명은 무한한 간격을 보여준다. 죄는 결코 존재하지 않는다. 오직 인간의 가치와 인간의 한계에 대한 인식 결핍이 있을 뿐이다.

이 관점은 어쨌든 아이스킬로스의 관점보다 더 심오하고 내면적이다. 이 관점은 디오니소스적 진리에 상당히 근접하며, 많은 상징을 사용하지 않고서도 이 진리를 표명한다. 그럼에도 불구하고! 우리는 여기서 아폴론의 윤리적 원리가 디오니소스적 세계관의 그물 속에 같이 짜여 있음을 인식한다. 아이스킬로스에게서 구토는 세계 질서의 지혜 앞에서 일어나는 숭고한 전율 속에서 없어져버린다. 그런데 이 지혜가 쉽게 인식될 수 없는 것은 단지 인간이 약하기 때문이다. 소포클레스에게 이 지혜는 전혀 탐구할 수 없는 것이기 때문에 전율도 그만큼 더 크다. 아이스킬로스적 정서는 신의 사법을 정당화해야 하는 지속적 과제를 가지고 있고 또 그렇기 때문에 항상 새로운 문제들에 직면하는데 반해 소포클레스에게는 아무런 투쟁도 없는, 더욱 맑은 경건함의 분위기가 감돈다. 아폴론이 탐구하도록 명령한 '인간의 한계'를 소포클레스는 인식할 수 있는 것이다. 그러나 그것은 디오니소스 이전의 시대에 아폴론이 의도했던 것보다는 더 좁고 더 제한되어 있다. 인간에게 자기 자신에 관한 인식이 결핍되어 있다는 것이 소포클레스적 문제라면, 인간에게서 볼 수 있는 신들에 관한 인식이 결핍되어 있다는 것은 아이스킬로스의 문제이다.

경건함, 삶의 충동의 불가사의한 가면! 최고의 윤리적 **지혜**가 주어지는 완성된 **꿈**의 세계에 헌신하는 것! 구름에 둘러싸인 진리를 멀리서 숭배할 수 있기 위해 진리에서 도피하는 것! 현실이 수수께끼처럼 비밀스럽기 때문에 현실과 화해하는 것! 우리가 신이 아니기 때문에 수수께끼의 해명에 대한 거부감! 자신을 즐겁게 티끌 속으로 내던지고 불행 속에서 행복한 안정을 구하는 것! 최고의 자기 표명을 통한 인간 최고의 자기 포기! 실존의 위협수단과 실존의 가공스러움을 실존에서 구원될 수 있는 수단으로 찬미하고 예찬하는 것! 삶을 경멸하면서도 기쁨에 가득 찬 삶을 구가하는 것! 자기 부정을 통한 의지의 승리!

이 단계에서는 오직 두 길, 성인의 길과 비극적 예술가의 길이 있을 뿐이다. 양자는 실존의 무상함을 분명하게 인식함에도 불구하고 자신의 세계관에 어떤 균열도 느끼지 않고 계속 살아갈 수 있다는 공통점을 가지고 있다. 계속 살아야 한다는 데 대한 구토가 창조의 수단으로 지각된다. 물론 이 창조는 무엇인가를 신성화하는 성스러운 것일 수도 있고 예술가적인 것일 수도 있다. 공포스러운 것과 부조리한 것은, 그것이 단지 **가상으로만** 끔찍하고 부조리하기 때문에 고양시키는 효과를 가진다. 마법화하는 디오니소스적 힘은 이 세계관의 최첨단에서도 실증된다. 현실적인 모든 것은 가상으로 해체되고, 가상의 뒤에서는 통일적인 의지의 본성이 자신을 알린다. 그것은 지혜와 진리의 영광에 온통 둘러싸여 있고, 눈부시게 빛나는 광채를 띠고 있다. 환상, 광기가 정점에 이른 것이다.

아폴론적 의지로서 그리스 세계의 질서를 구축했던 동일한 의지가 자신의 다른 현상 형식, 즉 디오니소스적 의지를 자신의 내면에 받아들였다는 사실은 이제 더 이상 불가해한 것으로 여겨지지 않는다. 의지의 두 현상 형식들의 투쟁은 실존의 더 높은 가능성을 창조하고 이 가능성 속에서 (예술을 통해) 더 높은 찬미에 이르고자 하는 비범한 목표를 가졌다. 찬미의 형식은 더 이상 가상의 예술이 아니라 비극적 예술이었다. 가상의 예술은 이 비극적 예술 속에 완전히 흡수되었다. 아폴론과 디오니소스는 통합되었다. 아폴론적 삶 속으로 디오니소스적 요소가 침투한 것처럼, 한계로서의 가상이 여기서도 뿌리를 내린 것처럼 디오니소스적-비극적 예술은 더 이상 '진리'가 아니다. 노래와 춤은 이제 더 이상 본능적인 자연 도취가 아니다. 디오니소스적으로 흥분된 합창대 무리는 더 이상 봄의 충동에 무의식적으로 사로잡힌 민중이 아니다. 진리는 이제 상징화된다. 진리는 가상을 사용하고, 또 그렇기 때문에 가상의 예술들을 사용할 수 있고 사용해야 한다. 예전의 예술과의 커다란 차이가 벌써 드러난다. 이제는 모든 가상의 예술 수단이 공동으로 사용되는 까닭에 입상과 그림은 변화하고, 어떤 때는 신전이 또 어떤 때는 궁전이 동일한 뒷배경으로 제시되기도 한다. 그러므로 우리는 동시에 어느 정도 가상에 대한 무관심을 감지한다. 가상은 자신의 영원한 주장과 주권을 행사하는 요청을 포기할 수밖에 없다. 가상은 이제 가상으로가 아니라 상징으로, 진리의 기호로 향유된다. 따라서—그 자체는 불쾌하기 그지없는—예술 수단의 융해가 이루어진다. 이처럼 가상을 경시하는 가장 분명한 징후는 가면이다.

　관객에게 모든 것이 마법에 걸린 듯 표상되고, 관객은 항상 상징 이상의 것을 보며, 또 무대와 오케스트라의 모든 가시적 세계는 기적의 영역이라는 디오니소스적 주장이 관객에게 제시된다. 그렇지만 기적을 믿을 수 있을 분위기로 관객을 밀어넣는 힘, 또 관객이 모든 것을 마법적으로 볼 수 있도록 만드는 힘은 도대체 어디 있는가? 누가 가상의 힘을 압도하여 그것을 상징으로 무력화시켰는가?

　그것은 음악이다.

4.

쇼펜하우어의 궤도를 따르는 철학은 우리가 '감정'이라고 부르는 것을 무의식적 표상과 의지 상태의 복합체로 파악하도록 가르친다. 그러나 의지의 추구는 쾌락이나 불쾌로 표현되고, 이 표현을 통해서는 단지 양적 차이만을 드러낼 뿐이다. 쾌락에는 여러 종류가 있는 것이 아니라 오직 정도의 차이만 있을 뿐이며, 수반하는 표상들이 다수일 뿐이다. 우리는 쾌락을 하나의 의지가 충족되는 것으로 이해하고, 불쾌는 불충족으로 이해한다.

그런데 감정은 어떤 방식으로 전달되는가? 부분적으로, 극히 부분적으로 감정은 사상, 즉 의식화된 표상으로 전환될 수 있다. 이는 물론 수반하는 표상들의 일부에 해당된다. 감정의 이 영역에서도 풀 수 없는 부분은 항상 남아 있게 마련이다. 언어, 즉 개념과 연관된 것만이 해결될 수 있다. 이에 따르면 '시'의 경계는 감정의 표현 가능성 속에서 규정된다.

다른 두 가지 전달 방식들은 대체로 본능적이며, 무의식이긴 하지만 합목적적으로 작용하는 방식들이다. 그것은 **몸짓언어와 음성언어**이다. 몸짓언어는 일반적으로 이해될 수 있는 상징으로 구성되며, 반사운동을 통해 산출된다. 이 상징들은 가시적이다. 즉 이들을 보는 눈은 몸짓이 산출하고 상징하는 상태를 즉각 매개한다. 보는 사람은 대개 자신이 지각하는 운동이 이루어지는 동일한 얼굴 부위 또는 신체에 교감 신경자극을 느낀다. 상징은 여기서 전적으로 불완전한 부분적 모사를 의미하고, 사람들이 그것을 어떻게 이해할지 합의해야만 하는 암시적 기호를 의미한다. 이 경우 일반적 이해는 본능적일 뿐이기 때문에 그것은 선명한 의식을 거치지 않은 것이다.

그렇다면 몸짓은 저 이중적 존재, 즉 감정에서 무엇을 상징하는가?

수반하는 표상을 상징함이 틀림없다. 왜냐하면 이 표상만이 가시적 몸짓을 통해 불완전하고 부분적으로 암시될 수 있기 때문이다. 하나의 영상은 오직 다른 영상을 통해서만 상징화될 수 있다.

회화와 조형미술은 특정한 몸짓을 하고 있는 사람을 서술한다. 즉 이들은 상징을 모방하며, 우리가 이 상징을 이해할 때 효과를 성취하는 것이다. 직관의 쾌락은 그것이 가상임에도 불구하고 상징을 이해하는 데 있다.

이에 반해 배우는 상징을 가상적으로뿐만 아니라 실제로도 서술한다. 그러나 우리에게 미치는 배우의 영향력은 그 상징을 이해하는 데 근거하지 않는다. 오히려 우리는 상징화된 감정 속으로 침잠하지, 가상에 대한 쾌락, 아름다운 가상에 머무르지 않는다.

그렇기 때문에 연극에서 장식은 결코 가상의 쾌락을 불러일으키지 않는다. 우리는 장식을 상징으로 파악하고, 이 상징을 통해 암시된 현실을 이해한다. 밀랍 인형과 실제 식물들은 그려진 온갖 다른 장식들과 마찬가지로 우리가 여기서 현실을 재현하는 것이지 인위적 가상을 재현하는 것이 아니라는 사실을 증명하기에 충분하다. 여기에서 과제는 개연성이지, 더 이상 아름다움이 아니다.

그렇다면 아름다움은 무엇인가? — '장미는 아름답다'는 문장이 뜻하는 바는 오직 장미가 훌륭한 가상을 가지고 있다는 것일 뿐이다. 장미는 우리 마음에 드는 빛을 발하는 것이다. 이것으로는 장미의 본질에 관해 말한 것이 아무것도 없다. 장미는 마음에 들고, 가상으로서 쾌락을 자극한다. 다시 말해 의지는 빛나는 장미의 가상을 통해 충족되고, 실존에 대한 쾌락이 이로써 증진된다. 장미는—
빛나는 가상에 따라—자신의 의지의 충실한 모사물이다. 이는 아
름다움의 형식과도 일치한다. 장미는 자신의 가상에 따라 종(種)의
규정에 일치한다. 장미가 가상을 통해 자신의 종에 일치하면 할수
록, 장미는 더욱 아름답다. 만약 장미가 본질에 따라 종의 규정에
일치한다면, 장미는 '좋은' (선한) 것이다.

'아름다운 그림' 이 의미하는 바는 단지 우리가 어떤 그림에서 가
지는 표상이 여기서 충족된다는 것뿐이다. 그러나 우리가 어떤 그
림을 '좋다' 고 부른다면, 우리는 그 그림에 대한 우리의 표상을 그
림의 본질에 부합하는 표상으로 서술하는 것이다. 대개의 경우 우
리는 아름다운 그림을 아름다운 어떤 것을 서술하는 그림으로 이해
한다. 그것은 문외한들의 판단이다. 이들은 주로 질료의 아름다움
을 향유한다. 이렇게 우리는 드라마 속의 조형예술을 즐겨야 한다.
물론 여기서는 오직 아름다운 것만 서술하는 것이 과제가 될 수 없
다. 드라마가 참으로 보이면 충분하다. 서술된 대상은 가능한 한 감
각적으로 살아 있는 것으로 파악되어야 한다. 즉 진리라는 인상을
주어야 하는 것이다. 아름다운 가상의 작품에서는 이러한 주장의
반대가 요구된다.

그런데 감정의 몸짓이 수반되는 표상을 상징한다면, 의지의 활동
은 어떤 상징을 통해 우리의 이해를 위해 전달되는가? 여기서는 무
엇이 본능적인 전달인가?

음성의 전달. 엄밀하게 말하면, 음성이 상징하는 것은—어떤 표상
도 수반하지 않는—쾌락과 불쾌의 다양한 방식들이다.

우리가 다양한 불쾌감들을 특징짓기 위해 말할 수 있는 모든 것

은 몸짓의 상징을 통해 분명해진 표상들의 영상이다. 예컨대 갑작스러운 공포를 말할 때, 우리는 고통의 '두근거림, 욱신거림, 경련, 콕콕 쑤심, 베는 듯이 아픔, 간지럼힘' 을 말한다. 이로써 의지의 간헐적 신경자극의 형식들이 표현된 것처럼 보인다. 간단히 말하면─음성언어의 상징론 속에는─운율론이 표현되어 있다. 의지가 증가하는 정도와 쾌락과 불쾌의 변화하는 양을 우리는 소리의 역학에서 다시 인식한다. 그러나 소리의 본래적 본질은─비유적으로 스스로를 표현하지 않고─화음 속에 은폐한다. 의지와 그것의 상징인 화음, 이 양자는 궁극적으로 순수 논리학이 아닌가! 운율론과 역학이 어떤 의미에서는 상징 속에 드러나는 의지의 외면이라고 한다면, 다시 말해 현상의 유형을 여전히 지니고 있다면, 화음은 의지의 순수 본질을 상징한다. 따라서 운율론과 역학에서는 개별 현상이 여전히 현상으로 서술될 수 있다. 음악은 이런 측면에서 가상의 예술로 만들어질 수 있다. 화음은 모든 현상 형식들의 안팎에 있는 의지에 관해 말하는데, 해결되지 않은 나머지 부분은 따라서 감정의 상징론이 아니라 세계의 상징론이다. 개념은 자신의 영역에서는 전적으로 무능력한 것이다.

이제 우리는 디오니소스적 예술작품에 대한 몸짓언어와 음성언어의 의미를 파악할 수 있다. 봄축제에서 부르는 민중의 야생적 디오니소스 찬가에서 인간은 자신을 개인으로서가 아니라 유적 인간으로 말하고자 한다. 인간이 개별적 인간이기를 멈춘다는 사실은 눈의 상징론과 몸짓언어를 통해 표현되어, 그는 이제 **사티로스로서**, 즉 자연존재 중의 자연존재가 되어 몸짓으로 말한다. 그것도 고양된 몸짓언어인 춤의 몸짓으로 말한다. 그러나 그는 소리를 통해서는 자연의 가장 내면적인 사상을 표현한다. 몸짓에서처럼 단지 유적 존재의 수호신만이 아니라 실존 자체의 수호신, 즉 의지가 여기서는 스스로를 직접 이해시킨다. 그러므로 그는 몸짓을 가지고는 유적 존재의 한계, 즉 현상 세계의 한계 내에 머물지만, 소리로써 현상의 세계를 원천적 통일성으로 해체시킨다. 소리의 마법 앞에서 마야의 세계가 사라지는 것이다.

그렇다면 자연인은 언제 소리의 상징에 이르게 되는가? 몸짓언어가 더 이상 충분하지 않게 되는 것은 언제인가? 무엇보다도 의지가 최고의 쾌와 불쾌의 상태에 있을 때, 환호하는 의지로서 또는 죽음의 불안에 떨고 있는 의지로서, 간단히 말해 감정의 도취에서, 다시 말해 절규할 때 그렇다. 절규는 시선보다 얼마나 더 강력하고 직접적인가! 그러나 좀더 부드러운 의지의 감동도 역시 나름의 소리 상징을 가지고 있다. 일반적으로는 모든 몸짓에 하나의 소리가 나란히 짝을 이룬다. 그러나 소리를 순수한 음향으로 고양시키는 것은 오직 감정의 도취에서만 성공적으로 이루어진다.

일종의 몸짓 상징술과 소리 사이에서 가장 자주 이루어지는 내면적 융합을 사람들은 언어라고 명명한다. 낱말 속에서 소리와 그 변동, 그리고 소리가 울리는 강도와 운율을 통해 사물의 본질이 상징화된다. 그리고 입의 몸짓을 통해서는 수반하는 표상, 영상, 본질의 현상이 상징화된다. 상징들은 다양하게 존재할 수 있어야 하며 또 그래야만 한다. 그러나 상징들은 본능적으로 그리고 현명한 법칙성을 가지고 자라난다. 인지된 상징은 하나의 개념이다. 기억으로 붙잡는 순간 소리의 울림은 완전히 소멸하기 때문에, 개념 속에는 오직 수반하는 표상의 상징만 보존될 뿐이다. 우리가 기호로 표시하

고 구별할 수 있는 것, 그것을 사람들은 '파악한다.'

감정이 고양되는 상태에서는 낱말의 본질이 소리의 상징을 통해 더욱 명료하고 감각적으로 드러난다. 그렇기 때문에 사물의 본질이 더욱 많이 울려나온다. 서창(敍唱)은 흡사 자연으로의 회귀와 같다. 사용하는 가운데 점점 무뎌지고 무감각해지는 상징은 자신의 원천적 힘을 다시 얻는다.

이제 언어의 배치, 즉 일련의 상징들을 통해 무엇인가 새롭고 위대한 것이 상징적으로 서술되어야 한다. 이 잠재력에는 다시금 운율론, 역학과 화음이 필요하다. 이러한 좀더 높은 영역들이 지금은 개별 낱말의 더 좁은 영역을 지배한다. 이제 낱말들을 선택하고, 새롭게 배치할 필요가 있다. 시가 시작하는 것이다. 어떤 문장의 서창은 순서대로 울려퍼지는 낱말소리가 아니다. 왜냐하면 하나의 낱말은 전적으로 상대적인 소리만을 가질 뿐인데, 그 이유는 낱말의 본질과 싱잉을 통해 서술된 낱말의 내용은 자리에 따라서 다르기 때문이다. 다른 말로 표현하면, 낱말의 개별 상징은 문장과 이를 통해 상징화된 본질의 더욱 높은 통일성에서 지속적으로 새롭게 규정되기 때문이다. 개념들의 연쇄고리가 사상이다. 따라서 사상은 수반하는 표상들의 좀더 높은 통일성이다. 사상은 사물의 본질에 이를 수 없다. 그러나 사상이 우리에게 모티브와 의지의 충동으로 작용한다는 사실은 그것이 이미 의지현상, 의지의 자극과 현상에 대한 인지된 상징이 되었다는 사실에서 설명될 수 있다. 그러나 사상은 말로 표현되면, 즉 소리의 상징을 통해서는 비교할 수 없을 정도로 강력해지고 직접적이 된다. 선율이 의지의 이해될 수 있는 상징이라면, 사상은—노래로 불려질 때—최고의 효과를 얻는다. 만약 그렇지 않다면, 일련의 음과 낱말의 순열이 우리에게 작용해서 사상은 우리에게서 멀어지고 상관없는 것이 된다.

낱말이 주로 수반하는 표상의 상징으로 작용하는지 아니면 원래의 의지활동의 상징으로 작용하는지에 따라, 또 영상이나 감정이 상징화되어야 하는가 아닌가에 따라 시의 길은 두 갈래, 즉 서사시와 서정시로 갈라진다. 전자는 조형예술로 이어지고, 후자는 음악으로 연결된다. 현상에 대한 쾌락이 서사시를 지배한다면, 의지가 서정시 속에서 그 모습을 드러낸다. 서사시가 음악에서 스스로를 분리하는 반면, 서정시는 음악과의 연대를 지속시킨다.

그런데 디오니소스 송가에서 디오니소스에 열광하는 자들은 자신이 지닌 모든 상징적 능력을 최고로 고양시키도록 자극받는다. 이제까지 지각되지 않았던 그 무엇이 강력하게 표출되고, 개인화의 파괴와 유적 존재의 수호신인 자연과의 일치가 이루어진다. 이제 자연의 본질이 표현된다. 새로운 상징의 세계가 필요하고, 수반하는 표상들은 고양된 인간존재의 영상을 통해 상징화된다. 그 표상들은 온갖 신체적 상징술과 춤의 몸짓을 통해 아주 강렬한 물리적 에너지로 서술된다. 그러나 의지의 세계 역시 전대미문의 상징적 표현을 요구한다. 화음, 강약법, 운율의 여러 힘들이 갑자기 격렬해진다. 이 두 세계로 나뉜 시 역시 새로운 영역을 얻게 된다. 서사시에서와 같이 영상의 감각과 서정시에서와 같이 소리의 감정 도취를 말이다. 모든 상징적 힘을 전체적으로 방출하기 위해서는 이 힘들을 창조한 본질을 고양시키는 것이 필요하다. 디오니소스 송가에서 디오니소스 의식을 치르는 사람들은 오직 같은 종류의 사람들에 의해서만 이해된다. 또한 그로 인해 극히 낯설고 매혹적으로 기묘한 이 새로운 예술 세계는 아폴론적 그리스 정신이 야기한 무서운 투쟁 속에서 수난을 겪고 있는 것이다.

비극적 사유의 탄생

프리드리히 니체

1870년 6월

Die

Geburt des tragischen Gedankens.

Von

Friedrich Nietzsche.

Aus dem Juni des Jahres
1870.

5

자신늘의 세계관이 가지고 있는 비밀스런 이론을 자신들의 신들을 통해 말하고 동시에 숨겼던 그리스인들은 예술의 이중적 원천으로 두 신, 아폴론과 디오니소스를 내세웠다. 예술의 영역에서 이 이름들은 대립되는 양식들을 대변한다. 이 양식들은 상호투쟁 속에서도 거의 항상 나란히 등장하며, 단 한 번 그리스의 '의지'가 꽃피웠던 절정의 순간에 아티카 비극의 예술작품으로 융해되어 나타난다.

요컨대 인간은 두 상태, 즉 **꿈**과 **도취** 속에서 실존의 환희에 이르게 되는 것이다. 모든 사람이 완전한 예술가로 존재하는 꿈의 세계의 아름다운 가상이 모든 조형예술의 아버지이며, 또 앞으로 우리가 보게 되겠지만 그것은 시의 중요한 절반의 아버지이기도 하다. 우리는 **형태**를 직접적으로 이해하는 가운데 즐기게 되고 모든 형식은 우리에게 말을 건넨다. 어떻든 상관이 없거나 불필요한 것이라고는 아무것도 없다. 이러한 꿈의 현실이 마련해주는 지고의 삶 속에서 우리는 여전히 은근히 내비치는 그 가상의 미광을 느끼게 된다. 이 지각이 중지되어야 비로소 병과 같은 걱정의 영향이 시작된다. 이 영향 속에서 꿈은 이제 더 이상 생기를 고양시키지 못하고, 이 상태로 말미암은 치유의 자연력은 사라진다. 그러나 이 경계 안에는 우리가 통상 우리의 내면에서 찾고자 하는 유쾌하고 친밀한 상징들만 있는 것은 아니다. 진지한 것, 슬픈 것, 우울한 것, 어두운 것 역시 똑같은 쾌감을 가지고 직관되지만, 단지 여기에서도 가상의 베일이 팔랑거리고 있음이 틀림없으며, 그것은 현실의 근본 형식들을 완전히 은폐하지 않아도 될 뿐이다.

그런데 아폴론은 어떤 의미에서 예술의 신으로 만들어질 수 있었는가? 그것은 그가 오직 꿈의 표상을 상징하는 신으로 존재하는 한에서만 그렇다. 그는 철두철미하게 '빛을 발하면서 나타나는 자'이다. 아주 깊은 근원에서부터 그는 빛나는 광채를 통해 현현하는 태양과 빛의 신이며, '아름다움'이 그의 요소이다. 그렇기 때문에 꿈의 세계의 아름다운 가상 역시 그의 영역에 속한다. 불완전하게 이해되는 낮의 현실과 반대되는 이 상태의 완전성, 한 차원 높은 진리는 아폴론을 예술가적이고 진리 예언의 신으로 격상시킨다. 아름다운 가상의 신은 곧 참된 인식의 신이기도 해야 하는 것이다. 그러나 병적인 격정의 영향을 주지 않기 위해서는, 다시 말해 가상이 착각을 불러일으키지도 기만시키지도 않게 하려면 꿈의 환상이 넘어서서는 안 될 저 부드러운 경계선이 또한 아폴론의 존재에 꼭 필요하다. 알맞은 경계지움, 저 거친 격정으로부터의 자유, 조형가 신의 지혜와 안정이. 그의 눈은 '태양처럼' 고요해야 한다. 그의 시선이 노하고 불쾌한 빛을 띨 때조차도 아름다운 가상의 신성함이 그 위에 놓여 있어야 한다.

이에 반해 디오니소스적 예술은 도취, 황홀과의 유희에 기반을 둔다. 천진난만한 자연인을 도취의 자기망각으로까지 고취시키는 것은 바로 두 가지 힘이다. 봄의 충동, 응집된 자연의 '시작하라'는 명령과 도취의 영약. 그 효과들이 디오니소스라는 인물을 통해 상징화되었다. 두 상태에 이르면 개별화의 원리는 깨어지고, 주관적인 것은 일반적 인간성과 일반적 자연성의 분출하는 폭력 앞에서 완전히 사라진다. 디오니소스 축제는 인간과 인간 사이에 유대를 맺어줄 뿐만 아니라, 인간과 자연을 화해시킨다. 땅은 자발적으로 자신의 선물을 내놓고, 가장 광포한 야수들마저도 평화롭게 서로 가까워진다. 표범과 호랑이들은 꽃으로 장식한 디오니소스의 마차를 끈다. 궁핍과 자의가 인간들 사이에 그어놓았던 세습적 신분과 같은 경계들은 사라진다. 노예가 자유인이 되고, 귀족과 천민이 같은 바쿠스 합창단원으로 화합한다. '세계들의 조화'를 알리는 복음은 점점 불어나는 무리들을 통해 이곳에서 저곳으로 급속히 퍼져나간다. 노래하고 춤추면서 인간은 스스로를 좀더 높은 이상적인 공동체의 구성원이라고 천명한다. 그는 걷는 법과 말 거는 법을 잊어버린 것이다. 아니 그 이상이다. 그는 마법에 걸린 것처럼 느끼며, 실제로 다른 사람이 되어버린 것이다. 짐승들이 말하고, 땅이 우유와 꿀을 주는 것처럼 인간에게서도 역시 초자연적인 것이 울려나온다. 그는 스스로를 신으로 느낀다. 평상시에는 오직 상상력 속에서만 살아 숨쉬고 있던 것, 그는 지금 그것을 자기 자신에게서 느낀다. 지금 그에게 상징과 입상들은 무엇을 말하는가? 인간은 더 이상 예술가가 아니다. 그는 예술작품이 되어버렸다. 그가 꿈속에서 보았던 소요하는 신들처럼 그 자신 그렇게 도취되고 고양되어 소요한다. 자연이 지닌 예술의 힘이—그것은 이미 어느 한 인간의 예술의 힘이 아니다—여기서 계시되고 있는 것이다. 고귀한 점토, 귀중한 대리석이 여기서 빚어지고 조각된다. 그것이 바로 인간이다.

도취가 자연이 인간과 행하는 유희라고 한다면, 디오니소스적 예술가의 창조는 도취와의 유희다. 사람들이 도취를 스스로 경험하지 않았다면, 이 상태는 오로지 비유적으로만 파악될 수 있다. 그것은 사람들이 꿈을 꾸면서 동시에 꿈을 꿈이라고 느끼는 것과 비슷한 것이다. 마찬가지로 디오니소스를 받드는 경배자는 도취 상태에 있어야 하고, 동시에 관찰자로서 자신 뒤에 잠복하고 있어야 한다. 냉정과 도취가 번갈아 나타나는 상태에서가 아니라 나란히 나타나는 병존 상태에서 디오니소스적 예술가가 드러난다.

이와 같은 병존이 그리스 문화의 정점을 특징짓는다. 본래는 아폴론만이 그리스의 예술신이었고, 아시아에서 폭풍과 같이 밀려오는 디오니소스를 약화시켜 가장 아름다운 형제의 연분을 탄생시킨 것이 바로 아폴론의 힘이었다. 우리는 여기서 그리스적 본질의 이상주의를 가장 용이하게 파악할 수 있다. 아시아인들에게는 저급한 충동이 가장 조야한 형태로 해방되는 것을 의미하는 자연의식이, 또 일정한 시간 동안 모든 사회적 유대를 파괴하는 동물의 범유녀적(遊女的) 삶을 의미하는 자연의식이 그리스인들에게는 세계 구원의 축제, 즉 광명으로 충만한 변용의 날이 되었다. 그들 존재의 숭고한 충동들이 모두 이와 같은 비밀의식의 이상화를 통해 계시되었다.

그 대신에 아폴론적 헬레니즘 또한 질풍노도처럼 다가오는 이 새로운 신의 접근보다 더 커다란 위험에 처했던 적은 없었다. 또한 델피적 아폴론의 지혜가 이때보다 더 아름다운 빛 속에 드러났던 적은 없었다. 아폴론은 우선 저항하면서 거의 느끼지 못할 정도의 아주 섬세한 망으로 이 맹렬한 적을 감쌌고, 반쯤 포로가 되어 유유히 돌아다녔다. 델피의 사제들은 새로운 의식이 사회의 재생 과정에 깊은 영향을 미친다는 점을 통찰해, 정치적-종교적 의도에서 이 의식을 장려함으로써, 또 아폴론적 예술가는 사려 깊은 절제를 통해 바쿠스 숭배의 혁명적 예술에서 무엇인가를 배움으로써 그리고 델피의 의식 질서에 따른 1년 절기의 지배가 마침내 아폴론과 디오니소스에게 배분됨으로써 두 신들은 경쟁에서 승자가 되기도 했고, 동시에 패자가 되기도 했다. 그들은 전장에서 화해를 이루었다. 아폴론적 요소가 얼마나 격렬하게 디오니소스의 비합리적 초자연성을 억제했는가를 제대로 보고자 한다면, 고대 음악의 주종인 고요한 찬가가 '디티람부스'라는 별명을 가졌다는 사실을 생각하면 된다. 그것은 고대 그리스 예술의 부자연스러운 신상(神像)들과 호메로스의 서사시에서 직관된 숭고한 신(神)세계의 관계처럼 디오니소스적 디티람부스가 초기의 예술적 모방들에서 자신의 원형인 디오니소스적 대중의 찬가를 대했다는 것을 증명한다. 그런데 아폴론적 예술정신이 강하게 성장하면 할수록, 형제신 디오니소스도 더욱 자유롭게 발전했다. 전자가 아름다움을 부동의 광경을 통해 완전하게 바라보았던 바로 그 시기, 즉 피디아 시대에 후자는 비극을 통해 세계의 비밀과 세계의 경악을 해석했고, 비극적 음악에서 가장 내면적인 자연 사상, 모든 현상 속에 내재하고 모든 현상을 넘어서는 '의지'의 떨림을 표현했다.

음악 또한 아폴론적 예술이라고 한다면, 엄밀하게 말해 율동과 율동의 조형적 힘만이 아폴론적 상태를 서술하기 위해 발전되었다. 아폴론의 음악은 음들로 이루어진 건축이며, 그것도 고대 그리스의 현악기 키타라의 특성이라고 할 수 있는 암시된 음들로만 된 건축이다. 디오니소스 음악뿐만 아니라 음악 자체의 성격을 서술하는 요소, 즉 깊은 감동을 주는 음의 힘과 비길 데 없는 화음의 세계를 조심스럽게 멀리하고 있다. 우리가 음의 종류에 관해 그리스인들이 엄격히 서술한 데서 알아차릴 수 있듯이, 그리스인은 화음에 대해 아주 섬세한 지각을 가지고 있었다. 물론 실제로 울려나오는 **실행된** 조화에 대한 그들의 욕구는 근대 세계에서보다는 훨씬 적었다. 화성의 순서와 그 약기법, 그리고 이른바 선율 속에는 예전에 나타난 적도 없는 '의지'가 직접 드러난다. 모든 개인은 비유로서, 일반적 규칙에 대한 개별적 경우로서 관찰의 의지 그 자체로서 기능할 수 있다. 그러나 반대로 디오니소스적 예술가는 현상하는 것의 본질을 직접 이해할 수 있도록 서술해야 한다. 그는 아직 형태를 이루지 않은 의지의 혼돈에 대해 명령하며, 창조의 계기가 있을 때면 언제나 이 혼돈으로부터 새로운 세계뿐만 아니라 이미 현상으로 알려진 옛 세계도 다시 창조할 수 있다. 후자의 의미에서 그는 비극적 음악가인 것이다.

최면에 걸린 흥분 상태에서 영혼의 모든 음계가 광란하는 디오니소스적 도취 또는 봄의 충동의 해방을 통해, 자연은 자신의 최고 힘을 표현한다. 자연은 개별 존재를 다시 가깝게 결합시키고, 그들로 하여금 스스로를 하나로 지각할 수 있게 한다. 그렇게 해서 개별화의 원리는 어느 정도까지는 의지가 지속적으로 약화된 상태일 뿐이다. 의지가 쇠퇴하면 할수록 만물은 더욱 더 개별적인 것으로 분열되고, 개인이 자신만만하고 자의적일수록 이 개체가 종사하는 유기체는 더욱 약해진다. 따라서 이 상태에서는 의지의 감상적 특성이 분출되고, 그것은 분열의 의식이 되어 사라진 것을 그리며 탄식한다. 최고의 기쁨으로부터 경악의 외침이 울려퍼지고, 보상할 수 없는 상실을 동경하는 한탄의 음이 울려나온다. 풍만한 자연은 사투르누스 신에게 제사를 올리고 동시에 자신의 장례식을 치르는 것이다. 사제들의 감정은 극히 기이하게 뒤섞여 있어, 공포는 쾌락을 불러일으키고, 환호는 가슴으로부터 고통스러운 음을 끌어낸다. 해방자로 불리는 신은 모든 것을 자신으로부터 해방시키고, 모든 것을 변신시킨다. 그런 식으로 흥분된 대중들의 ― 이들에게서 자연은 음성과 움직임을 얻었다 ― 노래와 몸짓은 호메로스적 그리스 세계에서는 전대미문의 새로운 것이었다. 그들은 여기서 전율을 느끼며 동양적인 것을 인식했는데, 그들이 운율의 엄청난 힘으로 이집트 신전양식을 제압했던 것처럼 이 요소를 압도해야 했다. 위압적인 본능에 아름다움의 족쇄를 채운 것은 바로 아폴론적 민족이었다. 이 민족은 자연의 가장 위험한 요소들을 속박하고, 가장 야수적인 짐승들에게 멍에를 걸었다. 디오니소스 축제는 모든 민족에게서 증명될 수 있고 가장 유명한 것은 사카엔이라는 이름으로 바빌론에서 거행된 것이다. 닷새 동안 계속되는 축제에서 모든 국가의 끈과 사회적 유대가 갈기갈기 찢겨진다. 성적인 방종, 절제 없는 매춘에 의한 가족이 피끼기 그 중심을 이룬다. 이에 대립되는 모형이 에우리피데스가 바쿠스 축제 속에서 그리고 있는 그리스 디오니소스 축제의 모습이다. 스코파스와 프락시텔레스가 입상으로 농축시켰던 것과 똑같은 사랑의 자극과 음악적 변용의 도취가 이 축제에서 흘러 넘친다. 어떤 사자(使者)가 햇볕이 내리쬐는 정오에 자신이 양떼들을 몰고 산꼭대기로 올라갔다고 이야기한다. 보지 못했던 것을 볼 수 있는 올바른 시간과 올바른 장소가 바로 그때와 그곳이다. 목양신 판은 지금 잠을 자고, 하늘은 이제 영광을 받쳐주는 부동의 배경이 되며, 날은 이제 활짝 만개한다.

알프스 초원 위에서 그 사자는 모여서 노래하고 땅 위에 한가하게 누워 정숙한 태도를 취하고 있는 세 부인의 무리를 발견한다. 만

물이 졸고 있다. 갑작스레 펜테우스의 어머니가 환호하기 시작한
다. 잠은 달아나고, 모든 사람들이 벌떡 일어선다. 고귀한 관습의
원형.

5   눈꺼풀에서 깊은 졸음을 떨쳐버리듯 재빨리,
        처녀들도, 그리고 젊고 나이든 부인들 역시,
        곱슬머리를 우선 어깨 위로 늘어뜨리고,
        끈과 매듭이 풀어진 노루가죽 옷을 바로잡고,
        친숙하게 뺨을 핥고 있는 뱀을 띠로 삼아
10   얼룩이 있는 모피를 묶는다.
        그들은 노루와 새끼 늑대를 품에 안고,
        갓난 자신의 자식들이 막 떠나버린
        부풀어오른 가슴에서 나오는 젖을 먹인다.
        사람들은 담쟁이덩굴로 엮은 화환 그리고
15   떡갈나무 가지와 꽃이 만발한 메꽃 잎으로 장식한다.
        한 처녀가 주신 바쿠스의 지팡이를 집어들고
        바위를 치면, 샘물이 방울져 떨어진다.
        한 처녀가 지팡이로 땅을 찌르면,
        신은 포도주의 샘이 솟게 한다.
20   그러나 눈처럼 새하얀 음료를 갈망하는 사람은
        손가락으로 땅바닥을 건드리기만 하면
        우유가 샘솟는다. 달콤한 꿀이
        바쿠스 지팡이의 담쟁이덩굴 관에서 흘러나온다.
        너희가 이 모든 것의 증인이라면,

너희는 틀림없이 신에게 경건한
충성을 맹세하였을 것이다.—

이것은 진정 마법의 세계이다. 자연은 인간과의 화해 축제를 벌
이는 것이다. 아폴론이 찢겨진 디오니소스를 다시 짜맞추었다고 전
한다. 그것은 아폴론이 새롭게 창조한, 아시아적 분열로부터 구원
된 디오니소스의 모습이다.—

———

그리스 신들은 호메로스가 우리에게 보여주는 것처럼 완성의 상
태이다. 그들은 결코 궁핍과 욕구의 산물로 파악될 수 없다. 불안한
정서를 지닌 사람들이 그러한 신을 생각해냈을 리 만무하다. 삶을
외면하지 않기 위해, 그리스인의 눈은 신앙심에 가득 차 그들을 우
러러본다. 이 신들의 입으로 말하는 것은 삶의 종교이지, 의무나 고
행 또는 정신성의 종교가 아니다. 이 모든 형상은 실존의 승리를 숨
쉬고, 풍요로운 삶의 감정이 그들의 제식에 동반한다. 그들은 요구
하지 않는다. 존립하고 있는 것은, 그것이 선한 것이든 악한 것이든
그들 속에서 신성화된다. 다른 종교들의 진지함, 신성성과 엄격함
에 견주어보면, 그리스 종교는 환상적 유희로 평가절하될 수 있는
위험에 처한다. —우리가 만약 이 특성을 통해 갑자기 저 에피쿠로
스 신들의 존재를 갑자기 유일무이한 예술가적 민족의 창조로, 거의
최고의 창조로 나타나도록 만드는 심오한 지혜의 특성을 표상할 수
없다면 그렇다.

미다스Midas가 디오니소스의 종자(從者)인 실레누스Silenus를 오랫동안 추적하여 마침내 잡고서는 그로부터 인간에게 더 좋은 것이 무엇이며 또 최선의 것이 무엇인지 알고 싶어했다는 전설이 민중 사이에 전해졌다. 실레누스가 처음에는 전혀 말하고 싶어하지 않았다고 아리스토텔레스는 이야기한다. 그는 온갖 괴로움을 당하고서야 비로소 모멸찬 웃음을 터뜨리며 다음과 같은 말로 입을 열었다. "고난과 궁핍의 가련한 하루살이인 너희가 어찌 나에게 폭력을 행사하여, 경험하지 않는 것이 오히려 너희에게 더 유익하다는 사실을 말하게 하는가. 왜냐하면 너희는 자신의 비참함을 알지 못한 상태에서 너희의 삶을 가장 고통스럽지 않게 보낼 수 있기 때문이다. 일단 인간으로 존재하는 자는 결코 가장 탁월한 자가 될 수 없다. 그리고 그는 결코 최선의 존재에 참여할 수 없다. 그러므로 너희에게 최선은, 여자든 남자든 한 사람도 예외 없이, 태어나지 않는 것이다. 그렇지만 너희가 일단 태어난 후에는 차선은 가능한 한 곧 죽는 것이다."

사슬에 묶인 숲의 신이 죽을 수밖에 없는 인간존재에게 털어놓은 것은 바로 민중의 철학이다. 저 올림푸스 신들의 세계의 배경을 이루는 것 역시 동일한 철학이다. 그리스인은 실존의 공포와 끔찍함을 알았지만, 살 수 있기 위해 그것을 감추었다. 괴테의 상징으로 말하면 장미꽃 아래에 숨겨진 십자가다. 저 빛나는 올림푸스 신들의 세계가 지배하게 된 것은 아킬레우스에게 이른 죽음을 결정하고 오이디푸스에게는 전율의 결혼을 규정한 모이라의 어두운 주재가 제우스, 아폴론, 아테네와 같은 광명의 형상들에 의해 은폐되어야만 했기 때문이다. 누군가가 저 중간세계의 예술가적 가상을 치워버렸다면, 사람들은 숲의 신, 즉 디오니소스적 수행자의 지혜를 좇아야만 했을 것이다. 이 민족의 예술가적 정신이 이러한 신들을 창조하게 된 것은 바로 이와 같은 궁핍 때문이었다. 그러므로 변신론은 결코 헬레니즘의 문제가 아니었다. 우리는 세계의 실존과 세계의 성질에 관한 책임을 신들에게 요구하는 것을 삼가야 한다. '신들도 역시 운명의 여신 아낭케에 예속되어 있다'는 것은 가장 심오한 지혜의 고백이다. 실제로 존립하고 있는 이 고백의 실존을 변용의 거울을 통해 보고, 이 거울로 메두사에 대항해 자신을 지키는 것 ― 이는 살 수 있기 위한 그리스적 '의지'의 천재적 전략이었다. 만약 실존이 더욱 높은 영광에 둘러싸여 그들의 신들 속에 현시되지 않았다면, 감수성이 지극히 예민하고 고통에 맞서 그토록 훌륭한 능력을 갖춘 이 민족이 어떻게 그것을 감내할 수 있었겠는가! 예술을 탄생시키는 바로 그 충동이, 계속 살도록 유혹하는 실존의 보완과 완성으로서 올림푸스의 세계도 생겨나게 했다. 아름다움, 안정과 향락의 세계를.

호메로스적 세계에서 이러한 종교의 영향으로 말미암아 삶은 그 자체로 추구할 만한 가치가 있는 것으로 파악된다. 그 신들이 비추는 밝은 태양빛 아래의 삶. 호메로스적 인간들의 고통은 이러한 실존과의 결별, 특히 곧 다가올 결별과 관련이 있다. 한탄의 소리가 울려퍼지면, 그것은 '단명의 아킬레우스'를 한탄하는 소리이고 인간 세대의 짧은 순환에 관한 소리이며 영웅시대가 사라지는 것에 관한 소리이다. 설사 그것이 날품팔이의 삶이라고 할지라도, 삶이 지속하기를 동경하는 것이 위대한 영웅의 품위를 손상하는 것은 아니다. 헬레니즘의 한탄조차도 헬레니즘의 찬가이다. 그래서 현대인은 자연과 인간 사이의 완전한 화음을 들을 수 있다고 믿는 그 시대를 갈망한다. 그래서 그리스적인 것은 의식적인 자신의 의지긍정에 걸맞는 찬란한 본보기를 찾아 헤매는 모든 사람에게 수수께끼를 풀어주는 암호이다.

가장 고귀한 것에서 천박한 것에 이르는 이 모든 생각에도 불구하고 그리스 문화는 여전히 너무 거칠고 단순하게 받아들여지고, 분명하지만 동시에 편파적인 민족들 (예컨대 로마인들)의 이미지에 따라 형성되었다. 우리는 건드리기만 하면 예술작품으로 변하곤 하는 한 민족의 세계관에서도 마찬가지로 예술가적 가상에 대한 욕구가 있다는 사실을 추측해야만 한다. 이미 언급한 바와 같이 우리는 이 세계관에서 무시무시한 환상을 만나게 된다. 그것은 자연이 자신의 목적을 성취하기 위해 규칙적으로 사용하는 바로 그 환상이다. 진정한 목표는 광기의 환영으로 감춰져 있다. 이 환영을 구하려고 우리는 손을 내뻗고, 자연은 이렇게 기만하여 그 목표를 성취한다. 의지는 그리스인들에게서 예술작품으로 변용된 자기 자신의 모습을 바라보고자 한다. 자신을 찬미하려면, 자신의 피조물들 역시 자기 자신을 찬미할 만한 가치가 있는 것으로 느껴야만 했고, 좀더 높은 차원의 영역에서 자신을 재발견해야 했다. 다시 말해 이 직관의 완성된 세계가 명법 또는 비난으로 작용하지 않고서도 그들은 이상적인 것으로 고양되어야 했다. 이것이 바로 그들이 자신의 환영, 즉 올림푸스의 신들을 바라볼 수 있는 아름다움의 영역이다. 그리스적 의지는 이 무기를 가지고 예술가적인 것과 상관 있는 재능, 즉 **고통**과 **고통**의 지혜를 위한 재능에 대항해 싸운다. 그리고 이 싸움의 결과로 그리고 승리의 기념비로 비극이 탄생되었다.

고통의 도취와 아름다운 꿈에는 각각 다른 신들의 세계가 있다. 전자는 자기 존재의 전능 속에서 자연의 가장 내면적 사상에까지 침투한다. 그는 무서운 실존을 향한 충동을 인식하고, 동시에 실존에 들어서 모두 것의 지속적 죽음을 인식한다. 그가 창조하는 신들은 선하고 악하며, 우연과 유사하고, 갑작스레 등장하는 계획적 정연함으로 사람을 놀라게 하며, 동정심이 없고 아름다운 것에 대한 기쁨을 모른다. 그들은 진리와 친화관계에 있으며, 개념에 가깝다. 그들이 특정한 형태로 농축되는 것은 드물고 어렵다. 그들을 바라보면 돌로 변한다. 어떻게 그들과 살아야만 하는가? 그러나 그래서는 안 된다는 것이 그들의 가르침이다.

이 신의 세계가, 마치 처벌이 따르는 비밀처럼 완전히 은폐될 수 없다면, 그 곁에 세워진 찬란하게 빛나는 올림푸스 세계의 꿈의 탄생을 통해 이 신의 세계에서 시선을 돌려야 한다. 그렇기 때문에 이 신들의 세계의 진리 또는 상징이 더욱 강하게 타당성을 주장하면 할수록 그 색깔의 이글거리는 열과 형상들의 감성은 더욱 고양된다. 그런데 진리와 아름다움 사이의 투쟁이 디오니소스 예식에서보다 더 강하게 드러났던 적은 없다. 자연은 이 의식 속에서 모습을 드러내고, 놀랍도록 분명하게 자신의 비밀을 말한다. 그가 말하는 소리에 눌려 유혹적인 가상은 거의 힘을 잃을 정도다. 이 샘은 아시아에서 솟아올랐으나, 그리스에서 강이 되어야 했다. 왜냐하면 그는 이곳에서 아시아가 제공하지 못했던 것, 즉 가장 가벼운 절제력과 통찰력이 결합된 가장 민감한 감수성과 고통의 능력을 처음으로 발견했기 때문이다. 아폴론은 그리스 문화를 어떻게 구원했는가?—

그는 새로 온 신을 아름다운 가상의 세계, 즉 올림푸스 신들의 세계로 끌어올렸다. 가장 명망 있는 신들, 예컨대 제우스와 아폴론이 가지고 있는 명예들 중 많은 것이 그에게 봉헌되었다. 사람들은 이 낯선 이를 결코 괴롭히지 않았다. 그러기에는 그 역시 무서운 (어떤 의미에서도 적이 틀림없는) 이방인이었으며, 손님을 후대하는 주인 집을 폐허로 만들기에 충분할 정도로 강력했다. 거대한 혁명이 모든 생활형식에서 시작했다. 디오니소스는 도처에, 예술 속으로도 침투했다.

가상은 아폴론적 예술의 영역이다. 그것은 눈꺼풀을 닫고 꿈꾸는 꿈속에서 예술가적으로 창조하는 눈의 변용의 세계이다. 서사시가 우리를 이와 같은 꿈의 상태에 빠지게 한다. 우리는 눈을 뜨고서도 아무것도 보아서는 안 되며 우리가 이것을 생산하도록 음유시인이 개념들로 자극하려고 하는 내면의 상징을 즐겨야 한다. 그런데 여기서는 조형예술의 효과가 우회적으로 성취된다. 조각가는 조각된 대리석을 통해 꿈결에 자신이 직관한 살아 있는 신에게 우리를 인도하기 때문에 본래 목적으로서 떠올렸던 형상이 조각가뿐만 아니라 감상자에게도 분명해지고, 전자는 입상의 매개형상을 통해 후자로 하여금 뒤따라 똑같이 볼 수 있도록 만든다. 마찬가지로 서사시인은 살아 있는 동일한 형상을 보고, 다른 사람도 이 형상을 직관할 수 있도록 보여준다. 그러나 그는 자기 자신과 사람들 사이에 어떤 입상도 세우지 않는다. 그는 오히려 그 형상이 자신의 삶을 어떻게 증명하고 있는지 동작, 음성, 말, 행위를 통해 이야기한다. 그는 우리로 하여금 많은 효과들을 원인으로 환원시키도록 강요하며, 우리 스스로가 예술가적으로 구성하도록 강요한다. 우리가 형상, 집단 또는 영상을 분명하게 표상할 수 있다면, 그리고 그 자신이 처음에 그 표상들을 산출했던 꿈과 같은 상태를 우리에게 전달한다면, 그는 자신의 목표를 성취하는 것이다. 조형적 창조를 하라는 서사시의 요청은 서정시가 서사시와 얼마나 절대적으로 다른가를 증명해준다. 왜냐하면 서정시는 결코 형상들을 만드는 것을 목표로 하지 않기 때문이다. 양자 사이의 공통점은 오직 질료적인 것뿐이다. 낱말, 더 일반적으로 말하자면 개념뿐이다. 시는 조형예술이나 음악과 조화를 이룰 수 있는 범주가 아니다. 거기에는 그 자체가 완전히 다른 예술 수단의 교착(膠着)만 있을 뿐이며, 그 중 하나는 조형예술로의 길을 의미하고, 다른 하나는 음악으로의 길을 의미한다. 그러나 양자는 모두 예술 창조에 이르는 수단일 뿐 예술 자체는 아니다. 이런 의미에서는 물론 회화와 조각도 예술 수단일 뿐이다. 본래 예술은, 그것이 미리 하는 선-창조든 아니면 추후에 하는 후-창조든 상관없이 형상들을 창조할 수 있음을 의미한다. 예술의 문화의미는 바로 이 특성, 지극히 인간적인 이 특성에 있다. 예술 수단을 통해 예술을 강요하는 사람으로서의 예술가가 동시에 예술 활동의 흡수 기관일 수는 없다.

아폴론적 문화의 형상 의식은—이 문화가 신전이나 입상으로 또는 호메로스적 서사시에서 표현되든 간에—척도에 대한 윤리적 요청이라는 고귀한 목표를 가지고 있다. 이 요청은 아름다움에 대한 심미적 요청과 병행한다. 척도, 한계가 인식될 수 있다고 여겨지는 곳에서만 척도를 요청할 수 있다. 그 한계를 지키기 위해서 우리는 그것을 알아야 한다. 그렇기 때문에 아폴론의 근원적인 경고는 '너 자신을 알라'는 것이다. 그러나 아폴론적 그리스인이 자신을 보고, 인식할 수 있었던 거울은 올림푸스 신들의 세계였다. 이곳에서 그는 꿈의 아름다운 가상에 둘러싸여 있는 자신의 가장 고유한 본질을 인식했다. (몰락한 거인족 세계에 대해) 새로운 신들의 세계의 활동을 속박했던 척도는 아름다움이었다. 그리스인이 가슴 깊이 지키고 있는 한계는 아름다운 가상의 한계였다. 가상과 척도를 지향하는 문화의 가장 내면적인 목적은 진리를 은폐하는 것일 수밖에 없을 것이다. 강력한 거인족에게도 그랬듯이 이 문화에 봉사하는 지칠 줄 모르는 연구자에게도 '결코 너무 많이 하지 말라'는 경고가 내려졌다. 인간의 인식을 지나치게 장려하는 것이 장려자뿐만 아니라 장려의 대상인 사람에게도 똑같이 파멸의 근원이 될 수 있다는 본보기가 프로메테우스를 통해 그리스 문화에 제시되었다. 프로메테우스의 지혜를 가지고 신 앞에서 주장하고자 하는 사람은 헤시오도스처럼 '지혜의 척도'를 가져야 한다(meiron echeion sophies).

그런데 이런 식으로 건립되고 예술가적으로 보호된 세계에 디오니소스 축제의 무아적 색조가 스며들었다. 이 축제에서는 자연의 모든 과도함이 쾌락, 고통과 인식 속에 동시에 드러났다. 이제까지 한계로서, 척도의 규정으로서 타당했던 모든 것이 여기서는 예술가적 가상임이 입증된다. '과도함'이 진리로 폭로되었다. 마법의 힘으로 열광시키는 민중의 노래가 처음으로 강렬한 감정에 취해 요란해지기 시작했다. 그렇다면 겁먹은 듯 암시적인 키타라의 소리로 찬미가를 읊조리는 아폴론의 예술가는 무엇을 의미했는가? 예전에는 시적-음악적 조합 내에서 신분처럼 계승되고 동시에 모든 세속적 활동에 대해 거리를 두었던 것, 아폴론적 수호신의 힘으로 인해 단순한 건축술의 단계에 머무를 수밖에 없었던 것, 즉 음악적 요소가 여기서는 모든 한계를 벗어 던졌다. 예전에는 가장 단순한 형태의 지그재그로 움직이던 율동이 바쿠스의 춤으로 흐느적거린다. 소리가 울려퍼졌다. 예전처럼 형체 없는 유령처럼 희석된 소리가 아니라 군중들에 의해 수천 배로 커지고 깊은 저음의 관악기 반주를 받아 울리는 소리가. 그리고 가장 비밀스러운 일이 일어났다. 자신의 운동을 통해 자연의 의지를 직접 이해시키는 화음이 이 세계에 탄생한 것이다. 아폴론적 세계에서 예술가적으로 감춰졌던 사물들이 이제 디오니소스 주위에서 큰 소리를 냈다. 올림푸스의 신들이 발하는 모든 미광이 실레노스의 지혜 앞에서 창백해졌다. 망아적 도취 속에서 진리를 말하는 예술이 가상 예술의 뮤즈를 몰아냈다. 자신의 경계와 척도를 지니고 있던 개인은 디오니소스 상태의 자기망각 속에서 몰락했다. 우상의 황혼이 가까이 다가왔다.

스스로를 아폴론적으로 창조하는 데 반대하여 디오니소스적 요소들의 입장을 허락한 의지의, 궁극적으로는 하나일 수밖에 없는 이 의지의 의도는 무엇이었는가?

그것은 새롭고 좀더 차원 높은 실존의 수단, 즉 비극적 사유의 탄생 때문이었다.

———

실존의 통상적 경계와 한계를 파괴하는 디오니소스적 상태의 황홀은, 그것이 지속되는 동안 무감각에 빠지게 하는 혼수(昏睡)의 요소를 함축하고 있다. 과거에 체험했던 모든 것이 이 요소 속으로 침잠한다. 이 망각의 틈을 통해 일상적 현실 세계와 디오니소스적 현실 세계가 서로 갈라진다. 그러나 일상적 현실이 다시 의식 속으로 들어오자마자 그것은 **구토**의 감정으로 지각된다. 이 상태의 결실이 의지를 부정하는 금욕적 정서이다. 사상 속에서 디오니소스 요소는 좀더 높은 차원의 세계질서로서 통속적 세계질서와 대치한다. 그리스인은 이 죄와 운명의 세계에서 철저하게 도피하고자 했다. 그리스인은 결코 죽음 이후의 세계로 자신을 위로하지 않았다. 그의 동경은 신들을 넘어서 더 높은 곳을 향했다. 그는 다채롭게 빛나는 신들의 반영과 함께 실존을 부정했다. 도취에서 깨어나는 의식의 상태에서 그는 곳곳에 널려 있는 인간존재의 경악스러운 면과 부조리한 면을 본다. 그것이 그를 구역질나게 만드는 것이다. 이제 그는 숲의 신의 지혜를 이해한다.

여기서 그리스적 의지가 자신의 아폴론적 – 낙관적 근본원리를 가지고 허용할 수 있었던 가장 위험한 한계에 이르게 된다. 저 부정적 정서를 다시 되돌려놓기 위하여 그리스적 의지는 여기서 곧 자신이 가지고 있는 자연의 치유력을 발휘했다. 그 수단은 **비극적 예술작품**이고 **비극적 사상**이다.

특히 실존의 경악스러운 것과 부조리한 것에 관한 구토의 사상을 더불어 살아갈 수 있는 생각으로 변형시키는 것이 중요했다. 경악스러운 것을 예술가적으로 제어한 **숭고한 것**과 구역질 나는 부조리를 예술가적으로 방출한 **익살스러운 것**이 바로 이와 같은 생각들이다. 서로 얽혀 있는 이 두 가지 요소들은 이제 하나의 예술작품 속에 등장하는데, 이 예술작품은 디오니소스적 상태를 예술적으로 모방함으로써 바로 이 상태를 깬다.

숭고한 것과 익살스러운 것은 아름다운 가상의 세계를 넘어서는 하나의 행보이다. 왜냐하면 일종의 모순이 두 개념 속에서 지각되기 때문이다. 다른 한편으로 그것들은 결코 진리와 일치하지 않는다. 그것들은 진리를 은폐하는 베일이다. 그것은 비록 잘 짜여진 아름다움의 직물보다 투명하기는 하지만 여전히 하나의 베일에 불과하다. 그러므로 우리는 이들 속에서 아름다움과 진리 사이의 **중간세계**를 가지게 된다. 이 중간세계에서는 디오니소스와 아폴론의 통합이 가능하다.

이 세계는 도취와의 유희 속에서 드러나지, 도취에 완전히 탐닉한 상태에서 드러나지 않는다. 배우에게서 우리는 디오니소스적 인간, 본능적 시인과 가수와 무용수를 다시 발견한다. 그렇지만 그것은 유희로 연극한 디오니소스적 인간으로이다. 그는 숭고함의 충격 속에서 또는 그칠 줄 모르는 웃음의 충격 속에서 자신의 원형에 이르고자 한다. 그는 아름다움을 넘어서지만, 그렇다고 해서 진리를 찾지는 않는다. 양자의 중간에서 떠돌아다니고 있는 것이다. ― 우신 배우는 물론 개개인을 묘사하지는 않았다. 디오니소스식 군중, 즉 민중이 서술되어야 했던 것이다. 그래서 디오니소스 찬가의 합창대가 있었다. 도취와의 유희를 통해 주위에 둘러서 있는 관객의 합창대와 마찬가지로, 배우 자신이 도취와의 유희를 통해 도취에서 해방되어야 했다. 아폴론적 세계의 관점에서 그리스 문화는 구원되고 속죄되어야 했다. 올바른 구원과 속죄의 신 아폴론이 비극적 ― 희극적 사상의 예술작품을 통해 그리스인을 투시적 무아경과 실존에 대한 구토에서 구제했다.

숭고한 것과 익살스러운 것의 새로운 예술세계는 예전의 아름다운 가상의 예술세계와는 달리 다른 신관과 세계관에 기반을 두고 있었다. 실존의 공포와 부조리, 흐트러진 질서와 비이성적 계획성,

간단히 말해 전체의 자연에 내재하는 무시무시한 고통에 대한 인식
은 예술적으로 감춰졌던 에레니메스, 메두사와 모이라의 베일을 벗
겼다. 올림푸스의 신들은 극도의 위험에 처해 있었던 것이다. 그러
나 그들은 숭고함과 익살스러움의 바다 속으로 침잠함으로써 비극
적-희극적 예술작품 속에서 구원되었다. 그들은 이제 오직 '아름답
게만' 존재하려 하지 않고, 동시에 옛 신들의 질서와 그 숭고성을
흡수했다. 이제 그들은 두 집단으로 나뉘어졌다. 오직 몇몇 신들만
이 중간에서 떠돌아다니면서, 어떤 때는 숭고한 신이 그리고 다른
때는 익살스러운 신이 되기도 했다. 특히 디오니소스 자신이 저 이
중적 본질을 갖게 되었다.

　　그리스 문화의 비극 시대에 사람들이 어떻게 다시 살 수 있었는
지는 아이스킬로스와 소포클레스의 두 유형에서 가장 잘 나타난다.
사유하는 사상가인 전자에게 숭고한 것은 위대한 정의 속에서 가장
잘 나타난다. 그에게서 인간과 신은 가장 밀접한 주관적 공통성을
가진다. 그는 신적인 것, 정의로운 것, 윤리적인 것과 행복한 것이
통일적으로 서로 엉켜 있다고 생각한다. 인간이나 거인 같은 개별
적 존재는 이 저울로 측량되었다. 신들은 이 정의의 규범에 따라 재
구성된다. 예를 들면 눈을 멀게 하고 죄를 짓도록 유혹하는 악마에
—이는 올림푸스의 신들에 의해 축출한 태고적 신들의 세계의 잔재
이다—대한 민간신앙은, 이 악마가 정의롭게 형벌을 주는 제우스
의 손에 쥐어진 도구가 됨으로써 교정된다. 마찬가지로 매우 오래
된, —역시 올림푸스 신들에게는 낯선—성(性)을 저주하는 사상의
실상이 가차없이 드러난다. 아이스킬로스는 개개인이 신을 모독하
는 불경을 저지를 필연성이 전혀 없으며, 또 모든 사람이 여기에서

벗어날 수 있다고 생각하기 때문이다. 마치 오레스트가 그랬던 것처럼 말이다.

아이스킬로스가 숭고한 것을 올림포스적 사법의 고상함에서 발견하는데 반해, 소포클레스는 그것을—놀랍게도—올림푸스적 사법이 가지는 불가침성의 고상함에서 본다. 그는 모든 점에서 민중의 관점을 재건한다. 경악할 만한 운명의 부당성이 그에게는 숭고한 것처럼 보였다. 진정 풀 수 없는 인간실존의 수수께끼가 그의 비극적 뮤즈였다. 고통은 그에게서 변용을 얻게 되며, 신성화하는 그 무엇으로 파악된다. 인간적인 것과 신적인 것 사이의 간격은 측량할 수 없다. 따라서 가슴 깊이 우러나오는 순종과 좌절이 당연한 것이다. 본래적 덕성은 소프로쉬네, 즉 절제다. 그것은 본래 부정적 덕성이었다. 영웅적 인간은 어떤 덕성도 가지고 있지 않은 가장 고귀한 인간이다. 그의 운명은 무한한 간격을 보여준다. 그에 반해 죄는 걸고 존재하지 않는다. 오직 인간의 가치와 인간의 안세에 대한 인식 결핍이 있을 뿐이다.

이 관점은 어쨌든 아이스킬로스의 관점보다 더 심오하고 내면적이다. 이 관점은 디오니소스적 진리에 상당히 근접하며, 많은 상징을 사용하지 않고서도 이 진리를 표명한다. 그럼에도 불구하고! 우리는 여기서 아폴론의 윤리적 원리가 디오니소스적 세계관의 그물 속에 같이 짜여져 있음을 인식한다. 아이스킬로스에게서 구토는 세계질서의 지혜 앞에서 일어나는 숭고한 전율 속에 없어져버린다. 그런데 이 지혜가 쉽게 인식될 수 없는 것은 단지 인간이 약하기 때문이다. 소포클레스에게 이 지혜는 전혀 탐구할 수 없는 것이기 때문에 전율도 그만큼 더 크다. 아이스킬로스적 정서는 신의 사법을 정당화해야 하는 지속적 과제를 가지고 또 그렇기 때문에 항상 새로운 문제들에 직면하는데 반해 소포클레스에게는 아무런 투쟁도 없는, 좀더 맑은 경건함의 분위기가 감돈다. 아폴론이 탐구하도록 명령한 '인간의 한계' 가 소포클레스에게는 인식될 수 있는 것이다. 그러나 그것은 디오니소스 이전 시대에 아폴론이 의도했던 것보다는 더 좁고 더 제한되어 있다. 인간에게 자신에 관한 인식이 결핍되어 있다는 것이 소포클레스적 〈문제〉라면, 인간에게서 볼 수 있는 신들에 관한 인식 결핍은 아이스킬로스의 문제이다.

경건함, 삶의 충동의 불가사의한 가면! 최고의 윤리적 지혜가 부여되는 완성된 꿈의 세계로의 헌신! 구름에 둘러싸인 진리를 멀리서 숭배할 수 있기 위하여 진리로부터의 도피! 현실이 수수께끼처럼 비밀스럽기 때문에 현실과의 화해! 우리가 신이 아니기 때문에 수수께끼의 해명에 대한 거부감! 자신을 즐겁게 티끌 속으로 내던지고 불행 속에서 행복한 안정을 구하는 것! 최고의 자기 표명을 통한 인간 최고의 자기포기! 실존의 위협수단과 실존의 가공스러움을 실존으로부터 구원될 수 있는 수단으로 찬미하고 예찬하는 것! 삶을 경멸하면서도 기쁨에 가득 찬 삶을 구가하는 것! 자기 부정을 통한 의지의 승리!

이 단계에서는 성인의 길과 비극적 예술가의 길이라는 두 길이 있을 뿐이다. 양자는 실존의 무상함에 관해 분명하게 인식함에도 불구하고 자신의 세계관에 어떤 균열도 느끼지 않고 계속 살아갈 수 있다는 공통점을 가지고 있다. 계속 살아야 한다는 데 대한 구토가 창조의 수단으로 지각된다. 물론 이 창조는 무엇인가를 신성화하는 성스러운 것일 수도 있고 예술가적인 것일 수도 있다. 공포스러운 것과 부조리한 것은, 그것이 오직 가상으로만 끔찍하고 부조리하기 때문에 고양시키는 효과를 가진다. **마법화하는 디오니소스적 힘**은 이 세계관의 최첨단에서도 역시 실증된다. 현실적인 모든 것은 가상으로 해체되고, 가상의 뒤에서는 통일적인 의지의 본성이 자신을 알린다. 그것은 지혜와 진리의 영광에 온통 둘러싸여 있고, 눈부시게 빛나는 광채를 띤다. 환상, 광기가 정점에 이른 것이다.

아폴론적 의지로서 그리스 세계의 질서를 구축했던 동일한 의지가 자신의 다른 현상 형식, 즉 디오니소스적 의지를 자신의 내면에 받아들였다는 사실은 이제 더 이상 불가해한 것으로 여겨지지 않는다. 의지의 두 현상 형식들의 투쟁은 좀더 높은 실존의 **가능성**을 창조하고 이 가능성 속에서—예술을 통해—더 높은 찬미에 이르고자 하는 비범한 목표를 가졌다.

소크라테스와 그리스 비극

프리드리히 니체 박사

바젤대학 교수

바젤

1871

SOKRATES

und

die griechische Tragoedie

von

Dʳ Friedrich Nietzsche
Professor in Basel.

BASEL
1871.

그리스 비극은 더 오랜 역사를 가진 유사한 다른 모든 예술 장르
와는 다른 방식으로 몰락했다. 그것은 풀 수 없는 갈등으로 인해 자
살로 생을 마감했던 것이다. 다시 말하면 그리스 비극은, 고령의 나
이에 아름답고 평온한 죽음을 맞이했던 다른 장르들과 달리 비극적
죽음을 맞이한 것이다. 더 살겠다는 필사의 발버둥도 없이 훌륭한
자손들이 지켜보는 앞에서 삶과 결별하는 것이 행복한 자연 상태에
어울린다면, 비극 이전에 나타난 예술 장르들의 임종은 우리에게
이런 행복한 자연 상태를 보여준다고 할 수 있다. 그것들은 서서히
사라져갔다. 그들의 꺼져가는 시선 앞에는 그들보다 더 아름다운
후손들이 서 있으며, 당당한 몸짓으로 조급한 듯이 고개를 빳빳이
세우고 있다. 이에 반해 그리스 비극의 죽음은 도처에서 느껴지는
처절한 공허만을 남겨놓았다. 옛날 티베리우스 시대에 그리스 뱃사
람들이 어느 절해 고도에서 "위대한 판은 죽었다"라고 애절하게 외
치는 소리를 들었듯이. 이제 그리스 세상에 고통에 찬 통곡이 울려
퍼진다. "비극은 죽었다! 시 자체도 그와 함께 사라졌다! 물러나라,
너희 보잘것없는 빈약한 아류들아! 저승으로나 가라. 거기서 옛날
거장들이 남긴 빵부스러기를 실컷 먹을 수 있을 것이다!"

그러나 비극을 선구자요 장인으로 숭배하는 새로운 예술 장르가
꽃피었을 때, 경악과 더불어 인식할 수 있었던 것은 이 장르가 어쨌
든 그 어머니의 모습을 닮아 있으며, 그것도 오랜 생존 투쟁에서 보

여주었던 바로 그 모습을 그대로 지니고 있다는 사실이었다. 비극의 이런 생존 투쟁을 대신 했던 사람이 에우리피데스였다. 이 후세의 예술 장르는 신 아티카 희극으로 알려져 있다. 그런데 이 희극 속에서는 비극이 왜곡된 형태로 생존을 이어가고 있다. 너무나 힘겹고 폭력적이던 비극의 죽음을 기념하기 위해서라고나 할까.

이런 맥락에서 신희극 시인들이 에우리피데스에게 느꼈던 열정적인 호감은 이해가 간다. 그래서 에우리피데스가 죽어서도 아직 제정신이라는 확신만 선다면, 그를 지하 세계에서 만나기 위해 당장 목매달아 죽었으면 좋겠다던 필레몬의 소망도 그리 생경하지만은 않다. 에우리피데스가 메난더와 필레몬과 공통으로 가지고 있었던 점이 무엇인지, 또 그의 어떤 점이 이들에게 그토록 모범적인 자극을 주었는지를 낱낱이 다 말하겠다는 주장을 하지 않고 간략하게 설명하자면, 에우리피데스에 의해 관객이 무대 위로 올라오게 되었다고 말하는 것으로 충분할 것이다. 에우리피데스 이전에 프로메테우스적 비극작가들이 어떤 소재를 가지고 주인공들을 만들었는지를 그리고 그들에게는 현실의 충실한 가면을 무대 위에 올리겠다는 의도가 전혀 없었다는 것을 인식한 사람은 에우리피데스의 경향이 전적으로 달랐다는 점 역시 분명하게 알고 있을 것이다. 일상생활 속의 인간이 그로 인해 관객석에서 무대 위로 떠밀려 나온 것이며, 예전에는 위대하고 대담한 윤곽들만 표현했던 거울이 이제 당혹스러울 만큼 충실하게 자연의 실패한 선들까지 그대로 반사한다. 과거 예술의 전형적 그리스인, 오디세우스가 이제 새로운 시인들의 손에서 그레클루스의 모습으로 전락한다. 그는 이제부터 선하지만 약삭빠른 가사 노예로 연극적 관심의 중심에 서게 된다. 에우리피데스가 아리스토파네스의 개구리들을 통해 자신의 업적으로 계산하는 것, 즉 그가 자신의 민간요법으로 비극예술을 과도한 비만증에서 구했다는 것을 특히 그의 비극의 주인공들에게서 엿볼 수 있다. 실제로 관객들은 이제 에우리피데스의 무대 위에서 자신의 분신을 보았고 그의 말을 들었으며 그의 달변에 기뻐했다. 그러나 이 기쁨이 전부는 아니었다. 사람들은 에우리피데스에게서 말하는 법을 배웠고, 그 스스로도 아이스킬로스와의 시합에서 이 점을 자랑하고 있다. 또한 자기 덕분에 이제 국민들이 예술적 안목으로 그리고 빈틈없는 소피스트 논법으로 관찰하고 변론하고 추론하는 법을 배웠다는 것이다. 그는 공용언어의 이러한 급격한 변화를 통해 신희극을 가능하게 했던 것이다, 왜냐하면 그때부터 어떤 식으로, 어떤 격언들로 일상 생활이 무대 위에서 표현될지는 더 이상 비밀이 아니었기 때문이다. 그때까지 비극에서는 반신이, 희극에서는 술취한 사티로스나 반신이 언어적 특성을 규정했지만, 이제 드디어 시민적 범용성, 에우리피데스가 자신의 모든 정치적 희망을 걸었던 시민적 범용성이 발언권을 얻게 된 것이다. 이렇게 아리스토파네스가 묘사한 에우리피데스는 누구나 판단할 수 있는 일반적이고 익히 잘 알려진 일상 생활과 활동을 자신이 어떻게 묘사했는지 강조하면서 자화자찬하고 있다. 이제 대중 전체가 철학을 하고, 전에 없던 영리함으로 나라와 재산을 다스리고 재판을 진행한다면, 이 모든 것은 자신의 공적이고 그가 국민에게 심어준 지혜의 성과라는 것이다.

이제 신희극의 대상은 이런 식으로 계몽되고 준비된 대중이 될 수 있었다. 그런데 바로 이 신희극의 합창 선생은 에우리피데스였다. 단지 이번에는 관객으로 이루어진 합창단이 연습을 해야 하는

게 달랐을 뿐이다. 이 합창단이 에우리피데스의 음조로 노래 연습을 하자마자, 체스 게임 같은 연극, 즉 영리함과 교활함이 영원히 승리하는 저 신희극이 등장한 것이다. 합창 선생인 에우리피데스는 끝없이 칭송받는다. 비극과 함께 비극작가들도 죽었다는 사실을 알
5 지 못했더라면, 에우리피데스에게서 더 배우겠다고 죽음도 불사하겠다는 사람도 나왔을 것이다. 비극의 종말과 함께 그리스인은 자신의 불멸성에 대한 믿음을 포기했다. 이상적 과거에 대한 믿음뿐만 아니라 이상적 미래에 대한 믿음까지도 말이다. 유명한 묘비명의 구절 '늙으면 경박하고 변덕스럽다'는 노년의 그리스 정신에도
10 해당된다. 찰나, 기지, 경박, 변덕은 그들이 최고로 숭배한 시였다. 적어도 정신적 태도를 보면, 제5신분인 노예가 지배하게 된 것이다. 이제 '그리스의 명랑성'에 대해 말해도 된다면, 그것은 어려운 것을 책임지지 않고 원대한 꿈을 추구하지 않으며, 지나간 것이나 미래에 올 것을 현재 있는 것보다 높이 평가하지 않는 노예들의 명랑성
15 인 것이다. '그리스적 명랑성'이라는 허상이 바로 기독교 초기 400여 년 동안 신에 대한 외경심에 차 있던 명상적인 교인들을 그토록 격분시켰던 바로 그 장본인이다. 진지함과 공포심으로부터 여자처럼 도망다니는 태도, 편안한 안락에 자족하는 비겁함을 그들은 경멸의 눈으로 보았을 뿐 아니라, 참으로 반기독교적인 자세라 여겼
20 다. 수백 년 동안 지속되어온 고대 그리스의 세계관이 불요불굴의 의지로 저 분홍빛의 명랑성을 붙잡고 있는 것도 그 영향 탓으로 돌릴 수 있다는 것이다. 그러나 이는 비극을 탄생시키고 비밀 의식이나 엠페도클레스Empedokles와 헤라클레이토스Heraklit를 배출한 기원전 6세기가 마치 존재하지 않았다는 듯한 평가이며, 또 저 위대

한 시대의 예술작품들이 없었다는 듯한 태도이다. 그런데 이것들은 모두 삶에 대한 쾌락과 명랑성이라는, 노인이나 노예에게 어울릴 법한 태도를 근거로 해서는 설명될 수 없으며, 존재 근거로 전혀 다른 세계관을 시사하고 있다. 에우리피데스가 관객을 무대 위로 끌어올려, 그들이 진정 처음으로 연극을 판단할 수 있는 능력을 키워주었다고 주장한다면, 그것은 마치 이전의 비극은 관객에 대한 잘못된 관계에서 헤어나오지 못했다는 인상을 전할 수도 있다. 또한 예술작품과 관중들 사이의 적합한 관계를 세우고자 했던 에우리피데스의 과격한 경향이 소포클레스를 넘어서는 진보라고 칭찬하고 싶은 마음이 들게 된다. 그러나 '청중'이란 하나의 말에 불과하며, 동질적이고 고정된 크기를 가지고 있지 않다. 수적인 면에서만 강한 하나의 힘에 예술가가 적응해야만 한다는 의무는 어디에서 오는 것인가? 재능과 목적에서 그가 이 개개 청중들보다 월등하다고 느낀다면, 그는 어떻게 자신보다 능력이 뒤떨어지는 사람들의 집합체인 청중 전체의 집단적인 표현을 비교적 높은 능력을 지닌 청중 개개인보다 더 존중할 수 있겠는가? 그리스 예술가 가운데 진실로 에우리피데스만큼 자신의 일생 동안 그토록 대담하게 자부심을 가지고 청중을 대한 사람은 없다. 더욱이 그는 대중이 자기 발 밑에 무릎을 꿇었을 때, 거만하게도 자신의 경향, 대중에 대한 승리를 그에게 가져다 준 바로 그 경향에 공개적으로 일격을 가했다. 이 천재가 청중이라는 악령 앞에 눈꼽만큼의 경외심이라도 가지고 있었더라면, 그는 생애의 중반에 이르기도 전에 실패로 인한 타격으로 파멸하고 말았을 것이다. 이렇게 하나하나 숙고해볼 때, 우리가 앞서 했던 말, 에우리피데스는 청중의 판단력을 키우기 위해 그들을 무대 위로 끌어들였다는 말은 단지 잠정적인 평가에 불과했으며, 그의 경향을 좀더 심도있게 이해할 수 있는 방도를 찾아야 한다는 것을 깨닫게 된다. 정반대로 아이스킬로스와 소포클레스가 생전에 그리고 사후에도 국민의 사랑을 흠뻑 받았다는 점은 익히 알려져 있다. 따라서 에우리피데스의 전임자들의 경우 예술작품과 청중 간의 불화를 거론할 수는 없다. 중단 없이 창작에 몰두했던 넘치는 재능을 지닌 예술가를 구름 한 점 없는 국민적 사랑의 하늘 아래 펼쳐져 있는 대로(大路), 위대한 시인의 명성이라는 태양이 빛나고 있는 대로에서 이탈하게 만든 것은 무엇이었던가? 도대체 그는 관객을 향해 어떤 기이한 생각을 품고 다가갔는가? 관객을 너무나도 존중한 나머지 그들을 대수롭지 않게 생각한다는 것이 가능한가?

에우리피데스는 시인으로서 아마 대중 위에 있다고 느꼈겠지만, 자신의 청중들 가운데 두 사람보다 우월하다고 생각하지는 않았다. 이것이 방금 서술한 수수께끼의 해답이다. 즉 그는 대중을 무대 위로 불러왔지만, 저 두 명의 관객만이 자신의 모든 예술을 판단할 수 있는 재판관이며 거장이라고 생각했던 것이다. 이들의 지시와 경고에 따라 그는 그때까지 공연 때마다 보이지 않는 합창단인 관객석 위에 나타나던 감정, 정열, 심적 상태를 무대 위 주인공들의 영혼 속으로 옮겨놓았다. 그가 이 새로운 성격들을 위해 새로운 말과 새로운 어조를 찾았던 것도 그들의 요구에 응한 결과였다. 그가 청중의 법정에서 다시 한번 유죄 선고를 받았을 때에도, 그는 오로지 그들의 목소리에서만 자신의 창작품에 대한 타당한 판결이나 승리를 기약하는 격려를 들을 수 있었다.

이 두 명의 청중 가운데 한 사람은―에우리피데스 본인이었다.

시인으로서가 아니라 사상가로서 말이다. 그에 대해 우리는 이렇게 말할 수도 있다. 보통 이상으로 넘치는 그의 비판적 재능이, 레싱 E. P. Lessing의 경우처럼, 설령 예술적으로 생산적인 충동을 산출하지는 않았다 하더라도 지속적으로 배태했다는 것이다. 이런 재능, 즉 비판적 사유의 기민성과 명증성을 가지고 에우리피데스는 극장에 앉아, 마치 빛 바랜 그림에서 획 하나하나, 선 하나하나를 알아내려는 듯이, 선구자들의 걸작품들을 재인식하는 데 온 힘을 쏟았다. 그가 바로 여기서 알아낸 것은 아이킬로스 비극의 깊은 비밀을 알고 있는 사람에게서라면 기대해볼 법한 것이었다. 그는 획 하나마다, 선 하나마다 불가해한 어떤 것을 보았다. 그것은 기만적인 단호성에도 불구하고 동시에 도무지 그 끝을 헤아릴 수 없이 깊고 무한한 배경이었다. 가장 분명한 듯한 인물조차 불가해한 것, 불확실한 것을 암시하는 듯한 혜성의 꼬리를 지니고 있었다. 이와 같은 불투명한 안개가 연극의 구성, 특히 합창단의 의미 위에도 짙게 깔려 있었다. 윤리적 문제들의 해답은 그에게 얼마나 의심스러웠던가! 신화를 취급하는 방법 또한 얼마나 의문점이 많았던가! 행복과 불행의 분배는 또 얼마나 불공정하게 보였던가! 고대 비극의 언어조차 그는 여러 면에서 불쾌했거나 이해가 되지 않았다. 특히 그는 단순한 사태를 너무 과장되게 표현하고 소박한 성격을 지나친 비유와 터무니없는 말로 묘사하고 있는 것을 보았다. 그래서 그는 불안하게 골똘히 생각하면서 극장에 앉아 관객으로서 자신은 이 위대한 선구자들을 이해하지 못하겠다고 고백했다. 그러나 그가 오성이 모든 감상과 창작의 원초적 근원이라고 생각한다면, 혹시 자신처럼 생각하는 사람, 도무지 이해할 수 없다고 털어놓는 사람이 없는지 물어야만 했고 주변을 둘러보아야 했다. 그러나 대다수 사람들은 또 그처럼 뛰어난 몇몇 인물들도 그것을 보고 미심쩍은 듯한 미소만을 흘릴 뿐이었다. 하지만 왜 그의 우려와 항의가 부당하고 저 위대한 거장들이 옳은지 아무도 그에게 설명하지 않았다. 이런 고통스러운 상황에서 그는 비극을 이해하지 못했고 그래서 경시했던 또다른 관객을 발견했다. 이 사람과 단합하면서 그는 비로소 고립에서 벗어나 아이스킬로스와 소포클레스의 작품에 대해 과감한 투쟁을 시작할 수 있었던 것이다. 저서를 통해 반론을 펼치는 것이 아니라 자신의 비극관을 전통적인 것과 대립시키는 극작가로 말이다.

이 다른 관객이 누구인지 이름을 거명하기 전에, 여기서 잠깐 멈추고 아이스킬로스 비극의 본질에서 불가해하고 모순적인 인상을 주는 측면들을 기억 속으로 불러보자. 우리의 습관이나 전통과 전혀 일치되지 않았던 저 비극의 합창과 비극적 주인공들을 보면서 우리가 느꼈던 그 이질감을 생각해보자. 그래서 마침내 우리는 그 이중성을 그리스 비극의 기원과 본질이라고, 서로 얽혀 있는 두 가지 예술적 충동들, 즉 아폴론적 충동과 디오니소스적 충동들의 표현이라고 재인식했다.

이런 인식을 한 후 우리는 그리스 비극이 항상 다시금 아폴론적 형상의 세계로 표출되는 디오니소스적 합창이라고 이해하게 되었다. 비극과 밀접하게 묶여 있는 저 합창단은 전체 대화의, 다시 말해 전체 무대 세계, 연극 자체의 모태라고도 말할 수 있다. 이런 비극적 근원은 연속으로 이어지는 분출 속에서 연극의 환영을 투사한다. 이 환영은 꿈 같은 현상이라는 점에서 서사적 성격을 지니고 있지만, 다른 한편 디오니소스적 상태의 객관화라는 점에서 허상 속에서의 아폴론적 구원을 의미하는 것이 아니라 그 반대로 개인이 분해되어 이 원초적 존재와 개인이 일체된다는 것을 의미한다. 따라서 연극은 디오니소스적 인식과 효과가 아폴론적으로 구체화된다는 것이며, 그렇게 됨으로써 마치 무한한 심연이 벌어지듯 그렇게 서사와 분리된다.

그리스 비극의 합창, 즉 디오니소스처럼 흥분한 전체 대중을 상징하는 이 합창은 우리가 제시한 이런 견해를 통해 완벽하게 설명될 수 있다. 현대의 무대에서 합창단, 특히 오페라 합창단이 하는 역할과 위치에 익숙해진 우리는 그리스인들의 비극 합창단이 원래의 '행위' 보다―이것이 그렇게 분명하게 전승되어 있는데도 불구하고―더 오래되고, 더 근원적이며, 더 중요해야만 하는지를 이해하지 못한다. 다시금 우리는 왜 합창단이 항상 봉사하는 낮은 존재들, 처음에는 양의 다리를 지닌 사티로스들로만 구성되어야 하는지, 그런데 왜 그들에게 원래부터 그렇게 높은 의미와 본원성을 부여하는지 동의할 수가 없었으며, 무대 앞에 자리한 오케스트라는 우리에게 항상 수수께끼였다. 그러나 이제 우리가 깨닫게 된 것은 행위를 포함한 모든 장면은 원래 본질상 하나의 환영으로 간주되며, 유일한 '현실'은 이 환영을 생산하는 합창단, 즉 춤과 음, 말의 상징을 모두 사용하여 이 환영에 관해 말해주는 합창단이었다는 것이다. 합창단은 환영 속에서 자신들의 주인이며 장인인 디오니소스를 바라본다. 그렇기 때문에 그들은 영원히 봉사하는 합창단이다. 합창단은 이 신이 어떤 고통을 겪는지, 어떤 영광을 누리는지 본다. 그래서 그 스스로는 행동하지 않는다. 신에게 봉사하는 위치에 있는 합창단이 바로 자연의 가장 숭고한 표현, 즉 자연의 디오니소스적 표현인 것이다. 그러므로 합창단은 자연처럼 도취 상태에서 신탁과 지혜를 말한다. 그는 함께 고통을 겪는 자로서 동시에 현자이며, 세상의 심장으로부터 진리를 널리 전하는 자이다. 그렇게 하여 현명하고 열광적인 사티로스라는, 환상적이지만 혐오스러운 모습의 인물이 탄생한 것이다. 그는 신과는 반대로 '말 못 하는 인간'인 것이다. 그는 자연의 모사이며 자연의 강력한 충동의 모사이다. 그렇다, 그는 자연의 상징인 동시에 자연의 지혜와 예술의 선포자이다. 음악가와 시인, 무용가와 예언자가 합쳐 한 사람이 된 것이다.

이런 인식에 따르면 그리고 전승에 의하면 원래의 무대 주인공이며 환영의 중심인 디오니소스는 처음에, 즉 비극의 초창기에는 실제로 존재했던 것이 아니라 존재하는 것으로 가정되었을 뿐이었다. 즉 원래 비극은 '합창'이었을 뿐, '연극'은 아니었다. 신을 실제 인물로 보여주고 환영으로 나타나는 현상을 그것을 둘러싼 후광과 함께 누구의 눈에나 보이도록 묘사하게 된 것은 나중에 가서였다. 이로써 좁은 의미의 '연극'이 시작된다. 이제 주신 송가를 부르는 합창단에게 주어진 과제는 비극 주인공이 무대에 등장하면 청중의 눈에 꼴사납게 가면을 쓴 인간의 모습이 보이는 것이 아니라 자신들의 황홀경 속에서 탄생한 환영이 보이는 정도까지 무아지경에 이르도록 청중의 분위기를 고취시키는 것이었다. 최근에 사별한 부인 알체스티스Alcestis를 애절하게 그리면서 그녀 생각에 얼굴을 일그러뜨리고 있는 아드메트Admet를 한번 생각해보자. 그때 갑자기 비슷한 모습에 비슷한 걸음걸이의 여인이 얼굴을 가린 채 그의 앞에 나타난다고 상상해보자. 전율하는 듯한 그의 불안과 동요, 격한 감정 속에서의 비교와 본능적 확신을 상상해보면―우리는 무아지경의 관중들, 이미 신의 고통을 자신의 고통으로 느끼고 있는 관중들이 무대 위로 걸어오는 신을 보았을 때 가졌을 감정을 유추할 수 있을 것이다. 관중은 무의식적으로 마법에 걸린 듯 자신의 영혼 앞에서 떨고 있는 신의 형상을 저 가면 쓴 인물에게 투사해 그의 실재성을 유령 같은 비현실성으로 해체시켜버린다. 이것이 바로 아폴론적인 꿈의 상태이다. 그 안에서 낮의 세계는 베일에 싸이고, 그보다 더 분명하고 더 잘 이해할 수 있으며 더 감동적이지만 더 비현실적인 새로운 세계가 끊임없이 모습을 바꾸면서 우리 눈앞에 나타난다. 그로 인해 우리는 비극 속에서 항상 철저한 양식적 대립을 인식할 수 있는 것이다. 합창단의 디오니소스적 서정시 속에서 전개되는 언어, 색채, 율동성, 말의 역동성은 그것이 무대 위의 아폴론적 꿈의 세계에서 나타날 때와는, 마치 서로 완전히 분리된 표현 영역처럼 달라진다. 디오니소스가 객체화되어 있는 아폴론적 현상은 합창단의 음악처럼 '영원한 바다, 열기 넘치게 일어 굽얼이는 삶'도 아니고 또 단지 느껴질 뿐 형상이 되지 못한 힘, 감동한 디오니소스의 하인이 신의 존재를 가까이에서 느끼는 그런 힘도 아니다. 이제 무대에서 서사적 형상화의 명료성과 견고성이 그에게 말을 건다. 이제 디오니소스는 힘을 통해서가 아니라 서사적 주인공으로서, 호메로스의 언어로 말을 하는 것이다.

그리스 비극의 아폴론적 부분에서 겉으로 드러나는 것은 모두 간단하고 투명하고 아름답게 보인다. 대화는 이런 의미에서 그리스인들을 그대로 모사한 것이다. 그리스인의 본성은 춤에서 드러난다. 춤에서 가장 큰 힘은 잠재력에 불과하긴 하지만 유연하고 화려한 율동 속에서 자신을 살짝 드러내기 때문이다. 소포클레스의 주인공들은 아폴론적으로 단호하고 명료한 언어로 우리를 놀라게 한다. 그래서 우리는 그들의 언어의 가장 깊은 근원을 단번에 보았다고 생각하게 되고 이 근원에 이르는 길이 그렇게 짧았다는 사실에 놀란다. 그러나 우리가 한번 표면으로 드러나 눈에 보이게 된 주인공들의 성격을 도외시하면—이 성격은 원래 어두운 담벼락에 던져진 빛, 완전히 하나의 현상에 불과한 것이다—우리는 오히려 반사된 이 밝은 빛 속에 투사된 신화 속으로 들어가게 되고, 갑자기 익숙한 광학 현상과는 완전히 반대되는 현상을 체험하게 된다. 태양을 정면으로 바라보려다 눈이 부셔 몸을 돌릴 경우, 우리는 마치 치료제처럼 어두운 색채의 점을 눈앞에서 보게 된다. 그 반대로 소포클레스의 주인공들의 광학 현상은, 간단히 말해 가면의 아폴론적인 면은 자연의 내면, 끔찍한 면을 들여다본 시선이 만들어낸 필연적 산물이다. 마치 소름끼치는 밤을 보고 상처입은 눈을 낫게 해주는 빛나는 점처럼 말이다. '그리스의 명랑성'이라는 진지하고 뜻 깊은 개념을 이런 의미에서 이해해야만 그것을 제대로 파악했다고 우리는 믿어도 될 것이다. 그러나 현재 가는 곳마다 마주치게 되는 것은 완벽하게 쾌적한 상태라고 잘못 이해된 명랑성 개념이다.

소포클레스는 그리스 연극의 가장 비극적인 인물, 불행한 오이디푸스를 고귀한 인간으로 이해했다. 지혜로움에도 불구하고 오류를 저지르고 비참한 처지에 처할 운명을 타고난 인물. 그러나 그는 가혹한 수난을 거치고 난 후 드디어 복된 마력을 자기 주변에 발휘하게 되고, 이 마력은 그의 사후에도 지속적으로 영향을 미친다. 이 생각이 깊은 시인은 고귀한 인간은 죄를 범하지 않는다고 우리에게 말하고 싶은 것이다. 그의 행동으로 인해 모든 법률, 모든 자연적인 행위, 즉 인륜적 세계가 멸망한다 해도, 바로 이 행동을 통해 무너진 세상의 폐허 위에 새로운 세상을 세우는 영향력의 좀더 높은 마법적 원이 그어진다. 소포클레스는 동시에 종교적 사상가로서 이것을 우리에게 말하고자 한다. 그는 우선 시인으로서 기이하게 얽혀 있는 소송사건의 매듭을 우리에게 보여준다. 재판관은 이 매듭을 한 가닥 한 가닥 서서히 풀어나가지만, 결국 그것은 자신의 파국으로 이어진다. 진실로 그리스인이라면 이러한 변증법적 해결책을 너무나 좋아했기 때문에 이로 인해 명랑한 분위기가 전체 작품을 압도하고 있으며 이러한 분위기가 이 소송사건의 무시무시한 전제들의 예봉을 꺾어버린다. 《콜로노스의 오이디푸스》에서 우리는 이러한 명랑성을 보게 된다. 그러나 이 명랑성은 여기서 끝없이 미화되어 추앙되고 있다. 닥쳐오는 모든 운명에 스스로를 단지 수난자로 내맡긴 채 극도의 불행에 빠진 노인과 이 세상의 것으로 생각되지 않는 명랑성이 대조를 이루고 있다. 신의 영역에서 내려온 듯한 이 명랑성은 이 비극적 주인공이 그의 순전히 소극적인 행동을 통해 자신의 생애를 넘어서까지 영향을 미치는 최고 경지의 능동성을 확보하게 되었으며, 반면 과거에 그가 의식적으로 행한 모든 노력과 경주는 그를 단지 수동성으로 이끌었을 뿐이라는 사실을 우리에게 암시한다. 이렇게 죽어야 할 운명의 존재의 눈에는 풀 수 없을 정도로 엉켜 있는 듯이 보이는 오이디푸스 이야기의 매듭들은 서서히 풀린다―변증법에 맞설 수 있는 이 신적 작품을 보면서 우리에게 인간적 환희가 솟구친다. 설령 우리의 이런 설명이 시인에 대한 올바른 해석이라 하더라도, 이것으로 신화의 내용을 충분히 설명한 것인지 우리는 항상 되물어보아야 한다. 여기서 드러나는 것은 시

인에 대한 전체 해석은 지옥을 보고 난 후 다친 우리의 눈을 치유해
주는 저 반사광과 다르지 않다는 것이다. 친아버지를 살해한 오이
디푸스, 생모의 남편이며 스핑크스의 수수께끼를 푼 오이디푸스!
운명적 행위의 신비스러운 삼위일체는 우리에게 무엇을 말해주는
가? 현명한 마법사는 근친상간에 의해서만 태어날 수 있다는 아주
오래된 페르시아 민간 신앙이 하나 있다. 수수께끼를 풀고 자기 생
모를 해방시키는 오이디푸스와 연관지어 우리는 이 신앙을 이렇게
해석해야만 한다. 즉 예언적이고 마법적인 힘에 의해 현재와 미래
의 마력, 개별화의 엄격한 법칙이 무너졌으며 자연의 고유한 마법
까지 깨진 곳에서는, 다시 말하면 자연에 역행하는 엄청난 일이—
이 이야기 속의 근친상간처럼—원인으로 전제되어야 한다는 것이
다. 인간이 비자연적인 행동을 통해 자연에 저항하여 승리하지 않
는다면, 자연으로 하여금 자신의 비밀을 밝히도록 강요할 방법이
또 달리 있겠는가? 나는 오이디푸스 운명의 저 무시무시한 삼위일
체 속에서 분명하게 이것을 인식했다. 이중 성격의 스핑크스라는
자연의 수수께끼를 푼 사람은 생부의 살해자와 생모의 남편으로서
도 가장 성스러운 자연 질서를 파괴해야만 한다. 그렇다. 신화는 지
혜, 특히 디오니소스적 지혜는 자연을 거역하는 하나의 만행이라
고, 또 자신의 지식으로 자연을 파멸의 구렁텅이로 빠뜨리는 자는
자신에게서도 자연이 해체되는 경험을 해야 할 것이라고 우리에게
속삭이고 싶어하는 것처럼 보인다. "지혜의 칼 끝은 지혜로운 자를
향한다. 지혜는 자연에 대한 범죄이다." 이 신화는 이런 명제를 우
리에게 외치고 있다. 그러나 그리스의 시인이 마치 태양 광선처럼
신화의 거대한 멤논 기둥을 부드럽게 쓰다듬자, 이 기둥은 갑자기

노래하기 시작한다―소포클레스의 선율로!

　이제 나는 이러한 수동성의 영광에 아이스킬로스의 프로메테우스 주위를 밝혀주고 있는 능동성의 영광을 대비시켜보겠다. 사상가 아이스킬로스가 우리에게 말해야만 했던 것, 그러나 시인으로서 자신의 비유적 이미지를 통해 우리로 하여금 단지 예감만 하게 했던 것을 젊은 괴테는 자신이 창조한 프로메테우스의 거침없는 말들을 통해 우리에게 밝힐 수 있었다.

　　　"여기 앉아, 인간을 만든다
　　　내 형상에 따라
　　　나와 닮은 한 종족을,
　　　그는 괴로워하고, 울고
　　　즐기고, 기뻐한다.
　　　그리고 너희들을 존경할 줄 모른다!
　　　마치 나처럼"

　거인의 경지로 올라간 인간은 자신들의 문화를 쟁취하며 신들에게 인간과 결속하도록 강요한다. 그것은 인간이 스스로 얻은 지혜를 가지고 신들의 실존과 한계를 자기 마음대로 정할 수 있기 때문이다. 그 근본 사상으로 볼 때 불경의 찬가인 프로메테우스 노래에서 가장 멋진 점은 정의를 지향하는 아이스킬로스적 경향이다. 한편에는 용감한 '개인들'의 이루 말할 수 없는 고통이 있고, 다른 한편에는 신의 고민, 자신들의 황혼기에 대한 예감이 있으며, 또한 화해와 형이상학적 일치를 강요하는 이 두 가지 고통의 세계의 힘이 있다―이 모든 것은 강력하게 아이스킬로스적 세계관의 중점과 주제를 상기시킨다. 그의 세계관으로 보면 인간과 신들 위에 군림하는 것은 운명의 여신 모이라다. 올림푸스 세계를 자신의 천칭 위에 올려놓고 저울질하는 아이스킬로스의 대담성을 보면서, 우리는 생각이 깊은 그리스인에게서 형이상학적 사유의 확고부동한 토대는 그들의 비밀의식 속에 있으며 그의 모든 회의와 변덕은 올림푸스 신들에게서 발산된다는 점을 상기해야만 한다. 그리스 예술가들은 특히 이 신들에 대해 상호의존의 막연한 감정을 느끼고 있었다. 그런데 바로 이런 감정에서 상징이 나타난 것이다. 아이스킬로스의 프로메테우스인 예술의 거장은 인간을 창조하고 올림푸스의 신들을 적어도 멸망시킬 수 있다는, 그것도 영원한 고통의 대가로 획득했던 자신의 지혜를 통해 멸망시킬 수 있다는 오만한 믿음을 가지고 있었다. 위대한 천재의 훌륭한 '능력', 그 대가로 받을 영원한 고통도 그에 비하면 아무것도 아닌 그런 능력, 예술가의 지독한 자부심―이것이 바로 아이스킬로스 문학의 내용이자 진수이다. 반면에 소포클레스는 오이디푸스 속에서 성자의 승전가를 즉흥적으로 연주하고 있다. 그러나 아이스킬로스의 신화 해석으로 이 신화가 지닌 놀라운 공포의 깊이가 다 측량된 것은 아니다. 오히려 예술가가 되는 기쁨은, 어떤 불행도 견딜 수 있는 예술적 창조의 자족감은 비애의 검은 호수에 반사된 밝은 구름과 하늘의 영상에 불과한 것이다. 프로메테우스 전설은 전체 아리안 민족 공동체가 원래 소유했던 재산이며 심오하고 비극적인 것에 대한 그들의 재능을 기록한 것이다. 원죄 신화가 셈족의 본질을 규정하는 의미를 가지듯이, 마찬가지로 이 신화는 아리안 종족의 본질을 규정하는 의미를 지니며, 두 신화의 관계가 남매지간이라는 것도 개연성이 없지는 않을 것이다. 프로메테우스 신화의 전제는 발전하는 모든 문화의 수호신인 불에게 원시 인류가 부여했던 것과 같은 정도의 엄청난 가치인 것이다. 그러나 인간이 불을 자유자재로 다루고 불을 붙이는 번개의 섬광이나 따뜻한 태양열 같은 하늘의 선물 외에 달리 불을 얻는다는 것은 저 명상적인 원시인들에게는 신적인 자연에 대한 모독이며 약탈처럼 생각되었다. 이렇게 해서 최초의 철학적 문제는 해결할 수 없는 당혹스러운 모순을 인간과 신 사이에 세우고 그것을 마치 하나의 바위 덩어리처럼 모든 문화의 입구로 옮겨놓는다. 그는 인류가 관여할 수 있었던 최상, 최선의 것을 모독 행위를 통해 얻어냈고, 이제 다시 고통과 근심 걱정의 홍수를 대가로 치러야 한다. 모욕당한 하늘의 신들은 이런 것들로 높은 곳을 지향하며 추구하는 인간들을 괴롭힌다. 이것은 모독 행위에 **품위**를 부여하는 가혹한 생각인데, 그 때문에 셈족의 원죄 신화와 뚜렷한 대조를 이룬다. 셈족의 신화에서는 호기심, 기만적 현혹, 매수, 호색, 요컨대 주로 여성적인 일련의 정념들은 악의 근원으로 간주된다. 아리안적 관념의 특징은 **능동적 죄**를 프로메테우스 본연의 미덕으로 간주하는 탁월한 견해이다. 이로써 동시에 염세적 비극의 윤리적 토대, 즉 인간이 지은 죄뿐만 아니라 그로 인한 고통을 포함한 모든 인간적 악을 **정당화**할 수 있는 토대가 마련된다. 사물의 본질에 내재한 악—관조적인 아리아인은 성격상 사물의 본질을 억지로 해석하지는 않는다—세상의 심장부에 들어 있는 모순은 그에게 서로 상이한 세계들, 즉 신적 세계와 인간 세계의 혼란스러운 뒤섞임으로 보여진다. 각각의 세계는 독립된 개체로는 정당하지만, 다른 세계와 병존하는 하나의 세계로서 자신의 개별화로 인해 고통을 당하지 않을 수 없다. 개별적인 것이 보편적인 것이 되려는 영웅적 충동이 생기면, 즉 개별화의 속박을 넘어서서 하나의 세계 본질 자체가 되려고 할 때, 개별적인 것은 사물 속에 감추어진 근원적 모순의 피해를 당하게 된다. 즉 그는 모독의 죄를 짓고 거기에 고통받는 것이다. 이렇게 아리안족은 모독을 남성으로, 셈족은 죄를 여성으로 이해한다. 마찬가지로 원초적 모독은 남성이, 원초적 죄는 여성이 저지른 것이 된다. 그런데 마녀들의 합창은 이렇게 말한다.

"우린 그걸 너무 엄격하게 생각지 않아
천 걸음에 여자는 그 정도 갈 수 있지.
하지만, 여자가 제아무리 서둘러도
남자는 한번 훌쩍 뛰면 거기 갈 수 있지."

프로메테우스 전설의 가장 깊은 핵심 — 다시 말하면 거인이 되겠다고 노력하는 개인에게 주어진 모독의 필연성 — 을 이해한 사람은 동시에 이 염세주의 사상의 비아폴론적 성격 또한 반드시 느낄 것이다. 아폴론은 개인들 사이에 경계선을 긋고 자기 인식을 하고 절도를 지킬 것을 요구하면서 되풀이하여 가장 신성한 세계 법칙으로서의 이 경계선을 상기시킴으로써 개별 존재들을 안정시키고자 하기 때문이다. 그러나 이 아폴론적 경향으로 인해 형식이 이집트적 뻣뻣함과 차가움으로 굳지 않게 하기 위해, 또 호수에 일렁이는 하나하나의 물결에 궤도와 영역을 지정해줌으로써 호수 전체의 움직임을 마비시키지 않기 위해, 이따금 디오니소스적인 것의 큰 물결이 일방적인 아폴론적 '의지'가 그리스 정신을 추방해 유폐시키고자 하는 저 작은 동심원들을 모두 휩쓸어 파괴해버린다. 마치 프로메테우스의 형인 거인 아틀라스가 지구를 등에 짊어지듯이, 갑자기 불어난 디오니소스의 밀물은 개체들이 만드는 조그만 물결을 등에 짊어진다. 마치 모든 개체의 아틀라스가 되어 넓은 등에 그것들을 지고 더 높이, 더 멀리 가져가려는 듯한 이 거인적 충동은 프로메테우스적인 것과 디오니소스적인 것의 공통점이다. 아이스킬로스의 프로메테우스는 이런 점에서 디오니소스가 가장한 인물이지만, 아이스킬로스는 앞서 언급한 정의를 향한 깊은 열망 속에 자신의 부계 조상이 개체화의 신인 동시에 정의의 경계의 신이며 통찰의 신인 아폴론이라는 점을 은근히 폭로하고 있다. 그러므로 아이스킬로스의 프로메테우스의 이중성, 즉 디오니소스적이며 동시에 아폴론적인 그의 성격은—논리학자 에우리피데스를 놀라게 하는데—다음과 같은 개념 공식으로 표현될 수 있다. '현존하는 모든 것은 정당하며 부당하다. 두 가지 면에서 동등한 자격을 가지고 있다.'

이것이 너의 세계다! 그것이 세계라 불리는 것이다!—

논쟁의 여지없이 확고한 전승에 따르면 가장 오래된 형태의 그리스 비극은 디오니소스의 고통만을 대상으로 했으며, 유일하게 존재하는 무대 주인공은 언제나 디오니소스였다. 그러나 마찬가지로 단언할 수 있는 것은 에우리피데스에 이르기까지 디오니소스가 비극의 주인공이 아니었던 적은 한 번도 없었으며 프로메테우스나 오이디푸스를 포함한 그리스 무대의 유명한 인물들은 모두 원래의 주인공 디오니소스가 가장한 인물들이라는 것이다. 이 모든 가면 뒤에 신이 숨어 있다는 사실은 저 유명한 인물들이 늘 전형적인 '이상성'

을 구현한 주요한 이유다. 누가 주장했는지는 모르지만, 모든 개인은 개인으로서는 우스꽝스럽고 따라서 비극적이지 않다는 주장이 있다. 여기서 그리스인들은 개인이 비극 무대 위에 나서는 것을 참을 수 없었다는 사실이 드러난다. 실제로 그들은 그렇게 느꼈던 것 같다. 이는 '이데아'를 '우상', 모상과 구분해 평가하는 플라톤적 사고 방식이 그리스 본질의 기저에 깔려 있는 것과 마찬가지다. 플라톤의 용어를 사용한다면, 그리스 무대의 비극적 인물들을 이렇게 평할 수 있을 것이다. 즉 진정으로 실재하는 디오니소스가 다양한 인물들로, 투쟁하는 영웅의 가면을 쓰고, 마치 개별적 의지의 그물망에 얽혀 있듯이 등장한다는 것이다. 이렇게 등장하는 신은 말하고 행동하면서, 방황하고 노력하고 괴로워하는 개인을 닮아간다. 그가 이렇게 서사적으로 분명하고 확실한 모습으로 **등장한다**는 것은 꿈의 해석자, 아폴론의 영향 때문이다. 아폴론은 저 비유적 현상들을 통해 합창단에게 자신의 디오니소스적 상태를 말해준다. 그러나 실제로 주인공은 고통스러워하는 비밀의식의 디오니소스이며, 개별화의 고통을 몸소 겪고 있는 신인 것이다. 그에 관한 불가사의한 신화들은 다음의 이야기를 들려준다. 그는 소년시절 거인들에게 갈기갈기 찢겼으며, 이런 상태에서 자그레우스로 숭배되고 있다는 것이다. 이 이야기가 암시하고 있는 것은 이렇게 찢겨진 신체, 디오니소스의 원초적 **고통**은 마치 공기, 물, 흙, 돌로 변하는 것과 같은 것이며, 따라서 우리는 개별화의 상태를 모든 고통의 원천이며 근원, 즉 그 자체로 비난받을 만한 것이라고 생각해야만 한다는 것이다. 이 디오니소스의 미소에서 올림푸스의 신들이 탄생했고, 그의 눈물에서 인간이 생겨난 것이다. 찢겨진 신으로서의 존재 속에서 디오니소스는 한편으로 잔인하고 거친 악마, 다른 한편으로는 부드럽고 온순한 통치자라는 이중적인 면모를 보이게 되는 것이다. 그러나 에폭푸테스들은 디오니소스의 부활에 희망을 걸고 있고, 우리의 예감은 이제 그의 부활을 개별화의 종말로 이해해야 한다고 말한다. 이 재림하는 세 번째의 디오니소스에게 보내는 에폭푸테스들의 소란스러운 환호성이 울려퍼진다. 이런 희망이 있어야만 찢겨진, 개체들로 조각난 세계의 얼굴 위에 기쁨의 빛이 환하게 빛날 수 있다. 신화는 이것을 영원한 슬픔 속에 잠긴 데메테르를 통해 구체화하고 있는데, 그녀는 다시 한번 더 디오니소스를 잉태할 수 있다는 말을 듣자 기뻐했다는 것이다. 앞서 언급한 견해들 속에는 이미 심오한 염세주의적 세계관의 모든 구성 요소가 들어 있으며, 이와 함께 비극의 신비스러운 가르침이 들어 있다. 즉 존재하는 모든 것은 하나라는 근본 인식, 개별화가 악의 원초적 근거라는 관점, 미와 예술은 기쁨을 주는 희망이며 다시 노래할 일치의 예감이라는 견해 말이다.

저 근원적이고 전능한 디오니소스적 요소를 비극에서 분리해, 순수한 형태로 비디오니소스적 예술, 관습과 세계관 위에 새롭게 세우는 것—이것이 바로 좀더 밝은 조명 아래에서 우리에게 드러난 에우리피데스의 경향이다.

인생의 황혼기에 어느 신화 속에서 에우리피데스는 이런 경향의 가치와 의미에 대한 질문을 동시대인들에게 강력한 방식으로 제기했다. 디오니소스적 요소는 존속해도 좋은가? 그것을 강제로라도 그리스 땅에서 말살해야만 하지 않는가? 가능하다면, 물론 해도 좋다고 시인은 우리에게 말한다. 그러나 디오니소스 신은 너무나 강하다. 가장 현명한 반대자도—〈바쿠스의 시녀들〉에 나오는 펜테우스 같은 이도—자신도 모르는 사이 그에게 매료되고, 훗날 이런 마법의 상태에서 숙명적 불행으로 치닫게 된다. 두 노인, 카드무스와 티레시아스가 내리는 판단은 노년의 시인의 판단인 것처럼 보인다. 즉 몇몇 현자들의 사색으로는 저 장구한 민족적 전통, 영원히 이어지는 디오니소스 숭배를 전복시킬 수는 없으며, 오히려 이렇게 놀라운 힘 앞에서는 적어도 외교적으로 조심스럽게 관심을 보여주는 것이 나으리라는 판단 말이다. 그러나 여기에서도 그 신이 그런 미지근한 참여에 화가 나서 외교관을—여기에서는 카드무스를—결국 용으로 변신시키는 일이 언제든지 일어날 수 있다는 것이다. 이런 이야기를 영웅적인 힘으로 일생 동안 디오니소스에게 저항해왔던 시인이 우리에게 해주고 있다. 그러나 그 역시 결국 자기 적을 찬양하고는 자살로 생을 마감했던 것이다. 이는 견딜 수 없을 만큼 끔찍한 어지럼증을 피하려고 탑 위에서 몸을 던지는 현기증 환자와 같은 것이다. 비극 〈바쿠스의 시녀들〉은 자신의 경향이 실행되는 것을 막으려는 에우리피데스의 저항의 수단이었다. 아, 그러나 그 경향은 이루어졌다! 놀라운 일이 벌어진 것이다. 시인이 자신의 경향을 부인하려 했을 때는 이미 그것이 승리를 거둔 후였다. 디오니소스는 이미 비극 무대에서 쫓겨났고, 그것도 에우리피데스를 통해 말하는 악마적 힘에 의해 축출되었던 것이다. 하지만 에우리피데스 역시 어떤 점에서는 가면에 불과하다. 그를 통해 말하는 신은 디오니소스가 아니며, 아폴론도 아니다. 그것은 새로 탄생한 마신, 소크라테스라 불리는 마신이었다. 이것은 디오니소스적인 것과 소크라테스적인 것의 새로운 대립을 의미한다. 그리스 비극의 예술작품은 이 대립으로 인해 멸망했다. 에우리피데스가 설령 자신의 경향을 철회함으로써 우리를 위로하고자 했다 하더라도, 그는 성공하지 못했다. 훌륭한 신전은 폐허가 되었는데, 파괴자의 비탄이나 그것이 모든 신전 중에서 가장 아름다웠다는 그의 고백이 무슨 소용이 있는가? 에우리피데스가 그 벌로 모든 시대의 예술비평가들에 의해 용으로 변했다 하더라도—누가 이 빈약한 보상에 만족하겠는가?

이제 에우리피데스가 아이스킬로스의 비극에 맞서 싸우고 결국 승리하는 데 무기가 되었던 소크라테스적 경향을 살펴보자.

연극을 비디오니소스적인 것의 토대 위에 세우겠다는 에우리피데스의 의도는, 그것이 가장 이상적 형태로 실현되었을 때 무슨 목적을 이룰 수 있는가? 연극이 음악이라는 모태로부터, 디오니소스적인 것의 신비스러운 어스름 빛 속에서 탄생하지 않는다면, 어떤 형태의 연극이 아직 가능하겠는가? 단지 연극화된 서사시만이 있을 수 있다. 물론 이처럼 아폴론적인 예술 영역에서는 비극적 효과는 기대할 수 없다. 여기서 중요한 것은 묘사된 사건의 내용이 아니다. 한 걸음 더 나아가 나는 이렇게 주장하고 싶다. 괴테는 자신이 기획했던 《나우시카》에서 비극적인 감동을 불러일으킬 수 있을 정도로 저 목가적 존재의 자살을—제5막에 들어가야 할 내용이었다—서술할 수는 없었을 것이라고 말이다. 서사적—아폴론적인 것의 힘은 너무나 강해 가장 무시무시한 사물에게도 가상에 대한 즐거움으로 또 이 가상을 통한 구원으로 마법을 걸어 우리의 눈앞에서 변신시켜버릴 정도이다. 연극적 서사시의 작가는 서사적 음유시인과 마찬가지로 자신이 떠올리는 영상에 완전히 몰입할 수 없다. 그는 자신 앞에 놓인 영상을 언제나 조용히 먼 눈길로 관조하면서 바라본다. 이러한 연극적 서사시의 배우는 근본적으로 여전히 이야기하는 음유시인이다. 내면적인 몽상가의 위엄이 그의 모든 행위 위에 서려 있어 그는 한 번도 진정으로 배우가 된 적이 없다. 오로지 이런 방식을 통해서 우리는 괴테의 《이피게니에》를, 우리가 최고의 연극적 서사시로 숭배해야만 할 작품을 제대로 이해할 수 있다.

이렇게 순수하게 아폴론적인 연극의 이상에 대해 에우리피데스의 작품은 어떤 태도를 취하고 있는가? 그것은 과거의 엄숙한 음유시인에 대해 후세의 음유시인이 취하는 태도와 같다. 후세의 음유시인은 자신의 본질을 플라톤의 "이온"에서 다음과 같이 서술하고 있다. "슬픈 이야기를 할 때면, 내 눈은 눈물로 가득 찬다. 그러나 내가 끔찍하고 무시무시한 일을 이야기할 때면, 내 머리는 공포로 곤두서고 가슴이 두근거린다." 여기서 우리는 가상 속에서 서사가 상실되었다는 어떤 흔적도, 진정한 배우의 무감각한 냉담도 찾아볼 수가 없다. 진정한 배우는 최고의 연기 속에서 완전한 가상, 가상에 대한 기쁨 자체인 것이다. 에우리피데스는 두근거리는 가슴과 곤두선 머리카락을 가진 배우인 것이다. 소크라테스적 사상가로서 그는 계획을 세우고, 열정적 배우로서 그것을 연기한다. 그러나 그는 계획에서도 연기에서도 순수한 예술가는 못 된다. 따라서 서사적 연극은 냉담하면서 동시에 열정적인 것이 되고, 딱딱하게 굳을 수도 활활 타오를 수도 있는 것이다. 연극이 이제 서사시의 아폴론적 효과를 낸다는 것은 불가능하다. 그러나 다른 한편 그것은 전력을 다하여 디오니소스적 요소들과 결별했고 그래서 효과를 얻기 위해서는 새로운 감동 수단이 필요했다. 이 새로운 감동 수단은 기존의 유일한 예술 충동, 즉 아폴론적 충동과 디오니소스적 충동의 범위 안에 있는 것이 될 수 없다. 그것은 아폴론적 관조 대신 차가운 역설적 사상이며, 디오니소스적 무아경 대신 불 같은 열정이다. 예술의 에테르 속에 담겼던 것이 아니라 자연과 일치하는, 가장 사실적인 사상과 감정이다.

5   이상과 같이 연극을 아폴론적 요소 위에만 세우려 했던 에우리피데스의 계획은 성공하지 못했고, 오히려 그의 아폴론적 경향은 자연주의적이고 비예술적 경향으로 변질되었다는 사실을 우리가 인식했다면, 이제 미학적 소크라테스주의에 한 걸음 더 접근해도 좋을 것이다. 그 최고의 법칙은 대략 다음과 같다. 즉 '아름답기 위해서
10 는 모든 것이 이성적이어야 한다'는 것이다. 이는 소크라테스의 명제 '아는 자만이 미덕을 가지고 있다'와 유사하다. 에우리피데스는 이 기준을 손에 들고 모든 것 하나하나를 측정했고, 이 원칙에 따라 언어, 성격, 연극적 구조, 합창음악 등을 수정했다. 우리가 소포클레스의 비극과 비교하여 에우리피데스의 문학적 결함과 퇴보로 간
15 주하곤 했던 것은 대개 이와 같은 철저한 비판 과정, 즉 저 과도한 사려의 산물인 것이다. 에우리피데스의 서곡은 합리주의적 방식이 가진 생산성의 한 예가 된다. 에우리피데스의 연극에서 서사만큼 우리의 무대 기술과 양립할 수 없는 것도 없다. 한 사람이 혼자 작품의 서두에 등장해 자신이 누구이고, 앞서 무슨 일이 일어났는지,
20 가장 먼저 어떤 이야기가 나올지, 이제까지 무슨 일이 일어났는지, 작품의 진행 과정에 무슨 일이 일어날지를 이야기한다면, 근대의 희곡작가라면 그것을 긴장 효과를 고의적으로 포기하는 용서할 수 없는 행동처럼 생각할 것이다. 사람들은 무슨 일이 벌어질지 모두 알고 있다. 누가 이 일이 실제 일어날 때까지 기다리려 하겠는

가?—여기에서는 예언적 꿈과 차후에 나타날 현실과의 흥미진진한 관계가 성립하지 않기 때문이다. 비극의 효과는 결코 서사적 긴장, 지금 여기 그리고 나중에 일어날 일에 대한 매혹적인 불확실성에 기반을 두고 있지는 않다. 그것은 오히려 위대한 수사학적, 서정적 장면들, 주인공들의 열정과 변증론이 거대하고 힘찬 강물처럼 펼쳐지는 장면들에 근거하고 있다. 모든 것은 줄거리가 아닌 격정을 준비하고 있는 것이다. 격정을 준비하지 않는 것은 배척되어야 할 것으로 여겨진다. 그러나 그런 장면을 즐기고 그것에 몰입하는 데 가장 큰 장애물은 청중에게 부족한 전후 맥락의 고리, 과거사의 조직망에 나 있는 구멍인 것이다. 이런 저런 인물이 어떤 의미가 있는지, 여러 성향과 의도가 빚어내는 이런 저런 갈등들이 무엇 때문에 일어났는지를 청중들이 머리 속에서 계산하는 한, 그들이 주인공의 고통과 행위 속으로 완전히 몰입한다는 것은 불가능하며 또한 그와 완전히 함께 괴로워하고 두려워하는 것도 불가능하다. 아이스킬로스나 소포클레스의 비극은 1막에서 작품 이해에 필요한 실마리들을 우연히 관객들의 손에 쥐어주는 재치 있는 기교를 사용하고 있다. 비극의 이런 점은 형식적이고 필연적인 것에 가면을 씌워 우연한 것으로 보이게 만드는 저 고상한 예술가적 재능을 입증한다. 어쨌든 에우리피데스는 관객이 1막에서 지난 이야기의 계산 문제에 열중하느라 동요할 것이며 그래서 문학적 아름다움과 도입부의 열정을 놓칠 것이라고 믿고 있었다. 그래서 그는 서곡을 도입부 앞에 놓고 신뢰할 만한 사람에게 낭독시킨 것이다. 종종 신은 비극의 진행 과정을 청중에게 확실하게 알려주고, 그렇게 함으로써 신화의 실재성에 대한 모든 의혹을 잠재우는 역할을 맡았다. 이는 데카르트가 경험세계의 실재성을 거짓말을 할 줄 모르는 신의 진실성에 호소하는 방법을 통해서만 입증할 수 있었던 것과 유사하다. 에우리피데스에게는 동일한 신적인 진실성이 극의 마지막에 또 한 번 필요하다. 주인공들의 미래를 청중에게 보장하기 위해서이다. 이것이 저 악명 높은 자동해결사인 신인 것이다 서사적 회고와 전망 사이에 극적이고 서정적인 현재, 원래의 '연극'이 자리잡고 있는 것이다.

　이렇게 시인으로서 에우리피데스는 무엇보다 자신의 의식적 인식을 반영한 존재였다. 그런데 바로 이 점이 그를 그리스 예술사에서 기념할 만한 위치에 서게 한 것이다. 에우리피데스는 자신의 비판적이고 생산적인 작품 활동과 관련하여 종종 아낙사고라스 저서의 서두에 있는 말을 연극에 적용해보고 싶었던 것 같다. 그 말은 다음과 같다. "처음에 모든 것은 혼돈이었다. 그때 이성이 나타나 질서를 이루었다." 아낙사고라스가 자신의 '누스Nous'로 철학자들 사이에서는 마치 온통 술취한 자들 가운데 최초의 말짱한 정신의 소유자처럼 등장했듯이, 에우리피데스도 다른 비극작가들과 자신의 관계를 비슷한 이미지로 이해하고 싶었던 것 같다. 만물의 유일한 정리자요 지배자인 누스가 예술 창작에서 배제되어 있는 한, 아직 만물은 원초적 혼돈 속에 함께 있다. 에우리피데스는 이렇게 판단할 수밖에 없었으며, 이렇게 그는 최초의 '취하지 않은 자'로서 '술취한' 시인들을 단죄할 수밖에 없었다. 소포클레스가 아이스킬로스에 관해 했던 말, 즉 그는 무의식적으로 일을 해도 올바로 한다는 말은 물론 에우리피데스가 이해한 의미로 했던 것은 아니다. 에우리피데스는 아이스킬로스가 무의식적으로 창작하기 때문에 옳지 못한 것을 만들어낸다는 정도의 의미만을 주장했을 것이다. 신적인 플라톤도 시인의 창조적인 능력에 대해 대개는 역설적인 투로, 그것도 이 능력이 의식적인 통찰이 아닌 경우에 한해서 말하며 그것을 예언가나 해몽가의 재능과 동급으로 취급한다. 즉 시인이 시를 쓸 수 있으려면, 의식을 잃어 오성이 그의 내면에 전혀 남아 있지 않아야만 한다는 것이다. 에우리피데스는 플라톤이 그랬던 것처럼 '비이성적'인 시인과 대립되는 시인의 모습을 세상에 보여준다. 그의 미학적 기본 원칙인 "모든 것은 아름답기 위해 의식적이어야 한다"는, 이미 내가 언급한 것처럼, "모든 것은 선하기 위해 의식적이어야 한다"는 소크라테스의 명제에 상응하는 명제이다. 따라서 우리는 에우리피데스를 미학적 소크라테스주의의 시인으로 간주해도 무방할 것이다. 그러나 소크라테스는 고대의 비극을 이해하지 못했고 그래서 대수롭지 않게 생각했던 저 두 번째 관객이다. 에우리피데스는 그와 동맹해서 새로운 예술 창조의 선구자가 되고자 했던 것이다. 이것으로 인해 고대의 비극이 몰락했다면, 미학적 소크라테스주의는 살인 원칙이 되는 셈이다. 그러나 투쟁이 고대 예술의 디오니소스적인 면을 겨냥하고 있었다는 점에서 우리는 소크라테스의 모습에서 디오니소스의 적, 새로운 오르페우스를 인식하게 된다. 디오니소스에 반기를 든 오르페우스, 아테네 법정의 디오니소스 시녀들에게 갈기갈기 찢기게 되어 있다 하더라도 강력한 신조차 도망가게 만든 오르페우스를. 그래서 디오니소스는 과거에 그가 에도의 왕 리쿠르고스에게서 도망칠 때처럼 깊은 바다 속으로, 온 세상을 서서히 뒤덮는 비밀의식의 신비스러운 물결 속으로 몸을 숨긴 것이다.

소크라테스가 그 경향에서 에우리피데스와 밀접한 관계를 가지고 있었다는 사실을 당시의 고대도 간과하지 않았다. 당시 아테네에 떠돌던 소문, 즉 소크라테스가 에우리피데스의 시작을 도와주곤 했다는 소문은 이 직감의 정확성을 가장 웅변적으로 말해주고 있다. 이 두 이름은, '좋은 옛날'의 신봉자들이 현재의 민중 선동가들을 손꼽을 때면, 으레 한꺼번에 불리곤 했다. 옛날 마라톤을 하던 정신과 육체의 건장한 기풍은 정신적 힘과 육체적 힘이 점차 쇠약해지면서 미심쩍은 계몽에 희생되고 있는데, 그것은 그들의 영향 때문이라는 것이다. 근대인들에게는 놀랍게도, 아리스토파네스의 희극은 분노와 경멸이 반반씩 섞인 이런 말투로 이 두 사람을 이야기했다. 근대인들은 에우리피데스쯤이야 기꺼이 희생하겠지만 소크라테스가 아리스토파네스에게서 최초의, 최상의 '소피스트'로, 모든 소피스트적 노력의 거울이며 진수로 등장한다는 데 대해 놀라지 않을 수 없었다. 이 경우 유일하게 위안을 얻을 수 있는 일이라고는 아리스토파네스를 시단의 비열한 거짓말쟁이, 알키비아데스로 조소해버리는 일이었다. 이 자리에서 나는 이런 공격으로부터 아리스토파네스의 의미심장한 본능을 옹호하지 않겠다. 나는 단지 소크라테스와 에우리피데스의 밀접한 관계를 고대의 정서를 근거로 입증하고 싶을 뿐이다. 이런 의미에서 환기하고자 하는 것은 소크라테스가 비극예술의 반대자로 비극을 보러 가지는 않았지만, 에우리피데스의 새 작품이 상연될 때면 항상 관객석에 나타났다는 사실이다. 그러나 가장 유명한 사실은 델피의 신탁에 두 이름이 나란히 씌어 있다는 것이다. 이 신탁은 소크라테스를 가장 현명한 인간으로 기록했지만, 동시에 에우리피데스는 지혜의 경쟁에서 이등상을 받을 만하다는 평가를 내리고 있다.

세 번째로 이 시상대에 설 사람으로 소포클레스가 거명된다. 그는 옳은 일이 무엇인지 알고 있기 때문에 옳은 일을 하며, 아이스킬로스에게 자랑해도 된다는 것이다. 이 세 사람을 시대의 지자로 결정하는 공통점은 지식의 명확성의 정도가 분명하다.

지식과 통찰에 대한 전례 없는 존중을 가장 예리한 말로 표현한 사람은 소크라테스였다. 자신이 아무것도 모르고 있다는 사실을 고백한 유일한 사람이라는 것을 그가 알게 되었을 때, 대 정치가, 연설가, 시인, 예술가들과 비판적인 대화를 나누면서 아테네 시가를 두루 돌아다니던 중 곳곳에서 지식의 환상과 마주치게 되었을 때, 그는 그것을 예리한 말로 표현한다. 그는 놀라움에 가득 차서 저 모든 유명 인사가 자신의 직업에 대해 정확하고 확실하게 인식하지도 않고 그것을 단지 본능적으로 수행하고 있음을 알게 된다. 이 표현 '단지 본능에 의해'로 우리는 소크라테스적 경향의 심장부를 건드리게 된다. 소크라테스는 이 말로 기존의 예술이나 윤리 모두를 비판했다. 그가 검토의 눈길을 보내는 곳마다 통찰 부족과 망상의 권세가 눈에 띄었다. 그리고 그는 이런 부족 현상으로부터 기존의 것은 내적으로 전도되어 있고 그래서 배척해야 한다는 결론을 끄집어낸다. 바로 이 한 가지 문제로부터 소크라테스는 존재를 수정해야만 한다고 믿는다. 한 개인에 불과한 그는 경멸과 우월의 표정을 동시에 지으면서 전혀 다른 방식의 문화, 예술과 도덕의 선구자로서 하나의 세계 속으로, 그 옷자락을 외경스러운 마음으로 살짝 건드리기만 해도 가장 커다란 행복처럼 우리에게 생각될 그런 세계 속으로 걸어들어온다.

이것이 바로 가장 커다란 의혹거리이다. 소크라테스를 대할 적마다 우리를 사로잡으며, 항상 되풀이해서 고대의 이 기이한 현상의 의미와 목적을 인식하라고 자극하는 의혹거리가 바로 이것이다. 그런데 한 개인으로서 감히 그리스적 본질을 부정하려는 이 사람, 호메로스, 핀다로스와 아이스킬로스, 피디아스, 페리클레스, 피티아와 디오니소스로서, 가장 깊은 심연과 가장 높은 정상으로서 우리의 경탄과 숭배의 대상이 분명한 그리스적 본질을 부정하려는 이 사람은 누구인가? 이 마법의 술을 먼지 속에 쏟아버릴 정도로 대담할 수 있는 마력은 도대체 어떤 것인가? 인류 가운데 가장 고귀한 자들의 영적 합창단에게 다음과 같은 소리를 들어야 하는 반신은 도대체 누구인가? "슬프도다! 슬프도다! 네가 그 아름다운 세계를 억센 주먹으로 부셨구나. 세계는 무너지고 세계는 허물어지는구나!"

'소크라테스의 데모니움'이라 불리는 저 기이한 현상이 소크라테스의 본질을 이해할 수 있는 열쇠를 우리에게 제공한다. 그는 자신의 위대한 오성이 흔들리는 어떤 특별한 상태에서 그 순간 들려오는 신의 목소리로 확고한 발판을 얻는다. 이 목소리는 들릴 때마다 항상 경고한다. 본능적인 지혜는 이렇게 완전히 비정상적인 인물에게서 단지 의식적 인식을 여기저기서 방해하기 위해 나타나는 것이다. 모든 생산적인 인간에게서 본능은 바로 창조적이고 긍정적 힘이 되며 의식은 비판적이고 경고하는 태도를 취하는 반면, 소크라테스에게서 본능은 비판자가 되고 의식은 창조자가 된다—정말 결함으로 인해 태어난 괴물이 아닌가! 그런데 우리는 여기서 모든 신비주의적 성향의 기형적 결함을 인식하게 된다. 그래서 소크라테스는 특별한 비-신비주의자, 즉 논리적 천성이 과도하게 발달한 비신비주의자처럼 본능적 지혜가 지나치게 발달해 있는 비신비주의자라 해도 좋을 것이다. 그러나 다른 한편 소크라테스에게 나타나는 논리적 충동은 결코 자기 자신을 향하지 못했다. 그는 이렇게 거침없는 충동의 흐름 속에서 자연의 힘을 보여준다. 그것은 우리를 전율케 하는 그런 거대한 본능적 힘에서만 볼 수 있는 자연의 힘이다. 플라톤의 저서에서 소크라테스의 삶의 방향이 지녔던 신적인 소박성과 확실성의 숨결을 조금이라도 느껴본 사람은 논리적 소크라테스주의라는 거대한 수레바퀴가 소크라테스의 뒤에서 굴러가고 있다는 것을, 또 그것은 마치 그림자를 통하듯이 소크라테스를 통해서만 볼 수 있다는 것을 아울러 느낄 것이다. 그러나 그 스스로 이런 상황을 직감적으로 알고 있었다는 것은 그가 자신의 신적인 소명을 도처에서, 재판관들 앞에서도 당당하게 주장할 때 취했던 그런 품위 있고 진지한 태도에서 드러난다. 그의 이런 주장을 반박한다는 것은 본능을 해체하는 그의 영향을 용인하는 것만큼이나 불가능한 일이다. 소크라테스가 그리스 국가의 법정 앞에 불려나갔을 때, 이런 풀 수 없는 갈등 상황에서 유일하게 내릴 수 있는 선고 형태는 추방이었다. 어떤 후세인에게도 아테네인들이 부끄러운 짓을 했다고 책망할 권리를 주지 않으면서 소크라테스를 추방할 수 있는 길은 그를 수수께끼 같은 사람, 무엇이라 이름 붙일 수 없는 사람, 해명할 수 없는 사람으로 만드는 것이었다. 그러나 소크라테스는 스스로 죽음에 대한 어떤 공포도 없이 명철한 정신으로 단순한 추방이 아닌 사형 선고가 자신에게 내려지도록 상황을 끌고 나갔던 것 같다. 그는 죽음으로 걸어갔다. 플라톤의 묘사에 따르면, 소크라테스는 마지막 주객으로 먼동이 트는 새벽에 새 날을 시작하기 위해 연회장을 떠나듯이 그렇게 침착하게 죽음으로 걸어갔다. 그러는 사이 그의 뒤에서는 진정한 연애시인 소크라테스의 꿈을 꾸면서 의자 위나 바닥에 연회 동료들이 잠들어 있었다. **죽음에 임한 소크라테스**는 고귀한 그리스 청년들에게는 새로운, 이제까지 보지 못했던 이상이었다. 무엇보다도 그리스 청년의 전형인 플라톤은 몽상가적 영혼의 열렬한 헌신으로 이 이상적 모습 앞에 무릎을 꿇었던 것이다.

우리는 이제 소크라테스의 사이클로프스 같은 커다란 눈이 비극을 바라보는 모습을 상상해보자. 그리고 그 눈이 어떻게 디오니소스의 나락을 기쁜 마음으로 들여다볼 수 없었던지를 상상해보자. 이 눈은 플라톤이 말했던 것처럼 "고상하고 찬양받는" 비극예술에서 도대체 무엇을 보았던 것일까? 결과 없는 원인, 원인 없는 결과처럼 철저하게 비합리적인 것을 보았던 것이다. 게다가 모든 것은 너무나 다채롭고 다양해 사려 깊은 기질의 반감을 사고 민감하고 쉽게 자극받는 영혼에는 위험한 도화선이 된다. 우리는 그가 알고 있는 유일한 문학이 무엇인지 알고 있다. 그것은 이솝 우화였다. 분명 그는 정직하고 착한 겔레르트가 꿀벌과 암탉의 우화에서 시의 찬미가를 부를 때 가졌던 그런 순응적인 마음가짐으로 그것을 대하고 있다.

> "너는 네게서 보리라, 그것이 어디에 쓰이는지를,
> 분별력을 갖추지 못한 사람들에게
> 비유를 통해 진리를 말하는 것."

그런데 비극예술은 소크라테스에게는 '진리를 말하는' 것조차도 되지 못했던 것 같다. 비극예술이 '분별력을 갖추지 못한' 사람, 즉 철학자가 아닌 사람들을 대상으로 한다는 점을 제외한다면 말이다. 이는 비극예술을 멀리해야 할 두 가지 이유인 것이다. 플라톤처럼 소크라테스도 비극은 편안한 것만 표현하고 유익한 것은 서술하지 않는 아첨의 예술로 간주했다. 따라서 그는 제자들에게 이런 비철학적 유혹으로부터 엄격하게 거리를 둘 것을 요구했다. 그 결과는 젊은 비극작가였던 플라톤이 소크라테스의 제자가 되기 위해 가장 먼저 시작품을 불태워버릴 정도로 성공적이었다. 그러나 격파할 수 없는 천성이 소크라테스의 원리에 대항하는 곳에서도 이 원리의 힘과 저 강한 인물의 무게는 시 자체를 그때까지 알려지지 않았던 전혀 새로운 위치로 옮겨놓을 정도로 영향력을 발휘했다.

그 예가 방금 언급했던 플라톤이다. 비극과 예술 자체의 단죄에서 분명 스승의 소박한 냉소주의에 뒤떨어지지 않는 그도 전적으로 예술적인 필요 때문에 예술 형식 하나를 만들어내지 않을 수 없었다. 그런데 이 예술 형식은 그가 거부한 기존의 예술 형식들과 내적으로 닮아 있다. 플라톤이 과거의 예술에 대해 주로 했던 주된 비난, 즉 예술은 가상의 모방이라는 것, 경험세계보다 더 낮은 영역에 속한다는 비난이 새로운 예술작품에도 해당되어서는 안 된다는 것이었다. 그래서 우리는 플라톤이 현실을 초월하고자 하며 저 사이비-현실을 지탱하는 토대로서의 이데아를 서술하고자 애쓰는 모습을 보게 된다. 이로써 사상가 플라톤은 우회로를 거쳐 결국 자신이 시인으로서 고향처럼 익숙하게 생각했던 곳, 소포클레스와 과거의 전체 예술이 저 비난에 엄숙하게 항의했던 곳에 도착했던 것이다.

비극이 이전의 모든 예술 장르를 자신 속에 흡수했다고 한다면, 조금 다른 의미에서 똑같은 말을 플라톤의 《대화편》에도 적용할 수 있을 것이다. 그의 대화편은 기존의 모든 양식과 형식들의 혼합으로 이루어졌으며, 따라서 이야기, 서정시, 연극 사이에서, 산문과 운문 가운데에서 부유함으로써 통일된 언어 형식이라는 엄격한 과거의 법칙을 깨고 있다. 견유파 작가들은 이 길을 계속 걸어가 극히 다양한 양식으로, 산문과 운문 형식 사이를 왔다갔다하면서 '광란의 소크라테스'라는 문학적 형상, 그들이 실제 삶 속에서 그대로 구현했던 문학적 형상에 이르게 된다. 플라톤의 《대화편》은 난파당한 배 같은 과거의 시(詩)가 자기 자식들을 모두 데리고 올라탄 조각배와도 같았다. 비좁은 선창에 함께 모여 소크라테스라는 선장에게 두려운 듯 복종하면서 그들은 하나의 새로운 세계로 들어가고 있다. 이 세계는 이 행렬의 환상적인 모습을 보면서 싫증낸 적이 한번도 없다. 실제로 플라톤은 후세를 위해 새로운 예술 형식의 전범을 제공했는데, 그것이 소설이다. 소설은 끝없이 고양된 이솝 우화라고 말할 수 있는데, 그 속에서 변증법적 철학에 대한 시의 지위는 수백 년 동안 신학에 대해 이 철학이 가졌던 위계 관계와 비슷하다. 즉 그것은 시녀의 지위였던 것이다. 이것이 바로 플라톤이 마신 같은 소크라테스의 압력에 못이겨 시에게 강요했던 새로운 지위였다.

여기서 철학적 사상은 예술을 감시하고 변증법의 줄기에 밀착할 것을 강요한다. 아폴론적 경향은 형식적 도식주의로 변질되었다. 우리는 에우리피데스에게서 이와 유사한 상황을 관찰할 수 있으며, 그 밖에도 디오니소스적인 것이 자연주의적 격정으로 변했음을 인지할 수 있다. 플라톤의 연극에서 변증론적 주인공을 맡고 있는 소크

라테스를 보면 우리는 그와 흡사한 성격을 가진 에우리피데스의 주
인공들을 기억하게 된다. 그들은 논증과 반증으로 자신들의 행위를
정당화해야 하는데, 그렇게 함으로써 종종 그들의 비극에 대한 우
리의 동정심을 상실할 위험에 처하기도 한다. 왜냐하면 우리는 변
증론의 본질 속에 들어 있는 낙천주의적 요소, 결론이 나올 때마다
환호를 올리며 명철한 의식 속에서만 숨쉴 수 있는 그런 요소를 놓
칠 수 있기 때문이다. 비극 속으로 한번 침투한 낙천주의적 요소는
비극의 디오니소스 영토를 서서히 잠식하고 결국 그것을 자기 파멸
로, 즉 시민극으로의 투신자살로 몰아갈 수밖에 없다. "미덕은 지식
이다. 죄는 무지에서 저질러진다. 미덕을 갖춘 자는 행복한 자다"라
는 소크라테스의 명제의 논리적 결론만 상기하면 된다. 낙천주의의
이 세 근본 형식 속에 비극의 죽음이 들어 있다. 왜냐하면 이제 덕
있는 주인공은 변증론자여야 하고, 미덕과 지식, 신앙과 도덕은 필
연적이고 가시적으로 연결되어 있어야 하기 때문이다. 이제 초월적
정의라는 아이스킬로스의 해결책은 상투적인 자동해결사인 신을
사용하는 '시적 정의'라는 평면적이고 파렴치한 원칙으로 전락해버
렸기 때문이다.

　　이제 합창단과 비극의 음악적, 디오니소스적 토대 전체는 이 새로
운 소크라테스적-낙천주의적 무대 세계에 어떻게 보여질까? 그것
은 우연적인 것으로, 비극의 기원에 대한 없어도 좋을 추억으로 생
각되었다. 그러나 합창단을 비극과 비극적인 것 자체의 원인으로 생
각할 때에만 그것을 제대로 이해할 수 있다는 것을 우리는 알게 되
었다. 그런데 이미 소포클레스에게서 합창단을 둘러싼 당혹감이 역
력히 느껴지기 시작한다. 이는 이미 그에게서 비극의 디오니소스적

기반이 무너지기 시작한다는 중요한 징표이다. 그는 과감하게도 합창단을 등장인물로, 배우로 새롭게 이용하고자 했던 것이다. 합창단은 마치 오케스트라에서 나와 무대 위로 올라간 듯이 보였다. 비록 아리스토텔레스가 합창단에 대한 이런 견해에 찬성했을지라도, 이로써 합창단의 본질은 완전히 파괴되었다. 소포클레스는 매번 자신의 연극을 상연하면서, 또 전승에 따르면 어떤 책에서도 합창단의 위치를 이와 같이 변화시킬 것을 추천했다고 하는데, 이는 합창단의 파멸에 이르는 첫걸음을 뗀 셈이 된다. 그 뒤를 이어 에우리피데스, 아가톤과 신희극에서 합창단의 파멸은 급속도로 진행된다. 낙천주의적 변증론은 삼단논법의 채찍을 휘둘러 음악을 비극에서 추방한다. 즉 그것은 비극의 본질을, 디오니소스적 상태의 유일한 표현이며 형상화요, 음악의 가시적 상징화이며 디오니소스적 도취의 꿈 같은 세계로 해석될 수 있는 비극의 본질을 파괴한 것이다.

우리는 지금 소크라테스 이전에 반디오니소스적 경향이 이미 작용하고 있었으며, 이 경향은 단지 그에게서 전례 없이 힘찬 표현을 얻었을 뿐이라고 가정했다. 그렇다면 우리는 도대체 소크라테스와 같은 현상이 의미하는 바가 무엇인가 하는 질문을 두려워해서는 안 된다. 플라톤의 《대화편》을 읽은 우리는 소크라테스 현상을 해체하는 부정적 힘으로만 해석할 수 없는 것이다. 소크라테스적 충동의 가장 직접적인 효과는 분명 디오니소스적 비극의 해체였지만, 소크라테스의 심오한 인생체험을 볼 때 이렇게 묻지 않을 수가 없다. 소크라테스주의와 예술 사이에는 반드시 대립관계만 존재하는가, 또 '예술가적 소크라테스'의 탄생은 그 자체로 모순된 것인가라는 질문을 말이다.

저 폭군적 논리학자 소크라테스는 가끔 예술을 대하면서 공허감, 공백감과 아울러 반쯤은 자책감, 어쩌면 의무를 다하지 못했다는 자책감을 느꼈을 것이다. 옥중에서 친구들에게 말했던 것처럼, 종종 그는 같은 꿈을 꾸었는데, 이 꿈은 항상 "소크라테스, 음악을 해라!"라는 말만 했다는 것이다. 그는 생애 마지막 날까지 자신의 철학은 최고의 음악예술이라는 생각으로 마음을 달래면서, 어떤 신이 자신에게 저 "비속하고 대중적인 음악"을 상기시키려 하나보다 하면서 진지하게 그것을 믿지 않았다. 마침내 그는 감옥에서 양심의 가책을 덜 심산으로 자신이 경시했던 음악을 하겠다고 다짐한다. 이런 심정에서 그는 아폴론에게 바치는 노래를 짓고 이솝 우화 몇 개를 운문으로 바꾸어놓기도 했다. 그를 이런 습작으로 몰고 간 것은 경고하는 마신의 목소리와 비슷한 것이었으며, 그가 마치 야만인 왕처럼 고귀한 신의 형상을 이해하지 못하고 자신의 몰이해로 말미암아 신에게 죄를 지을 위험에 처했다는 것을 깨달은 아폴론적 인식이었던 것이다. 소크라테스의 꿈에 나오는 그 말은 논리성의 한계를 우려하는 유일한 징표이다. 그는 이렇게 스스로에게 물어야만 했을 것이다. 나에게 이해되지 않는 것이라고 비합리적인 것은 아니지 않을까? 논리학자를 추방해버린 지혜의 왕국이 있지 않을까? 예술은 학문과 상관성이 있으며 혹 그것을 보완하는 것은 아닐까?

의미심장한 마지막 질문들의 의미에서 우리는 이제 결론으로 다음의 사항들을 언급해야만 할 것이다. 소크라테스의 영향은 그 순간까지, 아니 미래에 이르기까지 마치 석양에 점점 더 커져가는 그림자처럼 후세로 퍼져갔으며, 예술의 새로운 창조를—형이상학적인, 가장 포괄적이고 가장 심오한 의미에서의 예술의—강요했고 자기 자신의 무한성으로 예술의 무한성까지 보장해주었다.

이런 사실을 인식하기 전까지, 모든 예술이 호메로스에서 소크라테스에 이르기까지 모든 그리스인에게 내면적으로 의존하고 있다는 사실을 설득력있게 설명하기 전까지 우리에게 그리스인들이 의미하는 바는 소크라테스가 그리스인들에게 의미했던 바와 마찬가지였을 것이다. 거의 모든 시대와 모든 문화의 단계는 깊은 불만감에서 한번쯤은 그리스인들에게서 벗어나고자 몸부림쳐본 경험이 있다. 왜냐하면 그리스인들 앞에 서면 자신이 이룬 모든 것, 외면상 완전히 독창적으로 보이는 것, 진정으로 감탄할 만한 것들이 갑자기 색채와 생명력을 잃어버리고 실패한 모사품으로, 희화로 오그라들기 때문이었다. 그래서 자기 나라의 것이 아닌 것은 모두 '야만적'이라고 뻔뻔스럽게 말하는 저 오만한 소민족에 대해 항상 새롭게 분통을 터뜨리는 것이다. 그래서 사람들은 저들이 도대체 누구인가라고 묻곤 한다. 단지 일시적인 역사적 영광, 우습지도 않은 편협한 제도, 풍습의 의심적은 건실성 외에 보여줄 것이 없고 심지어 추악한 악덕을 특징으로 하면서도 민족 중에서 천재가 대중에게서 마땅히 받아야 할 그런 존경과 특별대우를 요구하는 저 민족은 도대체 누구인가? 유감스럽게도 사람들은 그런 존재를 간단히 처치할 수 있는 독배를 발견하지 못했다. 시기, 중상모략, 분노의 어떤 독도 저 자족적인 장엄함을 파괴하지 못하기 때문이다. 그래서 사람들은 그리스인들 앞에서 부끄러워하고 두려워하는 것이다. 어느 한 사람이 진리를 그 무엇보다 존중하여 다음과 같은 진리를 고백할 수 있는 용기를 가진다면 달라질 수도 있을 것이다. 즉 그리스인들은 마부처럼 우리의 문화와 모든 문화의 고삐를 쥐고 있으며, 마차와 말들은 언제나 빈약한 소재여서 그것을 끄는 마부의 영광에는 합당치가 않으며 또 그런 수레를 골짜기로, 자신들이 아킬레우스의 도약과 무지개의 아름다움으로 쉽게 건널 수 있는 골짜기로 떨어뜨리는 것쯤은 장난으로 생각한다는 것을 고백한다면 말이다.

소크라테스가 이와 같은 마부의 위치에 있다는 것을 입증하기 위해서는 그에게서 그때까지 없었던 존재양식의 유형을 찾아내면 될 것이다. 그것은 이론적 인간의 유형이며, 그 의미와 목적을 인식하는 것이 우리의 마지막 과제가 될 것이다. 이론적 인간 역시 예술가와 마찬가지로 기존의 것에 대해 무한한 기쁨을 느끼며, 예술가처럼 이 기쁨으로 인해 염세주의의 실천적 윤리와 암흑 속에서도 볼 수 있는 링케우스의 눈으로부터 보호를 받는다. 예술가가 진리를 밝힐 때마다 밝혀진 후에도 여전히 덮여 있는 것에 자신의 황홀한 시선을 고정시킨다면, 이론적 인간은 벗겨진 덮개에 기뻐하고 만족하며, 자신의 힘으로 이루어지는 성공적인 폭로 과정 자체에 최고의 기쁨을 느낀다. 학문과 상관 있는 것은 다른 어떤 것도 아닌 단 하나의 벌거벗은 여신이라고 한다면, 학문은 존재하지 않았을 것이다. 그것만이 상관 있다고 했다면, 학문의 사도들은 지구 한가운데 구멍 하나를 파고 들어가는 사람들과 같은 느낌을 가졌을 것이다. 즉 그가 평생 동안 아무리 노력해도 거대한 깊이의 극히 일부분만을 팔 수 있다는 것은 뻔한 사실이고, 이 작은 구멍조차 이웃의 작업으로 다시 메워질 것이며, 그래서 제삼자는 자신의 힘으로 구멍을 뚫기 위한 새로운 장소를 하나 찾는 것이 낫다는 생각을 하게 될 것이다. 만약 그때 한 사람이 이 구멍을 계속 뚫어도 지구의 반대편에 이를 수 없다는 것을 확실하게 증명한다면, 예전에 뚫어놓은 구멍에서 계속 일하려는 사람이 누가 있겠는가. 혹시 땅을 파다가 귀한 보석이나 지하자원을 발굴하는 데서 오는 만족감이 없다면 말이다. 그러므로 가장 성실한 이론적 인간 레싱은 자신에게 중요한 것은 진리 그 자체라기보다 진리의 탐구 과정이라고 과감히 말했던 것이다. 학자들에게는 놀랍고 분한 일이겠지만, 이로써 학문의 근본 비밀이 드러난 것이다. 불손한 것은 아니라 하더라도 지나치게 정직했던 이런 인식 외에, 우선 소크라테스라는 인물을 통해 처음 알려지게 된 의미심장한 **망상** 하나가 있다. 그것은 사유는 인과성의 실마리를 따라 존재의 가장 깊은 심연에까지 이를 수 있으며, 사유가 존재를 인식할 수 있을 뿐만 아니라 심지어 수정할 능력이 있다는 흔들림 없이 확고한 믿음이다. 이 당당한 형이상학적 망상은 본능적으로 학문에게 주어진 것인데, 그것은 학문을 그 한계점으로, 즉 학문이 예술로 전환해야만 할 한계점으로 몰고 간다. 예술은 이런 메카니즘에서 원래 학문이 지향하는 목표인 것이다.

이제 이런 사유의 횃불로 소크라테스를 비추어보자. 그의 모습은 저 학문적 본능에 이끌려 살았을 뿐만 아니라—그보다 더욱 중요한 것은—죽을 수도 있었던 최초의 인간처럼 우리에게 비쳐진다. 그래서 임종에 임한 소크라테스의 모습은 지식과 논거를 통해 죽음의 공포에서 벗어난 모습이며, 그것은 학문의 출입구 위에 걸려 모든 이에게 학문의 사명을 상기시키는 문장(紋章)인 것이다. 다시 말하면 존재를 이해할 수 있는 것으로 만들며, 그로써 정당한 것으로 만드는 학문의 사명을 상기시키는 문장인 것이다. 이를 위해 논거가 충분하지 않을 경우, 결국 **신화**가 그 역할을 해야만 한다. 나는 이 신화를 조금 전 필연적인 결과, 아니 학문의 목적이라고 말한 바 있다.

학문의 사제 소크라테스가 죽은 후 철학의 학파들은 밀려왔다 밀려가는 파도처럼 차례로 교체되었다. 예상치도 않게 지적 세계의 넓은 영역으로 보편화된 지식욕은 높은 능력을 가진 모든 사람에게 본연의 과제로 간주되어 학문을 넓은 대양으로 이끌고 갔으며, 그 후 학문을 이 대양에서 완전히 추방할 수 있는 방법은 없어졌다. 그런데 이 보편화된 지식욕 때문에 사상의 공동 그물망이 전 지구상을 덮게 되고, 게다가 태양계 전체의 법칙을 세울 수 있는 전망도 보여준다. 놀라우리만큼 높은 현재의 지식의 피라미드를 포함하여 모든 것을 고려해본 사람이라면 소크라테스가 이른바 세계사의 전환점과 소용돌이를 이룬다는 사실을 보지 않을 수 없을 것이다. 저 세계 추세를 위해 소모된, 다시 말하면 인식을 위해서가 아니라 실질적인 목표, 즉 개인과 민족의 이기적 목표에 사용된 수량화할 수 없는 힘의 총계를 한번 생각해본다면, 일반적인 섬멸전이나 끊임없는 민족 이동으로 인해 삶의 의욕은 너무나 약해져서 사람들은 습관처럼 자살하고, 또 피지섬의 주민들처럼 아들이 부모를, 친구가 친구를 목졸라 죽이면서 마지막 의무를 다했다고 느낄 것이다. 이 것은 실천적 염세주의로서 동정심에서 타민족을 학살한다는 끔찍한 윤리를 만들어낼 수도 있는 것이다. 그런데 이런 염세주의는 예술이 어떤 형태로든, 특히 종교와 학문의 형태로 저 독기의 치료제와 예방제 역할을 하지 않는 곳에서는 어디에서나 볼 수 있었고 지금도 볼 수 있다.

이런 실천적 염세주의에 대해 소크라테스는 이론적 낙천주의자의 원형이 된다. 이론적 낙천주의자는 사물의 본성을 규명할 수 있다는 신념을 가지고 지식과 인식에 만병통치약의 힘을 부여하며 오류를 악덕 그 자체라고 생각하는 사람이다. 사물의 근거를 천착하고 가상과 오류에서 진정한 인식을 분리해내는 일이 소크라테스적 인간에게는 가장 고귀하고 유일하게 진실된 인간의 소명으로 생각된다. 그렇게 하여 개념, 판단과 추리의 메커니즘은 소크라테스 이래로 다른 어떤 능력들보다 더 높이 평가되었고 최고의 활동, 경탄할 만한 자연의 선물로 여겨지게 되었다. 가장 숭고한 윤리적 행위인 동정심, 희생심, 영웅심과 아폴론적 그리스인들이 절제의 미덕이라 부르는 얻기 힘든 영혼의 고요조차도 소크라테스와 그의 사상적 후계자들에 의해 현재에 이르기까지 지식의 변증법에서 추론될 수 있는 것, 따라서 가르칠 수 있는 것으로 간주되어왔다. 소크라테스적 인식의 기쁨을 한번 몸소 경험했고 이 기쁨이 점점 넓은 원을 그리면서 현상계 전체를 포괄하고자 한다는 것을 감지한 사람은 그때부터 삶으로 몰고 갈 수 있는 어떤 강한 자극도 이러한 정복을 완성하고 그물망을 물샐틈없이 단단히 얽어매려는 욕구보다 더 격렬하게 느끼지 못한다. 그리하여 이런 충동에 휩싸인 사람은 플라톤이 묘사한 소크라테스를 전혀 새로운 형태의 '그리스적 명랑성'과 삶의 축복을 가르치는 선생으로 생각하게 된다. 새로운 형태의 명랑성과 삶의 축복은 행동으로 발산되고자 하며 대개 천재의 배출을 목표로 고귀한 청년에게 교육적으로, 산파술적으로 감화를 주는 형태로 발산된다.

그러나 이제 학문은 자신의 강력한 환상에 자극받아 쉴 틈 없이 자신의 경계에까지 이른다. 이 경계에서 논리학의 본질 속에 감추어진 학문의 낙천주의는 실패하고 만다. 왜냐하면 학문의 원주 위에는 무수한 점들이 있고, 이 원을 완전히 측정할 수 있는 길은 전혀 보이지 않는데도 재능 있는 귀한 인간은 생애의 중반에도 이르기 전에 어쩔 수 없이 이런 원주의 한계점에 이르게 되고, 거기서 그는 해명할 수 없는 것을 응시하게 된다. 그가 여기서 논리가 이 한계점에서 빙빙 돌다가 결국 자신의 꼬리를 무는 것을 보고 몸서리칠 때, 인식의 새로운 형태, 비극적 인식이 터져나온다. 비극적 인식은 단지 견디기 위해 예술이라는 보호막과 치료제를 필요로 하게된다.

우리가 이제 그리스인들에게서 원기를 얻은 힘찬 눈으로 우리 주변에 넘쳐흐르는 그리스 세계의 가장 높은 영역들을 바라보면, 소크라테스에게서 모범적으로 나타나는 강렬한 욕구, 채워지지 않는 낙천주의적 인식욕이 비극적 체념과 예술에 대한 갈망으로 전환하는 것을 보게 된다. 어쨌든 이 욕구는 낮은 단계에서는 예술에 적대적이고 특히 디오니소스적, 비극적 예술을 내면적으로 혐오할 수밖에 없다. 이는 소크라테스주의가 아이스킬로스의 비극과 투쟁하는 과정에서 실례를 들어 서술한 바 있다.

이제 우리는 설레는 마음으로 현재와 미래의 문을 두드려보자. 저 '전환'은 천재의 새로운 구성과 음악을 하는 소크라테스의 탄생으로 이어지는가? 종교의 이름으로 이루어지든 학문의 이름으로 이루어지든 존재 위에 펼쳐져 있는 예술의 그물망이 점점 더 단단하고 부드럽게 엮어지는가, 아니면 지금 '현재'라는 이름으로 불리는 불안하고 야만적인 분주함의 소용돌이 속에서 갈기갈기 찢어지는 운명에 처하게 되는가? 근심에 가득 차, 그러나 희망을 버리지 않고 잠깐 옆으로 물러나 저 엄청난 투쟁과 전환의 증인이 될 것을 허락받는 방관자가 되어보자. 아! 싸움을 바라보는 자도 싸움에 가담해야 한다는 것, 그것이 싸움의 마법이구나!

우리 교육기관의 미래에 대하여
F. N.의 여섯 차례의 공개 강연

1872년 초

들어가는 말

I

내 강연들에 붙은 제목은 모든 제목의 의무가 그러하듯, 가능한
한 명료하고 인상적이어야 한다. 그렇지만 내가 지금 느끼고 있는
것처럼 내용이 지나치게 확정적인 까닭에 제목은 간단하게 서술되
었고, 다시 불분명해졌다. 그래서 나는 제목과 이 강연들의 과제를
존경하는 청중들 앞에 설명하고 또 필요한 경우에는 사과하는 것으
로 시작해야 한다. 우리 교육기관의 미래에 관한 강연을 약속했을
때, 나는 일차적으로 바젤에 있는 이런 종류의 기관들의 특별한 미
래와 발전을 생각하지는 않았다. 내가 행한 일반적 주장들의 상당
수가 아무리 자주 우리 고장 교육기관들의 예를 통해 설명될 수 있
는 것처럼 보일지라도, 이러한 예증을 하는 것은 내가 아니기 때문
에 그처럼 적용하는 데 책임을 지고 싶은 생각이 없다. 그렇게 특수
한 교육 관계의 상황을 올바로 판단하거나 또는 어느 정도의 확실
성을 가지고 그 미래를 전망하기에는 내 자신이 너무 이 문제에 무
지하고 경험이 없으며 또 이곳의 상태에 뿌리를 깊이 내리지 못했
다고 느끼기 때문이다. 다른 한편으로 나는 어떤 곳에서 이 강연들
을 해야 하는지를 더욱 잘 의식하고 있다. 즉 지나치게 대단한 의미
에서 그리고 대국들에게는 수치스러울 정도의 기준을 가지고 시민

들의 교양과 교육을 장려하려는 도시에서 강연을 해야 한다. 따라서 이런 일을 위해 많은 일을 하는 곳에서는 그것에 관한 생각도 더욱 더 많이 한다고 추측하면, 내가 그렇게 틀리지는 않을 것이다. 그렇지만 내 희망과 전제조건은 교육 및 교양 문제에 관해 상당히 많이 사유했을 뿐만 아니라 올바르다고 인식된 것을 실천적으로 지원할 뜻이 있는 청중들과 정신적으로 교류해야 한다는 것이다. 나는 오직 그런 청중들 앞에서만 이 과중한 과제와 짧은 시간에도 불구하고 나의 견해를 이해시킬 수 있을 것이다—내가 단지 암시할 수밖에 없는 것을 청중이 즉각 알아차리고, 내가 말할 수 없는 것을 청중이 보완한다면, 그리고 청중이 가르침을 받기보다는 단지 자신의 기억을 환기할 필요가 있다면 말이다.

나 자신이 바젤의 학교 및 교육 문제에 주제넘은 조언자로 여겨지는 것도 전적으로 거부하지만, 지금의 문화 민족들의 전체 지평에서 교양과 교양수단에 다가올 미래를 예언할 생각은 더군다나 없다. 내 눈이 너무 가까운 거리에서 불확실해지는 것처럼, 너무 멀리 떨어져 있어도 제대로 보지 못하게 된다. 그러므로 나는 우리의 교육기관을 특수한 바젤의 교육기관으로도 또 모든 민족들을 포괄하는 더욱 광범위한 현재의 수많은 형식들로도 이해하지 않는다. 내가 의미하는 것은 우리가 여기서 향유하고 있는 독일 제도들이다. 우리는 이 독일 제도들의 미래, 즉 독일 초등학교, 독일 실업학교, 독일 김나지움, 그리고 독일 대학의 미래에 몰두해야 한다. 이 과정에서 우리는 당분간 온갖 비교와 가치평가들을 도외시하고, 특히 마치 우리의 상태가, 다른 문화민족들과 관련하여, 일반적으로 모범적이며 비할 데 없을 정도로 탁월한 것처럼 생각하는 득의양양한 망상을 경계해야 한다. 이유는 그것이 우리의 교양학교들이고, 우리와 우연히 연관되어 있는 것이 아니며, 우리가 그것을 옷처럼 그저 걸치고 있는 것이 아니라는 것으로 충분하다. 중요한 문화운동들의 살아 있는 기념비로서, 몇몇 형태에서는 그 자체로 '조상으로부터 물려 내려오는 낡아빠진 가구'로서 그것들은 우리를 민족의 과거와 결합시킨다. 그리고 그것은 그 본질적 특성에서 너무나 신성하고 존경할 만한 것이어서 나는 그것을 탄생시킨 이상적 정신에 가능한 한 가까이 접근한다는 의미에서만 우리 교육기관의 미래에 관해 말할 수 있을 것이다. 그것을 '시대에 적합하게' 만들기 위해 현재 이 교육기관에 허용되고 있는 수많은 변화들이 상당 부분 본래의 고귀한 설립 경향에서 벗어난 노선과 일탈들에 지나지 않는다는 것만은 나에게 확실하다. 우리가 이런 측면에서 미래에 관해 감히 희망하고자 하는 것은 독일정신의 일반적 혁신과 회복과 정화이다. 그래서 이 기관들은 독일정신으로부터 어느 정도 새롭게 태어나고, 또 이러한 갱생이 이루어진 다음에는 오래되고 동시에 새롭게 보일 것이다. 반면 그것들은 지금 대부분 단지 '현대적'이고 또 '시대에 적합하기'만을 요구하고 있다.

　단지 이런 희망의 의미에서만 나는 우리 교육기관의 미래에 관해 말하고자 한다. 그리고 이것이 내가 사과하기 위해 처음부터 설명해야 하는 두 번째 관점이다. 예언자이고자 한다는 것은 모든 자만 중 가장 커다란 자만이다. 그렇기 때문에 예언자가 아니고 싶다고 설명하는 것은 이미 우습게 들린다. 어느 누구도 우리 교양의 미래와 그와 관련된 우리 교육수단 및 방법의 미래에 관한 의견을 예언의 목소리로 말해서는 안 된다. 만약 그가 이 미래의 교양이 어느

정도 이미 현실이기 때문에 학교와 교육수단에 필요한 영향을 행사
하려면 단지 더 강도 높게 확산되어야 한다는 사실을 증명할 수 없
다면 말이다. 고대 로마에서 제물로 바쳐진 짐승의 내장으로 신의
뜻을 점친 것처럼 현재의 내장들로 미래를 알아맞히는 것이 내게
허락된다면, 나는 이 경우에 이미 존립하는 교양의 경향이 지금은
비록 인기가 없고 존경을 받지도 않고 확산되지도 않았지만, 예전
의 승리를 쟁취할 것이라고 예고하는 것 외에는 달리 할말이 없다.
내가 확신하건대, 그것은 승리할 것이다. 그것은 가장 위대하고 가
장 강력한 동맹자, 자연을 가지고 있기 때문이다. 여기서 우리는 현
대적인 교육방법의 많은 전제조건들이 비자연적인 성격을 지니고
있으며, 또 물론 현재의 가장 치명적인 약점들이 바로 이 비자연적
교육방법들과 관련이 있다는 것을 숨겨서는 안 된다. 이러한 현재
와 대체로 일체감을 느끼고 또 현재를 '자명한 것' 으로 간주하는 사
람, 우리는 이러한 믿음 때문에도 또 당치도 않게 만들어진 '자명하
다' 는 유행어 때문에도 그를 부러워하지 않는다. 그러나 반대의 관
점에 이르러 이미 절망하고 있는 사람, 그는 더 이상 싸울 필요도
없이 곧바로 홀로 있기 위해 단지 고독에 몸을 맡겨도 된다. 그러나
"자명한 사람들"과 고독한 사람들 사이에는 싸우는 투사들, 다시 말
해 희망에 가득 찬 사람들이 있다. 괴테가 종에 관한 자신의 에필로
그에서 서술하고 있는 것처럼, 우리의 위대한 실러는 이 투사들의
가장 고귀하고 고상한 표현으로서 우리의 눈앞에 서 있다.

그의 뺨은 붉게 더욱 붉게 빛난다
우리에게서 떠나지 않는 청춘으로,

이르든 늦게든 언젠가, 둔중한 세계의

저항을 이겨내는 용기로,

늘 고양되어 있어 과감하게 드러나다가

금방 끈기있게 순종하는 신앙으로,

5   선이 실행되고, 자라고, 도움이 되도록,

고귀한 사람에게 좋은 날이 오도록.

존경하는 청중은 이제까지 내가 말한 것을 서론의 의미에서 받아들일 수 있다. 서론의 과제는 내 강연들의 제목을 설명하고 또 그것

10   을 있을 수 있는 오해들과 정당하지 않은 요구들로부터 보호하는 것이리라. 이제 곧바로 제목에서 문제로 넘어가 내 고찰을 시작하면서 우리 교육기관에 대한 판단을 가능하게 만드는 일련의 사상을 분명하게 그려보자. 이 들머리에서 분명하게 서술된 명제는 문장을 그린 방패처럼, 모든 내방객에게 자신이 누구의 집과 뜰에 들어서

15   고 있는지를 기억시켜야 한다. 만약 그가, 그런 문장 방패를 보고 난 다음에 들어오지 않는다면, 그는 그렇게 표시된 집과 뜰에 등을 돌리는 것을 선호하는 것이다. 내 명제는 이렇다 :

대립적인 것처럼 보이지만 그 효과에서는 똑같이 해롭고 〈또〉 그 결과에서는 결국 합쳐지는 두 조류가 현재 본래 전혀 다른 토대 위

20   에 건립된 우리 교육기관들을 〈지배하고 있다.〉 가능한 한 하나는 교육을 확장하고자 하는 충동이고, 다른 하나는 동일한 교육을 축소하고 약화시키려는 충동이다. 첫번째 충동에 따르면 교육은 더욱 넓은 범위로 확산되어야 한다. 다른 경향의 의미에서 교육은 그것이 가진 최고의 독단적 요구들을 포기하고, 다른 생활형식, 즉 국가의

생활형식에 유익하게 복종할 것을 요구받고 있다. 이 불행한 확장과 축소의 경향에 대항해 진정으로 독일적이고 전도가 유망한 경향들이 승리할 수 있도록 돕는 일, 다시 말해 가능한 한 커다란 확장의 반대로서 교육의 수축과 집중에 대한 충동이, 그리고 축소의 반대로서는 교육의 강화와 자족의 충동이 승리할 수 있도록 돕는 일이 언젠가는 가능하지 않다면, 이 불행한 확장과 축소의 경향들과 관련하여 절망적으로 자포자기할 수밖에 없을 것이다. 그러나 우리가 이런 승리의 가능성을 믿을 수 있다는 사실은 다음의 인식으로 정당화된다. 즉 확장과 축소의 두 경향은 항상 같은 자연의 의도들에 반할 뿐만 아니라 소수의 사람들에게 교육을 집중시키는 것은 바로 이 자연의 필연적 법칙이며 진리인 반면, 다른 두 경향들은 단지 허위의 문화를 건립할 수 있을 것이라는 인식으로 정당화된다.

본래는 강연들과 관계기 없지만
강연을 듣기 전에 읽어야 할 서론

　내가 기대하는 독자는 세 가지 특성을 가지고 있어야 한다. 그는 차분해야 하고, 읽는 데 서두르지 말아야 한다. 그는 읽으면서 자기 자신과 자신의 '교양'을 개입시켜서는 안 된다. 끝으로, 그는 마지막 결과물로 새로운 목록들을 기대해서는 안 된다. 나는 김나지움이나 다른 학교를 위한 목록과 새로운 일정표를 약속하지 않는다. 내가 오히려 경탄해 마지않는 것은 경험의 계곡에서 진정한 문화 문제의 고두에까지 오르고, 그곳에서 다시 내려가면서 메마른 규칙과 아기자기한 도표의 골짜기에 이르는 길을 전부 샅샅이 측량할 수 있는 사람들의 강력한 본성이다. 숨을 헐떡거리며 높은 산을 오른 뒤 확 트인 시야를 즐겨도 된다면, 나는 만족할 것이다. 그러나 나는 이 책을 통해 도표를 좋아하는 친구들을 만족시킬 수는 없을 것이다.

　진지한 사람들이 완전히 혁신되고 정화된 교양 교육에 공동으로 종사하면서 다시 일상적 교육의—다시 말해 저 교양에 이를 수 있는 교육의—입법자가 되는 시대가 다가오고 있음을 나는 안다. 그들은 아마 다시금 도표를 만들어야 할 것이다. 그러나 이 시대는 아직도 얼마나 요원한가! 그리고 그 사이에 모든 일이 일어날 수 있지 않겠는가! 이 시대와 현재 사이에는 아마 김나지움의 파괴와 심지어 대학의 파괴, 아니면 적어도 방금 언급한 교육기관의 총체적 변혁이 있을지도 모른다. 그래서 이들의 옛 도표들은 후세 사람들의 눈에는 수상가옥 시절의 잔재쯤으로 비쳐질지도 모른다.

이 책은 조용한 독자들을 위한 것이다. 이 책은 굴러가는 우리 시대의 현기증 나는 성급함 속으로 아직 빨려들어가지 않았으며 또 이 바퀴 밑으로 자신의 몸을 던질 때 여전히 우상숭배의 쾌감을 느끼지 않는 사람들을 위한 것이다. 그러므로 이 책은 모든 사물의 가치를 시간 절약 또는 시간 낭비라는 척도에 따라 평가하는 데 익숙하지 않은 사람들을 위한 것이다. 이것은 말하자면 — 극히 소수의 사람들을 위한 것이다. 그러나 이들에게는 '아직 시간이 있다.' 이들은 자기 자신 앞에서 얼굴을 붉히지 않고도 그날 그날의 가장 생산적이고 강렬한 순간들을 찾아 모아, 우리 교양의 미래에 관해 사색해도 된다. 이들은 자신들이 매우 유익하고 품위 있는 방식으로, 다시 말해 미래의 생성을 명상하며 저녁을 맞이한다고 믿어도 된다. 이러한 사람은 읽으면서 사유하는 법을 아직 잊어버리지 않았다. 그는 여전히 행간을 읽는 비법을 이해하고 있다. 그렇다, 그는 너무나 낭비적인 기질을 가지고 있어 읽은 것에 관해서도 여전히 사색한다. 아마도 그는 책에서 손을 뗀 지 오랜 뒤에도 그럴 것이다. 그것도 비평을 쓰거나 다시 한 권의 책을 쓰기 위해서가 아니라, 단지 사색하기 위해! 벌받아야 마땅한 낭비자가 아닌가! 그는 작가와 함께 먼 길을, 그 목적지가 어디인지 먼 훗날의 세대가 이로소 명확하게 볼 수 있는 그런 길을 걸어갈 수 있을 만큼 조용하고 무사태평한 사람이다! 이와 반대로 독자가 흥분하여 즉각 행동으로 나선다면, 그가 여러 세대들이 얻으려고 노력해도 얻기 힘든 열매를 당장 따겠다고 한다면, 그가 작가를 이해하지 못한 것이 아닌지 우려하지 않을 수 없다.

마지막으로 가장 중요한 세 번째 요청이 그에게 제기된다. 그것은 독자는 어떠한 경우에도 자신이 마치 모든 사물의 기준을 소유하고 있는 것처럼, 현대인의 방식에 따라 끊임없이 자기 자신과 자신의 '교양'을 하나의 척도로 내세워서는 안 된다는 요청이다. 우리는 그가 자신의 교양을 사소하게 생각하고 경멸할 정도로 충분한 교양을 갖추기를 바란다. 그러면 그는 아마 가장 신뢰하는 마음으로 작가가 인도하는 대로 따를 것이다. 그런데 작가는 오직 무지에서 그리고 무지의 지에서 독자에게 감히 말하고자 하는 것이다. 그가 다른 사람들과는 달리 자신만이 유일하게 가지고 있다고 주장하는 것은 현재 우리의 야만성이 가진 특수성에 대해 극히 격앙된 감정, 즉 우리를 19세기의 야만인으로서 다른 야만인들보다 두각을 나타내게 만드는 것에 대한 고양된 감정뿐이다. 그는 이제 이 책을 손에 들고 비슷한 감정으로 동요하는 사람들을 찾고 있다. 내가 실존한다고 믿고 있는 너희 고독한 개별적 존재들을 사람들이 찾을 수 있도록 하라! 독일정신의 고통과 부패를 너희 자신에게서 느끼는 너희 사심 없는 사람들을! 너희 관조적인 인간들이여, 너희의 눈은 성급하게 탐색하며 한 표면에서 다른 표면으로 미끄러져갈 수 없지 않은가! 너희 고결한 자들이여, 너희는 위대한 명예와 위대한 작품이 너희를 요구하는 곳이 아니면 아무런 행동도 하지 않고 단지 머뭇거리며 삶을 살아간다고 아리스토텔레스가 찬양하지 않았던가! 나는 너희를 불러낸다. 이번만은 너희의 은거와 불신의 동굴로 기어들어가지 말아라. 적어도 이 책의 독자가 되어, 나중에 이 책을 너희의 행위를 통해 파괴하고 잊히게 만들어라! 이 책은 너희의 사자(使者)로 보내졌다는 것을 생각하라. 너희가 스스로 무장하여 싸움터에 나타나면, 누가 너희를 부르는 사자를 뒤돌아보고픈 욕망을 가지겠는가?

강연 Ⅰ

존경하는 청중 여러분,

여러분들이 저와 함께 성찰하려고 생각하신 주제는 너무 진지하고 중요하고, 또 어떤 의미에서는 심히 걱정스러운 것이어서 저 역시 여러분들과 마찬가지로, 이 주제에 관해 무엇인가를 가르칠 수 있으리라고 기대되는 사람이라면 누구에게라도 갈 수 있을 것입니다. 설령 그 사람이 아직 너무 젊더라도 또 그 사람이 자발적으로, 기신이 힘민으로 이 과세에 립밍한 등분의 내납를 세송하리라는 생각은 들지 않더라도 말입니다. 그가 우리 교육기관의 미래를 우려하는 질문에 대해 무언가 적당한 이야기를 듣고, 그것을 여러분들에게 다시 이야기하고 싶어할 수도 있을 것입니다. 미래를 예견하고, 고대 로마에서 제물로 바쳐진 짐승의 내장으로 신의 뜻을 점치던 사람처럼, 현재의 내장으로 미래를 점치는 것이 상당히 어울리는 훌륭한 스승이 그에게 있을 수도 있을 것입니다. 실제로 여러분들은 그런 것을 기대해야 합니다. 나는 언젠가 기이한 인연으로, 실제로는 정말 부득이한 사정으로 인해 이상한 남자들이 바로 언급한 주제에 관해 나누는 어떤 대화를 직접 들은 적이 있습니다. 그들 생각의 요지들과 또 그들이 이 문제를 다루는 전체 방식은 내 기억 속에 너무 강하게 각인되어 있어서, 비슷한 일들을 생각할 때면 항상 나는 동일한 궤도에 빠질 수밖에 없습니다. 그들이 금지된 진리들을 대담하게 발언함으로써 그리고 더욱 대담하게 자신들의 희망을 세움으로써 그들이 당시 내 귀에 생생하게 증명하면서 나를 놀라게 했던 그런 자신만만한 용기가 내게는 없을 뿐입니다. 그럴수록 그 대화를 글로 고정시켜 다른 사람들도 그토록 독특한 견해와 발언들에 대해 나름의 판단을 내리도록 자극하는 것이 제게는 유익하게 보입니다.—특별한 이유에서 저는 이 공개강연을 그런 기회에 이용해도 된다고 생각했습니다.

저는 제가 어떤 곳에서 이런 대화를 일반적인 심사 숙고의 대상으로 삼으라고 강력히 권할 것인지 잘 알고 있습니다. 즉 저는 비교할 수 없을 만큼 훌륭하게, 좀더 큰 국가들의 입장에서는 부끄러움을 느낄 정도로 시민들의 교양과 교육을 장려하고자 애쓰는 도시에서 그렇게 하려고 합니다. 그래서 이 사안을 위해 더욱 많은 일을 하는 곳에서 사람들은 역시 그것에 관해 더 많이 생각할 것이라는 저의 추측은 분명 여기에서도 빗나가지 않을 것입니다. 이 대화를 여러분께 재현할 때 제 말은 귀 기울여 듣는 경청자들에게만 제대로 이해될 수 있을 것입니다. 간단히 윤곽만 서술하고 넘어갈 수밖에 없었던 것도 즉각 알아차리고, 말로 표현되지 않은 것들을 스스로 보충하며 가르침을 받을 필요 없이 기억해내기만 하면 되는 그런 경청자들 말입니다.

존경하는 청중 여러분, 자 이제 저의 가벼운 경험담과 그보다 덜 가벼운, 이제까지 언급되지 않았던 남자들의 대화를 들어보십시오.

우리 스스로 젊은 대학생이 되었다고 생각하고 그 상태를 상상해봅시다. 즉 쉴 새 없이 돌아가는 격렬한 현재의 운동 속에서 믿을 수 없을 정도로 황당한 상태이긴 하지만, 그런 구김살 없는 유연성, 순간으로부터 쟁취하여 마치 영원할 것 같은 쾌적함을 적어도 가능한 것으로 인정하기 위해서라면 한번은 반드시 그런 상태를 경험했어야만 합니다. 이런 상태에서 저는 동갑내기 친구 하나와 함께 라인강변 대학 도시 본에서 1년을 보냈습니다. 지금 생각해보면 이 1년은 모든 계획과 목표의 상실이라는 점에서 그리고 미래의 모든 의도들과 유리되어 있다는 점에서 무언가 몽환적인 요소를 지니고 있었습니다. 그러나 이 1년은 그 전과 그 후의 깨어 있던 시기들 사이에 끼어 있었습니다. 우리 둘은 다른 동기와 다른 목적을 추구하는 관계 속에서 함께 생활하고 있었음에도 불구하고, 그에 커다란 구애를 받지 않았습니다. 때때로 우리는 동기생들의 활발한 요청을 들어주기도 하고 거절하려고 노력도 했습니다. 그러나 제가 지금 곰곰이 생각해보면, 마지못해 하는 이 놀이조차도 누구나 한번쯤 꿈속에서 체험하는 그런 장애물과 유사한 성격을 가집니다. 예컨대 하늘을 날 수 있다고 믿지만 설명할 수 없는 장애물 때문에 뒤로 잡아당겨지는 듯한 느낌의 장애와 비슷한 성격을 가진다는 것입니다.

저와 제 친구는 깨어 있던 그 전 시기, 즉 우리의 김나지움 시절에 대한 무수한 기억을 공유하고 있습니다. 그 중 한 가지를 좀더 자세히 이야기하고자 하는데, 그것은 이 기억이 제가 언급했던 그 가벼운 경험으로 넘어가는 과도기를 이루고 있기 때문입니다. 이 친구와 저는 어느 늦여름 라인강으로 여행을 떠났습니다. 거의 동시에 그리고 같은 장소에서 계획 하나가 우리에게―물론 제각기 따로―떠올랐습니다. 그래서 우리는 이와 같은 기이한 일치 때문에 이 계획을 반드시 실행에 옮겨야 한다고 느꼈습니다. 문학과 예술에서 무언가 생산하고 성취하고자 하는 우리의 성향을 위해 확고하고 의무적인 조직이 필요하다는 생각에서 당시 우리는 소수의 동료들로 이루어진 소모임을 만들기로 작정했습니다. 좀더 소박하게 표현하자면, 우리 모두는 시든 논문이든 또는 건축 설계안이든 음악작품이든 매달 자신의 작품을 보낼 의무가 있으며, 이 작품에 대해서 우리 각자는 다른 이들에게 아무런 제한 없이 정말 개방적으로 우정 어린 비판을 할 권한이 있었습니다. 우리는 이런 식으로 우리의 교양에 대한 욕구를 상호 감시를 통해 자극하는 동시에 제어할 수 있다고 믿었습니다. 그리고 정말 우리는 그 착상이 떠올랐던 그 순간과 그 장소를 고마운 마음으로, 아니 축제적 분위기 속에서 기억해야만 할 정도로 이 계획은 성공적이었습니다.

이 느낌은 곧 올바른 형식을 얻었습니다. 즉 우리는 그날 당시 늦여름 나란히 앉아 생각에 잠겨 있다가 갑자기 똑같은 결정에 이르렀다는 사실에 감격해했던 롤란드엑Rolandseck의 그 고독한 장소를 가능하다면 매년 다시 찾자고 서로 다짐을 했던 것입니다. 정확히 말해 이 의무는 엄격히 지켜지지는 않았습니다. 그러나 바로 그 때문에, 바로 우리가 이 의무를 소홀히 한 죄에 대해 양심의 가책을 받고 있었기 때문에, 우리 둘은 마침내 다시 라인 강변에 지속적으로 거주하게 되었던 저 본 대학 시절 날을 잡아 롤란드엑의 그 장소를 성지 순례하듯이 방문하자고 결의를 다졌던 것입니다. 이번에는 단순히 우리의 법칙만이 아니라 우리의 감정이나 감사의 마음을 충족시키겠다는 의도였지요.

그런데 일이 쉽게 풀리지 않았습니다. 왜냐하면 하필 우리가 정한 이 날, 우리의 비상을 방해했던 그 수많은, 쾌활한 학생 동아리들이 우리를 지치게 했고, 우리가 옴짝달싹하지 못하도록 온 힘을 다해 우리를 꽉 잡고 있었기 때문입니다. 우리 동아리는 이즈음 롤란드엑으로 나가 축제를 벌이기로 결정했는데, 그것은 여름 학기말 모든 구성원에게 다시 한번 확신감을 주고 최고로 멋진 이별의 추억을 안겨 귀향시키기 위해서였습니다.

그날은 우리의 기후 조건으로는 늦여름만이 선사할 수 있는 완벽한 날들 중 하루였습니다. 하늘과 땅은 나란히 완벽하게 조화를 이룬 가운데 조용히 흘러가고 있었고, 따뜻한 햇살, 신선한 가을 기운, 끝없는 푸름이 멋지게 섞여 있었습니다. 칙칙하고 우중충한 옷들 가운데 우리들은 대학생만이 누릴 수 있는 알록달록한 멋진 옷차림으로, 우리에게 경의를 표하기 위해 화려한 깃발들로 장식한 증기선에 올라탔습니다. 그리고 우리 동아리의 깃발도 갑판 위에 꽂았습니다. 라인강의 양쪽 강변에서 이따금 신호음이 울렸습니다. 우리가 미리 정해놓은 대로, 이 신호음은 라인강변 주민들과 특히 롤란드엑의 여관 주인에게 우리의 도착을 알리는 신호였습니다. 부두에서 시작해 흥분과 호기심이 섞인 읍내를 통과하는 우리의 왁자지껄한 행진에 관해서나, 아무나 알아듣지 못하고 우리 사이에서만 통하는 즐거움과 농담에 관해서는 이야기하지 않으렵니다. 저는 서서히 분위기가 고조되어 거칠어지던 만찬과 경이로운 음악 작품으로 넘어가려고 합니다. 식탁에 앉은 우리 회원은 모두 개별적 강연으로든 아니면 총체적 작업으로든 이 작품에 참여해야만 했고, 나는 우리 모임의 음악 남당 자문위원으로 먼저 그것을 연구하고 이제 지휘를 해야만 했습니다. 다소 혼란스러운, 점점 더 빨라지는 마지막 악장 동안 저는 제 친구에게 신호를 보냈고, 울부짖음에 가까운 마지막 화음이 끝나자 곧 우리 둘은 문 밖으로 슬그머니 사라졌습니다. 포효하는 듯한 나락이 우리 등뒤에서 탁하고 닫혀버렸습니다.

    돌연 상쾌한, 숨소리 하나 들리지 않는 자연의 정적이 거기 있었습니다. 그림자들은 이제 조금 넓어져 있었고 태양은 미동도 없이 작열했지만 이미 기울어가고 있었습니다. 초록빛으로 반짝거리는 라인강 물결로부터 가벼운 미풍이 우리의 뜨거운 얼굴 위로 불어오고 있었습니다. 추억을 위한 성스러운 우리의 의식은 그날 늦은 시간에 치르게 되어 있었습니다. 그래서 우리는 일몰 전 마지막 밝은 순간을 우리의 고독한 취미로 채울 작정이었습니다. 당시 우리에게 취미거리들은 풍부했습니다.

    그 당시 우리는 열정적으로 권총 사격을 즐기곤 했는데, 사격술은 우리 모두에게 훗날 군대 생활에 무척 도움이 되었습니다. 우리 모임의 하인은 조금 떨어진 고지대에 있는 사격장을 알고 있었고, 미리 우리의 권총들을 갖다 놓았습니다. 이 장소는 롤란드엑 뒤편의 낮은 구릉대를 덮고 있는 숲의 위쪽 가장자리, 평평하지 않은 작은 평지 위에 있었는데, 그곳은 바로 우리 제도의 창립 장소, 우리의 성지에서 가까웠습니다. 사격장 옆으로 숲이 우거진 비탈에는 나무가 없어서 앉아 있기에 안성맞춤인 장소가 있었습니다. 여기에서는 나무와 관목들 너머로 라인강이 보였고 그래서 굽이치는 지벤 산맥의 아름다운 능선, 특히 드라헨펠스가 나무 군락과 지평선의 경계를 짓고 있었습니다. 반면 이 둥근 단면의 중심에는 논넨뵈르트 섬을 팔 안에 감싸 안고 흘러가는 라인강이 있습니다. 이곳이 바로 우리의 꿈과 계획으로 축성을 받은 성지였습니다. 우리가 늦은 저녁 시간 오고자 했고 와야만 했던 곳이 여기였습니다. 우리가 세운 법칙의 의미에서 우리가 그날 하루를 마치려고 한다면 말입니다.

거기서 옆으로 고르지 못한 조그만 평원 위에 육중한 참나무 그루터기 하나가 있었습니다. 나무도 덤불도 없는 평지와 낮게 융기한 언덕의 구불구불한 물결에서 동떨어져 동그마니 고독하게 서 있었습니다. 지난날 우리 둘은 힘을 합해 그루터기에다 5각 별표를 새겨 놓았습니다. 그런데 그것이 지난 몇 년 동안 온갖 폭풍에 더욱 깊이 파여 우리의 사격술에 더할 나위없이 좋은 과녁을 제공하고 있었습니다. 우리가 사격장에 도착했을 때는 이미 늦은 오후였고, 우리의 참나무 그루터기로부터 넓고 뾰족한 그림자가 빈약한 초원 위로 뻗쳐 있었습니다. 주변에는 고요가 흐르고 있었습니다. 발 밑의 키큰 나무들 때문에 우리는 라인강 쪽 저 깊이 아래를 내려다볼 수 없었습니다. 이런 적막 속에서 우리가 쏘는 권총의 날카로운 파열음은 그만큼 더 강하게 진동했습니다. 막 두 번째 탄알을 과녁을 향해 쏘았을 때, 저는 누가 제 팔을 격하게 잡는 느낌을 받았고 또 동시에 내 친구가 비슷한 방식으로 장전을 방해받는 것을 보았습니다.

급히 몸을 돌리자 어떤 노인의 화난 얼굴이 눈에 들어왔습니다. 그러면서 저는 동시에 힘센 개 한 마리가 제 등뒤로 뛰어오른다는 느낌이 들었습니다. 우리가―다시 말해서 저와 좀더 젊은 두 번째 남자의 방해를 받은 제 동료가―감탄사 한 마디를 내뱉을 정도로 정신을 수습하기도 전에 이미 천지를 진동하는 듯한 격한 어조로 노인의 말이 울려퍼졌습니다.

"안 돼! 안 돼!" 하고 그는 우리를 향해 큰 소리로 말했습니다. "여기서 결투를 해서는 안 돼! 적어도 너희들 공부하는 젊은이들은

그래서는 안 돼! 권총을 저리 치워! 마음을 조금 진정하고 화해를
해, 서로 손을 잡아! 어떻게? 그것은 지상의 소금, 미래의 지성이며
우리 희망의 씨앗일 것이야—그것은 저 미친 명예 교리교육과 자
구권 규정에서도 벗어날 수 없단 말인가? 너희들의 심정이 어떤지
나는 자세히 알고 싶지 않지만, 너희의 머리에 그것은 명예롭지 않
아. 너희들의 청춘은 고대 그리스와 로마의 언어와 지혜를 양육자
로 얻었고, 너희들의 젊은 정신에 아름다운 고대의 현자와 귀인들
의 지혜의 빛이 일찍 내려 떨어지도록 우리는 항상 노심초사했는
데, 그런 너희가 기사도 규약, 즉 무분별과 잔인성의 규약을 너희들
의 변화의 지침으로 삼으려고 하느냐?—다시 한번 그 규약을 살펴
봐라. 그리고 분명하게 그것을 인식하고 그 가련한 한계를 폭로해
라. 그것을 너의 심장의 시금석이 아니라 너희 오성의 시금석이 되
게 해라. 너희들의 오성이 그것을 비난하지 않는다면, 너의 머리는
편견의 끈을 가볍게 끊어버리는 힘찬 판단력과 오성이, 진리와 거
짓의 경계가 여기에서처럼 손바닥에 빤히 펼쳐 있지 않고 깊숙이
감추어져 있는 곳에서조차 그것을 깔끔하게 구분할 수 있는 정말
매력적인 오성이 필수적으로 요청되는 그런 분야에서 일하기에 적
합하지 않은 것이다. 이런 경우라면, 여보게들, 성실한 다른 방식으
로 세상을 살아가도록 하게. 군인이 되든가 아니면 기술을 익히게.
기반이 단단한 것들이네."

　　진실되기는 하지만 거칠기 짝이 없는 이 말에 우리는 흥분해 계
속 상대의 말을 서로 자르면서 대답했습니다. "우선 중요한 문제에
서 당신은 틀렸습니다. 우리는 결투하려고 여기 온 것이 아니라 권
총 사격 연습을 하려고 왔습니다. 두 번째, 당신은 사람들이 어떤

식으로 결투하는지 잘 모르고 계신 듯합니다. 우리 두 사람이 마치 노상강도들처럼, 입회인도 의사들도 없이 이 고독 속에서 서로 대치할 것이라고 당신은 생각하십니까? 마지막으로 우리는 결투 문제에서—우리 각자가—우리 자신들의 관점을 가지고 있으며 당신이 하는 식의 교훈에 기습당해 깜짝 놀라지는 않는다는 겁니다.

분명 공손치 못한 이 대응은 노인에게 나쁜 인상을 주었습니다. 결투가 아니었다는 사실을 알게 되면서 그는 우선 좀더 우호적인 시선으로 우리를 바라보다가, 우리의 마지막 말에 기분이 결정적으로 상해서 투덜거렸습니다. 게다가 우리가 우리 자신의 관점을 설파하기 시작하자, 그는 격한 몸짓으로 자신의 동반자를 잡고 곧 몸을 돌리더니 우리를 향해 씁쓸하게, "무릇 사람은 자신의 관점만 가져서 되는 게 아니라 생각도 할 줄 알아야지"라고 내뱉었습니다. 그리고 동반자는 중간에 이렇게 외쳤습니다. "설령 그분 생각이 틀렸다 하더라도, 어려워할 줄 알아야 하네."

그러나 그 사이 내 친구는 벌써 다시 총을 장전했고 "조심!" 하고 외치면서 과녁을 향해 쏘기 시작했습니다. 등뒤에서 갑작스럽게 울린 총성은 이 노인을 분노하게 만들었습니다. 그는 다시 한번 몸을 돌려 내 친구를 증오에 가득 찬 눈으로 노려보더니 젊은 동반자에게 부드러운 목소리로 말했습니다. "우리가 무엇을 하겠나? 이 젊은이들이 총을 발사해 내 일을 망치고 있네."

연하의 동반자는 우리 쪽으로 몸을 돌리면서 말하기 시작했습니다. "당신들은 발사하면서 즐기지만 그것이 지금 같은 경우 철학에 대한 저격이라는 걸 알아야만 해. 이 귀하신 분의 말씀을 명심하게 나—그는 당신들에게 여기서 사격하지 말라고 요청할 만한 지위에 있는 분이야. 그런 분이 부탁하면—"

"그래, 그러면 보통 그렇게 하지." 노인은 그의 말을 끊고는 우리를 엄격한 눈초리로 바라보았습니다.

실제로 우리는 이런 종류의 사건을 어떻게 생각해야 할지 잘 알지 못했습니다. 좀 소란스럽기는 하지만 우리의 오락이 철학과 무슨 상관이 있는지 잘 이해가 되지 않았고, 또 마찬가지로 왜 우리가 이해도 못한 채 예의상 우리의 사격장을 포기해야만 하는지 그리고 이 순간 망설이면서 기분이 상해 거기 서 있어야 하는지 납득이 가지 않았습니다. 노인의 동반자는 우리의 순간적인 충격을 알아차렸고 우리에게 자초지종을 설명했습니다. "우리는 여기 당신들 바로 옆에서 몇 시간을 기다려야만 하네, 약속이 있거든. 여기 계신 훌륭하신 분의 훌륭하신 친구가 오늘 저녁 이리로 오실 걸세. 그래서 우리는 몇 군데 앉을 자리가 있는 조용한 장소, 여기 숲을 오늘의 회합 장소로 고른 걸세. 그런데 바로 옆에서 당신들이 사격 연습을 해서 우리가 계속 놀라야 한다면 전혀 편치가 않지. 친구와 재회하기 위해 이 조용하고 외진 곳을 찾은 이가 우리의 가장 훌륭한 철학자들 중 한 사람이라는 사실을 당신들이 알게 된다면, 당신들 스스로 느끼기에도 계속 총을 쏜다는 것은 불가능할 거라고 우리는 믿고 있네."—

이런 식의 대립은 우리를 더욱 불안하게 만들었습니다. 우리는 사격장을 잃는 것보다 더 커다란 위험이 우리에게 닥쳐오고 있음을 알았고, 그래서 다급하게 물었지요. "그 조용한 장소가 어디 있습니까? 여기 왼쪽 수풀 속은 아니겠지요?"

—바로 여기입니다.—

"하지만 이 장소는 오늘 저녁 우리 둘의 것입니다." 내 친구가 중간에 끼어들었습니다. "우리가 이 장소를 차지해야 합니다." 우리 둘은 소리쳤습니다.

그 순간 우리에게는 오래 전에 결정된 우리의 축제가 세상의 모든 철학자들보다 소중했습니다. 우리는 너무 열을 내고 흥분해서 감정을 표현했고 또 그 자체로는 이해할 수 없는, 그러나 그토록 절박한 투의 주장 때문에 우리는 아마 다소 우습게 보였던 것입니다. 우리의 철학자 훼방꾼은 웃으면서 이제 사과의 말을 해야 할 차례가 아닌지 묻는 듯한 눈초리로 우리를 바라보았습니다.

이렇게 양측은 묵묵히 서로 마주 보고 있었습니다. 그 사이 나무 우듬지 위로 진하게 물든 저녁 노을이 넓게 걸쳐 있었습니다. 그 철학자는 저녁 해를 바라보았고, 함께 온 사람은 철학자를, 우리 둘은 숲속에 있는 우리의 은신처, 하필이면 오늘 빼앗길 위험에 처해 있는 우리의 비밀 장소를 보았습니다. 갑자기 우울한 심정이 되어버렸습니다. 혼자 있겠다는데, 친구와 함께 고독하게 즐기겠다는데 철학자들이 방해한다면, 우리가 철학자가 되고자 하는데 그들이 막는다면 철학이 다 무슨 소용인가 하는 생각이 들었습니다. 우리는 우리의 추억을 위한 축제가 원래 철학적인 것이라고 믿었기 때문입니다. 이 축제에서 우리는 미래의 삶을 위해 진지한 결의를 다지고 계획을 세우기를 바랬던 것입니다. 과거 청년기의 저 생산적인 활동과 비슷한 방식으로 우리 내면의 가장 내밀한 영혼이 미래에 만들어낼 것을 발견하기를 바랬던 것입니다. 우리가 하고자 했던 성사의 진정한 의미는 바로 여기에 있었던 겁니다. 우리가 하기로 작정했던 것은―5년 전 우리가 함께 뜻을 모았던 그때처럼 고독하게 있는 것, 사색에 잠겨 앉아 있는 것뿐이었습니다. 그것은 침묵의 축제, 추억과 미래만이 있는—현재는 그 사이의 줄표일 뿐인—축제여야 했습니다. 그런데 우리의 마법의 원 안에 적의에 찬 운명이 끼어들다니—그리고 그것을 없앨 방법을 알지 못했습니다. 그렇습니다. 이런 기이한 우연의 일치에 무언가 비밀스럽고 매력적인 면이 느껴졌습니다.

우리는 이렇게 묵묵히, 적대적인 무리로 나뉘어 꽤 오랜 시간 서 있었습니다. 그 사이 우리 머리 위 저녁 구름은 붉음을 더해갔고 저녁은 한층 고요해지고 부드러워졌습니다. 자연의 규칙적인 숨소리를 들으면서 마치 자연이 자신의 작품, 완벽한 하루, 그들의 하루 일과를 만족스럽게 마무리하는지 알아보려는 듯이 자연에 귀 기울이는 동안, 어스름한 정적의 한가운데를 뚫고 혈기에 찬 어지러운 환호 소리가 라인 강 쪽에서 올라왔습니다. 멀리서 시끄러운 목소리들이 들렸습니다—우리 동료들임에 틀림없었습니다. 그들은 아마 이제 거룻배를 타고 라인강을 돌아다니려는 것 같았습니다. 우리가 실종되었다고 여길 것이라는 생각이 들었습니다. 또 우리 자신도 무엇인가를 잊어버리고 있었습니다. 나와 내 친구는 거의 동시에 권총을 들어올렸습니다. 우리가 쏜 총성은 메아리가 되어 돌아왔습니다. 그와 동시에 식별 신호인 귀에 익숙한 고함소리가 저 아래에서 들려왔습니다. 우리들은 동아리에서 열렬한 사격 애호가로 명성과 동시에 악명을 떨쳤던 것입니다.

바로 그 순간 우리는 우리의 행동이 저 말없는 철학자 손님들에게는 최고의 무례라는 느낌이 들었습니다. 그들은 이제껏 조용히 바라보면서 서 있다가 우리의 연발 총성에 놀라 옆으로 펄쩍 뛰었던 것입니다. 우리는 곧 그들에게 다가가 번갈아가면서 소리쳤습니다. "용서하십시오. 이제 마지막으로 쏜 것입니다. 그것은 라인강 위에 있는 우리 동료들을 위해서지요. 그들도 알아차렸습니다. 들리십니까?—당신이 여기 수풀 왼편에 있는 조용한 장소를 원하신다면, 적어도 우리들도 거기 앉도록 해주셔야겠습니다. 거기에는 앉을 의자가 여러 개 있습니다. 당신들을 방해하지 않겠습니다. 그저 조용히 앉아 침묵을 지킬 것입니다. 그런데 벌써 7시가 넘었군요. 우리는 그곳으로 가야만 합니다."

"얘기가 실제보다 더 비밀스럽게 들리는군요." 저는 조금 있다가 이렇게 덧붙였습니다. "오늘 이 늦은 밤 시간을 그곳에서 보내자고 우리들은 진지하게 약속을 했습니다. 그럴 만한 이유도 있습니다. 이 장소는 우리에게는 좋은 추억으로 신성해진 곳입니다. 그리고 그것은 또한 좋은 미래를 열어줄 것입니다. 바로 그 때문에 저희는 당신들에게도 나쁜 기억을 남기지 않도록 노력할 것입니다—우리가 당신들을 여러 차례 불안하게 하고 놀라게 한 다음에는 말입니다."

철학자는 잠자코 있었습니다. 그와 함께 온 연하의 동반자가 말했습니다. "우리의 언약과 약속은 유감스럽게도 동일한 방식으로, 같은 장소와 같은 시각에 우리를 묶는군요. 이 일치를 어떤 운명의 장난으로 돌리든가 아니면 도깨비짓으로 보든가 양자택일을 할 수밖에 없군요."

"그건 그렇고, 여보게, 이 권총 쏘는 젊은 친구들이 조금 전보다는 더 마음에 드네. 아까 우리가 태양을 보고 있을 때 이들이 얼마나 조용했는지 자네 알고 있었나? 그들은 말도 하지 않았고 담배도 태우지 않고 그저 묵묵히 거기 서 있었다네—그들이 사색했다고 나는 거의 믿고 있네." 철학자는 마음을 가라앉히고 말했습니다.

그러고는 급히 우리에게로 몸을 돌렸습니다. "당신들은 사색했습니까? 우리 함께 공동의 휴식처로 가면서 제게 말씀해보십시오." 우리는 몇 발짝 함께 걸어갔습니다. 그러자 비탈이 나타났고 그 아래로 벌써 캄캄해진 숲의 따스하고 축축한 분위기 속으로 내려갔습니다. 같이 걸어가면서 내 친구는 철학자에게 자신의 생각을 숨김없이 말했습니다. 철학자가 자신이 철학하는 것을 방해하면 어떡하나 하고 오늘 처음으로 두려워했다는 것을 말입니다.

노인은 웃음을 터뜨렸습니다. "뭐라고? 당신은 철학자가 당신이 철학하지 못하게 방해할까봐 두려웠다고요? 그런 일은 충분히 일어날 수 있습니다. 그런데 당신은 그런 경험이 없었습니까? 대학에서 그런 경험을 하지 않았습니까? 당신은 철학 강의를 듣지 않습니까?"

이 질문은 우리에게 편치 않았습니다. 왜냐하면 전혀 그렇지 않았기 때문입니다. 그 당시 우리는 대학에서 철학자의 직위와 칭호를 소유한 자는 누구나 철학자라고 천진하게 믿고 있었습니다. 말하자면 우리는 경험도 없었고 제대로 알지도 못했던 거지요. 우리는 솔직하게 아직 철학 강의를 들어보지 못했다고 고백했고, 그러나 소홀히 했던 것을 언젠가 바로잡겠다고 말했습니다.

— "그러면 당신의 그 철학한다는 것은 무엇을 뜻하는 겁니까?" 그가 물었습니다.

"저희가 정의를 내릴 수는 없습니다" 하고 제가 말했습니다. "그러나 교양인이 되려면 어떻게 해야 가장 좋은지를 강구하기 위해 진지하게 노력한다는 정도쯤으로 생각하고 있습니다."

"그건 지나치기도 하고 모자라기도 하는군." 철학자는 투덜거렸습니다. "그것에 관해 이제 제대로 생각해보십시오! 여기 우리들의 의자가 있군요. 서로 멀찌감치 떨어져 앉는 게 좋겠군요. 나는 어떻게 교양인이 될지를 골똘히 탐구하는 당신을 방해하고 싶지 않군요. 행운을 빕니다―그리고 결투 문제에서처럼 갓 만들어진 당신 자신의 관점을 얻기를 빕니다. 철학자는 당신이 철학하는 데 방해가 되기를 원하지 않습니다. 단 당신들의 권총으로 그를 놀라게 하지는 마십시오. 오늘 한번 젊은 피타고라스 학파의 학자들처럼 해보십시오. 이들은 진정한 철학의 하인으로 무려 5년 동안 침묵을 지켜야만 했습니다―당신들은 한 시간 15분 동안만이라도, 당신들이 그토록 커다란 관심을 기울이는 자신의 미래의 교육을 위해서라도 그렇게 해보십시오."

우리는 드디어 목적지에 이르렀습니다. 우리의 추억의 축제는 시작되었습니다. 5년 전처럼 라인강은 다시 부드러운 안개를 휘감고 흘러가고 있었고 그때처럼 하늘은 반짝이고 숲은 향기로웠습니다. 가장 멀리 떨어진 맨구석 벤치에 우리는 자리를 잡았습니다. 이곳이라면 거의 눈에 띄지 않게 앉아 있을 수 있어 철학자나 그와 함께 온 사람도 우리의 얼굴을 볼 수 없었습니다. 우리 둘뿐이었습니다 철학자의 음성이 한결 나직하게 우리에게 들려와도, 그 음성은 살랑살랑 흔들리는 나뭇잎들의 바스락거리는 소리에, 숲 꼭대기에서 우글거리는 수천 생물들의 웅웅거리는 소리에 섞이어 거의 자연의 화음이 되었습니다. 그 음성은 하나의 소리로, 멀리서 들리는 단조로운 비탄의 노래로 들렸습니다.

그렇게 시간이 흘러가는 동안 노을은 이제 창백해졌고, 지난 청소년 시절 우리가 세웠던 교양 계획에 대한 기억들이 점점 더 뚜렷하게 눈앞에 떠올랐습니다. 마치 저 별난 단체에 최고의 감사를 해야 할 의무가 있는 것 같은 생각이 들었습니다. 그것은 우리에게 단순히 김나지움 학업을 보충하는 것이 아니라 실제로 결실을 맺게 해주었던 생산적인 모임이었습니다. 우리는 학교 수업을 보편적 교양을 추구하는 우리의 작업에 이바지하는 하나의 수단으로 그 테두리 안에 포함시켰던 것입니다.

당시 소위 직업에 대한 생각은, 우리 단체 덕분에 전혀 하지 않았다는 기억이 떠올랐습니다. 가능한 한 단기간에 쓸 만한 공무원을 길러내고 지나치게 힘든 시험들을 통해 그들의 절대적인 복종을 확보하려던 국가가 종종 행하던 이 젊은 시절의 착취는 우리의 교양과는 가장 거리가 멀었습니다. 어떤 실용적 감각, 벼락 출세나 직업 활동에 대한 의도가 우리에게 결정적으로 중요하지 않았다는 것은 우리 각자에게 오늘날 위로가 되는 사실, 즉 우리가 현재도 장차 무엇이 되어야 할지를 잘 모르고 있다는 사실에서, 또 이 점에 대해 전혀 신경을 쓰지 않고 있다는 사실에서 잘 드러납니다. 이런 무사태평한 태도를 우리 안에 길러준 것은 우리의 단체였습니다. 우리는 이 추억의 축제에서 바로 이 단체에게 진심으로 감사를 드렸습니다. 아무런 목적 없이 순간 순간을 즐기는 태도, 찰나의 흔들의자 위에서 몸을 흔들며 유유자적하는 태도는 쓸모없는 모든 것을 싫어하는 현재에게 거의 신뢰할 수 없는, 아무튼 질책을 받을 만한 태도로 여겨질 것이라고 저는 이미 말씀드렸습니다. 우리는 얼마나 쓸모없는 인간들이었던가요! 그러나 우리는 우리가 이렇게 쓸모없다는 것을 또 얼마나 자랑스러워했던가요! 우리들은 둘 중 누가 더 쓸모없는 사람인지, 서로 명성을 다투지 않았던가요! 우리는 중요한 사람이 되려고 하지 않았으며 어떤 입장도 대변하려 하지 않았고 어떤 목적도 없었습니다. 우리는 미래 없이 살고 싶었고 현재의 문턱 위에 편안히 발을 뻗고 있는 건달말고는 아무것도 되고 싶지 않았습니다—우리는 실제로 건달이었습니다. 우리에게 축복이 있으라!

—경애하는 청중 여러분, 그 당시 우리는 정말 그렇게 생각했습니다!—

—이렇게 엄숙하게 자기관찰에 몰두한 후 저는 자기 만족에 찬 음성으로 우리 교육기관의 미래에 관한 질문에 저 스스로 막 대답하려던 참이었습니다. 그때 멀리 떨어진 철학자들의 의자에서 들려오는 자연음이 이제까지의 특성을 잃어버리고 훨씬 더 강하고 분명하게 들리는 것 같았습니다. 제가 그들의 말을 듣고 있다는 사실, 귀 기울여 열심히 듣고 있으며 귀를 쫑긋 세우고 듣고 있다는 사실이 갑자기 의식되었습니다. 저는 조금 지친 듯한 친구를 쿡 찌르면서 나직이 말했습니다. "잠자지 마! 저곳에 무언가 우리가 배울 게 있어. 우리에게 말하는 게 아니라 하더라도 우리와도 상관있는 문제야."

제가 듣건대, 철학자의 연하의 동반자가 상당히 흥분한 채 수세에 몰려 있는 반면 철학자는 점점 더 목소리를 높여 그를 공격하고 있었습니다. "너는 변하지 않았어" 하고 철학자는 그에게 소리쳤습니다 "유감스럽게도 전혀 변하지 않았어. 정말 놀랍군, 내가 너를 마지막 보았던, 그래서 의심 반 희망 반으로 너를 놓아주었던 7년 전이나 지금이나 똑같다니. 네가 그 동안 네 피부 위에 걸쳤던 근대적 교양의 겉껍질을, 그리 내게 즐거운 일은 아니지만, 벗겨야 하겠네—그런데 그 아래에서 무엇이 발견되는가? 칸트가 이해하는 의

미에서의 변화할 수 없는 "지성적인" 성격도 보이지만, 유감스럽게
도 변화 없는 지성적인 것도 보이는군―아마 꼭 필요한 것이겠지
만, 한편으로는 다소 위로가 되는군. 자네가 둔재도 아니고 또 학구
열이 불타는데도 불구하고 자네가 나와 교류하며 살았던 시절이 자
네에게 그리 뚜렷한 인상을 남기지 못했으니 내가 무엇 때문에 철
학자로 사는지 자문하지 않을 수 없네! 이제 자네는 우리가 과거 서
로 교류할 때 내가 그렇게 종종 언급했던 주요 명제, 교양과 관련된
명제를 한 번도 들은 적이 없는 듯이 행동하는군. 그 명제가 무엇이
었지?"―

―"제가 기억하기로는," 꾸지람을 들은 제자가 대답했습니다.
"진정한 교양인의 수가 결국 얼마나 적은지, 적을 수밖에 없는지 안
다면, 교양을 추구할 사람은 한 사람도 없을 것이라고 당신은 말씀
하시곤 했습니다. 그런데 이나마 이렇게 소수의 진정한 교양인도,
만약 대중이 유혹적인 꼬임에 넘어가 성향에 맞지도 않게 교양에
관여하는 일만 없다면, 존재하지 않을 것입니다. 그러므로 진정한
교양인의 수와 엄청나게 큰 교양기구 간의 저 우스꽝스러운 불균형
에 관해서는 어떤 것도 공개적으로 발설해서는 안 됩니다. 여기에
바로 교양의 진정한 비밀이 숨어 있습니다. 즉 무수한 사람들이 자
신을 위해 그러는 것 같지만 실제로는 몇몇 소수 사람들만이 교양
인이 될 수 있도록, 교양을 얻으려 애쓰고 교양을 위해 일한다는 것
입니다."

"그것이 바로 그 명제라네"라고 철학자는 말했습니다―"그런데
너는 너 스스로 그 몇 안 되는 소수에 속한다고 믿기 위해서 그 명
제의 진정한 의미를 잊었단 말인가? 너는 정말 그렇게 생각했지―

나는 그걸 알아! 그러나 그것은 현재의 지적 풍토의 천박한 기호들 가운데 하나야. 우리는 교양의 궁핍에서 벗어나려고 또 교양을 위해 스스로 일하지 않으려고 천재의 권리를 민주화했어. 모두가 가능한 한 천재가 심은 나무의 그늘 아래 자리잡으려고 하지. 천재가 무언가를 창조하려면 사람들이 그를 위해 일해야만 하는데, 그런 필연성의 무거운 짐을 사람들은 벗어버리려 하지. 어떻게? 너는 자존심이 너무 강해서 선생이 되고 싶지 않다고? 너는 학구열에 불타 배우려고 몰려드는 사람들을 경멸한다고? 너는 대단한 것이 아니라는 식으로 선생의 의무에 대해 말하고 있지 않나? 그래서 저 사람들과는 원수처럼 담을 쌓고 나와 내 생활방식을 모방하면서 고독한 삶을 살고 싶다고? 너는 내가 철학자로 살 수만이라도 있기 위해 오랜, 끈질긴 투쟁을 했고, 그 투쟁을 거친 후 마침내 쟁취할 수 있었던 것을 너는 단숨에 이룰 수 있다고 믿고 있나? 고독이 너에게 복수하지 않을까 두렵지 않은가? 교양의 은둔자가 되려고 시도나 해보게—스스로 모든 사람들을 위해 살 수 있으려면 넘쳐나는 부를 가져야만 하지!—이상한 친구 같으니! 제자들은 대가에게나 겨우 가능한 가장 어렵고 가장 고상한 일을 따라 해야만 한다고 믿고 있지. 이 일이 얼마나 어렵고 위험한지. 그리고 얼마나 많은 훌륭한 인재가 그 때문에 파멸에 이를 수 있는지 그들이 가장 잘 알아야 하는데도 말이야!"

—"스승님, 저는 당신에게 아무것도 숨기려 하지 않습니다" 하고 동반자가 말했습니다. "현재의 교육 및 교양 제도에 완전히 헌신하기에 저는 너무 많이 당신의 말을 들었고 너무 오래 당신 곁에 있었습니다. 저는 당신이 손가락으로 가리키곤 하시던 저 구제할 수 없

는 오류와 폐해를 너무나 분명하게 느낍니다.―그러나 내면의 힘
이 있다면 그것을 가지고 용감히 투쟁해서 성공할 수도 있겠지만,
저에게는 그런 힘이 없는 듯합니다. 저는 용기를 잃고 너무나 낙심
해 있었습니다. 고독 속으로의 도피는 오만이나 건방이 아니었습니
다. 지금 그토록 활기차게, 집요하게 제기되고 있는 교양과 교육 문
제에서 제가 어떤 기호를 발견했는지 당신에게 서술하고 싶습니다.
우선 두 가지 주된 방향을 구분해야 할 것 같습니다―서로 정반대
인 것처럼 보이지만, 그 영향은 똑같이 부정적이며, 그 결과에서는
결국 합류하는 두 가지 경향이 우리 교육기관의 현재를 지배하고
있습니다. 즉, 가능하면 교양을 확대하고 전파하려는 충동이라는 하
나의 경향이 있는 반면, 다른 한편에는 교양 자체를 축소하고 약화
하려는 욕망이 있습니다. 교양은 여러 가지 이유에서 가장 구석진
곳까지 전파되어야 한다고 요구합니다. 다른 경향은 그에 반해 교
양에게 가장 고상하고 숭고한 요구 사항들을 포기하고 다른 생활
양식, 예컨대 국가를 위한 봉사로 만족하라고 강요합니다.

　　교양을 가능한 한 확대하고 확장하라는 주장이 어느 편에서 가장
분명하게 들려오는지를 이미 깨달았다고 저는 믿습니다. 이와 같이
확대 주장은 현재 가장 인기 좋은 국민경제학적 교의에 속합니다.
가능한 한 많은 지식과 교양―따라서 가능한 한 많은 생산과 욕구
―따라서 가능한 한 많은 행복―공식은 이렇습니다. 여기서 이익
은, 더 자세히 말한다면, 소득과 가능한 한 최대의 화폐수입이 교양
의 목적이고 목표입니다. 이 방향에서는 교양은 대략 사람이 '자기
시대의 정점' 위에서 존속할 수 있게 해주는 인식, 가장 쉽게 돈을
벌 수 있는 모든 길을 알려주고, 사람들과 민족들 간의 교류가 이루

어지는 모든 수단을 지배할 수 있게 해주는 그런 통찰로 정의될 수 있습니다. 이 방향에 따르면 원래 교양의 과제는, 우리가 보통 동전을 '쿠란트'라 부르듯이, 가능한 한 '쿠란트'적 인간을 키우는 것입니다. 이런 인간이 많으면 많을수록, 한 민족은 더욱 행복하게 됩니다. 개개인을 그의 본성적 성향보다 더 '금전적'이 되도록 장려하는 것, 그가 자신이 가진 인식과 지식의 양으로부터 되도록 많은 양의 행복과 이익을 얻어내도록 교육시키는 것, 그것이 근대 교육기관의 목적입니다. 각자는 자기 자신에 대한 정확한 견적을 뽑아야 하고, 그가 자신의 삶에서 얼마나 많이 요구할 수 있는지 알아야 합니다. 이들의 견해에 따라 우리가 주장하는 '지성과 소유의 결합'은 바로 도덕적인 요청으로 간주됩니다. 여기에서 사람을 고독하게 만들고 돈과 이익을 넘어서는 목적을 설정하며 많은 시간을 소모하는 교양은 모두 증오의 대상이 됩니다. 사람들은 이런 교양의 경향을 '고차원의 이기주의', '부도덕한 교양 쾌락주의'로 냉대하곤 합니다. 여기서 통용되는 도덕에 따르면 정반대의 것, 다시 말하면 빠른 시간에 돈을 버는 존재가 될 수 있도록 속성 교양이 요구됩니다. 하지만 무척 많은 돈을 벌어들이는 인간이 되려면 그만큼 더 철저한 교양이 필요합니다. 영리에 득이 될 정도만큼의 문화가 인간에게 허용되지만, 또 그에게 요구하는 문화의 수준도 그만큼입니다. 지상에서 행복할 권리를 주장하는 것은 인류에게 필연적입니다. ―그렇기 때문에 교양도 필수적이지요―그러나 오로지 그 때문에만 교양이 필수적입니다!"

"이 부분에서 내가 개입해야겠다"고 철학자는 말했습니다. "이처럼 불분명하게 규정된 견해는 커다란, 엄청난 위험을 야기하지. 즉 대중이 언젠가 중간 단계를 건너 뛰고 직접 이 지상의 행복으로 돌진한다는 위험 말이야. 우리는 지금 그것을 '사회 문제'라 부르지." 대다수 사람들에게 교양은 극소수가 누릴 지상의 행복을 위한 수단이라고 대중들은 생각할 거야. '가능한 한 일반적인 교양'은 교양을 약화시켜 종래 그것은 특권도 되지 못할 뿐더러 아무런 존경심도 유발하지 못하게 된다네. 가장 일반적인 교양은 바로 야만이라네. 자 이제 자네의 설명을 중단하지 않겠네."

함께 온 사람은 계속했습니다. "그토록 사랑받는 국민경제학적 교의 외에, 도처에서 용감하게 추진되는 교양의 확대와 확산 현상에는 또다른 동기가 있습니다. 몇 나라에서는 종교 억압에 대한 불안감이 팽배해 있고 이 억압의 결과를 너무나 두려워하기 때문에 모든 사회 계급이 교양을 갈구하고 적극적으로 받아들이며 그래서 보통 종교적 본능을 해체할 수 있는 교양의 요소를 마비시킵니다. 다른 곳에서는 다시금 국가가 자신의 실존을 위해 교양을 확장하려 합니다. 그것은 국가가 교양이 아무리 방종해도 자신의 통제하에 얽어둘 수 있다는 강한 자신감을 가지고 있기 때문이며, 공무원이나 군인들이 가장 폭넓은 교양을 쌓아도 그것은 외국과의 경쟁에서 결국 자신에게—즉 국가에—득이 된다는 사실이 입증되었다고 생각하기 때문입니다. 이 경우 국가의 기반은 교양이라는 복잡한 구조물의 균형을 잡을 수 있을 정도로 안정적이고 확고해야만 합니다. 첫번째 경우 그렇게 절망적인 해독제를 절박하게 요구할 정도로 과거에 자행된 종교적 탄압의 흔적이 아직도 충분히 감지되어야만 하듯이 말입니다. 대중들의 구호가 성인 교육을 확대하라고 요구하는 곳에서 영리와 소유를 지향하는 농후한 경향, 아니면 과거

종교 탄압이 남긴 화상이 또는 국가의 영리한 자신감이 이 구호를 외치도록 자극한 것은 아닌지 구분하려는 것이 제 습관입니다.

이에 반해 그리 요란하지는 않지만, 적어도 그만큼 강력하게 여러 곳에서 다른 멜로디, 교양의 축소를 노래하는 멜로디가 들려온다고 생각됩니다. 학계에서는 모두 이 멜로디의 일부를 귓속말로 수군거립니다. 즉 학문에 종사하는 학자들을 지금처럼 그렇게 이용하려고 한다면 학자의 교양은 점점 우연적이고 비개연적인 일이 될 거라는 사실 말입니다. 이제 학문 연구는 그 폭을 헤아릴 수 없을 정도로 광범위해져, 특출하지는 않지만 우수한 재능을 가진 인재도 그 안에서 업적을 이루려면 극히 특수한 전공 분야의 연구만을 행하고 나머지 다른 영역은 건드리지 말아야 합니다. 그가 자기 전공에서는 보통 수준을 넘어선다 하더라도, 다른 나머지 분야에서, 즉 모든 중요한 문제에서 그는 그저 보통 수준에 속할 뿐입니다. 그렇게 배타적인 전공 학자는 평생 어느 연장을 위한 특정한 나사나 기계 부품인 손잡이 외에는 어떤 다른 것도 만들지 않는 공장 노동자와 비슷합니다. 물론 이 작업에서 그는 경이로운 기교적 완벽성에 이르렀지만 말입니다. 이런 뼈아픈 사실에도 사유의 영광스러운 외투를 걸쳐줄 줄 아는 독일에서 사람들은 우리 학자들의 편협한 전문성을 그리고 이들이 올바른 교양에서 점점 더 멀리 벗어나 헤매고 있어도 그것을 도덕적 현상으로 경탄해 마지않습니다. '사소한 것에서의 충실', '육체노동자의 성실'은 호화 주제이며, 전공을 넘어선 분야에서의 무지는 고귀한 자족의 표시로 널리 전시됩니다.

교양인에는 학자들, 단지 학자들만이 속한다는 생각은 수세기 동안 당연시되었습니다. 우리가 살고 있는 시대를 경험해본 사람이라면 그렇게 순진하게 이 둘을 동급에 놓아야 되겠다고 생각하지는 않을 것입니다. 왜냐하면 학문에 유리한 방향으로 한 인간을 착취하는 일은 일말의 주저도 없이 어디에서나 받아들여지는 전제이기 때문입니다. 자신의 창조물을 흡혈귀처럼 그렇게 소진시키는 학문이 무슨 가치가 있느냐고 아직도 물을 사람이 어디 있습니까? 학문에서의 분업은 실용적으로는 종교가 여기저기에서 의식적으로 추구하는 것과 같은 목적을 추구합니다. 즉 그것은 교양을 축소하는 것, 심지어 교양을 폐기하는 것입니다. 그러나 몇몇 종교의 경우 그 생성과 역사를 볼 때 이 요구가 지극히 정당하다 할 수 있을지라도, 학문의 경우 그것은 언젠가 분신자살이라는 파국을 불러올 것입니다. 지금 우리는 진지한 성격의 모든 일반적인 질문에서, 특히 최고의 철학적 문제에서 학문적 인간 자체는 전혀 발언할 기회를 얻지 못했다는 문제점에 이르렀습니다. 그에 반해 학문들 사이에 자리잡고 있으면서 서로 붙여주는 끈적끈적한 계층인 언론은 여기서 자신들의 과제를 이행한다고 믿으며, 자신의 본질에 맞게, 즉 그 이름이 말해주듯이 일용직으로서 임무를 수행합니다.

말하자면 이 두 방향은 언론으로 흘러 들어갑니다. 교양의 확장과 축소는 여기에서 악수를 합니다. 신문이 바로 교양의 자리를 대신하며, 학자로서도 아직 교양에 대한 권리 주장을 하는 사람은 저 끈적끈적한 중개인 계층에 어깨를 기대곤 합니다. 이 계층은 모든 생활양식, 모든 신분계층, 모든 예술, 모든 학문 사이에서 틈새를 봉합하며 신문종이가 그러하듯이 그렇게 단단하고 믿을만합니다. 현재가 지향하는 교양의 고유한 목적은 신문에서 그 정점에 이릅니다. 마찬가지로 신문기자, 찰나의 하인이 모든 시대의 지도자가 되어 찰나로부터 구원해주는 위대한 천재의 자리를 대신 했습니다. 자, 저의 훌륭하신 스승님, 제게 말씀해주십시오. 교양을 추구하는 모든 진정한 노력이 가는 곳마다 전도되고 도착되는 상황에서 그에 대항하여 투쟁을 벌이면서 제가 무슨 희망을 가질 수 있으며, 지금 막 뿌려진 진정한 교양의 씨앗이 이 사이비-교양이라는 압연기(壓延機) 밑에서 가차없이 분쇄되어 사라져버린다는 것을 잘 알고 있는 제가, 한낱 선생인 제가 무슨 용기로 나설 수 있겠습니까? 한없이 멀고 손에 잡히지 않는 고대 그리스의 세계로, 진정한 교양의 고향으로 한 학생을 데려가고자 하는 선생의 눈물겨운 작업이 얼마나 무의미한지 생각해보십시오. 이 학생이 바로 다음 시간에 신문이나 소설 또는 저 교양서적들 가운데 하나를, 그 문체가 현재 자행되는 야만적인 교양의 구역질 나는 문장(紋章)을 이미 담고 있는 것들을 집어든다면 말입니다."——

— "이제 좀 조용히 해보아라!" 하고 철학자는 강하게, 동정심 섞인 목소리로 말을 잘랐습니다. "이제 자네를 좀더 이해하겠네. 자네에게 아까 그런 악의에 찬 말은 하지 않았으면 좋았을걸. 자네는 모든 면에서 맞네, 단지 자네의 용기 없는 태도에서는 그렇지 않네. 자네에게 위로가 될 말을 이제 해주겠네."

강연 Ⅱ

존경하는 청중 여러분! 여러분 중 제가 지금 이 순간에야 저의 청중으로 인사를 올리는 분들 그리고 3주 전 제가 했던 강연의 내용을 소문으로만 들으셨던 분들은 이제 사전 준비 없이 바로 당시 이야기하기 시작했던 두 사람 사이의 진지한 대화 한가운데로 인도되어도 감수하셔야 할 것입니다. 이 대화의 마지막 부분을 저도 오늘에야 비로소 기억하게 되는군요. 철학자와 함께 온 연하의 남자는 방금 훌륭한 스승 앞에서 솔직하고 친밀한 방식으로 용서를 구해야만 했습니다. 왜 자신이 비겁하게 교사 자리를 박차고 나왔는지 그래서 스스로 선택한 고독 속에서 절망하며 나날을 보내야 하는지를 말입니다. 주제넘은 거만이 그런 결정의 원인이 될 가능성은 가장 희박합니다.

"선생님, 우리의 현 교육 및 교양제도를 믿고 그것에 헌신하기에 저는 너무나 많은 것을 당신에게서 들었고, 너무 오랫동안 당신 곁에 있었습니다. 저는 당신이 손가락으로 가리키곤 하시던 구제할 길 없는 오류와 폐해들을 너무 분명하게 느끼고 있습니다. 그러나 저는 용감한 투쟁에서 성공을 기약하는 내면적 힘, 이 자칭 교양의 요새를 파괴시킬 수 있는 힘이 제게 없다는 것을 알고 있습니다. 저는 매사에 용기를 잃었습니다. 고독 속으로 도피한 것은 거만이나

자만이 아니었습니다"라고 올곧은 성격의 제자가 말했습니다." 곧
이어 그는 용서를 구하면서 우리 교육제도의 일반적인 기호를, 철
학자가 결국 동정 어린 목소리로 그의 말에 동의하고 그를 위로할
정도가 되도록 잘 설명했습니다. "불쌍한 친구야! 자 이제 좀 쉬게
나" 하고 그는 말했습니다. "이제 자네를 좀더 잘 이해하겠네. 아까
했던 심한 말을 하지 않았으면 좋았을 텐데. 자네는 모든 점에서 옳
아. 단지 용기가 없었다는 점에서는 그렇지 않아. 이제 나는 자네를
위로할 목적으로 무언가 말해주겠네. 자네를 그렇게 무겁게 짓누르
던 우리 학교의 현실, 교양을 둘러싼 온갖 짓거리가 얼마나 더 지속
될 것이라고 자네는 생각하나? 나는 자네에게 그에 대한 내 믿음을
숨기지 않겠네. 그 시대는 이미 지나갔네. 그것의 날들은 이제 손으
로 셀 정도라네. 이 분야에서 과감하게도 가장 먼저 정직하고자 하
는 사람은 수천의 용감한 영혼들에게서 되울려 돌아오는 자신의 진
실성의 메아리를 듣게 될 것일세. 왜냐하면 실제로 귀한 재능을 가
지고 따뜻하게 느낄 줄 아는 사람들이 무언중에 모두 동의하는 일
이 하나 있기 때문이네. 즉 그들은 모두 학교의 교육 상황에서 어떤
고통을 당했는지 알고 있으며, 그래서 자신을 희생하는 한이 있어
도 자식들에게 같은 압박을 면하게 해주고 싶은 마음이라네. 그럼
에도 불구하고 어디에서도 정직함이 활짝 드러나지 않는 것은 유감
스럽게도 우리 시대의 교육학적 정신이 빈곤하기 때문이라네. 바로
여기에 정말 독창적인 재능들이, 정말 실무에 능한 실용적인 사람
들이 부족하네. 즉 훌륭하고 참신한 착상을 가진 사람들 그리고 올
바른 천재성과 올바른 실천이 필연적으로 한 개인 안에서 만나야만
한다는 것을 알고 있는 사람들 말일세. 반면 객관적인 실무자들에

게는 기발한 착상들이 부족하고 따라서 실천이 뒤따르지 않는 걸세. 한번이라도 현재의 교육학적 문헌들을 들여다보고 그것들과 친숙해진 사람이 있다고 해보지. 이 문헌을 공부하면서 극에 달한 정신적 빈곤에, 서투른 원형무도에 경악하지 않는 사람은 더 이상 망

5 칠 것도 없는 사람이라네. 우리 철학은 여기서 경탄이 아니라 경악과 함께 시작해야만 하네. 교육학 문제에 무언가 이바지할 수 없는 사람은 제발 거기서 손을 떼는 게 좋을 것인데, 그 반대가 이제까지 상례였다네. 깜짝 놀란 사람들은 불쌍한 내 친구 자네처럼 거기서 도망쳐버리고, 놀라지 않는 냉정한 사람들은 하나의 예술에서 가능

10 한 가장 부드러운 기술, 즉 교양의 기술에 자신의 널찍한 손을 대고 그것을 장악하고 있지. 그런데 이제 그게 더 이상 가능하지 않을 거야. 언젠가 정직한 사람이 나타날걸세. 저 훌륭하고 참신한 묘안들을 가지고 있고 그것을 실현하기 위해 기존의 것들과 과감하게 절연할 수 있는 사람이 와서, 이제까지 혼자서 설치던 오지랖 넓은 사

15 람들이 감히 따라할 수조차 없었던 것을 단 한번에 위대한 본보기를 통해 보여줄 수 있다네—그렇게 되면 우리는 적어도 구분하기 시작하고 대립을 감지하고 이 대립의 원인에 대해 생각할 수 있게 되지. 반면 아직도 많은 사람들은 맘 편하게 교육을 장악하고 있는 넓은 손이 교육학의 분야에 속한다고 믿고 있다네."

20 —존경하는 선생님, 당신은 하나의 개별적인 예를 통해서 제가 희망을 가질 수 있게 도와주시는군요. 이 희망은 선생님의 말을 통해 힘차게 저에게 전해져 오는군요. 우리 두 사람은 김나지움의 상황을 잘 알고 있습니다. 예컨대 당신은 이 교육기관의 문제에서도 정직성과 훌륭하고 참신한 착상만 있으면 그 낡고 질긴 습관들을

없애버릴 수 있다고 믿으십니까? 성벽 깨는 무기의 공격을 막아주는 것은 단단한 성벽이 아니라 가장 치명적이라 할 수 있는, 미끄럽고 끈적끈적한 성질의 원칙들 같아 보입니다. 공격자는 눈에 보이는 견고한 적을 분쇄해야 하는 것이 아닙니다. 이 적은 가면을 쓰고 있으며 수백 가지 형상으로 변신할 수 있습니다. 적이 형상들 중 하나의 모습을 하고 있을 때 잡으려고 하면 곧 손에서 스르르 미끄러져 빠져나갑니다. 그러고는 비겁하게 양보하기도 하고 부드럽게 뒤로 살짝 물러나면서 항상 새롭게 공격자를 혼란에 빠뜨리지요. 저로 하여금 용기를 잃고 고독 속으로 도망가게 만든 것은 바로 이 김나지움입니다. 여기서 전투를 승리로 이끈다면 다른 모든 교육기관도 틀림없이 항복할 것이며, 여기서 기가 꺾이는 자는 가장 심각한 교육 문제에서도 마찬가지로 기가 꺾일 수밖에 없다는 느낌이 들었기 때문입니다. 자 선생님, 김나지움에 관해 제게 좀 가르쳐주십시오. 김나지움을 파괴하고 그것을 새롭게 탄생시키기 위해 우리가 무슨 희망을 가질 수 있을까요?—

—나 역시 자네처럼 김나지움의 중요성이 그만큼 크다고 생각하네." 철학자가 말했습니다. "다른 모든 기관은 김나지움이 추구하는 교육의 목적을 기준으로 삼아 자체 평가를 내리고, 그것이 추구하는 경향이 혼미스러우면 이 기관들도 함께 고통을 당한다네. 마찬가지로 김나지움을 정화하고 개선함으로써 다른 기관들도 정화되고 개선되지. 대학조차도 다른 제도들을 움직일 수 있는 중심점이라는 중요한 의미가 자기에게 있다고는 주장할 수 없지. 현재의 편제를 놓고 볼 때 대학은 하나의 중요한 측면에서는 단지 김나지움 경향의 확장이라고밖에 볼 수 없어. 이 점에 대해서는 나중에 자세히 말해

주겠네. 지금은 우리 함께 내 머리에서 희망에 찬 대립을 불러일으
킨 것을 고찰해보도록 하세. 즉 이제까지 가꾸어온, 너무나 다양한
색채의 포착하기 어려운 김나지움의 정신을 완전히 공중에 뿔뿔이
흩어지게 하든가 또는 그 정신을 근본적으로 정화하고 새로 바꾸든
가 하는 상반된 견해 말일세. 내가 자네를 일반적인 명제로 놀라게
하지 않기 위해 우선 우리 모두가 겪었고 그것으로 인해 우리 모두
가 고통 당하고 있는 저 김나지움 시절의 경험을 생각해보세. 엄격
한 눈으로 고찰해볼 때 김나지움에서 이루어지는 독일어 수업은 어
떠한가?

　　우선 나는 그것이 어떠해야만 할지 자네에게 먼저 말하겠네. 현
재 사람들이 말하고 쓰는 독일어는 신문 독일어의 시대에서나 가능
한 수준처럼 그렇게 형편없고 저속하다네. 그래서 고귀한 재능을
가진 성장기의 청소년들은 강제로라도 좋은 취향과 엄격한 언어 훈
련의 통제 아래 두어야 할 것이네. 이것이 가능하지 않다면 나는 차
라리 바로 라틴어를 말하겠네. 그렇게 일그러지고 비열해진 언어로
말한다는 게 부끄러우니까.

　　고등 교육기관이 이 측면에서 무슨 할 일이 있겠는가, 권위적으
로 그리고 위엄에 찬 엄격함으로 황폐해진 언어를 사용하는 청소년
을 올바른 길로 인도하고 그들에게 이렇게 소리치는 일이 아니라면
말이야. 즉 "너희의 언어를 소중하게 생각해라! 언어에서 성스러운
의무감을 느끼지 않는 자는 고등 교육을 받을 수 있는 싹수가 전혀
없다. 여기, 즉 너희 모국어를 다루는 태도에서 너희들이 예술을 얼
마나 높이 평가하는지 또는 전혀 평가하지 않는지가 드러나고, 너
희가 어느 정도 예술에 능통한지가 드러난다. 우리의 언론에서 습

관적으로 사용하는 특정한 단어나 관용구에 대해 생리적인 구역질을 느낄 정도가 되지 않는다면, 교양을 얻겠다고 노력하는 것을 포기해라. 왜냐하면 여기, 가장 가까운 곳에, 즉 너희가 말하고 글을 쓰는 매순간 속에 너희들은 하나의 시금석을 가지게 된다. 교양인의 과제가 얼마나 어렵고 중요한지, 너희들 가운데 다수가 올바른 교양에 이르게 되는 일은 거의 일어날 법하지 않다는 것을 판단할 수 있는 시금석을." ─

이런 연설의 의미에서 김나지움 독일어 선생은 학생들에게 수천 가지 사소한 세부사항들에 대해 주의를 환기시키고 좋은 취향을 가지고 있다는 자신감에서, 예컨대 '요구하다', '거두어들이다', '어떤 일을 고려하다', '주도권을 쥐다', '자명하게' 등과 같은 단어를 사용하는 것을 금지시켜야 할 의무가 있을 것입니다. 더 나아가 이 선생은 우리가 올바른 예술적 감정을 가슴에 느끼고 글로 쓰는 모든 것을 완벽히 이해하려면 우리 고전 작가들의 글 한줄 한줄에서 모든 표현을 얼마나 신중하고 엄격하게 취급해야 하는지를 보여주어야 합니다. 그는 똑같은 생각을 다시 한번, 더 잘 표현하도록 언제나 학생들에게 강요할 것입니다. 재능이 부족한 학생들이 언어에 대한 성스러운 전율을 느낄 때까지 그리고 좀더 재능 있는 학생들이 언어에 대한 고상한 열광에 빠질 때까지 그는 자신의 활동을 지속할 것입니다.

자, 여기에 이른바 형식적 교양과 가장 가치 있는 교육 중 하나가 해야만 할 임무가 놓여 있습니다. 그런데 우리는 김나지움에서, 즉 소위 형식적 교육의 장소에서 무엇을 발견합니까?─여기서 발견한 것에 적당한 표제를 붙일 줄 아는 사람은 자칭 교양기관이라는 현 김나지움을 어떻게 간주해야 할지 알 것입니다. 그는 김나지움이 원래 편제에 따르면 교양을 위해서가 아니라 단지 학식을 위해 교육할 뿐이며 더 나아가 최근에는 더 이상 학식을 위해서가 아니라 언론을 위해서 교육하려는 듯한 방향으로 전환했다는 사실을 알게 될 것입니다. 이를 독일어 수업이 이루어지는 방식에서 신빙성 있는 사례를 통해 보여드리겠습니다.

선생이 학생들에게 엄격한 언어적 자기훈련을 시킬 수 있는 방법은 순수하게 실용적인 지시인데, 그 대신 가는 곳마다 눈에 띄는 것은 모국어를 학술-역사적으로 취급하려는 단초들입니다. 다시 말하면 사람들은 모국어가 마치 하나의 사어인 것처럼, 이 언어의 현재나 미래를 위해서는 아무런 책임도 없는 것처럼 그것을 다루고 있습니다. 이 역사적 수업 방식은 현재 언어의 살아 있는 신체도 해부학적 연구의 희생물이 될 정도로 널리 퍼져 있습니다. 그러나 바로 여기에서 교양, 즉 살아 있는 것을 살아 있는 것으로 취급할 줄 아는 교양이 비로소 시작됩니다. 즉 곳곳에서 물밀듯이 밀려들어오는 '역사적 이해관계'를 물리쳐야 할 선생의 사명은 바로 여기에서, 특히 사물들이 인식되어야 하는 곳이 아니라 올바르게 사용되어야 하는 곳에서 시작되는 것입니다. 우리의 모국어는 학생들이 제대로 사용할 줄 아는 법을 배워야만 할 영역입니다. 우리 교육기관에서 행해지는 독일어 수업은 반드시 이런 실용적인 측면을 추구하고 지향해야 합니다. 물론 역사적 수업 방식은 선생에게 훨씬 쉽고 편안할 것입니다. 어찌 되었든 그런 방식은 빈약한 재능에, 선생의 의지와 노력의 저공비행에 꼭 맞는 방식입니다. 그런데 우리는 이와 같은 상황을 교육적 현실의 전 영역에서 지각할 수 있습니다. 더 쉽고 더 편안한 것은 화려한 수준의 요구와 당당한 표제의 외투 속에 싸여 있습니다. 원래 실용적인 것, 교양에 속하는 행동, 즉 원칙적으로 더 어려운 것은 시기와 폄하의 눈총을 받을 뿐입니다. 그러므로 진실한 사람도 이런 혼동과 착각을 자신과 다른 사람들에게 분명하게 인식시켜야 할 의무가 있습니다.

언어를 공부하도록 학자 식의 자극을 주는 것 외에 독일어 선생은 무엇을 장려합니까? 그는 자신이 몸담고 있는 교육기관의 정신과 우리 독일 민족이 소유하고 있는 소수의 진정한 교양인의 정신, 즉 우리의 위대한 시인과 예술가들의 정신을 어떻게 서로 연결시킵니까? 이 분야는 우리가 놀라지 않고는 들여다볼 수 없는 문제점투성이의 어두운 분야입니다. 그러나 여기에서도 우리는 아무것도 감추거나 은폐하지 않겠습니다. 왜냐하면 언젠가 이곳도 완전히 새롭게 거듭나야 하니까 말입니다. 우리의 심미적 언론은 이 김나지움에서 아직 형성되지 않은 청소년의 정신에 그 역겨운 낙관을 찍어 놓고 있습니다. 이곳에서는 우리의 거장들을 일부러 오해하고자 하는 거친 의도의 씨앗이 선생들에 의해 뿌려지고 있습니다. 이런 의도는 나중에 가서 미학적 비판인 척하지만, 그것은 주제넘은 야만에 불과한 것입니다. 이곳에서 학생들은 우리의 유일무이한 실러를 소년 투의 우월감을 가지고 이야기하는 법을 배우며, 사람들은 학생들에게 실러의 구상들 중 가장 고상하고 독일적인 작품 〈마르퀴스 포사〉와 〈막스와 테클라〉를 비웃는 습관을 가르쳐줍니다. 이 비웃음에 저 독일의 천재는 격분할 것이며, 좀더 나은 후세가 부끄러움에 얼굴을 붉힐 것입니다.

독일 선생들이 김나지움에서 활동을 펼치는 마지막 분야, 드물지 않게 그들의 활동의 정점으로, 때로는 심지어 김나지움 교육의 정점으로 간주되는 분야는 이른바 독일어 논문입니다. 대개 가장 뛰어난 재능의 학생들만이 이 분야에 특별한 흥미를 가지고 분주하게 움직이고 있다는 사실에서 우리는 여기서 제기되는 과제가 얼마나 위험한 한편 매력적인지를 인식할 수 있습니다. 독일어 논문은 개인에 대한 호소입니다. 학생이 이 논문이 구별하는 특성을 가지고 있다는 점을 강하게 의식하면 할수록, 그는 자신의 독일어 논문을 좀더 개인적으로 구성할 것입니다. 대부분의 김나지움은 주제 선택의 자유를 보장함으로써 이 '개인적인 구성'을 장려합니다. 바로 이것이 제게는 가장 강력한 증거, 즉 저학년에서는 그 자체로 비교육적인 주제가 제시됨으로써 학생으로 하여금 자신이 살아온 삶이나 발달 과정을 서술하도록 유도한다는 것을 입증하는 가장 강력한 증거처럼 여겨집니다. 여러 김나지움에서 작성된 논문들의 목록을 한 번이라도 살펴보면, 우리는 대다수의 학생들이 너무 일찍 요구되는 개인적 작업, 미숙한 채 자신의 사유와 관점을 만들어내야 하는 일에 아무 죄도 없이 고통을 당한다는 확신을 얻게 될 것입니다. 한 인간이 훗날 보여주는 문학적 활동이 이 시대의 교육학이 영혼에 지은 원죄의 슬픈 결과인 것처럼 여겨지는 경우가 얼마나 많습니까!

그 나이에 그런 논문을 만드는 과정에서 무슨 일이 일어날지 생각만 해보면 됩니다. 그것은 자기 자신이 최초로 만들어낸 작품입니다. 미성숙한 힘들이 합쳐져 처음으로 하나의 결정체를 이루었습니다. 자립하라는 요구가 불러일으키는 아찔한 현기증이 이들의 산물을 가장 최초의, 다시 돌아올 수 없는 매혹적인 마법으로 덮어씌웁니다. 자연의 모든 무모함이 그들의 가장 깊숙한 내면에서 일깨

워지고 어떤 강한 차단기로도 막을 수 없는 그 모든 허영심은 처음
으로 하나의 문학적 형태를 얻게 됩니다. 젊은이는 그때부터 완성
된 인간, 말할 능력이 있는, 함께 말하라고 요구받는 존재가 됩니
다. 그 주제들은 문학작품에 대한 자기 나름의 판단을 제시하거나
역사적 인물들을 성격 묘사의 형태로 압축하여 서술하거나 진지한
윤리적 문제들을 자립적으로 논의하거나 심지어 반대로 등불을 자
신에게 비추어 자신의 성장 과정을 살펴보거나 자신에 관해 비판적
으로 보고할 의무를 그에게 지웁니다. 간단히 말하면 가장 심오한
사유를 요하는 과제들의 세계가 이제까지 의식하지 않고 살았던 놀
란 젊은 청년 앞에 활짝 펼쳐지고, 그것은 그의 결정에 내맡겨진다
는 것입니다.

　　이제 이렇게 많은 영향을 끼치는 최초의 독창적인 업적에 대하여
보통 선생이 어떤 일을 하는지 한번 구체적으로 살펴봅시다. 선생
에게는 이 논문들에서 어떤 것들이 꾸짖을 만한 것들로 보입니까?
그는 어떤 점에 대해 학생들의 주의를 환기시킵니까? 온갖 형식과
사유의 무절제함, 다시 말하면 이 나이에 특징적이며 개성적인 모
든 것에 주의를 환기시킵니다. 정말 독자적인 것, 너무나 이른 자극
에 단지 서투르게, 날카롭게 그리고 괴상한 형태로 표현될 수 있는
것, 즉 그의 개성은 선생에 의해 비난받고 배척당하지만, 독창성은
없고 겨우 평균적인 품위를 지킨 논문은 유리한 대우를 받습니다.
그에 반해 천편일률적인 중간치 논문은 마지못해 베풀어주는 칭찬
을 수확합니다. 왜냐하면 선생이 이런 평균작을 지루해할 이유는
정말 충분히 있기 때문입니다.

　　김나지움에서 독일어 논문을 둘러싸고 벌어지는 희극에서 김나

지움 교육이 지닌 가장 어리석을 뿐만 아니라 가장 위험하기까지 한 요소를 발견하는 사람들도 있을 것입니다. 독창성이 요구되지만, 그 나이에 유일하게 가능한 독창성은 질타를 받습니다. 여기서는 형식적 교육이 전제되어야 하지만, 그것을 받을 수 있는 이들은 극히 소수의 성인들뿐입니다. 여기에서는 누구나 거리낌없이 문학적 능력이 있는 존재로, 가장 진지한 사물과 인물에 관해 자신의 견해를 가져도 되는 그런 존재로 간주됩니다. 하지만 올바른 교육은 판단의 독립성에 대한 우스꽝스러운 권리 주장을 억압하고 젊은이들을 천재의 왕권 아래 엄격한 복종에 길들이게 하는 데에만 총력을 기울이고 있습니다. 어느 누가 말하거나 글을 써도 그 문장이 야만스러울 그런 나이에 서술의 형식은 좀더 커다란 테두리 안에서 허용됩니다. 자, 이제 이 시절의 가볍게 들뜬 자만심 안에 도사리고 있는 위험을 생각해봅시다. 청년이 처음으로 자신의 문학적 자화상을 보면서 느낄 허영심을 생각해봅시다―이 모든 영향과 결과를 한눈에 파악하면서 우리의 문학적-예술적 공론 영역이 여기 자라나는 청소년들에게 항상 되풀이해서 피해를 입힌다는 사실, 허영심에 가득 찬 졸속 작품, 창피스러운 출판, 양식 파괴의 극치, 설익고 아무런 특성이 없거나 보잘것없이 과장된 표현, 미학적 규범의 상실, 무정부주의와 혼동의 환락 등 간단히 우리 언론이나 학계의 문학적 특성으로 그들에게 피해를 입힌다는 사실을 누가 의심하겠습니까.

수천 명 중 한 명 정도만이 문필가로서 자신의 의견을 밝힐 만한 자격이 있으며, 위험을 무릅쓰고 그런 일을 시도한 다른 모든 사람은 글자로 인쇄된 자신의 모든 문장에 대해 진정한 판단력을 갖춘 사람들의 박장대소를 수확할 뿐이라는 사실을 이제 소수의 사람들은 알고 있습니다—왜냐하면 불과 대장장이의 신 불칸이 우리에게 문학적으로 무언가를 보여주겠다고 절뚝거리며 걸어오고 있는 모습은 신들에게는 정말 하나의 연극이니까요. 이 분야에서 무엇인가를 수확하고 가차없이 엄격한 습관과 관점을 얻도록 교육한다는 것은 형식적인 교육에게 주어진 최고의 과제입니다. 반면 이른바 '자유로운 인격' 운운하면서 이것저것 모두 용인하는 것은 야만의 징표와 다르지 않습니다. 적어도 독일어 수업에서는 교양이 아니라 무언가 다른 것, 즉 이미 언급한 '자유로운 인격'이 중요시된다는 사실은 이제까지 보고된 사례들을 통해 명확하게 드러났으리라 사료됩니다. 독일 김나지움이 독일어 논문을 지도하면서 먼저 혐오스럽고 뻔뻔스러운 다작을 연습시키는 한, 가장 시급한 말하기와 쓰기에서의 실용적 훈련을 성스러운 의무로 받아들이지 않는 한, 그것이 모국어를 마치 하나의 필요악처럼 또는 사어인 것처럼 다루는 한, 저는 이 교육기관이 진정한 교양을 위한 제도라고 생각하지 않습니다.

언어라는 문제를 놓고 볼 때, 고전적인 **전범**의 영향이 가장 적게 느껴집니다. 그래서 이 한 가지 측면만을 고려하더라도 우리의 김나지움에서 이루어져야 할 소위 '고전 교육'은 제게는 극히 의심스럽고 오해의 소지가 많은 것으로 보여집니다. 저 전범들을 한번 흘낏 보는 것만으로 그리스인과 로마인들이 어떤 정성과 진지한 마음으로 청년시절부터 자기 언어를 고찰하고 취급해왔는지 다 이해할 수 있겠습니까. 그럴 수 없기 때문입니다—고대 그리스와 로마 세계가 최고의 교훈적 표본으로서 우리 김나지움의 교육계획의 하나로 고려된다면, 어떻게 자신의 전범을 그런 한 가지 측면에서 오인할 수 있겠습니까—이에 대해 저는 적어도 의혹을 가지고 있습니다. '고전 교육'의 기틀을 세우겠다는 김나지움의 주장이 제게는 당혹감 섞인 변명처럼 보입니다. 즉 이 변명은 어떤 진영에서 교양 교육을 실행할 수 있는 능력이 김나지움에 없다고 문제를 제기할 경우 사용될 수 있습니다. 고전 교육! 얼마나 우아하게 들립니까! 이 소리는 공격하는 자를 무안하게 하고, 공격을 지체시킵니다—어느 누가 이 난해한 공식의 저 깊은 바닥까지 볼 능력을 가지고 있겠습니까! 바로 이것이 김나지움이 오래 전부터 능수능란하게 쓰고 있는 전술입니다. 어느 진영에서 선전포고가 울리느냐에 따라 명예훈장도 없는 자신의 간판 위에 '고전 교육', '형식적 교육' 또는 '학문을 위한 교육'과 같은 혼란스러운 슬로건을 적습니다. 세 가지 영예로운 것들은 유감스럽게도 부분적으로 그 자체 안에서 모순되고 부분적으로는 서로 모순됩니다. 그런데 이 세 가지가 억지로 결합될 경우, 장르가 불분명한 어정쩡한 교육이 이루어질 수밖에 없을 것입니다. 왜냐하면 진정한 의미에서 '고전 교육'은 이루 말할 수 없이 어렵고 그것이 성취되는 것은 너무 드문 일이며, 극도의 복합적인 재능을 요구하기 때문에 고전 교육을 김나지움에서 달성할 수 있는 목표라고 약속한다는 것은 순진하지 못하다고, 심지어 뻔뻔스럽다고 할 수밖에 없기 때문입니다. '형식적 교육'이란 표현은 거칠고 비철학적인 미사여구의 일종이며, 우리는 이런 미사여구는 되도록 물리쳐야 합니다. 왜냐하면 '질료적 교육'이란 것도 없기 때문입니다. 그리고 '학문을 위한 교육'을 김나지움의 목표로 설정하는 사람은 그로써 '고전 교육'과 소위 형식적 교육뿐만 아니라 김나지움의 교육 목표 자체를 희생시키는 것입니다. 왜냐하면 학자와 교양인은 두 개의 상이한 영역에 소속되어 있으며, 가끔은 한 개인 안에서 서로 접하기도 하지만 완전히 겹쳐지는 일은 결코 없기 때문입니다.

김나지움이 공식적으로 내세우는 이 세 가지 교육 목표를 독일어 수업과 관련하여 관찰할 수 있었던 현실과 비교해보면, 우리는 이 목표들이 보통 어떻게 사용되고 있는지를 〈알게 됩니다.〉 즉 그것은 투쟁과 전투를 위해 꾸며낸 핑계이며 실제로 적을 마취시키는 데 그저 그만입니다. 왜냐하면 독일어 수업에서 고대 그리스의 전범, 언어 교육의 위대성을 연상시키는 것이라고는 아무것도 없기 때문입니다. 그 대신 독일어 수업에서 얻을 수 있는 형식적 교육은 '자유로운 인격'의 절대적인 자의, 다시 말하면 야만과 무정부주의라는 사실이 밝혀집니다. 수업의 결과로서 학문의 양성이란 목표에 관해서 우리의 독문학자들은 자신들의 학문 발전을 위해 김나지움에서 이루어지는 학문적 기초교육이 얼마나 무익했는지 또 대학 선생 한 사람 한 사람의 인격이 얼마나 커다란 기여를 했는지를 공평하게 평가해야만 할 것입니다— 요컨대, 김나지움은 가장 중요하고 가장 가까이 있는 대상으로서 진정한 교육에서 가장 먼저 이루어져야 할 모국어를 소홀히 했습니다. 그로 인해 다른 후속 교육을 위해 노력을 기울일 수 있는 생산적 토대가 없어진 것입니다. 왜냐하면 우리 대가들의 위대함에 대한 올바른 감각은 엄격하고 예술적으로 신중한 언어 훈련과 관습의 토대 위에서 자라날 수 있기 때문입니다. 김나지움에서도 이 대가들의 위대함을 인정하기는 했지만 이 인정은 이제까지 몇몇 교사들의 미심쩍은 미학적 애호에 근거하거나, 아니면 특정한 비극이나 소설이 가진 주제적인 영향에 근거합니다. 그러나 우리는 경험을 통해 언어가 얼마나 어려운 것인지를 알고 있어야만 합니다. 또한 우리는 오랜 탐구와 각고의 노력 끝에 우리의 위대한 시인들이 걸어갔던 길에 이르러야만 합니다. 그들이 얼마나 가볍고 멋있게 그 위를 걸어가는지, 반면 다른 이들은 얼마
5   나 서투르고 부자연스럽게 그들 뒤를 따라가고 있는지를 느낄 수 있기 위해서는 말입니다.

　이런 정도의 훈련을 거칠 때 청년들은 신문공장 노동자들이나 소설가들의 문체에, 그토록 사랑받고 칭찬이 자자한 문체의 '우아함'에 생리적으로 메스꺼움을 느끼게 될 것이며, 우리 문학가들의 '선
10   택된 표현법'에도 마찬가지 구역질을 느끼게 될 것입니다. 그래서 그들은 단번에 그리고 더 이상의 후퇴도 없이, 아우어바흐Auer-bach나 구츠코프Gutzkow는 정말 시인인가와 같은 정말 우습지도 않은 일련의 질문들과 망설임을 훌쩍 넘어설 수 있을 것입니다. 그런 것들은 구역질이 나서 더 이상 읽을 수 없을 것입니다. 그렇게
15   되면 질문의 답은 결정된 것입니다. 물론 자신의 미적 감각을 저 생리적 구토에 이르기까지 연마하기가 쉽다고 믿는 사람은 아무도 없습니다. 그러나 마찬가지로 언어 연구가 아니라 언어의 자기 훈련이라는 언어의 가시밭길 외의 다른 길을 통해 미학적 판단에 이를 수 있기를 바라는 사람은 아무도 없을 것입니다.
20   　진지하게 노력하는 사람이 겪게 될 상황은 마치 종전에는 미숙한 애호가나 경험론자의 걸음걸이로 걸었던 사람이 이제 성인으로서, 또는 군인으로서 걷는 법을 배워야만 하는 그런 상황과 비슷할 것입니다. 몇 달이 힘겹게 흘러갑니다. 사람들은 근육이 찢어질지도 모른다는 공포에 사로잡히게 되고 인위적이고 의식적으로 배운 발

동작과 자세가 어느 세월에 편안해지고 쉬워질지 의심스러워 낙망하기도 합니다. 사람들은 얼마나 어색하고 거칠게 한 걸음 한 걸음을 옮겨놓는지 경악하여 바라보며, 걷는 법을 잊어버린 것은 아닌지, 제대로 걷는 법을 배울 수나 있을지 두려워합니다. 그러고는 갑자기 인위적으로 훈련한 동작이 이미 새로운 습관, 제2의 천성이 되었다는 것을 깨닫게 됩니다. 예전에 걸을 때 느꼈던 안정감과 힘이 더욱 강하게, 더욱 우아하게 되돌아왔음을 알게 됩니다. 이제 사람들은 걷는다는 것이 얼마나 힘든 일인지 알게 되고 거칠고 미숙한 걸음의 경험론자나 우아한 몸짓의 애호가들을 조롱할 수도 있습니다. '우아하다'고 일컬어지는 우리의 작가들은, 그들의 문체가 증명하듯이, 한 번도 걸음걸이를 배운 적이 없습니다. 이 작가들이 입증하듯이 우리의 김나지움에서는 걷는 법을 배울 수 없습니다. 그러나 교양 교육은 언어의 올바른 걸음걸이에서 시작합니다. 이 교육이 제대로 시작한다면, 나중에는 저 '우아한' 작가들에 대해서 '구토'라 하는 생리적 불쾌감을 느낄 것입니다.

여기에서 우리는 우리의 현 김나지움 교육의 불행한 결과들을 보게 됩니다. 무엇보다 바로 복종과 적응에 다름 아닌 올바르고 엄격한 교육의 기틀을 마련할 만한 능력이 없기 때문에, 기껏해야 학문적 욕구를 자극하고 일깨워주는 것을 목표로 삼기 때문에, 우리가 오늘날 흔히 볼 수 있는 학식과 야만적 취향의 야합 그리고 학문과 언론의 결탁의 원인이 설명될 수 있습니다. 우리의 학자들이 독일적 본질이 괴테와 실러, 레싱과 빙켈만의 노력 아래 이르렀던 저 교양의 높은 수준에 훨씬 못 미친다는 사실을 오늘날 우리는 일반적으로 인식할 수 있습니다. 이러한 수준 하락은 우리들 가운데 그런

인물들이, 게르비누스Gervinus이건 율리안 슈미트Julian Schmidt
이건 상관없이 또 문예사학자들도 마찬가지로 모든 사교적 회합에
서 그리고 거의 모든 담소에서 겪어야 하는 그런 조야한 종류의 오
해들에서 드러납니다. 그러나 가장 많이, 그리고 가장 가슴 아픈 방
5   식으로 나타나는 곳은 바로 김나지움과 관련된 교육학 문헌들입니
다. 그런 사람들이 진정한 교육기관을 위해 지니고 있는 유일한 가
치, 즉 고전 교육의 길을 열어주는 지도자로서 그리고 그 사제로서
그들이 지닌 가치는 반세기 동안, 아니 그보다 더 오랫동안 인정은
커녕 발언조차 되지 못했다는 것은 증명될 수 있습니다. 그들의 손
10   을 잡아야만 고대로 이어지는 올바른 길을 찾을 수 있습니다. 우리
가 흔히 말하는 고전 교육은 단 하나의 건강하고 자연스러운 출발점
만 있을 뿐입니다. 그것은 인위적으로라도 엄격하고 진지한 모국어
사용 습관을 기르게 하는 것입니다. 이를 위한 길 그리고 형식의 비
밀을 얻을 수 있는 올바른 길을 자발적으로 혼자 힘으로 찾아갈 수
15   있는 사람은 많지 않습니다. 반면 대부분의 사람들은 위대한 지도
자와 스승을 필요로 하며 그들의 보호에 의탁해야만 합니다. 이런
길을 거쳐 깨닫게 된 형식적 감각 없이 성장할 수 있는 고전 교육이
란 없습니다. 형식과 야만을 구분할 수 있는 감각이 서서히 자라나
는 여기 이곳에서 처음으로 단 하나의 정당한 교양의 고향, 고대 그
20   리스를 향해 날아가려는 날갯짓이 시작됩니다. 물론 끝없이 먼, 다
이아몬드 담으로 둘러싸인 고대 그리스의 성에 가까이 가는 데에는
저 날갯짓만으로는 턱없이 못 미칠 것입니다. 다시금 우리에게는
지도자가, 스승이, 우리 독일의 대문호들이 필요합니다. 고대를 향
한 그들의 노력의 날갯짓에 함께 휩쓸려—동경의 나라, 그리스로

날아가기 위해서 말입니다.

우리의 대가와 고전 교육 사이에 가능한 관계 자체에 관해서는 김나지움의 구식 답을 한 마디도 넘어가지 못했습니다. 문헌학자들은 오히려 끊임없이 혼자 힘으로 호메로스와 소포클레스를 젊은이들에게 가르치려고 노력했으며, 그 결과를 서슴없이 완곡어법으로 '고전 교육'이라 부릅니다. 누구나 경험을 통해 저 끈기있는 선생의 손에서 호메로스와 소포클레스에 관해 무엇을 배웠는지 알 수 있습니다. 바로 이 지점이 가장 흔하고 가장 지독한 기만이 발생할 수 있는 분야이며 또 본의 아니게 오해를 퍼트릴 수 있는 분야입니다. 저는 독일의 김나지움에서 진정한 의미의 '고전 교육'이라 말할 수 있는 것을 발견한 적이 없습니다. 그것은 그리 놀랄 일이 아닙니다. 김나지움이 독일의 대가들과 독일의 언어 훈련에서 얼마나 멀리 벗어나 있는지를 생각한다면 말입니다. 한숨에 공중으로 날아가듯이 그렇게 고대로 갈 수 있는 사람은 아무도 없습니다. 그러나 학교에서 고대 작가들을 취급하는 방식 그리고 우리의 문헌학 선생들의 성실한 주석과 의역은 바로 단숨에 공중으로 날아가기입니다.

고대 그리스에 대해 감각을 갖는다는 것은 가장 힘든 교육적 투쟁과 예술적 재능의 결과입니다. 그래서 분명 어떤 명백한 오해가 있었기에 김나지움이 벌써 이런 감각을 일깨울 수 있다고 주장할 수 있을 것입니다. 어떤 나이에 그렇게 할 수 있다는 것입니까? 아직 맹목적으로 하루의 갖가지 다양한 충동에 이리저리 끌려가는 나이에, 만약 한번이라도 고대 그리스에 대한 감각이 일깨워지면, 곧 공격적이 되어 현재 소위 문화라는 것에 대한 부단한 투쟁으로 표현된다는 사실을 전혀 예감하지 못하는 나이에 말입니다. 현재의 고등학생들에게 순수한 고대 그리스인들은 이미 죽은 자들입니다. 물론 그는 호메로스를 읽으면서 즐거움을 느끼기도 하겠지만, 슈필하겐Spielhagen의 소설이 그를 훨씬 더 강렬하게 사로잡습니다. 물론 그는 그리스의 비극과 희극을 기분좋게 삼키겠지만, 〈금요일의 신문기자들〉과 같은 현대적 드라마는 그에게 전혀 다른 감동을 줍니다. 그렇습니다. 예술미학자 헤르만 그림Hermann Grimm이 밀로의 비너스에 관한 장황한 논문에서 스스로에게 질문했던 것과 비슷한 방식으로 고대의 저자들에 관하여 이야기하려는 경향이 있습니다. 즉 "여신의 형상이 내게 무엇을 의미하는가? 그것이 내 내면에 불러일으키는 생각이 내게 무슨 소용이 있는가? 오레스테스와 오이디푸스, 이피게니에와 안티고네, 그들이 내 정서와 무엇을 공유한단 말인가?" ─아닙니다. 우리의 김나지움 고등학생들, 밀로의 비너스는 여러분과 아무런 상관이 없습니다. 그러나 상관이 없기는 여러분의 선생들도 마찬가지입니다. ─이것이 불행이고 이것이 현 김나지움의 비밀입니다. 여러분의 지도자가 눈먼 소경이면서 볼 수 있는 것처럼 행세한다면, 누가 여러분을 교양의 고향으로 인도하겠습니까! 여러분에게 말하는 법을 가르쳤어야 하는데도 그렇게 하지 못해, 저 혼자 더듬더듬 말한다면, 예술작품 앞에서 경건하도록 지도해야 하는데 그러지 못해, 여러분 미에 관해 이러쿵저러쿵 논한다면, 위대한 사상가에게 귀 기울이도록 여러분들에게 강요해야만 하는데, 그렇게 하지 못해 여러분 혼자 개똥철학을 하고 있으니, 이런 방식으로 여러분에게 나쁜 버릇을 길러주었으니, 여러분들 중 누가 예술의 성스러운 진실을 느낄 수 있겠습니까? 이 모든 그릇된 방식으로 말미암아 고대는 여러분에게 요원한 것이 되고 여러분들은 그날 그날의 하인이 되고 말았습니다.

현재 김나지움 제도가 지닌 장점 가운데 그래도 가장 유익한 것은 어쨌든 여러 해에 걸쳐 진지하게 라틴어와 그리스어를 가르친다는 것입니다. 여기서 사람들은 규칙에 맞게 기록된 언어, 문법과 어휘에 대한 존경심을 배우고, 무엇이 실수인지 알게 됩니다. 그래서 현재 독일어 문체가 그러하듯이 매번 문법적이거나 정서적인 변덕이나 장난도 정당하다는 주장 때문에 괴로워하지 않을 것입니다. 다만 언어에 대한 이런 존경심이 마치 하나의 이론적 짐처럼 허공에 매달려 있어 모국어를 사용할 경우 이 짐에서 벗어나버리지만 않는다면! 흔히 그리스어 선생이나 라틴어 선생도 별다른 격식을 차리지 않고 모국어를 대합니다. 그는 처음부터 자신의 모국어를 라틴어와 그리스어의 엄격한 훈련에서 오는 피로를 씻고 회복을 취할 수 있는 영역, 즉 독일인들이 보통 토속적인 것을 다룰 때 그러하듯이, 부담 없는 느긋함이 허용되는 영역으로 취급합니다. 하나의 언어를 다른 언어로 번역하는 연습은 멋진 일일 뿐만 아니라 유익함에다 자신의 언어에 대한 예술적 감각까지 배양할 수 있습니다. 그런데 이런 연습이 독일어의 경우 한 번도 적절한 범주적 엄밀성과 품위를 갖추고 실행되어본 적이 없습니다. 아직 규율이 잡히지 않은 언어인 독일어의 경우 무엇보다 그런 품격이 필요한데도 말입니다. 최근에는 이런 연습마저 점점 드물어지고 있습니다. 사람들은 고대 언어를 안다는 것만으로 만족하며, 그것을 할 수 있다는 사실을 하찮게 여깁니다.

김나지움을 어떤 것으로 이해하는가 하는 문제에서 다시금 학자적 경향이 두드러지고 있습니다. 이 현상은 과거 한때 김나지움의 목표로 진지하게 수용되었던 인문 교육을 해명하고 밝혀줍니다. 그리스와 로마로부터 전래되어 저 위대한 인물들을 거친 새로운 고전주의 정신이 훌륭한 프리드리히 아우구스트 볼프Friedrich August Wolf를 통해 우리의 김나지움으로 흘러 들어간 때는 우리의 위대한 시인들, 진실로 교양을 갖추었던 소수 독일인들이 살았던 시대였습니다. 그의 용감한 출발로 김나지움에 대한 새로운 상이 정립되었습니다. 그때부터 김나지움은 학문 양성소가 아니라 고귀한 교양을 위한 진정한 성소가 되어야 한다는 것이었습니다.

　이런 목적을 위해 필요하다고 생각되는 조처들 가운데 아주 근본적인 것들은 김나지움의 현대화를 위해 성공적으로 취해졌습니다. 그런데 정작 가장 중요한 조처가, 다시 말하면 선생들에게 이런 새로운 정신의 영감을 불어넣어주는 일은 성공적이지 못했습니다. 그래서 그 동안 김나지움의 목표는 다시금 볼프가 추구했던 인문 교육에서 한참 멀어지게 되었습니다. 게다가 볼프가 극복했던 경향, 즉 학문성과 학자적 교육을 절대적으로 평가하는 경향도 맥빠진 투쟁을 거친 후 서서히 교육 원칙의 자리를 차지했으며, 이제 혼자만이 정당성을 가지고 있다고 다시 주장하고 있습니다. 물론 예전처럼 그렇게 공공연히 내세우지는 못하지만, 그래도 은폐된 형태로, 완곡한 견해로 주장하고 있습니다. 김나지움을 고전 교육의 위대한 흐름 속에 다시 편입시키지 못하는 까닭은 교양을 위한 이런 일련의 노력들이 비독일적인 성격을 넘어 거의 외국적인 또는 코스모폴리탄적 성격을 가지고 있기 때문입니다. 또한 고향의 토대를 발 밑에서 치워버려도 확고하게 서 있을 수 있다는 믿음 때문이며, 독일, 아니 민족 정신을 부인하면 어떤 다리도 건널 필요 없이 곧장 낯선 고대 그리스 세계로 뛰어들어갈 수 있다는 망상 때문입니다.

　물론 우리는 이 독일정신을 은신처 속에서, 유행하는 겉옷 아래에서 또는 파편더미 아래에서 찾아내야 한다는 것을 알고 있어야만 합니다. 또 이 정신이 아무리 기형적이라 해도 부끄러워하지 않을 정도로 그것을 사랑해야 하며, 무엇보다 그것을 현재 교만한 태도로 '현대의 독일 문화'라 칭하는 것과 혼동하지 않도록 조심해야 합니다. 독일정신은 오히려 이런 것과 내면적 적대 관계에 있습니다. 그런데 진정한 독일정신은 설령 우아한 형태가 아닌 거칠고 조야한 모습을 하고 있더라도 종종 저 '현대'가 문화가 없다고 불평하곤 하는 그 영역 안에 잘 보존되어 있습니다. 반대로 지금 유별난 자부심을 드러내며 '독일 문화'라 자칭하는 것은 코스모폴리탄적인 집합체로, 그것은 언론이 실러를 취급하듯이, 마이어베어Meyerbeer가 베토벤을 보듯이 그렇게 독일정신과 관계합니다. 여기에 가장 강한 영향력을 행사하는 것은 그 가장 깊은 본질에서 비게르만적인 프랑스인들의 문화입니다. 이 문화는 평범하고 불확실한 취미로 모방되고 있으며, 그런 가운데 독일 사회와 언론, 예술과 문체론에 위선적 형태를 부여합니다. 물론 이런 사본은 로마의 본질로부터 성장해온 저 원래의 진짜 문명이 오늘에 이르기까지 프랑스에서 빚어내는 완벽한 예술적 효과를 낳지는 못합니다. 이런 차이를 느끼려면 우리는 명망 있는 독일 소설가와 별로 이름 없는 프랑스나 이탈리아 소설가 가운데 아무나 골라 비교해보면 됩니다. 양측 모두 의심스러운 경향과 목표에다 의심스러운 방법을 사용하고 있지만, 저들은 예술가적 성실성을 가지고 일하며 적어도 정확한 언어, 종종 아름다운 언어를 구사하면서 상응하는 사회계층 문화의 반향을 얻어냅니다. 반면 이곳에서는 사상이나 표현에서 모두 촌스러운 실내복을 입은 것처럼 독창적이지 못하고 헐렁거리지 않으면 불편하게 과장하며, 거기다 실제 사회적 형태의 배경도 없이 기껏해야 학자의 태도나 지식을 통해 한 가지 사실을 상기시켜줄 뿐입니다. 즉 독일에서는 부패한 학자가, 로만계 나라에서는 예술가적 교양을 가진 사람이 언론가가 된다는 사실을 말입니다. 독일인은 이른바 독일적이라고는 하지만 근본적으로 비독창적인 이런 문화를 가지고 결코 승리를 장담하지 못합니다. 이런 문화로는 프랑스인과 이탈리아인에게 창피할 것이고, 외국 문화를 능숙하게 모방하는 것과 관련해서는 무엇보다 러시아인에게 창피할 것입니다.

그런 만큼 우리는 더욱 단단하게 저 독일정신을 붙들어야 합니다. 이 정신은 종교 개혁과 독일 음악 속에서 그 자태를 드러냈으며, 독일 철학의 엄청난 용맹성과 엄격성 속에서 그리고 최근에는 독일 군인들의 검증된 충성에서 저 끈질긴, 모든 허상을 싫어하는 힘을 증명했습니다. 우리는 이 힘에서 '현대'가 저 사이비 문화에 대해 승리할 것을 기약해도 될 것입니다. 진정한 교양 학교를 이 투쟁 속으로 끌어들이고, 특히 김나지움에서 자라나고 있는 새로운 세대에게 진정으로 독일적인 것을 위해 일할 수 있는 열정의 불을 지피는 것, 그것이 우리가 바라는 학교의 장래 활동입니다. 이 활동 안에서 소위 고전 교육도 드디어 자신의 자연적 토대를, 유일한 출발점을 얻게 될 것입니다. 김나지움의 진정한 개혁과 정화는 독일정신을 대대적으로 철저히 개혁하고 정화하는 데서 비롯될 것입니다. 가장 내밀한 독일적 본질과 그리스의 수호신을 연결하는 끈은 아주 비밀스럽고 그래서 붙잡기가 쉽지 않습니다. 그러나 독일정신의 고귀한 욕구가, 야만의 거친 물결 속에서 확고한 디딤돌을 잡으려듯이, 이 그리스 수호신의 손을 잡지 않는다면, 이 독일정신에서 그리스인들을 향한 간절한 동경이 분출되지 않는다면, 또 실러와 괴테에게 원기를 북돋아주는 그리스의 고향을 멀리서도 볼 수 있는 능력, 힘겹게 성취한 이 능력이 가장 뛰어난 재능을 가진 훌륭한 인물들의 순례지가 되지 않는다면, 김나지움의 고전 교육이라는 목표는 불안하게 공중에서 이리저리 흔들거릴 것입니다. 현실적이면서도 확고하고 또 여전히 이상적인 목표를 눈앞에 그리면서 학생들을 '문화'와 '교양'이라 자칭하는 저 번쩍거리는 환상에서 구하기 위해, 김나지움에서 허락하는 너무나 제한된 범위에서나마 학문성과 학식을 키우기 위해 노력하는 사람들은 적어도 비난만은 받지 않아야 합니다. 이것이 현재 김나지움이 처한 비극적 상황입니다. 가장 제한된 관점은 분명 정당합니다. 왜냐하면 어느 누구도 이 모든 관점이 부당하게 변하는 지점에 이를 수도, 그 지점을 서술할 수도 없기 때문입니다. 어느 누구도? 제자는 철학자에게 감정의 동요가 느껴지는 목소리로 묻습니다. 그리고 두 사람은 침묵했습니다.

강연 Ⅲ

이 자리에 계시는 존경하는 청중 여러분! 제가 그 당시 들었던 대
화. 그리고 지금 제가 생생한 기억을 되살려 여러분 앞에 전하고자
하는 그 대화는 제가 지난번 그쳤던 그 지점에서 중단된 채 침울한
긴 침묵의 시간이 흘렀습니다. 철학자나 그의 동반자는 우울한 침
묵 속에 묵묵히 그곳에 앉아 있었습니다. 지금 막 이야기했던 이상
한 비상사태, 가장 중요한 교육기관인 김나지움의 비상사태가 마치
무거운 짐처럼 그들의 영혼을 짓눌렀습니다. 이 짐을 제거하기에
선의를 가진 개개인의 힘은 너무 약했고, 대중은 아직 그런 선의를
충분히 가지고 있지 못했습니다.

두 가지 사실이 특히 우리의 고독한 사상가를 우울하게 만들었습
니다. 첫째, 당연히 '고전 교육'으로 부를 수 있는 것은 우리의 기존
교육 기구의 토대에서 성장할 수 없는, 허공에 떠다니는 교육적 이
상에 불과한 반면, 지금 나라 곳곳에서 완곡어법으로 '고전 교육'이
라 불리는 것은 요구만 많은 환상의 가치밖에 지니고 있지 않다는
것입니다. 이것이 줄 수 있는 최상의 효과는 '고전 교육'이란 말 자
체가 계속 살아 남아 그 장중한 울림을 잃지 않았다는 사실입니다.
이 성실한 사람들은 서로 대화하는 가운데 좀더 훌륭한, 고대의 주
춧돌 위에 세울 수 있는 교육의 출발점이 아직 마련되지 않았다는

사실을 독일어 수업의 예에서 확인했습니다. 즉 언어 지도의 황폐화, 실용적인 훈련과 습관화 대신 학문적이고 역사적인 방향이 자리를 차지하고 있는 현상, 김나지움에서 요구되는 연습과 언론의 공적 영역의 수상쩍은 정신의 결합—독일어 수업에서 지각한 수 있는 이 모든 현상은 고대에서 나올 수 있는 유익한 힘, 다시 말하면 현재의 야만과 한판 결전을 준비시켜주는 힘, 아마 김나지움을 다시 한번 이 투쟁의 병기창과 작업장으로 변신시킬 수 있는 힘이 아직 우리 김나지움에서는 느껴지지 않는다는 사실을 비통하게도 확인시켜줍니다.

그 동안 상황은 정반대로 흘러가고 있는 것 같습니다. 마치 고대 정신은 실제로 김나지움의 문턱에서 추방되고 있는 듯하며, 사람들은 여기에서 아첨으로 버릇없어진 우리의 현 '독일 문화'에 대문을 가능한 한 활짝 열어주고 싶어하는 듯합니다. 우리의 고독한 담소자들에게 희망이 있다면, 그것은 앞으로 사태는 더욱 악화될 것이며, 소수의 사람들만이 깨닫고 있었던 것이 이제 곧 많은 사람들에게도 성가시도록 명료하게 인식될 것이고, 그렇게 되면 정직하고 단호한 사람들이 국민 교육이라는 중요한 영역을 위해 발벗고 나설 시기가 그리 머지않다는 것입니다.

그런 만큼 우리는 더욱 확고하게 독일정신을 붙잡아야 한다, 라고 철학자는 말했습니다. 즉 독일의 종교개혁과 독일 음악에서 그 모습을 드러내고 독일 철학의 용맹성과 엄격성 속에, 최근에는 독일 군인들의 검증된 충성 속에서 저 끈질긴, 모든 허상을 벗어던진 힘을 증명했던 그 독일정신을 말입니다. 우리는 이 힘에서 '현대'가 저 유행에 불과한 사이비문화에 대해 승리할 것을 기약해도 될 것입니다. 진정한 교양 학교를 이 투쟁 속으로 끌어들이고 특히 김나지움에서 자라나고 있는 새로운 세대에게 진정으로 독일적인 것을 위해 일할 수 있는 열정의 불을 지피는 것, 그것이 우리가 바라는 학교의 장래활동입니다. 이 활동 안에서 소위 고전 교육도 드디어
5 자신의 자연적 토대를, 유일한 출발점을 얻게 될 것입니다. 김나지움의 진정한 개혁과 정화는 독일정신을 대대적으로 철저히 개혁하고 정화하는 데서 비롯될 것입니다. 가장 내밀한 독일적 본질과 그리스 수호신을 연결하는 끈은 아주 비밀스럽고, 그래서 붙잡기가 쉽지 않습니다. 그러나 독일정신의 고귀한 욕구가, 야만의 거친 물
10 결 속에서 확고한 디딤돌을 잡으려는 듯이, 이 그리스 수호신의 손을 잡지 않는다면, 독일정신에서 그리스인들을 향한 간절한 동경이 분출되지 않는다면, 또 실러와 괴테에게 원기를 북돋아주는 그리스의 고향을 멀리서도 볼 수 있는 능력, 힘겹게 성취한 이 능력이 가장 뛰어난 재능을 가진 훌륭한 인물들의 순례지가 되지 않는다면,
15 김나지움의 고전 교육이라는 목표는 불안하게 공중에서 이리저리 흔들릴 것입니다. 현실적이면서도 확고하고 또 여전히 이상적인 목표를 눈앞에 그리면서 학생들을 '문화'와 '교양'이라 자칭하는 저 번쩍거리는 환상에서 구하기 위해, 김나지움에서 허락하는 제한된 범위에서나마 학문성과 학식을 키우기 위해 노력하는 사람들은 적
20 어도 비난만은 받지 않아야 합니다.

한동안 침묵의 사색을 하고 난 후 동반자는 철학자에게 몸을 돌려 말했습니다. "당신은 제게 희망을 주시려는군요, 스승님. 그러나 당신은 제게 저의 견해를 더욱 확신시켜주셨고, 그로써 저의 힘과 용기를 북돋아주셨습니다. 정말 저는 이제 더욱 용감하게 전장을

바라볼 수 있으며, 제가 성급하고 도주하는 것을 마땅찮게 생각합니다. 우리 자신을 위해 일하려는 것이 아닙니다. 이 전투에서 얼마나 많은 개인들이 죽음에 이를지, 또는 우리 자신이 제일 먼저 전사하는 것은 아닌지 등의 문제가 걱정거리가 되어서는 안 될 것입니다. 우리가 그것을 진지하게 생각하기 때문에, 바로 그 때문에 우리는 가련한 개인들을 너무 진지하게 고려해서는 안 됩니다. 우리가 죽는 바로 그 순간에 다른 이가 깃발을 잡을 것입니다. 그 깃발 위의 기장을 우리는 믿고 있습니다. 심지어 저는 제게 그런 전투를 할 만한 힘이 남아 있는지, 제가 오래 견딜 수나 있을지 깊이 생각하지 않으렵니다. 적들의 비웃음 속에 전사하는 것 자체가 아마 명예로운 죽음이 될 것입니다. 그들의 진지함은 종종 우리에게 우스꽝스럽게 보이니까요. 제 동료들이 저와 같은 직업, 최고의 교사가 되기 위해 준비하는 방식을 생각해보면, 저는 얼마나 자주 우리가 비웃지 않아야 할 것을 비웃고, 진지해질 필요가 전혀 없는 것에 진지해졌던지를 깨닫게 됩니다."

"자, 나의 친구여." 철학자는 웃으면서 그의 말을 중단시켰습니다. "자네는 헤엄칠 줄도 모르고 물 속에 뛰어들면서, 익사하는 것보다 익사하지 않아서 비웃음당하는 것을 더 두려워하는 사람처럼 말하는군. 남의 비웃음은 우리가 가장 나중에 해야 할 걱정이라네. 왜냐하면 우리가 지금 일해야 할 분야는 너무나 많은 진실을 말해야만 하며, 너무나 놀랍고 고통스럽고 용서하기 힘든 진실들이 말해져야만 할 곳이라서 적나라한 증오가 없지 않을 것이며 분노는 가끔 여기저기서 당황스러운 웃음을 자아낼 것이기 때문이지. 선의의 믿음에서 기존의 교육 제도를 수용하여 용감하게, 일말의 진지한 의혹도 없이 그것을 유지시키는 저 수많은 선생들을 한번 생각해보게. 그들이 자신들이 배제된, 즉 자연의 뜻에 따른beneficio naturae 계획에 대해 듣는다면, 그들이 가진 평범한 수준의 능력을 훨씬 넘어서는 요구에 관해 그리고 그들에게 아무런 반향도 불러일으키지 못하는 희망에 대해 듣는다면, 그 함성조차 그들이 이해하지 못하고 자신들은 그 전투에서 단지 어리석게 저항하는 무기력한 군중으로 취급될 뿐인데, 그런 전투 이야기를 그들이 듣는다면, 어떻게 자네는 이런 일이 일어나지 않으리라고 생각할 수 있겠는가. 그러나 한치의 과장도 없이 말한다면 이것이 바로 고등 교육기관에 종사하는 선생들 대다수가 가지게 될 필연적인 지위임에 틀림없네. 그래, 그런 선생이 대개 어떻게 배출되고, 어떤 과정을 거쳐 그가 이런 고등 교육을 위한 선생이 되는지 곰곰이 생각해본 사람은 그들의 그런 위치에 놀라지는 않을 것이네. 너무나 많은 수의 김나지움이 곳곳에 널려 있어, 한 민족이 아무리 풍부한 재능을 가지고 있다 하더라도, 그 민족이 배출할 수 있는 것보다 훨씬 많은 수의 선생들이 이 교육기관을 위해 필요할 정도로 너무 많은 고등 교육기관이 곳곳에 널려 있지. 이런 식으로 다수의 비적격자들이 이 기관으로 들어오게 되고, 이들은 서서히 압도적인 머릿수로 또 '유유상종 similis simili gaudet'의 본능으로 이 기관의 정신을 결정하는 세력이 되지. 눈에 드러나는, 우리 김나지움과 선생들의 수적 우세를 어떤 법과 규정을 통해 실질적인 우세, 즉 수적으로 감축하지 않고도 변화시킬 수 있다고 잘못 생각하는 사람들은 교육학적 문제에 제발 좀 관여하지 말았으면 좋겠어. 그 대신 다음 사실에 관해서 우리는 의견의 일치를 보아야만 해. 즉 타고난 재능의 측면에서 볼 때 극소

수 사람들만이 진정한 교육의 길을 걸어갈 수 있으며, 그들의 성공적인 발전을 위해서는 극히 소수의 고등 교육기관만으로 충분하지만, 그럼에도 육성과 지원의 측면에서 대중을 겨냥한 현재 교육기관에서 가장 불이익을 당하고 있다고 느끼는 사람들이 바로 이런 교육기관들의 존립 근거가 되는 사람들이라는 사실이지.

교사에 관해서도 마찬가지로 말할 수 있다네. 가장 훌륭한 선생, 좀더 높은 잣대로 볼 때 이런 명예로운 이름에 걸맞는 사람들은 김나지움의 현재 수준에서, 선발을 거치지 않고 제멋대로 함께 모아놓은 소년들을 교육하는 데 가장 부적합한 사람들이지. 또한 그들이 줄 수 있는 최상의 교육은 분명 이 소년들에게는 영원히 비밀로 남을 것이야. 다시금 많은 선생들은 이 교육기관에 대해, 자신이 있을 곳에 제대로 와 있다는 느낌을 가질 것이야. 왜냐하면 그들의 재능은 학생들의 낮은 수준, 부족한 능력과 어느 정도 조화를 이루는 관계에 있기 때문이지. 이 다수에게서 새로운 김나지움과 고등 교육기관 설립을 요구하는 소리가 울려나온다네. 우리가 살고 있는 시대는 끊임없이, 변화무쌍하게 울려퍼지는 이런 외침 때문에 교육에 대한 엄청난 욕구가 충족되기를 갈망하고 있는 시대인 듯한 인상을 준다네. 그러나 바로 여기에서 우리는 제대로 들을 줄 알아야 하네. 바로 여기에서 우리는 교육이란 단어의 공명 효과에 속아넘어가지 말아야 하고, 교육에 대한 시대적 욕구를 지치지도 않고 부르짖는 사람들의 얼굴을 똑바로 쳐다보아야 하지. 그렇게 하면 사람들은 자네와 내가 그토록 자주 체험했던 그런 기이한 실망을 겪을 것이야. 저 시끄러운 교육 욕구의 전령관은, 가까이서 자세히 들여다보면, 곧 진정한 교육의 열렬 극성 반대파, 즉 정신의 귀족성을 끝까지 주장하는 사람들로 돌변한다네. 왜냐하면 그들은 근본적으로 위대한 개인의 지배에서 대중을 해방시키는 것을 목표로 삼고 있기 때문이네. 즉 그들은 원래 지성의 세계에서 지배하는 가장 신성한 질서, 천재의 왕권 아래 봉사하는 대중, 그들의 비굴한 굴종, 충성 본능이라는 질서를 뒤집어엎으려 하고 있다네.

나는 오래 전부터 소위 상식적 의미에서의 '국민 교육'이란 말을 입에 올리는 모든 사람을 주의 깊게 살펴보는 버릇이 있다네. 그들은 대개 일반적인 야만의 제사에서, 의식적이든 무의식적이든 자기 자신을 위해 무한한 자유, 저 신성한 자연의 질서가 그들에게 결코 부여하지 않을 그런 자유를 원하기 때문이지. 그들은 봉사하고 복종하기 위해 태어난 사람들이네. 기어가는 듯한 그들의 생각, 의족을 한 듯 부자연스럽고 날개 다친 새처럼 무기력한 그들의 생각이 활동을 시작하는 매순간마다, 자연이 어떤 흙으로 이들을 빚었는지, 어떤 상표의 낙관을 이 흙 위에 찍었는지를 다시 한번 확인시켜주지. 다시 한번 말하건대 대중을 교육하는 것이 우리 목표가 아니네. 선발된 개인, 위대하고 영원한 일에 적합한 사람들을 위한 교육이 우리 목표이지. 우리는 이제 후세가 공평하다면 한 민족의 전체 교육수준을 오로지 저 위대한, 고독하게 글을 쓰는 시대의 영웅들을 보고 평가할 것이며, 이런 사람들이 인식되고 장려되고 존중받는가, 아니면 숨겨지고 부당하게 취급받고 파괴되는가에 따라 자신들의 찬반표를 던질 것이라는 사실을 알고 있네. 사람들이 국민 교육이라 부르는 것은 단지 직접적인 방식으로, 예컨대 강요된 기초 수업을 통해 단지 외형적으로만 이루어질 수 있다네. 대중과 교육의 접촉이 이루어지는 곳, 국민이 자신들의 종교적 본능을 가꾸는 곳, 자신의 신비적 이미지들을 계속 만들어내는 곳, 자신의 관습과 권리와 영토, 자신의 언어에 지조를 지켜나가는 곳, 이처럼 원래 더 중요하고 더 심층적인 영역들은 직접적인 방식으로 접근할 수 없는 영역이라네. 거기에 이르러면 파괴적인 폭력을 동원해야만 가능하지. 이렇게 중요한 문제에도 불구하고 국민 교육을 진정으로 장려한다는 것은 파괴적 폭력을 방지하고 유익한 국민의 무의식, 국민의 건강한 수면을 그대로 유지하는 것이라네. 이런 반작용이 없이는, 또 이 치료약 없이는 어떤 문화도 그 소모적인 긴장과 자극적 효과를 견뎌내고 존속할 수 없을 것이네.

그런데 저 보약이 되는 국민의 건강한 수면을 중단시키고자 하며 그래서 그들에게 부단히 "깨어나라, 의식을 가져라, 똑똑해져라!" 라고 외치는 사람들이 무엇을 추구하는지 우리는 알고 있네. 모든 교육기관을 대대적으로 증설함으로써 또 이를 통해 자의식 강한 교사진을 육성함으로써 교육에 대한 강력한 욕구를 충족시켜준다고 사칭하는 사람들이 무엇을 노리는지 알고 있지. 바로 이런 방법으로 지성의 제국에 존재하는 자연적 서열을 없애려고 투쟁하고, 국민의 무의식에서 솟아나는 가장 고귀한 교육의 힘을 파괴하는 거지. 이 힘은 천재를 낳아 올바르게 양육하는 일에서 그 모성적 사명을 찾지. 어머니의 비유를 통해 우리는 국민의 진정한 교육이 천재에 대해 어떤 의미와 의무를 가지고 있는지 이해할 수 있다네. 실제로 천재란 진정한 국민 교육에서 탄생한다는 것이 아니다. 천재는 형이상학적 근원, 형이상학적 고향에서 나온다는 뜻이다. 천재가 나타난다는 것, 그가 한 국민 가운데에서 갑자기 등장한다는 것, 그가 마치 이 국민이 가진 모든 고유한 힘이 반사한 영상이며 짙은 색채의 유희라는 사실, 그리고 그가 한 민족에게 주어진 최고의 사명을 한 개인의 비유적인 본질을 통해 그리고 영원한 업적을 통해 알려준다는 것, 그로써 그의 민족을 영원으로 연결시키고 변화무쌍한 찰나의 영역에서 구원한다는 것, 천재는 이 모든 일을, 그가 한 민족의 교육이라는 모태 안에서 양분을 섭취하며 성장할 경우, 해낼 수 있는 것이지. 보호해주고 온기를 전해주는 고향이 없다면, 그는 영원한 비상을 향해 날개를 펼칠 수조차 없을 것이고, 예기치 않게 황량한 겨울날, 어느 오지에 떨어진 이방인처럼, 슬픔에 잠겨 불임의 땅에서 제때에 도망쳐 나올 것이네."

"스승님" 하고 동반자가 말했습니다. "당신은 천재의 형이상학으로 저를 놀라게 만드시는군요. 이 비유가 옳다는 것을 저는 단지 어렴풋이 짐작할 뿐입니다. 반면 저는 당신이 김나지움의 수적 과잉과 그로 인한 교사 과잉에 관해 말씀하셨던 내용은 완전히 이해할 수 있습니다. 바로 이 분야에서 저는 경험을 모았습니다. 이 경험을 통해 저는 김나지움의 교육 경향이 다수의 선생들에게 맞출 수밖에 없다는 것을 알게 되었습니다. 근본적으로 교육과 아무런 상관이 없으며 단지 필요에 의해 그런 길을 걷게 되고 이런 요구를 주장하게 되었습니다. 빛나는 깨달음의 순간에 고대 그리스의 세계가 유일무이할 뿐 아니라 접근하기 힘들다는 사실을 확신하게 되고 자신이 회의하기 전 이 확신을 지키기 위해 힘겨운 투쟁을 거친 사람들은 모두 알고 있습니다. 대다수의 사람들은 이런 깨달음의 기회조차 가지지 못하며, 어떤 이가 빵을 벌기 위한 목적으로, 즉 생활에 쓰이는 연장을 다루듯이 그렇게 직업적으로 그리스인들과 관계를 맺으며 거리낌없이 수공업자의 손으로 이 성스러운 유물을 만지작거린다면, 그것은 어리석고 품위 없는 태도라는 것을 그들은 알고 있습니다. 그런데 대다수의 김나지움 선생들을 배출하는 계층 가운데, 문헌학자들 층에 이렇게 거칠고 무례한 태도가 널리 퍼져 있습니다. 그렇기 때문에 이런 정서가 김나지움으로 전염되는 것도 그리 놀라운 일은 아닌 것입니다.

젊은 세대의 문헌학자들을 봅시다. 고대 그리스와 같은 세계를 보면 우리 같은 사람들은 존재할 권리조차 없다는 느낌, 수치감을 느끼지만, 이 젊은 세대들 가운데 이런 감정을 가지는 사람은 얼마나 드뭅니까. 그 대신 이 갓 부화한 새끼들은 차갑고 뻔뻔스럽게 자신들의 초라한 둥지를 위대한 사원 한가운데 짓고 있지 않습니까! 대학 시절부터 겁도 없이 거만하게 저 세계의 놀라운 폐허 속을 휘젓고 다녔던 사람들 대부분은 구석구석에서 강하게 자신들을 꾸짖는 목소리를 들어야 합니다. '여기서 물러나라, 비전문가들아. 너희들은 결코 전수자가 될 수 없으니, 조용히 이 성지에서 물러나라, 조용히, 수치심을 느끼면서!' 아, 그러나 이 목소리는 헛되이 울립니다. 왜냐하면 그리스어 마법 주문과 공식을 한마디로도 이해하려면 이미 그리스적 방식으로 생각하는 사람이 되어야만 하기 때문입니다! 그러나 이들은 너무 야만적이어서 적응하고 난 후에는 이 폐허에서 편안하게 지낼 수 있습니다. 현대적 편의시설과 오락까지 가지고 와서는 고대의 석주와 묘비 뒤에 숨긴답니다. 자신들이 조금 전 교활하게 집어넣었던 것을 고대의 환경에서 다시 발견하면 환호성을 지르곤 합니다. 한 사람은 시를 쓰고는 헤시키우스의 사전을 찾아봅니다. 그러자 곧 그는 자신이 아이스킬로스의 뒤를 잇는 시인의 소명을 가지고 있음을 확신합니다. 게다가 이 시 쓰는 살인자는 자신이 아이스킬로스와 정신적으로 동등하다고 주장하는 신도들도 발견하게 됩니다! 다른 이는 호메로스에게 책임을 돌릴 만한 모든 모순, 모순의 그림자를 의심에 가득 찬 눈으로 찾고 있습니다. 그는 자신의 일생을 호메로스의 누더기를 찢었다가 다시 꿰 5 매는 일로 허비합니다. 그런데 이 누더기는 그 자신이 호메로스의 멋진 옷에서 몰래 찢어낸 것입니다. 세 번째 사람은 고대의 이 모든 신비스럽고 열광적인 면을 싫어합니다. 그는 단호하게 합리적인 아 폴론만을 인정하겠다고 결심하고, 아테네인들은 명랑하고 합리적 이지만 비도덕적인 아폴론주의자라고 생각합니다. 그가 자기 자신 10 이 서 있는 계몽의 정상에 고대의 어두운 구석을 가져왔다면, 예컨 대 그가 늙은 피타고라스의 모습에서 계몽주의적 정치가의 성실한 동료를 발견한다면, 그는 어떻게 숨쉴 수 있을까요? 또다른 이는 왜 오이디푸스가 생부를 죽이고 생모와 결혼해야만 하는 끔찍한 운 명을 타고났는지 고민합니다. 죄는 어디에 있는가! 어디에 시적인 15 정의가! 갑자기 그는 깨닫습니다. 오이디푸스는 원래 정열적인, 기 독교적인 온후함이 결여된 놈이라는 것을. 티레시아스가 그를 나라 의 괴물이고 저주라고 불렀을 때, 그는 심지어 부적절한 격정에 빠 지기도 했다고. 아마 온유하라!고 소포클레스는 가르치고 싶었던 것입니다. 그렇지 않으면 너희들은 생모와 결혼하고 생부를 죽여야 20 만 하니까! 다른 이는 일생 동안 그리스 시인과 로마 시인의 시구들 을 세면서 7 : 13 = 14 : 26의 비율을 발견하고 기뻐합니다. 마침내 어떤 이가 나타나 호메로스의 시를 전치사의 관점에서 보면 어떨까 라는 질문의 해답을 찾았다고 하면서 '위로ana'와 '아래로kata'라 는 뜻의 전치사들을 가지고 진리를 샘에서 길러냈다고 믿습니다.

그러나 경향들은 제각각 다르지만, 이들 모두는 그리스의 땅을 쉴 새 없이, 서투르고 미숙한 솜씨로 파헤쳐서 고대의 진정한 친구가 이를 본다면 겁에 질리지 않을 수가 없습니다. 그래서 나는 재능이 있는 사람이든 없는 사람이든 고대에 직업적으로 끌리는 성향이 있다고 여겨지는 사람을 보면, 그 손을 잡고 그 앞에서 이렇게 열변을 토하고 싶습니다. '자네, 학교에서 배운 그저 그런 지식을 가지고 여행을 떠난 젊은이에게 어떤 위험이 기다리고 있는지 아는가? 자네 아리스토텔레스에 따르면 입상에 눌려 죽는 것은 전혀 비극적인 죽음이 아니라는 말을 들어본 적이 있나? 그런데 바로 이런 죽음이 자네를 위협하고 있네. 놀라운가? 그러니 문헌학자들이 수백 년 전부터 땅 밑에 가라앉아 나뒹구는 고대 그리스의 입상들을 다시 세우려고 하지만, 이제는 점점 힘이 부친다는 것을 알게. 왜냐하면 그것은 거대한 입상이고, 거기 기어올라가는 우리들은 마치 난쟁이 같기 때문이지. 엄청난 힘을 모으고 현대 문화의 모든 지렛대를 사용하지. 그러나 땅에 세우자마자 그것은 다시 넘어지고, 그러면서 사람들은 그 밑에 깔리지. 그건 그래도 괜찮아. 존재란 원래 죽게 마련이니까. 그러나 이렇게 하면서 입상 자체가 조각나는 것을 바랄 사람이 어디 있겠나! 문헌학자들이 그리스인들 때문에 죽을 수는 있지―이 슬픔은 그래도 견딜 수 있어―그러나 고대 그리스가 문헌학자들로 인해 산산조각난다면! 이런 점을 생각해야 해, 경박한 젊은이야, 자네가 우상을 파괴하는 사랑이 아니라면, 당장 물러나게!'"

"실제로 자네가 요구한 대로 손 떼고 물러난 문헌학자들도 많네" 하고 철학자는 웃으면서 말했습니다. "젊은 시절 했던 경험과 크게 대조되는 현상을 나는 요즘 지각하네. 그들 가운데 다수는 의식적이건 무의식적이건 고대 그리스와 직접적으로 접촉하는 것이 그들에게 무의미하고 아무런 희망이 없는 일이라는 확신에 이르게 되네. 그 때문에 현재 이런 연구는 대개의 문헌학자들에게는 아무런 소득이 없고 시대에 뒤떨어진 일, 모방이라고 여겨지네. 이들 무리는 그런 만큼 더욱 열정적으로 언어학에 몰두하지. 여기 막 일군 끝없는 경작지에서 여태까지 둔재로 알려진 사람도 여전히 쓰일 데가있고 그저 그런 평범한 사람이 심지어 재능 있는 인재로 간주되는곳, 방법이 새롭고 아직 불확실하며, 현실과 동떨어지고 갈피를 못잡고 이리저리 헤매고 다닐 수 있는 위험이 항상 도사리고 있는 곳,대열을 이루어 작업을 수행하는 것이 바람직한 것으로 여겨지는곳,―이곳에서는 고대의 폐허에서 울려퍼지는 엄숙한 목소리가 갓도착한 사람을 놀라게 하지 않는다네. 여기에서는 어느 누구든 활짝 벌린 팔로 환영받지. 소포클레스와 아리스토파네스에게서 뜻밖의 감명을 받은 적도 없고 고귀한 생각에 이르게 된 적도 없는 사람조차 어원학적 베틀 앞에 앉혀지거나 멀리 떨어진 지방의 사투리를수집하도록 요구받네―연결하고 분리하며 수집하고 분산시키고,여기저기 뛰어다니며 책을 뒤져보는 일로 하루가 다 가지. 그런데이제 그렇게 유익하게 투입되는 언어 연구자가 선생이 되어야 한다니! 김나지움 학생들의 정신 건강을 위해 고대 작가들에 관해 가르쳐야 하는 것이 그의 의무라니! 이 작가들은 그에게 이제껏 어떤 통찰은커녕 인상조차 심어주지 못했는데! 고대는 그에게 아무것도 말해주지 않는다네. 따라서 그는 고대에 관해 아무런 할 말이 없지.그런데 갑자기 제정신이 들고 그는 편안해진다네. 무엇 때문에 그가 언어학자란 말인가! 왜 저 작가들은 그리스어와 라틴어로 썼는가! 이제 그는 즐겁게 호메로스에게서 시작해 리투아니아어와 교회 슬라브어, 특히 산스크리트어의 도움을 받아 그의 시의 어원을 찾기 시작한다. 마치 그리스 수업시간을 언어학 연구의 일반적인 입문을 위한 구실로 삼았다는 듯이 그리고 호메로스가 근본적인 실수를 저질렀다는 듯이, 말하자면 고대 인도게르만어로 쓰지 않은 실수를 현재의 김나지움을 잘 알고 있는 사람은 고대의 경향이 선생들에게 얼마나 낯선 것이지를, 이러한 부족감 때문에 비교언어학을 학문적으로 연구하는 데 치중하게 된다는 것을 잘 알고 있는 거지."

"제 생각도 그렇습니다. 고대 그리스 교육을 책임진 선생이 그리스인과 로마인을 다른 야만족과 혼동해서는 안 되며, 그리스어와 라틴어가 그에게 단순히 다른 여러 언어들 외에 하나의 언어를 의미해서는 결코 안 된다는 점이 중요하다는 것입니다. 고대에 대한 그의 경향을 볼 때, 이 언어의 골격이 다른 언어들의 것과 일치하는가 또는 유사한가의 문제는 그에게 중요하지 않다는 것입니다. 그가 중시하는 것은 일치점이 아닙니다. 바로 공통되지 않은 것이, 저 민족들이 야만족이 아니며 그런 점에서 다른 모든 민족을 능가한다는 것이 그의 관심을 끄는 문제입니다. 그가 교양 선생이고 고대의 고귀한 전범들에 비추어 스스로를 교양있게 변화시키고자 한다면 말입니다" 하고 동반자는 말했습니다.

"내가 잘못 생각했다면" 하고 철학자는 말했습니다. "지금 김나지움에서 이루어지는 라틴어와 그리스어 수업 방식에서 언어능력, 즉 편안하게 말과 글로 표현할 수 있는 언어에 대한 통제력이 상실되고 있다는 의심이 드네. 그런데 바로 이런 능력에서 나와 같은 세대의 사람들이 뛰어나다네. 비록 그들이 이제 늙었고 살아 있는 사람도 많이 없지만 말이네. 반면 현재 선생들은, 내가 보기에, 기원적이고 역사적인 방식으로 학생들을 가르치고 있어서 기껏해야 대단치 않은 산스크리트어 학자나 어원론적인 방향으로 치우친 성마른 인물 또는 제멋대로 판독하는 무뢰한이나 배출될 뿐, 그들 중 어느 누구도 그 자신에게나 우리 늙은이에게 편안하게 느껴질 정도로 플라톤이나 타키투스를 읽을 줄 아는 사람이 없을걸세. 김나지움이 지금 학식의 양성소일 수도 있지만, 그 학식이란 것은 고귀한 목표를 지향하는 교양에서 비롯된 자연스럽고 의도되지 않은 부수 효과로서의 학식이 아니라 병든 신체의 이상비대증에 비유될 수 있는 그런 학식이라네. 학식의 지방과다증을 양성하는 곳이 바로 김나지움이지. 김나지움이 현재 '현대의 독일 문화'라고 뻐기고 있는 저 우아한 야만의 격투 학교로 변질되지는 않는다면."

　　"그러면 그 수많은 불쌍한 선생들, 진정한 교양을 이룰 수 있는 자질을 자연에게서 선사받지 못하고, 학교 과잉이 선생 과잉을 부르기 때문에 필요에 의해, 생계를 위해 교양 선생으로 나서겠다는 주장을 하게 된 그런 선생들은 어디로 도망갈 수 있습니까!" 하고 동반자가 말했습니다. "고대가 그들을 단호하게 거부한다면, 그들은 어디로 도피해야 됩니까! 그들은 현대의 저 권력, 매일 매일 지치지도 않고 그들에게 '우리의 문화다! 우리가 교양이다! 우리는 정상에 있다! 우리는 피라미드의 꼭대기에 있다! 우리는 세계사의 목표다!'라고 외치는 언론의 목소리에 희생되어서는 안 되지 않습니까!―그들이 저 유혹적인 약속을 듣는다면, 그들에게 바로 야만의 가장 굴욕적인 징후, 잡지나 신문을 통한 소위 '문화이해'라는

천민적 공론영역이 가장 고상하고 성숙한 새로운 형태의 교양의 기
초로 숭배된다면! 설령 저 약속이 거짓일 것 같다는 예감의 사소한
흔적이 그들에게 남아 있다 하더라도, 이 불쌍한 사람들이 교양을
둘러싼 지칠 줄 모르는 이단법석 소리를 듣지 않으려면 가장 무디
고 사소하고 가장 메마른 학문성 속으로 도망가는 것 외에 달리 어
디로 가겠습니까? 이런 식으로 추적을 당한다면 그들은 마침내 황
새처럼 머리를 모래더미에 처박아야 하지 않겠습니까! 진정한 교양
에서 멀리 떨어져 있어도 적어도 귀를 막아 우아한 시대 문화의 목
소리를 듣지 않는다면, 방언, 어원과 판독에 파묻혀 개미의 삶을 사
는 것이 차라리 그들에게 더 행복한 삶이 아니겠습니까?"

　"자네가 옳네, 친구." 철학자가 말했습니다. "그러나 그렇다고 교
양을 위해서 너무 많은 수의 학교가 불필요하게 유지되어야 하고,
그로 인해 다시금 너무 많은 선생들이 필요하다는 저 엄격한 필연
성은 어떻게 하는가? ―이렇게 과잉을 요구하는 소리는 교양에 적
대적인 지역에서 울려나오고 이 과잉 현상의 결과가 무교양만 유리
하게 만든다는 점을 우리가 너무나 명백하게 인식하고 있다면? 실
제로 이런 엄격한 필연성 운운할 수 있는 경우는 현대 국가가 이런
일에 나서서 발언하는데 익숙해 있는 한 그리고 국가의 요구가 단
숨에 국가의 조치 및 준비와 병행하곤 하는 때에 한에서이네. 이런
현상은 대부분의 사람들에게 마치 영원히 엄격한 필연성, 사물의
원초적 법칙이 그들에게 말하는 것 같은 인상을 준다네. 그런데 그
런 요구사항을 말하는 '문화국가'는 짧은 역사를 가진 새로운 현상
으로서 지난 반세기 동안 '자명한 현상'이 되었지. 즉 그들이 즐겨
말하는 단어로 말한다면 그 자체는 전혀 당연하지 않은 것들이 '자

명하게' 보이는 그런 시대에 말이야. 바로 가장 강력한 현대 국가인 프로이센은 국가에 부여된 교양과 학교의 최고 운영권을 너무 진지하게 생각했기 때문에 무모함을 특성으로 하는 이 국가가 설정한 문제점 많은 원칙은 일반적으로 진정한 독일정신을 위해서 위험한 함의를 지니고 있지. 왜냐하면 우리는 이 진영에서 김나지움을 이른바 '시대의 정점'으로 만들겠다는 노력이 형식적으로 체계화되고 있음을 발견하기 때문이네. 가능한 한 많은 학교를 인문 교육으로 유도하는 장치들은 모두 여기에서 발전된다네. 심지어 국가는 여기에서 군복무와 연관된 특권의 부여라고 하는 가장 강력한 수단을 성공적으로 사용해, 통계적인 관료들의 공평무사한 증언에 따르면 모든 프로이센 김나지움의 일반적인 과밀 현상과 새로운 김나지움을 설립하고자 하는 끊임없는 욕구는 바로 이러한 특권 부여 때문이며, 오로지 이것으로 설명될 수 있다는 것이지. 그런데 국가가 교양기관의 과다 현상을 부추기려면 모든 고위 공직과 대다수 하위 공직, 대학 입학, 그리고 가장 영향력 있는 군대의 특전을 김나지움과 연계시키는 것 외에 무엇을 더 할 수 있는가. 그것도 민족의 승인을 얻은 보편적 방위 의무뿐만 아니라 관료들의 무제한적인 정치적 야망도 무의식적으로 모든 인재를 이런 방향으로 끌어들이는 그런 나라에서 말이야. 이곳에서 김나지움은 특히 명예의 한 편대로 간주되고 있네. 그리고 정부 부처를 향해 야망을 불태우는 모든 것은 김나지움의 연장선상에서 발견되는 것이지. 이것은 어쨌든 전례 없이 새로운 현상이야. 국가는 문화의 비교 사제로 나타난다네. 자신의 목표를 장려하는 동안 그는 모든 충복에게 보편적인 국가교육의 햇불을 손에 들고 자기 앞에 나타날 것을 강요하지. 국가의 충복들은 흔들리는 불빛 속에서 국가를 최고 목표로, 교양을 위해 자신들이 이제껏 기울여온 노력의 보상으로 재인식해야만 한다는 것이지. 이 마지막 현상에 그들은 아연실색할 것이야. 이 현상은 유사한 다른 현상으로서 그들이 서서히 이해했던 경향, 예컨대 한때 국가에 의해 장려되고 국가의 목적을 추구하던 철학 경향, 즉 헤겔의 철학을 상기시킨다네. 프로이센은 국가의 목표로 추구해온 모든 교육 계획의 세목에 실용적인 사용이 가능한 헤겔 철학의 유물을 수용하는데 성공했다고 주장해도, 그것은 결코 과장이 아닐 것이네. 국가에 대한 헤겔 철학의 숭배는 아무튼 이 세목 속에서 정점을 이룬다네."

"그런데 국가는 어떤 의도로 그렇게 이질적인 경향을 받아들이는 걸까요?" 하고 동반자가 물었습니다. "국가가 국가적 목적을 추구한다는 것은 프로이센 학교들의 현 상태가 다른 국가들의 숭배와 고려의 대상이며, 여기저기서 모방되고 있다는 점에서 벌써 분명히 드러납니다. 다른 국가들은 분명 여기서 저 보편화된 유명한 일반적 국방의무와 유사한 방식으로 국가의 존속과 힘에 유익한 것이 있다고 추측합니다. 각자가 일정 기간 자부심을 가지고 군복을 입고, 거의 모두가 김나지움 시절 천편일률적인 국가 문화를 받아들인 곳에서, 과장하는 사람들은 고대의 상태와 같다고 즉 고대에서만 가능했던 국가의 전능이 여기에서도 나타난다고 말합니다. 이곳에서는 거의 모든 젊은이가 본능과 교육을 통해 국가가 인간 존재의 최고 목적이며 성과라고 생각하게 됩니다."

"그 비교는 물론 과장이 심하고 한 다리를 절뚝거리듯 적절치 못하네" 하고 철학자가 말했습니다. "왜냐하면 고대 국가는 자신에게 식섭석으로 득이 되는 교육만 교육으로 인정하고 자신의 목표를 위해 당장 사용될 수 없는 충동은 근절시키는 식의 실리적 고려와는 멀어도 한참 거리가 멀다네. 생각이 깊은 그리스인들은 국가 같은 비상기관과 보호기관이 없다면 문화의 싹은 틔우지 못하며 자신들이 지닌 모방할 수 없는, 어느 시대에나 유일무이하다고 인정받는 문화는 비상기관인 동시에 보호기관인 자신의 국가의 신중하고 현명한 비호 아래 그토록 풍요롭게 성장했다는 점을 인식했기 때문에, 현대인에게 거의 불쾌감을 주는 찬미와 감사를 국가에 대해 느끼는 것일세. 국가는 자신의 문화에 대해 국경 수비대이고 조정자이며 감독관일 뿐만 아니라 싸울 태세가 되어 있는 힘세고 건장한 동료이며 길동무라네. 국가는 숭배받는 고귀한, 마치 이 세상을 초월한 듯한 친구에게 거친 세파를 무리 없이 헤쳐가도록 길을 안내해주며 친구의 감사한 마음을 충분한 보답으로 생각하네. 그런데 현대 국가가 열광적으로 감사를 표시해주기를 요구한다면, 이는 국가가 단연 최고인 독일 교육과 예술에게 기사도를 발휘해야 한다는 것을 의식하고 있어서가 아니라네. 왜냐하면 이 점에서 국가의 과거는 현재와 마찬가지로 치욕적이기 때문이네. 이걸 알려면 독일 주요 도시에서 우리의 위대한 시인과 예술가들을 어떻게 기념하는지, 독일 대가들의 예술 구상이 국가 편에서 어떤 지원을 받고 있는지를 생각해보면 된다네.

그런데 어찌 되었든 여기서 '교양'이라 부르는 것을 장려하는 국가 경향이나 그런 식으로 장려되는 문화, 즉 이런 국가 경향에 예속된 문화가 그렇게 된 데에는 나름의 특별한 사정이 있다네. 이 국가 경향은 진정한 독일정신과 여기에서 도출되는 교양, 내가 자네에게 머뭇거리며 서술하고 있는 저 교양과 암암리에 또는 공개적으로 반

목하고 있다네. 이런 국가 경향에 이바지하고 그래서 국가의 대대
적인 관심 속에 장려되고 있으며, 그로 인해 학교 제도를 외국에서
숭배 대상이 되게 하는 그런 교양 정신은 아마 진정한 독일정신과는
아무런 상관없는 영역에서 유래하는 것일세. 즉 독일의 종교개혁,
독일 음악과 독일 철학의 가장 내적인 핵심에서부터 그토록 멋지게
우리를 감화시키지만, 국가가 장려해 무성해진 교양에게서는 마치
추방된 귀족처럼 냉대받고 멸시당하는 그런 정신이라네. 이 정신은
이방인이네. 고독과 슬픔 속에서 그것은 스쳐 지나가지. 그리고 그
가 지나가는 곳에는 저 사이비 문화를 위한 향로가 흔들거리고 있
네. '교양을 갖춘' 선생과 신문쟁이들의 환호를 받으며 그의 이름,
그의 품위를 부당하게 오용하고 '독일적'이란 단어와 더러운 유희
를 벌이고 있네. 왜 국가는 그토록 많은 수의 교양기관과 교양 선생
들을 필요로 하는가? 폭넓은 층을 기반으로 하는 국민 교육과 국민
계몽은 무엇 때문에? 진정한 독일정신은 미움받기 때문에, 진정한
교양의 귀족성이 두렵기 때문에, 많은 사람들에게 교양에 대한 욕
구를 심어주고 키워줌으로써 위대한 개인들을 자기추방으로 내몰
고 싶어서, 혼자 힘으로 자기 길을 발견할 수 있다는 감언이설로 대
중들을 설득하는 방법으로 위대한 지도자의 엄하고 고된 훈련을 피
하려 하기 때문에―그것도 국가를 이상으로 해서! 새로운 현상이
다! 국가가 교양의 목표요 이상이라니! 그런데 그 동안 그나마 내게
위안이 되는 것이 있네. 즉 사람들이 알록달록하게 치장한 보좌 신
부를 붙여주었던 독일정신, 그렇게 없애려고 안달하던 이 정신이
용감하다는 것이지. 그는 싸우면서 좀더 순수한 시대가 올 때까지
살아 남을 것이네. 그는 그 자신의 본질대로 고고하게, 미래의 모습

처럼 승리에 넘쳐, 다급하고 궁지에 몰려 그런 사이비 문화를 동맹
자로 생각하는 국가를 보고 일말의 동정심을 느끼게 될 것이네. 우
리는 사람을 다스리는 과제가 궁극적으로 얼마나 어려운 것인지 정
말 어느 정도 알고 있는가? 즉 대다수가 끝도 없이 이기적이고 부

5   당하며 불공평하고 부정직하며 시기심 많고 심술궂으며 그러면서
도 극히 편협하고 괴팍스러운 종족 수백만 명이 사는 곳에 법과 질
서와 평온과 평화를 유지하면서 국가가 자기 소유로 획득한 얼마
안 되는 재산을 탐욕스러운 이웃들과 사악한 강도들로부터 항상 지
켜야 하는 일이 얼마나 어려운지 말이다. 그렇게 들볶이는 국가는

10 동맹자라면 누구에게나 손을 뻗기 마련이지. 하물며 과장된 미사여
구를 늘어놓으며 자신을 제공하는 사람이라면, 예컨대 헤겔이 그랬
듯이 국가를 '절대적으로 완성된 윤리적 유기체'로 묘사하면서, 국
민 개개인을 위해 교양이 해야 할 과제는 그가 국가에 가장 유익하
게 봉사할 수 있는 장소와 위치를 찾는 데 있다고 한다면, ─국가가

15 그런 식으로 도와주겠다고 나서는 동맹자를 이리저리 잴 것도 없이
끌어안고 자신의 야만스러운 저음의 목소리로 확신에 가득 차 그를
향해 '그래, 네가 교양이구나! 네가 문화구나!' 라고 외친다 해도 누
가 이상하다고 생각하겠는가?"

강연 Ⅳ

존경하는 청중 여러분! 여러분께서 성실하게 제 이야기를 따라 여기까지 오신 지금 그리고 우리가 저 고독하고 외진 곳에서 철학자와 그가 나눈 대화, 이따금 서로의 기분을 상하게 한 대화를 함께 넘어서고 난 지금, 저는 건장한 수영선수이신 여러분들께 이제 우리 항로의 후반부도 이겨내고 싶다는 마음이 들기를 바랄 따름입니다. 특히 제가 여러분에게 약속드릴 수 있는 것은 제 체험의 소인형 극장에 이제 곧 몇 개의 다른 인형들이 등장할 것이며, 여러분이 이제까지 참으셨다면, 앞으로는 좀더 쉽게 좀더 빠르게 이야기의 물결을 타고 끝까지 가실 수 있을 것이라는 겁니다. 다시 말하면 저희는 이제 곧 전환점에 도착할 것입니다. 우리가 그렇게 굴곡 많고 변화 많은 대화에서 얻었다고 생각하는 것을 다시 상기하면서 확인해보는 것이 더 좋을 것 같습니다.

"자네 위치를 그대로 견지하게" 철학자는 동반자에게 외치는 것 같았습니다. "왜냐하면 자네는 희망을 가져도 되기 때문이네. 한층 더 분명해지는 사실은 우리에게 교양을 위한 기관은 없지만, 그것을 반드시 가져야 한다는 것이네. 우리의 김나지움은 원래 이런 고귀한 취지에 따라 설립되었지만, 진정한 교양, 즉 인재의 현명한 선발에 근거하는 귀족적인 교양을 깊은 증오심으로 거부하는 미심쩍은 문화의 양성소가 되어버렸네. 또는 그것은 소심하고 성마른, 어쨌든 교양과는 거리가 먼 학식을 육성할 뿐이라네. 이 학식의 가치는 아마 저 의심스러운 문화의 유혹에 맞서 적어도 눈과 귀를 막아준다는 데 있지." 철학자는 특히 특이한 왜곡 현상에 동반자의 주의를 환기시켰습니다. 이런 왜곡 현상이 어떤 문화의 핵심 속으로 들어오는 경우는 국가가 문화를 통제해도 된다고 믿을 때이며 또 국가가 문화를 통해 국가 목표를 달성하고, 문화와 연합하여 적대적인 힘들에 대항하듯이 철학자가 "진정으로 독일적인"이라 감히 불렀던 그런 정신에 맞서 투쟁할 때라는 것입니다. 이 정신은 그리스인들을 향한 고귀한 욕구의 사슬에 묶여, 힘겨운 과거 속에서 끈기있고 용감하다는 인정을 받았고, 그 목표가 순수하고 고귀하며, 그예술을 통해 현대인을 현대적인 것의 저주로부터 구원해야 한다는지고한 의무를 수행할 수 있습니다. ─이 정신은 자신의 후계자와떨어져 소외된 채 살아야 한다는 선고를 받았습니다. 그러나 이 정신이 내뱉는 느린 비탄 소리가 현재라고 하는 황무지 곳곳에 울려퍼질 때에야 비로소 화려하게 치장한 현대의 교양 순례자들이 깜짝놀랍니다. 놀라움뿐 아니라 공포를 그들에게 일으켜야 한다는 것이철학자의 견해였습니다. 지레 겁먹고 도망가지 말고 공격하라는 것이 그의 충고였습니다. 특히 그는 동반자에게 너무 소심하고 신중한 태도로 개인에 대해 생각하지 말라고 권유했습니다. 이 개인에게서, 그의 좀더 고차원적 본능에서 현재의 야만에 대한 혐오감이솟아나온다는 것입니다. "그가 파멸할 수도 있어. 아폴론 신전의 무당 피티아의 신은 결코 새로운 삼각대와 두 번째 피티아를 찾는 법이 없다. 신비로운 증기가 깊은 심연에서 끊임없이 솟아오르는 한."

철학자는 다시 한번 음성을 높였습니다. "친구야, 두 가지를 혼동하면 안 된다는 점을 반드시 명심하게. 사람은 살기 위해, 생존 투쟁을 하기 위해 무척 많은 것을 배워야 해. 그러나 그가 이런 의도를 가지고 개인으로서 배우고 행위하는 것이 아직 교양을 만들지는 못하네. 교양은 그 반대로 고난과, 생존투쟁, 궁핍의 세계 위에 존재하는 공기층에서 시작된다네. 문제는 한 인간이 다른 주체들과 비교해 자신의 주체를 어떻게 평가하는가, 그가 저 개인적인 생존투쟁을 위해 자신의 힘을 얼마나 소모했는가일세. 많은 이들은 자신의 욕구를 금욕적으로 제한함으로써 쉽게 곧바로 자신의 주체를 잊어버릴 수 있는 영역으로 올라간다네. 이곳에서 그는 자기 주체를 떨쳐버리듯 잊어버리고 영원하고 비인격적인 문제들을 중심으로 돌고 있는 태양계에서 영원한 청춘을 즐길 수 있게 되지. 다른이는 자기 주체의 영향과 욕구들을 넓게 확대하여 놀라울 정도로 열심히 자기 주체의 화려한 영묘를 건설하지. 마치 자신은 격투 경기에서 무지막지한 상대인 시간을 이길 만한 수준에 있다는 듯이. 이런 충동에서 드러나는 것은 역시 불멸성에 대한 열망이네. 부와 권력, 명민함과 재기, 달변, 피어나는 명성, 묵직한 이름—이 모든 것은 단지 도구에 불과하지. 이 도구들을 가지고 개인의 채워지지 않는 삶의 의지는 새로운 삶을 요구하고, 결국 환상에 불과한 영원을 갈망한다네.

그러나 주체가 취할 수 있는 최고의 형태 속에서도, 또한 그렇게 확장되어 마치 집단처럼 되어버린 개인의 가장 고양된 욕구 속에도 아직 진정한 교양과의 접촉은 없다네. 이 측면에서 예컨대 예술을 요구한다면 예술의 효과 가운데 자극적이고 오락적인 것들만 고려

될 뿐이지. 다시 말하면 순수하고 고상한 예술에게 아무런 영향을
주지 못하고 품위 없고 순수하지 못한 예술에게 가장 커다란 자극
을 줄 수 있는 그런 효과들 말이지. 관찰자의 눈에는 멋있게 보일
수도 있는 모든 행동에서도 그는 이 쉬지 않고 탐하는 주체로부터
자유롭게 행위하고 행동한 적은 한번도 없어. 주체로부터 벗어난
관조의 환한 천공은 그대로 앞에 왔다가 되돌아 도망가지.—그래
서 그가 아무리 배우고, 여행하고 수집해도 그는 진정한 교양에서
아득히 먼 곳으로 추방되어 살아야만 하네. 진정한 교양은 궁핍하
여 갈구하는 개인들과 섞여 자신을 더럽히려 하지 않네. 교양은 자
신을 이기적인 목적을 위한 하나의 수단으로 확보하고자 하는 사람
들을 현명하게 피할 줄도 알지. 어떤 사람이 교양을 붙잡아 그것으
로부터 소득을 얻고 그것을 이용하여 생활고를 진정시키겠다는 오
판을 한다면, 교양은 갑자기 조용한 걸음걸이로 경멸의 표정을 지
으면서 떠나버린다네.

자, 친구여, 이렇게 부드러운 발에 맑은 영혼을 소유한 응석받이
여신을 이따금 '그 교양'이라 부르기는 하지만 생활고, 소득과 궁핍
에 봉사하는 지적인 시녀며 조언자인 저 쓸모있는 하녀와 혼동하지
말아라. 모든 교육, 그 과정의 종점에 가서 하나의 관직이나 생계
수단을 약속하는 교육은 우리가 이해하는 의미에서 교양을 위한 교
육이 아니네. 그것은 어떤 길을 통하면 생존 경쟁에서 자신의 주체
를 구하고 보호할 수 있는가를 알려주는 지시에 불과하지. 물론 그
런 지시가 대부분의 사람들에게 가장 중요하고 당면 과제임은 사실
이지. 또 경쟁이 심하면 심할수록, 젊은이는 그만큼 더 배워야 하고
그만큼 더 분발해야 하네.

그러나 자신에게 생존 경쟁을 독려하고 그것을 위한 능력을 키워주는 이 기관들이 진지한 의미에서 교양기관으로 고려될 수 있다고는 아무도 생각하지 않을 뿐이지. 이 기관들이 아무리 관료나 상인, 장교나 도매상 또는 농부나 의사, 기술자를 교육시킨다고 약속한다 해도, 그것은 생활고를 극복하기 위한 제도들일 뿐이야. 이런 제도를 위해서는 교양기관을 설립하는 경우와는 다른 법률과 기준이 유효하지. 한 곳에서 허용되는 것, 가능할 뿐 아니라 필요한 것이 다른 곳에서는 뻔뻔한 불법 행위일 수도 있네.

친구, 나는 자네들에게 한 가지 사례를 들겠네. 자네들이 젊은이들을 올바른 교양의 길로 인도하고자 한다면, 자연에 대한 그들의 순진하고 신뢰에 가득 찬, 어느 정도 개인적이고 직접적인 관계를 방해하지 않도록 조심해야 하네. 숲과 바위, 강물과 독수리, 가지가지 꽃들, 나비, 들판과 산비탈이 나름의 목소리로 그들에게 말을 건네지. 그는 이러저리 흩어진 수많은 이미지와 반사들 속에서, 변화무쌍한 현상들의 어지러운 소용돌이 속에서 자기 자신을 다시 인식해야 하는 것처럼 이 자연들 속에서 자신을 재발견해야 하네. 그렇게 하면 그는 무의식적으로 모든 사물이 형이상학적으로 하나라는 사실을 자연의 위대한 비유에서 느끼게 되고 동시에 자연의 영원한 불변성과 필연성에 스스로 마음을 진정시키게 되지. 그러나 얼마나 많은 젊은이들이 되도록 자연 가까이에서, 개인적으로 자연을 대하면서 성장할 수 있는가! 많은 젊은이들은 너무 일찍 다른 진리를 배워야 하네. 마치 사람들이 자연을 자신의 발 아래에 예속시키듯이. 이런 곳에서는 저 순수한 형이상학은 끝난다네. 식물과 동물의 생리학, 지질학, 무기 화학이 젊은이들로 하여금 자연을 완전히 다른 방식으로 관찰하게 만들지. 이 강요된 새로운 관찰 방식으로 인해 잃어버리는 것은 단지 시적인 환영뿐만이 아니라 자연에 대한 본능적이며 진실하고 유일한 이해이네. 그 자리에 대신 들어서는 것은 자연을 가지고 영리하게 계산하고 계략을 꾸미는 태도이지. 진정한 교양인은 어떤 단절도 없이 유년시절의 명상적인 본능에 충실할 수 있다는, 이루 말할 수 없이 귀중한 자산을 얻게 되고 그로써 생존경쟁을 위해 키워진 젊은이들이 상상조차 할 수 없는 평온, 일치, 통합과 조화를 얻게 된다네.

그렇다고, 친구, 내가 우리의 실업학교와 고급 시민학교에 돌아갈 칭찬을 감하려 한다고 믿지는 말게. 나는 사람들이 제대로 계산하는 법을 배우고 통용되는 언어를 익히고 지리학을 진지하게 생각하며 자연과학에 대한 놀랄 만한 지식으로 무장하고 있는 이곳을 존경한다네. 좀 좋은 실업 학교에서 준비를 한 사람들은 김나지움 졸업자가 제기하곤 하는 권리를 주장할 자격이 있다고 나는 이미 기꺼이 시인했네. 그리고 이제까지 김나지움 생도들에게만—현 김나지움의 생도들이란 점을 주의하여라!—열려 있던 대학이나 공무원직이 그런 실업학교 출신자들에게도 무제한적으로 열릴 날은 분명 얼마 남지 않았네. 이 가슴 아픈 부연설명을 나는 하지 않을 수도 있네. 실업학교와 김나지움이 각각 현재의 목표를 설정하는 데 전체적으로 합의를 했고 국가의 직분 앞에 완전한 평등을 고려하기에는 단지 몇 가지 사소한 노선에서 서로 갈라진다는 것이 사실이라면—우리에게 한 종의 교육기관이 전적으로 결여되어 있다네. 즉 교양을 위한 교육기관의 종말이네! 그러나 이 비난은 훨씬 낮은 수준이지만 극히 필수적인 경향을 이제까지 정직하게 또 올바르게 따라왔던 실업학교에는 해당되지 않네. 반면 김나지움 분야에서는 일이 훨씬 덜 정직하게 또 훨씬 덜 올바르게 이루어지고 있지. 왜냐하면 이곳에서는 본능적인 수치심이, 전체 기관의 수준이 굴욕적으로 저하되었으며 영리하고 호교적인 선생들 입에서 울려나오는 교양의 낱말들은 야만적이고 황량한 불임의 현실과 모순된다는 무의식적인 인식이 남아 있기 때문이네. 다시 말하면 교양을 위한 기관은 없다! 적어도 표정 관리를 할 수 있는 곳에서 사람들은 이른바 '사실주의'의 중심지에서보다 더 낙담해 있고 더 수척하고 불만족스럽다네. 그런데 친구, 이 점을 명심하게. 엄격한 철학 용어인 '사실적'과 '사실주의'의 뒤에 질료와 정신의 대립이 숨어 있다는 낌새를 알아채고 '사실주의'를 '현실적인 것을 인식하고 조형하고 지배하려는 경향'으로 해석할 수 있을 정도로 이 엄격한 용어들을 오해할 수 있었다면, 그 선생들 집단이 얼마나 거칠고 무지할 것인지를.—내가 알고 있는 진정한 대립이란 교양기관과 생활고의 기관이라네. 이 두 번째 장르에는 기존의 모든 기관이 속하고, 첫번째 기관에 대해서 이제 이야기하겠네.'—

두 명의 철학 동지가 그토록 낯선 문제에 관해 대화를 나눈 지 두 시간 가량이 흘렀습니다. 그새 밤이 되었습니다. 흐릿한 황혼빛 속에서 철학자들의 목소리는 마치 자연의 화음처럼 숲속 빈터에 울렸지만, 이제 칠흑같이 캄캄한 어둠 속에서 그가 흥분하여 때로 열정적으로 이야기할 때면 그 울림은 골짜기 밑으로 내려가면서 보이지 않는 나무 줄기들과 바윗덩이들에 부딪쳐 우르릉, 우지끈, 쉬쉬하면서 가지각색의 소리들을 만들어냈습니다. 갑자기 그가 말을 멈추었습니다. 그는 방금 거의 연민에 가득 찬 말을 반복했던 것입니다.

"우리에게 교양기관이 없어, 우리에게는 교양기관이 없어!" —그때 무엇인가가, 아마 전나무 솔방울이 바로 그의 앞에 떨어졌습니다. 철학자의 개는 짖어대면서 그것을 향해 달려갔습니다. —철학자는 말을 멈추고 고개를 들었고, 곧 밤을, 냉기와 고독을 느꼈습니다. "우리가 여기서 무엇을 하고 있는가!" 하고 동반자에게 말했습니다. "캄캄해졌구나. 우리가 여기서 누구를 기다리는지 자네는 알고 있지. 아무 소용없이 그렇게 오래 기다렸구나. 이제 가자."

자, 이제 저는 존경하는 청중 여러분께 저와 제 친구가 우리의 은신처에서 분명하게 들리는 대화를 열심히 따라가며 들을 때 느꼈던 감정을 알려드리겠습니다. 저는 이미 여러분께 우리가 그 장소에서 그 늦은 시각에 추억의 축제를 열 작정이었다는 말씀을 드렸습니다. 이 추억은 다름 아닌 교양과 교육 문제와 관련 있었고, 젊은 마음에 이 문제들로부터 저희는 풍성한 수확을 거두어들였다고 믿었습니다. 그래서 저희는 특히 감사한 마음으로, 과거 한때 바로 이 장소에서 저희가 생각해낸 그 제도를 기념하고자 했던 것입니다. 그 제도란 제가 아까 말씀드렸듯이 동료들과 함께 우리의 교양에 대한 활발한 욕구를 서로 북돋아주고 감시하려 했던 조그만 모임을 말합니다. 그런데 우리가 침묵 속에 귀 기울이면서 철학자의 강렬한 연설에 의탁하자, 갑자기 이 과거는 전혀 예기치 못했던 조명을 받게 되었습니다. 저희는 마치 지키는 사람 없이 산책하다가 갑자기 깊은 낭떠러지에 발을 헛디디려는 사람들 같다는 생각이 들었습니다. 우리가 지금 그 위험을 피한 것인지 아니면 위험으로 질주하고 있는 것인지 알 수 없었습니다. 여기, 우리에게 그렇게 추억이 많은 장소에서 우리는 경고의 소리를 들었습니다. "뒤로 물러서! 한 걸음도 앞으로 가서는 안 돼! 네 발이 어디로 데려갈지, 이 빛나는 길이 어디로 너희를 유혹할지 너희가 아느냐?"—

우리는 이제 알 것 같았습니다. 넘치는 감사의 마음에 어찌할 바를 모르고 우리는 그 진지한 경고자와 신뢰할 수 있는 지도자에게 달려가 철학자를 포옹하려고 했습니다. 철학자는 막 그 자리를 떠나려는 중이었고 이미 옆으로 몸을 돌린 상태였습니다. 우리가 너무나 갑작스럽게 시끄러운 발걸음으로 그에게 덤벼들자, 개는 날카롭게 짖어대면서 우리를 향해 몸을 날렸습니다. 그와 그의 동반자는 감격에 벅찬 포옹이라기보다 강도의 습격으로 생각하는 것 같았습니다. 분명 그는 우리를 잊고 있었습니다. 곧 그는 떠나버렸습니다. 우리가 그를 따라잡았을 때도 포옹은 이루어지지 않았습니다. 제 친구가 그 순간 소리를 질렀습니다. 개가 그를 물었고, 동반자는 온 힘을 다해 저에게 달려들었으며, 그래서 우리는 모두 넘어졌습니다. 땅바닥에서는 개와 사람이 서로 뒤엉켜 한바탕 법석이 벌어졌고, 이 소동은 제 친구가 강한 음성으로 철학자의 말을 모방하면서 소리칠 때까지 한동안 계속되었습니다. "모든 문화와 사이비 문화의 이름으로! 이 둔한 개가 우리에게 무엇을 원하는가! 망할 놈의 개 같으니! 너 비전수자, 결코 전수받지 못할 자 여기서 물러서라, 우리와 우리 내장에서 물러서라. 조용히 뒤로 물러나, 조용히 수치심을 느끼면서!"

이 말을 하고 난 후 상황이 어느 정도 밝혀졌습니다. 숲의 칠흑 같은 어둠 속에서 밝혀질 수 있는 정도까지는. "당신들이군!" 하고 철학자가 소리쳤습니다, "우리의 권총사격수들! 당신들이 우리를 얼마나 놀라게 했는지 아시오! 이 늦은 밤 시각에 무엇 때문에 나에게 덤벼드는 거요?"

— "기쁨, 감사, 존경의 마음 때문에 그렇게 했습니다"라고 말하면서 우리는 노인의 손을 잡고 흔들었습니다. 그러는 동안 개는 불안한 듯 짖어댔습니다. "이 말을 하지 않고는 당신을 그냥 떠나 보낼 수 없습니다. 당신에게 모든 것을 설명하려면 아직 떠나서는 안 됩니다. 당신에게 아직 많은 것을, 우리 가슴에 가득 차 있는 것을 묻고 싶습니다. 여기 계십시오. 길은 우리에게 익숙합니다. 나중에 내려가는 길을 저희가 안내하지요. 그리고 또 당신이 기다리는 손님이 오실 수도 있습니다. 저 아래 라인 강을 한번 내려다 보십시오. 횃불의 불빛 아래 밝게 흔들거리는 것이 무엇입니까? 저 가운데 당신 친구분이 있을 것입니다. 제 생각에 그는 이 횃불을 들고 당신에게 올라오실 것입니다."

이렇게 우리는 놀란 노인에게 우리의 부탁과 약속, 환상적인 허구를 퍼부었습니다. 그리고 마침내 동반자는 여기 산꼭대기에서, 밤 공기도 부드럽고 하니 잠시 왔다갔다하며 산책이나 하자고 철학자를 설득했습니다. "모든 지식의 연기에서 벗어나서"라고 그는 덧붙였습니다.

"부끄러운 줄 알아라!" 하고 철학자가 말했습니다, "인용하려면 파우스트만을 인용할 것이지. 인용하든 하지 않든 나는 자네들 의견을 따르겠네. 단지 우리 젊은이들이 인내심을 가지고 여기 왔던 것처럼 그렇게 갑자기 떠나버리지 않는다면 말일세. 왜냐하면 그들은 도깨비불 같아서, 나타날 때 깜짝 놀라고 사라질 때 다시 깜짝 놀라지."

그러나 내 친구는 즉시 인용문을 읊었습니다.

"경외심을 가지고 바랍니다.

가벼운 기질을 억누를 수 있기를

평상시 우리는 갈지자로 걸을 뿐입니다."

5 　철학자는 놀라 걸음을 멈추었습니다. "자네들이 나를 놀라게 하는군"이라고 그가 말했습니다 "도깨비불군들. 여기는 늪이 아니라네! 자네들은 이 장소에서 무엇을 원하는가? 철학자 곁에 있다는 것이 자네들에게 무슨 의미가 있는가? 공기는 맑고 깨끗하고 땅은 건조하고 딱딱하네. 자네들의 갈지자 성향을 위해서는 좀더 환상적인 지역을 찾아야 할걸세."

10 　"제가 생각하기에" 하고 여기서 동반자가 끼어들었습니다. "이 청년들은 약속 때문에 이 시간 이 장소에 있다고 저희에게 이미 말했습니다. 그런데 당신들은 합창단원으로서 교양을 둘러싼 우리의 희극을, 그것도 정말 '이상적인 청중'의 자격으로 들었다는 생각이 듭니다."

15 　"그래, 그건 맞는 말이네" 하고 철학자가 말했습니다. "자네들이 이런 칭찬을 받지 못해서는 안 되지. 그러나 자네들은 더 큰 칭찬을 받을 자격이 있다고 생각하네 ―"

　여기서 나는 철학자의 손을 잡고 말했습니다. "당신이 하신 말씀을 듣고 진지해지지 않고 사색하지 않으며, 그 자극으로 뜨거워지지 않는다면, 그는 땅에 배를 깔고 머리는 진창에 처박고 있는 어리석은 파충류 같은 인간이지요. 아마 한 두 사람은 짜증과 자기 비난으로 기분이 우울해질 것입니다. 그러나 우리가 받은 인상은 달랐습니다. 단지 그걸 어떻게 묘사해야 할지 잘 모를 뿐입니다. 바로 이 시간을 우리는 그토록 기다려왔고, 우리의 기분은 받아들일 만반의 태세가 되어 있었으며, 그래서 우리는 그곳에 뚜껑 열린 그릇처럼 앉아 있었습니다. 단지 우리는 이 새로운 지혜를 지나치게 포식한 것 같을 뿐입니다. 그래서 어떻게 해야 할지를 모르겠고, 어떤 이가 내일 내가 무엇을 할지, 이제부터 도대체 무엇을 할 작정인지 묻는다면 어떤 대답을 해야 할지 모를 것입니다. 왜냐하면 우리는 이제까지 전혀 다른 방식으로 살아왔고 올바르지 않은 방식으로 교양을 쌓아왔기 때문입니다. ─그러나 오늘과 내일 사이에 가로놓여 있는 심연을 건너려면 무엇을 해야 합니까?"

"그렇습니다" 하고 친구가 맞장구를 쳤습니다. "저 역시 마찬가지이고 같은 질문을 합니다. 그런데 독일 교양의 과제에 관해 그토록 고상하고 이상적인 견해를 들으면서 마치 제 자신이 교양으로부터 쫓겨난 듯한 기분이 듭니다. 교양의 과업에 함께 일할 자격이 제게 없는 것 같은 생각이 듭니다. 단지 가장 풍요로운 자질을 타고난 사람들의 빛나는 대열이 저 목표를 향해 가고 있는 모습이 보일 뿐입니다. 저는 이 대열이 어떤 낭떠러지를 넘어, 어떤 유혹을 지나가는지 알고 있습니다. 어느 누가 이 대열에 합류할 만큼 대담할 수 있습니까?"

여기서 동반자는 다시 철학자에게 몸을 돌려 말하기 시작했습니다. "저 역시 비슷한 느낌을 가지고 있고 제가 그것을 당신 앞에서 말씀드려도 저에게 화내지 마십시오. 당신과 대화를 나누면서 저는 제 자신을 넘어서서 초월하는 듯한 느낌을 가지며 당신의 용기, 당신의 희망에 제 자신을 잊어버릴 정도로 열중하게 됩니다. 그런 다음 서늘해지는 순간이 오고 현실의 모진 바람이 저를 다시 일깨워줍니다. ― 그리고 제게 보이는 것은 저와 당신 사이에 넓게 벌어져 있는 틈입니다. 당신은 저를 마치 꿈속처럼 맞은편에 건네주었습니다. 당신이 교양이라 부르는 것은 제 주변을 비틀거리며 돌아다니고 제 가슴을 무겁게 누릅니다. 그것은 저를 짓누르는 갑옷이며, 제
5 가 휘두를 수 없는 칼입니다."

　갑자기 우리 세 사람은 철학자의 면전에서 의기투합하여 서로 격려하고 자극하면서 다음 견해를 함께 제시했습니다. 그러면서 우리는 철학자와 함께 나무가 없는 평지, 낮에 사격 장소로 사용되었던 평지를 왔다갔다했습니다. 정적이 흐르는 고요한 밤이었고 별들이
10 하늘을 수놓고 있었습니다. "당신은 천재에 관해 많이 말씀하셨습니다" 하고 우리는 말했습니다. "그리고 그의 고독하고 힘겨운 방랑에 관해 말씀하셨습니다. 마치 자연이 항상 극단적 대립만을 생산하여, 한편에는 잠자고 있는 둔한 대중, 본능으로 무성하게 증식하고 있는 대중과 다른 편에는 이들에게서 멀리 떨어져 영원한 창조
15 의 채비를 갖춘 위대하고 관조적인 개인들이 있다는 듯이 말입니다. 그러나 당신은 이들을 지적 피라미드의 정점이라 부릅니다. 그러나 무거운 하중을 견디고 있는 넓은 바닥에서 자유롭게 솟아오른 꼭대기까지 무수한 중간 단계들이 필요하며 바로 여기에 '자연이 숲을 만드는 것은 아니다natura non facit saltus' 란 명제가 유효한
20 것 같습니다. 그런데 당신이 교양이라 부르는 것은 어디에서 시작되며, 어떤 마름돌에서 두 영역이 갈라져서 한쪽에서는 밑에서부터, 다른 곳에서는 위로부터 지배를 받는 것입니까? 또 이 가장 외진 곳에 있는 사람들에게서만 진정으로 '교양'을 말할 수 있다면, 우리는 어떻게 그런 인물들의 종잡을 수 없는 실존 위에 제도를 설

립할 수 있으며, 오로지 저 선민들에게만 혜택이 돌아가는 그런 교양기관에 대해 생각할 수 있겠습니까? 오히려 제 생각에는 바로 이 사람들이 자기 길을 스스로 찾을 수 있는 사람들입니다. 그들의 힘은 다른 이들이 걷기 위해 필요한 교양의 지팡이 없이 걸을 수 있다는 데서, 또 마치 유령이 빽빽하게 매운 인파 사이를 돌아다니듯이 방해받지 않고 밀치고 당기는 세계사를 거쳐 유유히 지나간다는 데서 드러나는 것 같습니다."

이런 이야기를 우리는 두서도 조리도 없이 늘어놓았습니다. 철학자의 동반자는 한술 더 떠 스승에게 이렇게 말했습니다. "당신 스스로 저 위대한 천재들을 한번 생각해보십시오. 우리가 진정한 독일 정신의 귀한 지도자며 안내자라고 자랑스러워하고, 축제와 동상으로 그들을 기념하며, 그들의 작품을 자부심을 가지고 외국에 내세우는 그런 천재들 말입니다. 당신이 원하시는 그런 교양이 어떤 점에서 이들에게 적합하며, 이들이 어느 정도까지 고향이 제공하는 교양의 태양 빛으로 양육되고 성장했겠습니까? 그럼에도 불구하고 그들은 그렇게 되었으며, 그들은 우리가 지금 숭배하는 그런 사람들이 되었습니다. 그렇습니다. 그들의 작품이 바로 이 고상한 인물들이 성취했고, 그들이 살았던 시대와 국민 수준을 감안할 때 우리가 수긍하지 않을 수 없는 그런 교양 결핍의 상태에서 이루었던 발달 형태를 정당화합니다. 레싱과 빙켈만이 기존의 독일 교양에서 무엇을 취할 수 있었겠습니까? 아무것도 얻을 수 없었거나, 아니면 베토벤이나 실러, 괴테나 다른 모든 위대한 예술가와 시인들이 얻었던 만큼 그렇게 미미하게 얻었을 것입니다. 선배들이 얼마나 멋진 천상의 선물을 받았는지 의식하는 것은 항상 후배들 몫이라는 것은 아마 자연법칙인 것 같습니다."

이 부분에서 철학자 노인은 격노하면서 동반자에게 소리를 질렀습니다. "오, 너는 인식의 단순함에서 양과 같구나! 모조리 포유동물이라 불러도 좋을 인간들 같으니! 비뚤어지고 어색하고 편협하며 울퉁불퉁 절뚝발이 같은 논증을 하고 있다니! 그래 방금 나는 우리 시대의 교양 이야기를 들었는데, 내 귀에는 온통 역사적인 '자명성', 온통 노회하고 무자비한 역사가의 합리성 이야기만 들리는구나! 너 아직 성직을 박탈당하지 않은 것아, 이걸 명심해라. 너는 이제 나이가 들었고 수천 년 전부터 네 머리 위에는 이 별이 가득한 하늘이 있다―그런데 그런 세련되지만 근본적으로 악의에 가득 찬 잡담, 우리의 현대가 사랑하는 잡담을 너는 아직 들어본 적이 없구나! 그래, 훌륭한 게르만인들아, 너희가 너희들의 시인과 예술가들을 자랑스러워한다고? 너희는 손가락으로 그들을 가리키면서 외국에다 뻐긴다고? 너희들은 아무런 힘도 들이지 않고 공짜로 그들을 얻었기 때문에, 바로 이 사실 때문에 앞으로도 그들을 위해 힘을 쓸 필요가 없다는 이론, 너희가 애용하는 이론을 끄집어내는 것인가? 이 애숭이들아, 그들이 저절로 생긴다는 이야기는 사실이 아니야. 황새가 그들을 데리고 왔다고! 누군가 산파 이야기도 하겠구나! 저런! 자네들에게는 진지한 교훈이 필요하군. 지금 호명된 저 빛나고 고귀한 인물들이 너희들 때문에, 너희들의 야만 때문에 너무 일찍 질식하고 소모되고 마침내 퇴색해버린 것을 자랑스러워한다고? 그래, 너희들이 부끄러움 없이 레싱을 생각할 수 있는가. 너희들의 우습지도 않은 멍청이와 얼간이들과 싸우면서 너희 극장, 너희들의 학자들, 신학자들의 비리에 눌려, 너희들의 어리석음 때문에 죽었

고 그래서 그가 세상에 온 이유인 저 영원한 비상을 한번도 시도조
차 할 수 없었던 그 레싱을 말이다. 너희는 빙켈만을 기억하면서 무
슨 생각을 하는가? 너희들의 기괴한 멍청이 같은 짓거리를 보지 않
으려고 예수파에게로 도움을 구걸하러 갔고, 그의 치욕적인 개종은
너희에게 되돌아와 너희에게 지워지지 않는 오점을 남기지 않는
가? 너희는 실러의 이름을 입에 올리면서 얼굴을 붉히지 않는다고?
그의 초상화를 보아라! 불타오르는 듯 번쩍이는 눈, 경멸을 담고 무
시하는 듯 너희 너머 쳐다보는 시선, 치명적 홍조를 띤 뺨―이것이
너희에게 아무 말도 하지 않는다고? 너희들은 마치 신의 것과 같은
멋진 장난감을 가지고 있었고, 너희들이 그것을 산산조각내버렸어.
그런데 그것도 모자라 괴테의 우정을 이 우울할 정도로 급하게 죽
음으로 내몰린 삶에서 앗아가는구나―너희에게 중요한 것은 이 삶
의 불꽃을 더욱 빨리 꺼지게 하는 것이다. 너희들은 어떤 위대한 천
재도 도와준 적이 없다―그런데 이제는 이 사실로부터 아무도 도
와주지 않을 거라는 교리를 만들어? 지금 이 순간까지도 이 천재들
에게 너희는 괴테가 자신의 〈종에 대한 에필로그〉에서 명명한 것처
럼 '둔한 세상의 저항' 이고, 그들 모두에게 너희는 나태한 멍청이거
나 시기심 많고 속 좁은 인간, 아니면 악의에 찬 이기주의자들이지.
너희들이 있음에도 그들은 작품을 창조했고, 너희들의 공격을 물리
쳤고, 너희들 덕분에 요절했지. 아직 미완성의 일을 남겨두고 싸움
에서 만신창이가 되거나 실신하여 죽어갔어. 저 진정한 독일정신이
강건한 제도가 되어 보호의 지붕을 그들 머리 위에 펼쳐주었다면,
이 영웅적인 인물들이 어떤 과업을 이룰 수 있었을지 누가 상상이
나 할 수 있는가? 이 독일정신은 그런 제도가 없다면 뿔뿔이 흩어

지고 부서지고 기형이 되어 가련한 목숨을 구차하게 이어갈 것이다. 그 사람들은 모두 처형당한 것이다. 게다가 일어나는 모든 사건은 나름의 합리성을 가지고 있다는 데 대한 광적인 믿음이 더해진 것이다. 그것으로 너희들의 죄를 면하기 위해서 말이다. 저 사람들만이 아니다! 지적으로 탁월한 모든 영역에서 너희들을 고발하는 사람들이 등장한다. 시나 철학, 회화나 조형 분야에서 재능 있는 인재들을 살펴보면 비단 최고 수준의 재능은 아니라 하더라도 도처에서 제대로 성장하지 못한 것, 과도하게 자극을 받은 것, 너무 일찍 무기력해진 것, 열매가 맺기도 전에 시들거나 얼어버린 재능이 눈에 띄고, 곳곳에서 저 '둔한 세계의 저항', 즉 너희들의 죄과의 낌새가 느껴진다. 내가 교양기관을 열망하고 교양기관이라 자칭하는 것의 상태를 비참하다고 생각할 때는 바로 이 점을 말하고자 하는 것이다. 이를 계속 '이상적인 염원'이라고, 또 통틀어 '이상적'이라고 하면서, 칭찬인양 그것으로 내 말문을 막으려는 사람이 들을 수 있는 대답은, 기존의 제도는 비열이고 치욕이며, 이를 '이상적인 염원'이라 부른다면, 건조한 혹한의 날씨에 온기를 갈망하는 사람은 난폭해지고 사나워질 것이라는 거네. 여기서 중요한 것은 온통 부담스럽고 절박한 현존하는, 명백한 현실인 것이다. 그 점을 조금이라도 느끼는 사람은 혹한과 기아처럼 바로 여기에 위급 상황이 있다는 사실을 알고 있다. 그러나 그걸 느끼지 못하는 사람은—그는 적어도 내가 '교양'이라 부르는 것이 어디에서 그치고 또 아래에서 통제되는 영역과 위에서 통제되는 영역이 피라미드의 어떤 마름돌에서 갈라지는 것인지 측량할 수 있는 척도를 가지고 있다."

철학자는 무척 화가 난 것처럼 보였습니다. 그가 권총사격술을 위해 우리가 과녁으로 쓴 저 나무 그루터기 옆에 서서 마지막 열변을 토하고 난 후, 우리는 그에게 좀 걷자고 권했습니다. 한동안 정적이 지배했습니다. 천천히 사색하면서 우리는 왔다갔다했습니다. 그렇게 어리석은 논거를 댔다는 데 대한 수치심보다는 우리의 인격이 회복되고 있다는, 우리 자신을 되찾은 듯한 느낌을 더 강하게 느꼈습니다. 바로 이 격한, 그다지 유쾌하지 못한 호칭들을 들은 후 우리는 오히려 철학자와 가까워졌고 사적인 관계가 되었다는 느낌이 들었습니다.

왜냐하면 인간은 너무나 가련한 존재라서 낯선 이가 자신의 약점이나 결점을 내비칠 때 가장 그와 가까워지기 때문입니다. 우리의 철학자가 격노하고 욕을 뱉었다는 사실이 이제까지 우리 혼자 느꼈던 두려운 경외심을 넘어설 수 있는 다리가 되어주었습니다. 이런 관점을 불쾌하게 생각하는 사람을 위해, 이 다리는 종종 거리를 둔 존경을 개인적 애정과 동정으로 변하게 한다는 사실을 덧붙여야 할 것입니다. 우리 자신을 되찾았다는 느낌이 든 후 서서히 이런 동정심이 강하게 생겨났습니다. 왜 우리는 늦은 밤 시각에 이 노인을 나무와 바위 사이로 데리고 다니는가? 그가 우리의 청을 들어 이렇게 하고 있는데, 왜 우리는 좀더 조용하고 소박한 형식으로 그의 가르침을 듣지 못했던가? 왜 우리 세 사람은 그토록 미숙한 방식으로 우리의 반론을 표현해야 했던가?

왜냐하면 이제서야 우리는 우리의 반박이 준비 부족과 사려 부족 그리고 경험 부족에서 나온 것이었음을 깨달았고, 노인이 교양의 분야에서는 특히 그 목소리조차 듣기 싫어하는 현대의 메아리가 우리의 반박 속에 얼마나 많이 울리고 있는지를 알게 되었기 때문입니다. 더구나 우리의 이견은 원래 지성에서 나온 것이 아니었습니다. 철학자의 연설에 흥분하고 저항하게 된 이유는 다른 곳에 있었습니다. 아마 우리는 본능적인 불안에서, 즉 철학자가 가진 것과 같은 견해에서는 우리 개인들이 유리한 위치에서 고려되지 않을지도 모른다는 불안에서 그렇게 말했던 것입니다. 아마 교양에 대한 우리의 권리 주장, 우리가 제기할 수 있다고 추정되는 권리 주장을 거부하는 견해를 어떤 대가를 치르더라도 반박하겠다는 비상 사태로 몰고 갔던 것은 우리 자신의 교양에 대해 스스로 가지고 있던 과거의 상상들이었던 것 같습니다. 그러나 어떤 논거에 대해 개인적으로 분노를 느끼는 상대와 논쟁해서는 안 됩니다. 또는 우리의 경우에 해당하는 도덕률은 이렇습니다. 즉 그런 상대와 논쟁해서도 그를 반대해서도 안 된다는 것입니다.

그렇게 우리는 부끄러움과 동정심과 불만족이 섞인 혼란스러운 감정으로 철학자 옆에서 걸었습니다. 그리고 노인이 옳다는 사실을 또 우리가 그에게 부당한 짓을 했다는 확신을 전보다 훨씬 더 강하게 가졌습니다. 교양기관에 대해 품었던 젊은 날의 꿈이 지금 얼마나 요원해 보이며, 지금 얼마나 분명하게 위험이 눈에 보이는지. 우리가 단지 우연히 그 옆을 스쳐 지나갔던 그런 위험, 즉 우리의 교양제도에, 소년시절부터 김나지움을 통해 우리에게 유혹의 말을 걸었던 그런 교양제도에 하마터면 우리 자신을 속속들이 내맡길 뻔했다는 것을 얼마나 분명하게 인식하고 있는지. 그런데 왜 우리는 교양에 경탄하는 자들로 이루어진 공립 합창단 속에 서 있지 않는 걸까? 아마 우리가 아직 대학생이었고, 탐욕스러운 충동과 갈망으로부터, 공론 영역의 집요하고 무모한 파도를 피해 저 섬으로, 곧 따라 휩쓸려갈 섬으로 돌아갈 수 있었기 때문일 것입니다.

이런 생각에 휩싸여 우리는 막 철학자에게 말을 걸려고 하던 참이었습니다. 그때 그가 우리 쪽으로 몸을 돌리더니 부드러운 목소리로 말하기 시작했습니다. "너희가 소년처럼 성급하고 부주의하게 행동한다고 해서 내가 놀라서는 안 될 것이야. 너희가 내가 말했던 것에 대해 한번이라도 진지하고 깊이 생각이나 해보았겠는가. 시간을 두고, 이 문제를 몸에 지니고 다녀라. 그러나 밤낮으로 그것에 관해 생각하라. 왜냐하면 지금 너희들은 갈림길에 들어섰고, 이제 너희들은 두 갈래의 길이 어디로 이어지는지 알고 있다. 한 길로 들어서면, 너희들은 시대의 환영을 받고 월계관과 승리의 트로피도 부족하지 않을 것이다. 엄청나게 큰 집단이 너희들을 실어 나르며, 너희 등뒤에나 앞에는 같은 생각을 가진 사람들로 가득할 것이다. 선두에 선 사람이 암호를 말하면, 모든 대열에서 따라 하겠지. 여기서 유효한 첫째 의무는 '대열을 맞춰 싸워라'이고, 두 번째 의무는 '대열에 끼려 하지 않는 자는 모두 파멸시켜라'이다. 다른 길에는 길동무들이 흔치 않을 거야. 이 길은 더 힘들고 더 가파르고 경사지다네. 처음 길을 걸어가는 사람들은 사서 고생하면서 힘들게 걸어가는 너희들을 조롱할 거야. 또 자기네 쪽으로 오라고 너희들을 유혹할 거야. 한번 두 길이 교차하면, 너희는 학대당하거나 옆으로 밀쳐지거나, 아니면 사람들은 너희를 두려운 듯이 피해가거나 고립시킬 것이다.

그런데 그렇게 서로 다른 두 길의 방랑자들에게 교양기관이란 어떤 의미를 가지고 있을까? 첫번째 길에서 목표를 향해 질주하는 저 엄청난 군중은 자신들을 대열에 세워주는, 그리고 좀더 고귀하고 좀더 멀리 떨어진 목표를 향해 가는 모든 것들로부터 분리되고 차단된 그런 제도를 생각한다. 물론 그들은 자신들의 경향을 화려한 말로 치장하여 퍼트린다. 예컨대 그들은 '확고하고 민족적이며 인간적-인류적인 공동의 확신 안에서 자유로운 인격이 전반적으로 발달하는 것'을 말하거나 그 목표를 '이성, 교양, 정의에 기초한 국민국가의 설립'이라 부른다.

다른 조그만 무리의 사람들에게 교양기관은 전혀 다른 것을 의미한다. 이들은 확고한 조직의 엄호물에 기대어 자신들이 저 군중들에 휩쓸려 떠내려가 사방으로 흩어지지 않으려 하고, 그들 각자가 너무 일찍 피로해지고 딴 곳에 정신 팔리며 기형이 되고 파괴되어 자신들의 고귀한 과제를 잊어버리는 일을 막으려 한다. 개개인은 과업을 끝내야 하고, 그것이 바로 공동의 제도가 가진 의미라네. — 그런데 이 과업은 주체의 흔적들을 벗겨내고 시간의 상호작용을 이겨내고 계승되어야 하는 과업이며 사물의 영원한, 불변의 본질을 반영하는 것이야. 이런 기관에 참여하는 모든 사람은 주체로부터 정화됨으로써 천재의 탄생과 작품의 창조를 준비하도록 함께 노력해야만 하네. 적지 않은 사람들이, 또 이등급이나 삼등급 수준의 인재 대열에서도 이런 보조 작업을 하도록 되어 있으며, 진정한 교양제도를 위해 봉사하면서 자신들의 의무를 다한다는 느낌을 갖게 되지. 그런데 현재 바로 이런 인재들이 저 유행하는 '문화'의 끈질긴 유혹을 받고서 탈선하고 자신들의 본능에 낯선 존재가 되었다네. 유혹은 그들의 이기심, 약점과 허영심을 겨냥하고 있어. 저 시대 정신은 그들에게 "나를 따르라! 그곳에서 너희는 하인이고 보조이고 수단이며, 높은 재능들에 가려져 너희들의 고유한 개성을 기뻐하지

못하고 노예처럼, 자동인형처럼 실에 꿰이고 사슬에 묶여 있다. 여
기 내게서 너희들은 주인으로 자유로운 인격을 향유하고 너희들의
재능은 그 자체로 빛을 발할 수 있다. 너희들은 이 재능으로 선두에
설 수 있으며 엄청난 수행원들이 너희들을 따를 것이다. 여론의 환
호는 천재가 있는 정상에서 고상하게 베풀어지는 찬사보다 더 너희
들을 만족시킬거다"라고 속삭인다네. 지금 가장 뛰어난 자들도 그
런 유혹에 빠지고 있네. 실제로 그런 목소리에 감동하고 안 하고는
재능의 수준이 결정하는 것이 아니라, 도덕적인 고매함의 수준과
정도, 영웅적 행동과 희생을 할 수 있는 본능—마지막으로 관습이
되어버린, 올바른 교육을 통해 제대로 길을 잡은 교양의 욕구가 결
정하지. 즉 내가 앞서 언급했듯이 무엇보다 복종이고 천재의 훈련
에 길들여지는 것이라네. 그런데 현재 '교양기관'으로 불리는 학교
는 그런 훈련, 그런 길들이기에 대해서는 아는 것이 거의 없다네.
물론 김나지움이 원래는 그런 의미에서 진정한 교양제도로, 적어도
예비기관으로 설립되었고, 심원한 사상의 자극이 넘쳐흐르던 종교
개혁의 시대에 이 길을 향해 용맹한 첫걸음을 내딛었다는 사실은
내게 의심의 여지없이 분명하다네. 마찬가지로 우리의 실러와 괴테
의 시대에 다시금 저 치욕스럽게도 정도에서 벗어난 또는 분리된
욕구들의 조짐이 보였다는 것도 내게 분명히 보인다네. 플라톤이
《파이드로스*Phaedrus*》에서 말했던 그런 것인데, 아름다운 것에 닿
을 때마다 영혼에 날개를 달아―사물의 순수한 불변의 원형이 있
는 제국을 향해―높이 띄워주는 그런 날개가 솟아오를 자국과 같
은 거라네.
　―"아, 제가 존경하는 훌륭한 스승님" 하고 이제 동반자가 말하

기 시작했습니다. "당신이 신과 같은 플라톤과 이데아의 세계를 인용하신 지금, 아까 제가 한 말이 당신의 비난과 분노를 받을 만하다고 해도, 당신이 제게 원한을 품었다는 생각은 이제 들지 않는군요. 당신이 말씀을 시작하시자마자, 제게 저 플라톤의 날개가 꿈틀거리는군요. 중간 휴식 시간 동안 저는 제 영혼의 마부로서 사납게 저항하는 난폭한 암말을 다루느라 무척 힘이 들었습니다. 플라톤도 이 말을 묘사한 적이 있는데, 이 말은 비뚤어지고 꼴사나우며, 뻣뻣한 목덜미, 짤막한 목과 평평한 코, 검고 회색의 핏줄이 선 눈, 귓가의 텁수룩한 머리에 잘 들리지 않는 귀, 언제나 경솔한 비행을 저지를 태세에 채찍과 막대기로 조종하기가 쉽지 않다고 그는 말합니다. 제가 얼마나 오랫동안 당신과 떨어져 살아왔으며 당신이 말씀하신 저 온갖 유혹의 술책이 저를 시험에 들게 했는지 생각해보십시오. 제 스스로는 느끼지 못했지만, 그것들은 어느 정도 성공했습니다. 이제 저는 어느 때보다 더 강렬하게 제도의 필요성을 느낍니다. 진정한 교양을 가진 저 흔치 않은 사람들과 함께 살면서 그들을 지도자와 길 안내자로 삼게 해주는 그런 제도가 얼마나 필요한지 이제 이해하겠습니다. 고독한 방랑자들에게 닥칠 위험이 얼마나 큰지! 당신께 말씀드렸듯이 제가 시대정신과 밀치락달치락하면서 직접 접촉하지 않으려고 도피하여 저 자신을 구하려 했다면, 이 도피 역시 하나의 기만이었습니다. 숨을 쉴 때마다 저 대기가 무수한 혈관에서 쉴 새 없이 우리 몸 안으로 밀려들어옵니다. 어떤 고독도, 대기가 안개와 구름으로 우리에게 닿지 않을 만큼 충분히 고독하거나 멀리 떨어져 있지 않습니다. 회의, 이득, 희망, 미덕으로 위장하고, 변화무쌍한 의상으로 가장하고서 저 문화의 이미지는 우리에게 몰

래 다가오고 있습니다. 심지어 여기 당신 곁에서도, 진정한 교양의
은둔자의 손에서도 저 속임수는 우리를 현혹할 줄 압니다. 어느 종
교의 조그만 종파라고 부를 수 있는 교양의 소집단은 얼마나 꿋꿋
하고 충실하게 서로 감시를 해야 하는지! 얼마나 서로 북돋아주고
분발해야 하는지! 얼마나 강력하게 과실을 질책하고 또 얼마나 큰
동정심으로 용서해야 하는지! 당신이 그토록 성심을 다해 저를 나
무라신 지금 이제 저를 용서해주십시오, 스승님!"

　"여보게, 자네는 내가 좋아하지 않는 종교적 비밀집회를 연상시
키는 말을 하는군" 하고 철학자는 말했습니다. "그것과 나는 아무런
상관이 없네. 그러나 자네의 플라톤식 말 이야기는 내 마음에 드네.
그것 때문이라도 자네를 용서해야겠네. 이 말과 내가 말한 포유동
물과 바꾸기로 하지. 그런데 여기 서늘한 곳에서 자네들과 더 멀리
가고 싶은 마음은 없네. 내가 기다리는 친구는, 한번 약속했으면 자
정이라도 여기 올 수 있을 만큼 멋진 사람이지만. 나는 우리가 약속
한 신호를 기다리고 있지만 헛수고하는 것 같군. 무엇 때문에 그가
이렇게 지체하는지 이해가 가지 않는군. 우리 늙은이들이 항상 그
렇듯이 그는 언제나 정확하고 시간을 잘 지킨다네. 젊은이들은 이
걸 유행에 뒤떨어졌다고 생각하지만. 이번에는 그가 나를 난처하게
만드는군. 짜증이 나는구나! 자, 나를 따르게나! 가야 할 시간이
야!"

　─이 순간 무언가 새로운 일이 일어납니다.─

강연 Ⅴ

3월 23일 이루어진 다섯 번째 연설

존경하는 청중 여러분!

여러분이 밤의 정적 속에 진행된, 군데군데 다소 격앙된 우리 철
학자의 연설 내용을 어느 정도 동감하시면서 들으셨다면, 마지막으
로 언급된 철학자의 불쾌한 결정에 여러분도 당시 우리가 받았던
것과 비슷한 충격을 받으셨을 것입니다. 부언하자면, 그는 갑자기
떠나겠다고 통고했습니다. 친구로 인해 곤경에 빠졌고, 그의 동반
자를 포함한 우리 세 사람이 그런 인적 드문 곳에서 그에게 했던 말
에 기분이 상해서 산에서 쓸데없이 지체하지 않고 이제 바로 내려
가고 싶다는 것이었습니다. 그는 그날 하루를 낭비했다고 생각했던
것입니다. 그날을 떨쳐버리듯이 그는 분명 우리의 교제에 대한 기
억도 나중에는 던져버리고 싶었을 겁니다. 그래서 그는 언짢아하는
우리에게 가자고 재촉했습니다. 그때 새로운 현상이 그를 멈추게
했고 이미 들어올렸던 발을 머뭇머뭇 다시 내려놓게 했습니다.

화려한 불빛과 라인강 지역에서 올라오는, 요란하다가 곧 조용해
지는 소리가 우리의 관심을 끌었습니다. 곧이어 느린 멜로디 같은
말이 한 목소리로, 그러나 수많은 청년들의 음성이 합쳐져 강하게
멀리서 들려왔습니다. "이건 그의 신호야" 하고 철학자가 소리쳤습

니다. "내 친구가 역시 오는군. 내가 헛수고한 건 아니군. 이제 한밤의 재회가 이루어지겠군—내가 아직 여기에 있다는 것을 그에게 어떻게 알리지? 잠깐! 사격수들, 이제 자네들의 기술을 한번 보여주게나! 우리에게 인사하는 저 멜로디의 엄격한 리듬이 들리는가? 이 리듬을 기억했다가, 그것을 순서대로 권총 발사로 반복해보게나!"

이것은 우리 취미에 맞고 우리 능력에 적합한 과제였습니다. 우리는 재빨리 장전했고 잠시 합의를 한 후 별들이 빛나는 하늘을 향해 권총을 높이 치켜들었습니다. 그 사이 저 아래에서 올라오는 강력한 소리는 짧게 반복한 후 그쳤습니다. 처음, 그 다음, 그리고 세 번째로 발사한 권총 소리는 날카롭게 밤을 가르고 나아갔습니다.—그때 철학자가 "잘못된 박자!" 하고 소리쳤습니다. 왜냐하면 갑자기 우리는 리듬을 지켜야 할 임무에 충실하지 못했던 것입니다. 별똥별이 세 번째 권총이 발사된 직후 쏜살같이 아래로 떨어졌고 거의 무의식적으로 네 번째와 다섯 번째 권총 소리가 동시에 별똥별이 낙하한 방향에서 울렸습니다.

"박자가 잘못됐어!" 하고 철학자가 냅다 소리질렀습니다. "누가 별똥별을 맞추라고 했어! 그건 너희 없이도 저절로 터져. 무기를 만질 때는 자신이 무엇을 원하는지 정확하게 알아야만 해."

그 순간 라인강 쪽에서 이제 더 많고 더 큰 목소리로 멜로디가 반복해서 들렸습니다. "그래도 사람들은 우리를 이해했어" 하고 웃으면서 내 친구가 말했습니다. "유령같이 환하게 빛나는 물체가 사정거리 안으로 들어온다면, 누가 가만 있을까?"

"조용히!" 하고 동반자가 중단시켰습니다. "우리에게 이 신호의 노래를 부르고 있는 저 한 떼의 사람들은 누구일까? 어림잡아 스무

명에서 마흔 명 정도의 목소리이고 강한 남자 음성인데—어디에서 저 무리가 우리에게 인사하는 걸까? 그들은 아직 건너편 강가를 떠나지 않은 것 같은데—우리가 앉았던 긴의자에서 그걸 볼 수 있어야만 하는데, 빨리 저리로 가봅시다!"

우리가 이제까지 거닐었던 장소, 즉 저 우람한 나무 그루터기 옆에서는 라인강 쪽 시야가 빽빽하게 들어선 높은 나무들로 가렸습니다. 반면 산 정상 위의 평평한 평지보다 조금 낮은 곳에 있는 저 휴식처에서는 나무 우듬지를 통해 라인강 쪽 전망이 탁 트여 있었고, 논넨뵈르트 섬을 품안에 안고 있는 라인강은 둥근 곡선의 중심을 관망자에게 채워주었다고 말씀드렸습니다. 우리는 서둘러 노년의 철학자를 위해 조심스럽게 저 휴식처로 달려갔습니다. 숲속은 캄캄하고 어두웠지만 보기보다 잘 닦인 길을 우리는 쉽게 찾아낼 수 있었습니다.

긴 의자에 도착하자마자 우리 눈에 띄는 것은 분명 라인강의 다른 편에서 가로로 넓게 퍼지면서 반짝거리는 빛들이었습니다. "저건 햇불이야" 하고 제가 소리쳤습니다. "본에서 온 제 동료들이 저기 있고 당신 친구분이 그 가운데 있다는 것은 확실합니다. 그들이 노래를 불렀고, 그들이 친구분을 인도할 것입니다. 보십시오! 들어보십시오! 이제 배 위에 올라타고 있습니다. 30분도 되지 않아 햇불 행렬은 여기에 도착할 것입니다."

철학자는 흠칫 뒤로 물러섰습니다. "뭐라고 말했소? 본에서 온 당신 동료들, 그러니까 학생들이라고, 내 친구가 학생들과 같이 온다고?"—

분노에 차 불쑥 내뱉은 이 물음에 우리는 흥분했습니다. "당신은 왜 학생들을 싫어합니까?'라고 우리가 물었지만 대답은 없었습니다. 잠시 시간이 흐른 후 철학자는 천천히 비탄조로 마치 먼 곳에 있는 사람에게 말하듯이 말하기 시작했습니다. "친구, 한밤중에도, 이 고독한 산에서도 우리는 혼자 있을 수가 없네 그려. 자네가 한 무리의 학생 훼방꾼들을 데리고 내게로 올라온다고, 정말 조심스럽게 이 모든 무리의 사람들과 마주치지 않으려고 피해 간다는 것을 그렇게 잘 아는 자네가. 멀리 있는 친구야, 그걸 난 이해 못하겠네. 오랜 이별 뒤에 재회하려고 이렇게 외진 구석을, 이렇게 이상한 시각을 고르고 골랐다면, 무엇인가를 말해주지 않는가. 무엇 때문에 우리는 한 무리의 증인이 필요하며 또 왜 하필이면 그런 증인들이! 오늘 우리를 여기로 불러온 것은 감상적이고 여린 욕구는 결코 아니지 않는가. 왜냐하면 우리는 제때 혼자 위엄을 갖춘 고립 속에서 살 수 있는 법을 배웠기 때문이지. 우리 자신들을 위해, 우리의 애정을 가꾸거나 우정의 장면을 장중하게 연출하기 위해 여기서 만나기로 결정한 것은 결코 아니었어. 여기, 한때 내가 중요한 시간에 장엄한 고독에 잠겨 있는 자네를 만났던 이곳에서 우리는 서로, 마치 기사가 새로운 서약을 하듯이, 진지하게 협의하려 했던 것이네. 우리를 이해하는 자는 우리 이야기를 들을 수도 있지. 그러나 왜 자네는 분명 우리를 이해하지 못할 무리들을 데리고 오는가? 멀리 있는 친구, 이 점에서 나는 자네를 알 수가 없네!"

그렇게 기분 나쁘게 비탄을 읊조리는 사람을 중단시키는 것은 적절하지 않다고 생각했습니다. 그래서 그가 침울하게 말을 그쳤을 때에도 우리는 감히 그에게 말을 하지 못했습니다. 불신에 가득 찬 학생들을 거부하는 그의 태도가 우리를 불쾌하게 했지만 말입니다.

마침내 동반자가 철학자를 보고 말했습니다. "스승님, 제가 당신을 알기 전 당신은 여러 대학에서 생활했고, 그 당시 당신과 학생들의 관계나, 수업 방식에 대한 소문이 돌아다녔다는 사실을 제게 상기시켜주시는군요. 당신이 학생들에 관해 말씀하실 때 울려오는 체념의 어조에서 많은 사람들은 당신이 아마 특별히 기분 나쁜 경험을 하셨다고 추측할 것입니다. 그러나 당신은 누구나 거기서 경험하고 보는 것을 경험하고 보셨을 뿐이고 단지 그것을 다른 사람들보다 더 엄격하고 올바르게 평가하시는 것뿐이라고 저는 생각합니다. 왜냐하면 당신과 교류하면서 제가 배운 바로는 가장 기이하고 가장 교훈적이며 가장 결정적인 경험과 체험은 일상적인 것이라는 사실이며, 모든 사람의 눈에 무시무시한 수수께끼처럼 보이는 것도 소수 사람들에게는 이해가 된다는 것입니다. 이 문제들은 얼마 되지 않는 진정한 철학자들을 위해 그대로 차도 한가운데 인파의 발밑에 놓여 있으며, 그들이 조심스럽게 들어올리면 그때부터 인식의 보석으로 빛을 발하게 된다는 것입니다. 당신 친구분께서 도착하실 때까지 남은 시간 동안 대학 주변에서 당신이 얻으신 인식과 경험을 말씀해주십시오. 그렇게 하여 우리가 교양기관과 관련해 본의 아니게 들을 수밖에 없었던 당신의 관점의 순환고리를 완성시켜주십시오. 더구나 논의 전반부에 당신이 제게 그런 약속을 하셨다는 사실을 환기해야 하겠군요. 김나지움에서 시작하여 당신은 이 교육기관이 특별한 의미를 가지고 있다고 주장하셨습니다. 김나지움이 설정한 교육 목표는 다른 모든 학교들을 위한 기준이 되어야 하며, 그 경향이 올바른 방향을 잡지 못하고 방황하면 다른 기관들도 함께 고통을 당합니다. 영향력 있는 중심점이라는 의미는 현재 대학조차, 다시 말하면 대학의 현 구조나, 적어도 가장 중요한 측면을 놓고 볼 때 단지 김나지움 경향이 확대된 것으로 간주될 수 있는 대학조차 주장할 수 없습니다. 당신은 이 점을 나중에 자세하게 말씀해주시겠다고 약속하셨습니다. 아까 우리의 대화를 함께 들었을지도 모를 여기 학생 친구들이 아마 증언해줄 겁니다.

"저희가 그걸 증명할 수 있습니다" 하고 내가 대답했습니다. 철학자는 우리를 보면서 말했습니다. "자네들이 정말로 내 말을 들었다면, 들은 내용을 토대로 김나지움의 현재 경향에 관해 알고 있는 것을 한번 서술해보게나. 더구나 자네들은 내 생각과 자네들의 경험과 느낌을 비교할 수 있을 만큼 충분히 거기 몸담고 있지 않은가."

내 친구는 자기 방식대로 재빨리 민첩하게 다음과 같이 대답했습니다. "이제껏 저희는 김나지움의 유일한 목적이 대학을 위해 준비하는 것이라고 믿었습니다. 이러한 준비 과정은 저희에게 학자라는 특별히 자유로운 지위에 합당할 만큼의 자립성을 키워줍니다. 왜냐하면 현재 삶의 어떤 영역에서도 개개인에게 그만큼의 결정권과 처분권을 위임하고 있는 곳도 없는 것같기 때문입니다. 그는 자신에게 완전히 주어진 넓은 평지 위에서 몇 년 동안 자기 자신을 이끌고 나가야 합니다. 즉 김나지움은 그가 자립적이 되도록 만들어야 합니다."

제가 동료의 말을 이어서 계속했습니다. "어느 정도 정당하기는 하지만, 당신이 김나지움에 대해 질책하신 것들은 모두 그토록 어린 나이의 학생들에게 일종의 자립성과 적어도 이 자립성에 대한 믿음이라도 심어주기 위해서는 반드시 필요한 수단이라는 생각이 듭니다. 독일어 수업은 이런 자립성을 키우기 위한 것입니다. 개인은 자기 자신의 견해와 의도를 제때 즐겨야만 합니다. 목발 없이 혼자 가기 위해서는 말입니다. 그렇기 때문에 일찍부터 생산하도록, 그보다 더 일찍 예리한 판단과 비판 능력을 키우도록 독려받습니다. 설령 라틴어와 그리스 공부가 학생들로 하여금 먼 고대 고리스를 향한 열정을 촉발시키지는 못한다 해도, 수업하는 방식에서 학문적 감각과 인식의 엄격한 인과성에 대한 즐거움을 발견하고 인식하려는 욕망이 생겨납니다. 얼마나 많은 이들이 김나지움에서 발견되어 젊은 손으로 더듬어 포착한 새로운 독해법으로 인해 학문의 자극에 지속적으로 유혹을 당했습니까! 고등학생은 많은 것을 배우고 자신의 내면에 모아야 합니다. 그렇게 함으로써 서서히 충동이 발생하고 이 충동이 그가 대학에서도 스스로 비슷한 방식으로 배우고 수집하도록 인도할 것입니다. 간단히 말해서 학생들이 김나지움 학칙의 강요로 생활하고 배워야 했던 그대로, 나중에는 혼자서도 생활할 수 있고 배울 수 있도록 그들을 준비시키고 길들이는 것이 김나지움의 경향이라고 저희는 믿습니다."

이 말에 철학자는 웃었지만 기분은 그다지 좋아 보이지 않았습니다. 그는 곧 대답했습니다. "자네들은 이제 방금 이 자립성의 멋진 표본을 보여주었네. 그런데 바로 이 자립성이 나를 그토록 놀라게 하는 것이고 요즘 대학생들과 가까이 있을 때 점점 더 내 기분을 상하게 만드는 주범이라네. 여보게, 자네들은 이제 공부를 마쳤고, 다 성장했네. 자연은 자네들의 형식을 파괴했고 자네들의 선생들은 자네들을 보고 즐거워해도 되겠네. 얼마나 자유롭고 단호하고 어떤 것도 개의치 않는 판단인가! 그들의 통찰은 얼마나 새롭고 신선한가! 자네들은 재판정에서 심리하고 있네―모든 시대의 문화가 서

기서 달아나고 있네. 학문적 감각이 발화되어 자네 몸에서 불꽃으로 솟아나오고 있네—자네들의 몸에 닿아 화상을 입지 않도록 모두 조심해야 되겠구만! 그런데 거기다 이제 자네들의 교수들까지 덧붙여놓으면, 똑같은 자립성을 다시 한번, 그것도 더 강하고 더 고상한 형태로 얻게 되겠군. 어느 시대도 지금처럼 풍족하게 아름다운 자립성이 넘쳐흐른 적이 없었고, 그렇게 열렬하게 노예 제도를, 물론 교육과 교양이란 노예 제도를 증오한 적이 없었네.

자네들이 가진 그 자립성을 한번 교양의 기준에 재보고 대학이 교양기관으로 어떠한지 고찰해보도록 허락해주게나. 외국인이 우리 대학을 처음으로 알고자 할 때 그가 우선 역점을 두는 질문은 "당신들에게서 학생과 대학은 어떤 관계를 맺고 있는가?"라네. 우리는 귀를 통해, 청중으로라고 대답하지—그러면 외국인은 의아해한다네. "오로지 귀를 통해서?" 그는 재차 질문하지. 그가 말하고, 보고, 걸어가고, 동료들과 어울리고, 그가 예술 활동을 할 때, 간단히 그가 생활할 때, 그는 자립적으로, 즉 교양기관에서 독립되어 있다네. 종종 학생은 들으면서 쓰기도 하지. 이때가 그가 대학의 배꼽에 매달려 있는 순간이지. 그는 무엇을 들을지 선택할 수 있고, 그가 듣는 것을 믿을 필요가 없으며, 듣기 싫을 때 귀를 막을 수도 있어. 이것이 "강의식" 교수방법이지.

그러나 선생은 이 듣고 있는 학생들에게 말을 하지. 그 밖에 그가 사유하고 행위하는 것과 학생들이 지각하는 것 사이에는 엄청난 심연이 가로지르고 있지. 종종 학생이 말하는 동안 교수는 읽는다네. 일반적으로 교수는 그런 청중이 되도록 많이 왔으면 좋겠고, 정 안되면 몇 명으로도 만족하지만, 한명으로는 결코 만족하지 못한다네. 말하는 입 하나와 아주 많은 귀들, 그 반쯤 되는 수의 필기하는 손들—이것이 학술 기구의 외양이고, 작동하는 대학의 교양기계이라네. 게다가 이 입의 주인은 많은 귀들의 소유자들과 분리되고 무관하네. 이 이중적 의미에서 자립성을 사람들은 감격하여 '학술적 자유'라고 칭송하지. 그런데 그 한 사람은—더 많은 자유를 위해—자신이 원하는 것을 대충 말하고, 다른 이는 또 자신이 원하는 것을 대충 듣지. 다만 이 두 집단 뒤, 얼마 떨어지지 않는 곳에 국가가 긴장된 감독관의 표정으로 서서 가끔 자신이 그 특이한 말하기와 듣기 과정의 목적이고 목표이며 본질이라는 점을 상기시키고 있을 뿐이야.

분명 한때 이 놀라운 현상을 단지 교양제도로만 생각할 수밖에 없었던 우리들은 캐묻는 외국인에게 우리 대학에서 교양이라는 것은 입에서 귀로 가는 것이고 교양을 위한 모든 교육은, 이미 말했듯이, 단지 '강의식 수업'일 뿐이라고 보고하지. 그러나 듣고 안 듣고의 선택권과 무엇을 들을 것인지의 선택권도 학술적으로 자유로운 사상을 가진 학생들에게 위임되어 있기 때문에, 다른 한편으로 그는 자신이 들었던 모든 내용의 신뢰성과 권위를 부정할 수 있기 때문에, 엄격한 의미에서 교양을 위한 모든 교육은 그 자신의 몫이라네. 인문 김나지움에서 추구하는 자립성은 이제 '교양을 향한 학자의 자기교육'이라고 끝간 데를 모르는 자부심을 가지고 나타나며, 화려한 깃털을 과시하고 있네.

젊은이들이 충분히 현명하고 교양 있어 스스로 유아의 걸음마 연습용 끈에 묶였던 때는 얼마나 행복한 시절이었나! 다른 시대에는 의존심, 훈육, 예속, 복종을 심어주고 자립에 대한 자부심은 모두 거부해야만 한다고 믿었는데, 이제 자립성을 성공적으로 심어주다니 얼마나 훌륭한 김나지움인가! 이 친구들아, 교양의 이런 측면을 두고 볼 때 왜 내가 요즘 대학을 김나지움 경향이 확장된 것으로 간주하고 싶어하는지 분명해졌는가? 김나지움에서 습성이 된 교양은 총체적이고 완성된 것으로서 까다로운 요구를 내세우며 대학 정문으로 들어선다. 교양은 요구하고 규칙을 세우고 판결한다. 교양 있는 대학생들에게 속아넘어가지 말아. 그가 교양의 서품을 받았다고 믿는 한, 그는 선생의 손에서 주물러진 고등학생이라네. 즉 학문적으로 고립되어 살아온 이래, 김나지움을 떠난 후에 이제부터 혼자 힘으로 자유롭게 지내기 위해 교양을 위한 수련과 지도의 기회를 박탈당한 사람인 것이다.

자유롭다고! 그렇게 인간을 잘 안다고 자부하는 너희들, 이 자유를 한번 검토해보아라! 너희 건물은 현재의 김나지움 문화라는 점토질 땅 위에, 곧 부서질 듯 약한 기초 위에 비스듬히 서 있고 회오리 바람에 흔들흔들 불안하다. 그 자유로운 대학생, 자립성의 교양을 전파하는 전령관을 살펴보고, 그의 본능이 어떤지 맞춰보고 그의 욕망이 무엇인지 해석해보아라! 너희가 그의 교양을 세 가지 측도로 재볼 때, 한번은 철학에 대한 그의 욕구로 그 다음에는 예술에 대한 본능적 감각으로 마지막으로 모든 문화의 진실한 범주적 정언 명법인 고대 그리스와 로마로 측량해볼 때, 그것에 관해 어떤 생각이 드는가?

인간은 가장 어렵고 진지한 문제들에 둘러싸여 있어, 그가 올바른 방식으로 이 문제들에 접근하여 제때 강렬한 철학적 경외심에 빠질 때, 이를 토대로 해서만, 즉 비옥한 지층 위에서만 심오하고 고귀한 교양이 자라날 수 있는 법이지. 종종 그를 이 문제들로 인도하는 것은 자신의 경험들이며, 특히 질풍과 같은 청년시절에는 거의 모든 개인적 사건이 이중의 빛으로 반사된다네. 한번은 모든 일상성의 예시로 그리고 동시에 불가사의하고 영원한, 설명을 요하는 문제의 예시로 말이지. 자신의 경험이 마치 형이상학적 무지개에 감싸여 있다고 생각하는 이 나이에 인간은 이끌어주는 손을 가장 필요로 한다네. 그는 갑자기 거의 본능적으로 존재의 이중성을 확신하게 되고 이제까지 정성들여 가꾸어온 기존 견해의 확고한 토대를 상실하기 때문이지.

남의 도움이 가장 필요한 상태, 즉 이 자연스러운 상태는 현대의 교양 있는 젊은이들이 교육을 통해 달성해야 할 목표인 저 인기 있는 자립성의 최대 적으로 간주되는데, 이는 한편으로 납득이 가는 일이다. 그러므로 이런 상태를 억누르고 마비시키려고 또는 방향을 바꾸거나 위축시키려고 이미 '자기오성'의 모체 속으로 찾아 들어온 '현대'의 젊은이들이 열심히 노력하고 있다. 가장 애용하는 수단이 저 자연스러운 철학적 충동을 이른바 '역사적 교양'으로 약화시키는 것이라네. 최근에 요란한 세계적 명성을 얻고 있는 철학체계는 철학의 자기 파괴를 위한 공식을 찾았다네. 그래서 사물을 역사적으로 고찰하는 곳마다 무분별한 것에 '이성'을 찾아주고 가장 검은 것을 하얗다고 우기는 식의 소박한 무신경이 도처에 널려 있기 때문에 우리는 종종 헤겔의 명제를 패러디해서 '이 무분별은 현실적인가?' 하고 묻고 싶네. 아, 그런데 바로 가장 무분별한 것이 이제 혼자 '현실적인' 것, 즉 효력이 있는 것으로 여겨진다네. 역사를 설명하기 위해 이런 종류의 현실을 마련하는 것이 바로 원래의 '역사적 교양으로 간주되지. 우리 청년들의 철학적 충동은 이런 모습으로 변질되었지. 지금 대학의 이상한 철학자들은 젊은 학자들의 이런 경향을 강화하려고 혈안이 되어 있는 것 같네.

영원히 동일한 문제들을 깊이 있게 해석하는 대신 역사적이고 문헌학적인 고려와 질문들이 들어선다네. 이런 저런 철학자가 사유하거나 사유하지 않은 것 또는 이런 저런 저서가 그가 쓴 것이 맞는지 아닌지 또는 이런 저런 독해가 더 우수한가 하는 질문들 말이지. 우리 대학의 철학 세미나에서는 철학을 이렇게 중립적으로 취급하라고 현재 대학생들을 부추기지. 이 때문에 나는 오래 전부터 그런 학문을 문헌학의 한 분파로 생각하고 그 대변인들을 평가할 때 그들이 좋은 문헌학자인가 아닌가에 따라 평가하는 습관이 있다네. 이런 상황에 따르면 이제 **철학 자체**는 대학에서 추방된 것이 확실하네. 이걸로 대학이 교양을 위해 어떤 가치가 있는가 하는 첫번째 질문의 대답이 되었다고 생각하네.

이 대학이 예술에 대해서는 어떤 태도를 취하는가 하는 질문은 수치심을 느끼지 않고는 고백할 수가 없네. 대학은 예술에 대해 아무런 태도를 취하지 않기 때문에 그러하네. 예술적인 사유, 학습, 추구, 비교의 조짐이라고는 눈을 씻고 찾아봐도 없고, 가장 중요한 민족적인 예술 구상들을 장려하겠다고 대학이 맹세했다는 소리를 진지하게 입에 올릴 수 있는 자는 아무도 없네. 선생들이 우연히 개인적으로 예술에 관심을 느낀다거나 또는 미학적 문학사라는 학과가 설립되었거나 하는 점은 여기에 전혀 참작되지 않았네. 그 대신 대학 전체가 대학생들을 예술적으로 엄격하게 훈련시키지 않기 때문에 그리고 대학이 여기에서 전적으로 남이 하자는 대로 내버려둔다는 점 때문에 최고의 교양기관으로 나서겠다는 대학의 요구가 건방지고 주제넘다는 가혹한 비판이 가해지는 것이지.

우리의 학문적으로 '자립한 자'들은 철학도 모르고, 예술도 모르고 살고 있네. 상황이 이럴진대 어떻게 그리스인과 로마인들을 공부하겠다는 욕구가 그들에게 생길 수가 있겠는가. 이제 어느 누구도 그렇게 하고 싶은 척 가장할 필요가 없다네. 더욱이 그리스인과 로마인은 근접하기 어려운 고독과 소외 속에서도 당당하게 왕좌에 앉아 있다네. 따라서 우리 시대의 대학들은 이런 방향의 교양에 대한 애정이 이미 메말라버렸다는 사실을 전혀 고려하지 않고 초지일관 오로지 문헌학만 공부한 새 세대들의 교육을 위해 문헌학과를 신설했지. 그런데 이 세대들의 손에 다시금 고등학생들을 문헌학적으로 준비시키는 일이 맡겨져 있네. 이는 문헌학자에게나 김나지움에 전혀 무익한 삶의 순환이지만 특히 대학이 질책받을 세 번째 원인을 제공하기도 한다네. 다시 말하면 대학이 사칭하고 싶어하는 그런 기관, 즉 교양기관이 되지 못한다는 것을 말이지. 왜냐하면 철학과 예술과 더불어 그리스인들을 떼내버리기 때문이지. 그런데 너희들은 어떤 사다리를 타고 교양으로 올라가려 하는가? 그들의 도움 없이 사다리를 타고 올라가면서 너희의 박식함이 —이 말은 반드시 해야만 되겠다—너희에게 날개를 달아주거나 끌어당겨주기보다 오히려 거추장스러운 짐으로 너희들의 목을 내리누를 것이기 때문이다.

정직한 청년들아, 너희가 이제 통찰의 이 세 단계에서 항상 정직했다면 현재 대학생들을 철학에 부적합하고 준비가 덜 되어 있으며, 진정한 예술적 본능이 없고 그리스인들과 직면해서는 제멋대로 생각하는 야만인이라는 사실을 인식했다면, 기분이 상해 학생들에게서 뒷걸음쳐 도망가지는 않을 것이다. 설령 그들과 너무 가까운 접촉은 삼가하고 싶더라도 말일세. 왜냐하면 그 자체로는 아무런 죄가 없기 때문이지. 너희가 본 바대로, 그는 말은 하지 않지만 몹시 강하게 책임자들을 비난하고 있다네.

자네들은 이 죄를 덮어쓴 무고한 자가 혼잣말로 내뱉는 비밀의 언어를 이해해야만 하네. 그러면 자네들은 겉으로 과시하는 자립성의 내적 본질을 이해할 줄 알게 될 것이네. 귀한 재능을 타고난 젊은이들 가운데 저 끊임없이 지치게 하고 혼란스럽게 하여 신경을 쇠약하게 하는 교양의 궁핍 상태에서 멀리 벗어나 있는 사람은 아무도 없네. 관직과 고용의 현실 속에서 그가 외관상 유일한 자유인인 이 시대에 그는 저 위대한 자유의 환상의 대가로 항상 다시 되풀이되는 고통과 회의에 시달려야 한다네. 그는 자신을 어찌해야 좋을지 모른다. 그렇게 되면 그는 낮과 하루하루 일과의 세계 속에 함몰된다. 진부한 일의 분주함이 그를 휩싸고 그의 사지는 늘어지지. 갑자기 그는 다시 자신을 추스리려고 하지. 그는 아직 자신을 위에 붙잡아 둘 수 있는 힘이 마비되지 않았음을 느낀다네. 그의 내면에서 자부심과 고귀한 결의가 생겨나 자란다. 편협하고 사소한 전문성 속에 그토록 일찍 가라앉았다는 사실이 그를 경악시키지. 이제 그는 그 길에 다시 휩쓸려 들어가지 않으려고 버팀목과 지주를 필사적으로 붙잡는다네. 그러나 모든 게 허사야! 이 버팀목이 너무 약했던 거지. 그는 헛 쥐었던 것이야. 부서지기 쉬운 관을 붙잡은 것이지. 그는 자기 계획이 수포로 돌아가고 있음을 알게 되고 허무해하며 낙담한다네. 그의 상황은 끔찍하고 비참하다네. 그는 긴장에

넘친 활동과 침울한 무기력 사이를 왔다갔다하지. 그러고 나면 그는 피곤해지고 게을러지고 일을 겁내게 되며, 모든 잘난 인물 앞에서 놀라 움추러들고 그런 자신을 증오하게 되지. 그는 자신의 능력이 조각조각 찢어져 텅 비거나 또는 어지럽게 이것저것 채워진 공간 속에 놓여 있다고 믿게 되지. 그러면 그는 꿈에 그리던 자기 인식의 정점에서 갑작스럽게 역설적인 의혹 속으로 다시 추락해버리고 만다. 그는 자기 투쟁에 의미를 박탈해버리고 이제 아무 일이나 그것이 실제 유용하다면, 비록 하찮다 하더라도 그 일을 하겠다는 감정에 사로잡히지. 그는 이제 쉴 틈 없이 일에 몰두하면서 그 속에서 위안을 찾는다네. 그 일 속에 자기 자신을 감추려는 것이지. 이런 그의 방황을 교양으로 인도해줄 지도자가 없다는 것이 그를 하나의 존재 형식에서 다른 존재형식으로 몰고 가는 것이지. 회의와 활력, 삶의 궁핍, 희망과 낙담 때문에 그는 갈피를 못잡고 이리저리 방황한다네. 그가 조종하는 배의 나침반이 되어줄 머리 위의 별들이 모두 져버렸다는 징표인 거지.

이것이 저 찬양받는 자립성, 가장 훌륭하고, 진정으로 교양이 필요한 영혼 속에 반영된 학술적 자유의 모습이야. 이들에 비해 더 거칠고 무심한 사람들, 자신들의 자유를 야만적 의미에서 만끽하는 사람들은 여기에서 고려의 대상이 되지 않네. 이들은 낮은 수준의 즐거움을 느끼고 전문성에서 제한되어 있기 때문에 그들에게 바로 이 요소는 적절한 것이라네. 이에 반대할 하등의 이유가 없지. 그러나 그들의 즐거움은 문화 쪽으로 내몰리고 이끌어주어야 할 필요가 있는 청년들의 고통, 불만스럽게 결국 고삐를 놓아버리고 자신을 경멸하기 시작하는 이들의 고통에 필적할 바가 아니라네. 이들이 바로 결백하고 무고한 자들이네. 왜냐하면 누가 그에게 혼자 서라는, 참기 힘든 짐을 어깨에 짊어지게 했는가? 위대한 지도자에게 헌신하고 거장들이 걸어간 길을 열심히 따라가는 것이 가장 자연스럽고 가장 시급한 욕망이어야 할 그런 나이에 그를 자립성으로 내몬 사람은 누구인가?

이런 고귀한 욕망을 강제로 억압할 때 어떤 결과가 나타날지 생각만 해도 끔찍하네. 내가 그토록 증오하는 현대의 사이비 문화를 장려하며 후원하는 위험 인물들을 가까이서 예리한 눈으로 탐색했던 사람은 어느 누구도 이들에게 진정한 문화에 접근할 수 있는 통로를 알려주지 않았기 때문에, 자포자기해서 문화에 대한 적개심에 빠진 그런 기형적이고 탈선한 교양 인간들이 이들 가운데 많다는 것을 알게 될 것이네. 이런 절망의 변형들 가운데 언론인이나 신문기자들은 가장 최악의 인물도 그리고 가장 소수도 아니지. 그렇다네. 지금 극히 세련된 형태로 등장하는 문화 장르의 정신은 바로 절망적인 학생 기질로 규정할 수 있지. 한때 유명했던 '젊은 독일'과 지금 이 순간까지 번성일로에 있는 그 아류를 어떻게 달리 설명할 수 있는가! 여기서 우리는 사나워진 교양의 욕구, 마침내 '내가 교양이다'라고 소리칠 정도로 흥분한 그런 욕구를 발견하게 된다네. 김나지움과 대학의 정문 앞에서 탈주하여 이제 여유만만한 척하는 이 기관들의 문화가 사방을 돌아다니고 있네. 물론 학식은 몸에 지니지 않은 채, 그래서 예컨대 소설가 구츠코프는 잘해야 근대적이고 문학적인 고등학생의 닮은 꼴 정도밖에 되지 않는다네.

기형적인 교양 인간은 아주 심각한 문제이지. 그런데 우리의 학계와 언론계의 이런 기형적인 모습을 관찰하면서 우리는 충격을 받지 않을 수 없네. 우리의 학자들이 물리지도 않고 혹세무민하는 언론풍의 작품을 기웃거리거나 더 나아가 한몫 거든다면, 그들에게 학식이란 소설 쓰는 일이 언론인에게 의미하는 바와 비슷하다는 가설 외에 우리의 학자들에게 더 적합한 평가가 어디 있겠는가? 다시 말하면 그것은 자신에게서 도피하는 것이며, 교양에 대한 본능적 충동을 금욕적으로 절멸하는 것이며 자포자기에서 개인을 소멸시키는 일이다. 우리의 기형적인 문학에서나 터무니없는 불합리로 치닫고 있는 우리 학자들의 서적 남작(濫作)에서 우리 자신을 잊어버릴 수 있다면! 하는 똑같은 한숨소리가 새어나오고 있다네. 그러나 그렇게 되지 않지. 산더미같이 쌓인 종이들에 짓눌려도 질식하지 않는 기억이 때때로 이렇게 말한다네. "기형적인 교양 인간아! 교양을 위해 태어났건만 무교양으로 키워졌구나! 기댈 곳이 없는 야만인, 하루 하루의 노예로 순간의 사슬에 묶여 굶주리는구나—영원히 굶주리는구나!"

오, 비참하게 죄를 덮어쓴 무고한 자여! 너희가 마땅히 받아야 할 것, 즉 교양제도를 너희가 얻지 못했기 때문이지. 즉 너희에게 목표를 설정해주고 스승들을 마련해주며, 방법을 알려주고 귀감이 될 만한 인물들, 동지들을 제공해줄 수 있으며 진정한 독일정신의 힘찬, 마음을 고양시키는 숨결을 그들에게 뿜어낼 수 있는 그런 교양제도 말이야. 그렇게 그들은 사람의 손길이 닿지 않는 황야에서 나날이 여위어가고, 그들과 본질적으로 가까운 정신의 적이 되어버린다. 그렇게 그들은 죄에 죄를 쌓아, 그들의 죄는 어떤 다른 세대를 능가한다. 순결한 것을 더럽히고, 성스러운 것을 타락시키며, 거짓과 가짜를 공포하면서. 그들을 보고 너희들은 우리 대학의 교양 능

력이 어떠한지 의식하게 되고 너희들 스스로 진지한 질문을 제기했
으면 좋겠다. 너희들은 그 안에서 무엇을 키우는가? 독일적 학식,
독일적 독창성, 진정한 독일적 인식욕, 희생까지 불사하는 독일적
근면 ― 다른 나라들이 부러워할 아름답고 멋진 것들이구나. 그래
수태시키고 축복을 내리는 저 먹구름처럼 진정한 독일정신이 너희
들 위에 펼쳐 있다면 이 세상에서 가장 아름답고 멋진 것일 텐데.
그런데 너희들은 이 정신을 두려워하고, 너희 대학 위로 다른 안개
층이, 무겁고 후텁지근한 안개층이 몰려 있어, 그 아래에서 너희 귀
한 젊은이들이 숨쉬기조차 힘들어하고, 가장 우수한 인재들이 파멸
에 이르고 있구나.

저 안개층을 흩어버리고 독일정신의 저 높은 구름층을 향한 전망
을 열어주고자 했던, 너무나 진지하고 유일하게 교훈적이었던 시도
가 금세기 들어 한 번 있었네. 대학의 역사에서 이제 그와 유사한
시도는 더 이상 없네. 여기서 시급히 해야 할 일을 인상적으로 보여
주고자 하는 사람은 결코 이보다 더 분명한 예를 찾을 수 없을걸세.
그것이 바로 원래의 옛 '대학생 학우회'라는 현상이네.

젊은이들은 전쟁에서 뜻밖의 귀한 전리품을, 즉 조국의 자유를
가지고 귀향했네. 이 월계관으로 치장한 그는 좀더 고귀한 이상을
품었네. 대학으로 돌아와 그는 숨쉬기가 곤란하자 대학교육의 중심
지 위에 놓여 있는 저 무겁고 썩은 숨결을 느꼈네. 그가 놀라움에
눈을 크게 뜨자 온갖 종류의 학식 뒤에 인위적으로 감추어진 비독
일적 야만이 보였고, 한순간 그는 자신의 동료들이 지도자 없이 역
겨운 젊음의 혼란스러운 도취에 내맡겨져 있음을 발견했네. 그는
우울해졌네. 자부심과 분노에 가득 찬 표정으로, 그의 프리드리히

실러가 한때 동료들 앞에서 〈군도〉를 인용할 때 지었을 법한 그런 표정으로 그는 분연히 자리를 박차고 일어났다네. 실러가 자신의 연극에 사자의 그림과 '폭군에게서' 라는 표제를 붙였다면, 그의 제자는 이제 스스로 뛰어오르려누 사자가 되었다네. 정말 모든 '폭군' 들이 사시나무 떨 듯 몸을 떨고 있었네. 그래 겁먹은 눈길로 한번 흘깃 본 사람들에게 이 격분한 젊은이들은 실러의 군도와 크게 달라 보이지 않았네. 그들의 연설은 불안에 떠는 경청자에게는 스파르타와 로마도 그들에 비하면 수녀원과 같을 정도로 무섭게 들렸네. 이 분노한 젊은이들에 대한 공포는 저 〈군도〉가 한때 궁정에서 불러일으켰던 공포보다 더 널리 퍼져 있다네. 괴테의 설명에 따르면 언젠가 독일 제후는 '자신이 신이고 〈군도〉가 만들어질 것을 미리 예견했더라면, 그는 세상을 창조하지 않았을' 거라고 말했다고 하네.

이 이해할 수 없이 강렬한 공포는 어디에서 오는 것인가? 그것은 저 분노한 젊은이들이 동료들 가운데 가장 용맹하고 가장 재능 있으며 가장 순수한 자들이었기 때문이네. 그들의 태도와 행동은 담대함, 악의 없는 소박한 습관을 특징으로 하고 있다네. 훌륭한 사명으로 서로 한데 묶여 엄격하고 경건한 활동을 펼친다네. 그들에게서 두려워할 것이 무엇이 있는가? 사람들이 두려움을 느낀다고 하면서 얼마나 자기 자신을 기만하고 있는지, 과장하는지 또는 정말 제대로 인식했는지는 확실하게 밝힐 수 없는 문제이네. 그러나 이 공포에서, 치욕스럽고 어리석은 박해에서 표출되는 것은 확고한 본능이네. 이 본능은 맹렬한 증오심으로 이 대학생 학우회의 두 가지 측면을 증오하지. 그 한 가지는 진정한 교양제도를 확립하기 위한 일차적 시도라 할 수 있는 그들의 조직이고, 그 다음은 이 교양제도의 정신, 즉 남성답게 진지하고 과묵하며, 강건하고 대담한 독일정신, 종교 개혁에서 탄생하여 건강하게 지켜온 광부의 아들 루터의 정신을 증오하는 것이지.

그 당시 독일 대학이 이 정신을 이해하기는 했을까? 심지어 독일 제후들이 증오에도 불구하고 이해했던 것처럼 보이는 그 정신을 말이다. 대학은 용감하게, 단호하게 귀한 아들들을 포용하면서 "그것을 죽이기 전에 나를 죽여야만 한다"라고 말했는가? 내가 이런 질문들을 할 때, 나는 대학생 학우회의 운명을 생각한다―나는 독일 대학이 독일의 교양기관인지 아닌지 여부는 바로 이를 기준으로 판단해야 한다는 너희들의 대답을 듣는다.

그 당시 학생은 진정한 교양제도의 뿌리가 얼마나 깊은 곳에 있는지를 알고 있었다. 즉 가장 순수한 도덕적 힘을 내적으로 혁신하고 일깨우는 곳에 있다는 것을 알고 있었던 것이다. 이것이 학생들에게 명성을 가져다주었다는 말들을 한다. 그는 아마 전장에서 '학문적 자유'의 영역에서 배울 수 없었던 것을 배웠는지도 모른다. 즉 위대한 지도자가 필요하며 모든 교양이 복종과 함께 시작한다는 것을. 승리의 환호 한가운데에서, 해방된 조국을 생각하면서 그는 변치 않고 독일적일 거라고 맹세했다. 독일적일 것이라고! 이제 그는 타키투스를 이해하게 되었고, 칸트Kant의 범주적 정언명법의 뜻을 깨달았으며, 칼 마리아 폰 베버Karl Maria von Weber의 칠현금을 타는 솜씨와 칼 쓰는 방식에 열광했다. 철학과 예술 그리고 고대의 문이 그 앞에서 활짝 열렸다―가장 기억에 남을 만한 유혈극 중의 하나, 코체부를 살해하면서 그는 강렬한 본능과 열광적인 단견으로 너무 일찍 어리석은 세상의 저항에 지쳐버린 실러의 복수를 감행한다. 그에게 지도자이며 대가이고 조직가가 될 수도 있었던 실러, 그는 이제 통분하면서 실러를 그리워한다.

왜냐하면 그것은 불길한 예감을 품고 있던 학생들의 불운이었기 때문이다. 그들은 필요했던 지도자를 찾지 못했다. 그들은 점차 불안해지고 불만족스러워졌으며 균열하기 시작했다. 불행한 졸렬함으로 말미암아 이 모든 것을 가릴 수 있는 천재가 그들의 중심에 있지 않다는 사실이 너무나 일찍 폭로된다. 또한 저 기이한 살인사건은 천재의 부재가 지닌 가공할 만한 힘과 아울러 가공할 만한 위험성을 드러낸다. 그들에게는 지도자가 없었고―그래서 그들은 파멸할 수밖에 없었다.

친구들이여, 되풀이하건대―모든 교양은 현재 학문적 자유로 떠받들어지는 것의 정반대로부터, 다시 말하면 복종과 순종, 훈육, 굴종과 함께 시작하기 때문이지. 위대한 지도자들에게 추종자들이 필요하듯이, 지도받아야 할 사람들 역시 지도자를 필요로 하네. 여기에서는 의견의 질서 속에서 서로 화합할 준비가 되어 있네. 즉 일종의 예정된 조화가 이곳을 지배하고 있지. 자연적인 중력에 의해 사물들이 지향하는 이 영원한 질서를 저 문화가, 지금 현대의 왕좌에 군림하고 있는 저 문화가 훼방을 놓고 파멸시키려고 하네. 문화는 자신에게 부역하라고 하면서 지도자를 모욕하거나 아예 그를 아사시키려 하지. 그들은 지도받을 사람들을 잠복해서 미행하다가, 그들이 예정된 지도자를 찾아나서면 마취제로 그들의 탐지 본능을 마비시킨다네. 그럼에도 불구하고 미리 짝으로 정해진 사람들은 투쟁을 거쳐 상처투성이가 되어 서로를 발견하면, 천상의 현악이 울릴 때처럼 깊은 환희감에 사로잡히지. 이 감정을 하나의 비유를 들어 너희들에게 알려주고 싶다.

너희는 음악 리허설에서 통상 독일 오케스트라를 구성하는 인간 종자들, 기이하게 쭈글쭈글하면서 마음씨 좋아 보이는 그런 인간 종자들을 관심을 가지고 지켜본 적이 있는가? 변덕스러운 여신, '형식'의 상호작용들은 얼마나 대단한가! 코와 귀는 얼마나 각양각 색이며, 그들의 동작은 얼마나 어색하고 윤기 없이 바스락거리는 가! 너희가 귀머거리이며 음향과 음악의 존재를 한번도 꿈꾸어본 적이 없다고 가정해보아라. 그리고 너희들이 순수한 조형예술가로 서 오케스트라 대형이 벌이는 연극 한판을 감상한다고 상상해보라. 음향의 미화하는 영향에 방해받지 않는다면 중세풍의 목판 조각에 새겨진 것처럼 투박하고 촌스런 이 희극의 동작들을, 인간에 대한 악의 없는 패러디를 아무리 보아도 싫증나지 않을 것이다.

이제 다시 음악에 대한 감각을 회복하고 너희 귀를 열어 오케스 트라의 맨앞에서 적절한 몸동작을 취하고 있는 경애하는 지휘자를 상상해보라. 저 대형의 전개가 빚어내는 희극은 이제 온데간데없이 사라지고 너희들은 듣고 있다—그러나 권태의 정신은 존경하는 지 휘자에게서 그의 도제들에게 옮겨간 듯하다. 너희들에게 보이는 것 은 축 늘어지고 흐물흐물한 것들뿐, 너희들에게 들리는 것이라고는 부정확한 리듬, 상스러운 멜로디와 진부한 감상들뿐이다. 오케스트 라는 비위에 거슬리거나 역겨운 무리로 느껴진다.

그러나 드디어 풍부한 상상의 날개를 단 천재가, 진정한 천재가 이 무리 한가운데로 들어와 앉는다—곧 믿을 수 없는 일이 벌어지 고 있음을 너희들은 느낀다. 마치 이 천재가 눈 깜짝할 사이 윤회하여 이 모든 반인반수의 몸 속을 돌아다닌 것처럼, 이제 그들 모두로부터 초자연적인 단 하나의 눈만 내다보고 있는 것처럼. 그러나 듣고 보아라—아무리 들어도 물리지 않을 것이다! 너희들이 이제 다시 장엄하게 휘몰아치는 또는 애통하게 슬퍼하는 오케스트라를 관찰하면, 너희들이 근육 하나하나마다 묘한 긴장감을 느끼고 몸짓 하나하나마다 리듬의 필연성을 예감한다면, 너희들은 지도자와 추종자들 사이에 이미 예정되어 있는 조화가 어떤 것인지, 정신의 질서 속에 모든 것이 그런 식으로 구성된 조직을 향해 나아가고 있음을 절절히 동감하게 될 것이다. 내 비유로 미루어 너희들은 내가 무엇을 진정한 교양기관으로 이해하고 싶어하는지, 그리고 왜 내가 대학에서 그런 교양기관의 모습을 눈꼽만큼도 찾아낼 수 없는지를 알아차릴 수 있을 것이다.

씌어지지 않은 다섯 권의 책에 대한
다섯 개의 머리말

프리드리히 니체

코지마 바그너 부인에게

진심으로 존경하며, 구두로 또
서한으로 하신 질문들에 대한 대답으로서
1872년 크리스마스 계절에
즐거운 마음으로 쓴 이 글을 바칩니다.

책의 제목

1. 진리의 파토스에 관하여
2. 우리 교육기관의 미래
3. 그리스 국가
4. 쇼펜하우어 철학과 독일문화의 관계
5. 호메로스의 경쟁

1.
진리의 파토스에 관하여

머리말

명예는 진정 우리의 자기애가 베어물은 가장 맛있는 음식 조각에
불과한가?—그러나 욕망으로서의 명예는 아주 적은 사람들하고만
결합되며, 또 이 사람들과도 극히 드문 순간에만 결합된다. 이것은
갑작스러운 깨달음의 순간들이다. 그 사람이 세계 창조를 명령하듯
이, 자신의 팔을 내뻗는 이 순간 빛은 그에게서 나와 사방으로 퍼진
다. 그 순간 그를 그렇게 가장 먼 곳까지 볼 수 있도록 만들고 도취
시킨 것, 즉 하나의 지고한 느낌이 후세에 숨겨져서는 안 된다는 행
복한 확실성이 그를 사로잡았다. 이 희귀한 깨달음이 후세의 모든
사람에게 영원한 필연성을 의미한다는 인식에서 인간은 또 자신의
명예의 필연성을 인식한다. 인류는 먼 미래에까지 그것을 필요로
한다. 저 깨달음의 순간이 자신의 가장 고유한 본질이 표출된 것이
며 정수인 것처럼 이 순간의 인간으로서 그는 자신이 불멸의 존재
라고 믿는다. 반면에 그는 다른 모든 것들을 쇠똥과 부패, 허영심과
동물성, 또는 췌언처럼 벗어던져 사라져가도록 내버려둔다.
우리는 모든 소멸과 몰락을 불만스럽게 바라보지만, 종종 그것이

근본적으로 불가능한 체험인 것처럼 경이로움으로 바라보기도 한다. 한 그루의 커다란 나무가 쓰러져 우리의 마음을 아프게 하고, 무너져내리는 산이 우리를 고통스럽게 한다. 한 해를 마감하는 섣달 그믐날 밤마다 우리는 존재와 생성의 모순이 가진 신비를 느낀다. 그러나 지고한 세계 완성의 순간이 곧 이를 계승할 후세도 없이 한 줄기 덧없는 광선처럼 사라져버릴 것이라는 사실만큼 윤리적 인간에게 상처를 주는 것은 없다. 오히려 그는 다음과 같이 요구한다. '인간'이라는 개념을 더욱 아름답게 계승시키기 위해 언젠가 있었던 것은 또한 영원히 존립해야만 한다. 위대한 순간들이 하나의 연쇄고리를 형성한다는 사실, 이 순간들의 산맥이 인류를 수천 년 동안 결합시킨다는 사실, 지나간 시대에 가장 위대했던 것이 내게도 위대하다는 사실, 명예욕을 예감하는 믿음이 실현될 것이라는 사실, 그것이 바로 문화의 근본사상이다.

위대한 것은 영원히 존재해야 한다는 요청으로 말미암아 가공할 문화의 투쟁이 불붙는다. 아직 살아 있는 다른 모든 것이 '아니오'라고 외치기 때문이다! 세계의 구석구석을 채우고 있는 익숙한 것, 평범한 것, 통속적인 것은 우리가 들이마시도록 저주받은 무거운 대기가 되어 위대한 것을 자욱한 연기로 감싸고 방해하고 약화시키며 질식시키고 마비시키고 기만하면서 위대한 것이 가야 할 불멸에 이르는 길을 가로막는다. 이 길은 인간의 두뇌들을 통해 이어진다! 편협한 욕구들에 내맡겨져 항상 똑같은 노고를 되풀이하고, 또 부패를 잠시 동안만 억지로 막을 수 있는 가련한 단명의 존재들의 두뇌를 통해서 말이다. 그들은 살고자 한다, 어떻게든 살고자 한다— 어떤 희생을 치르고서라도. 그들 중 누가 저 어려운 횃불경주를—

위대한 것은 오직 이 경주를 통해서만 존속한다─추측이나 할 수 있겠는가? 그러나 저 위대한 것을 바라보며 인간의 삶이 마치 하나의 훌륭한 일인 것 같은 행복감, 또 위대한 것은 마치 이 쓰디쓴 식물의 가장 아름다운 열매로 인정받아야 한다는 행복감을 느끼는 몇몇 사람들이 항상 깨어나기 마련이고, 그들은 언젠가 어떤 사람이 자신만만한 스토아적 태도로 이 실존을 거쳐갔고, 또 어떤 사람은 통찰력을 가지고 그리고 다른 사람은 자비심을 가지고 이 실존을 살았지만 그들 모두 '실존을 존중하지 않는 사람이 가장 아름답게 산다'는 하나의 학설을 남겼다는 사실을 알게 된다. 세속적인 사람이 이 짧은 기간의 존재를 의기소침할 정도로 진지하게 받아들인다면, 불멸을 향한 여정에 있는 그들은 이 실존을 올림푸스의 신의 태도로 웃어넘기거나 아니면 적어도 숭고하게 경멸할 줄 알았다. 그들은 종종 역설적인 감정으로 자신의 무덤 속으로 걸어 들어갔다─도대체 그들에게 묻을 것이 무엇이 있었겠는가?

성좌에 걸려 있는 자신들의 문장(紋章)을 발견하리라 믿는 이 명예욕이 강한 사람들 중에서도 가장 대담한 기사들을 우리는 철학자들에게서 찾아야 한다. 그들이 미친 영향은 결코 '청중'을 가리키지도, 대중들의 열광을 가리키지도, 그리고 환호하는 동시대인들의 갈채를 가리키지도 않는다. 고독하게 길을 걸어가는 것, 그것이 철학자의 본질에 속한다. 그의 재능은 가장 희귀한 것이었으며, 어떤 의미에서는 아주 부자연스러웠다. 그것은 같은 종류의 재능들에 대해서조차도 배타적이고 적대적이었다. 그의 자족의 성벽이 결코 파괴되고 부서져서는 안 된다고 한다면, 그것은 다이아몬드로 되어 있어야 할 것이다. 왜냐하면 모든 것이 그의 재능에 대항해서 움직이고 있기 때문이다. 불멸을 향한 그의 여행은 다른 어느 것보다 더 어렵고 장애가 많다. 그럼에도 불구하고 이 여정의 목표에 이르리라고 이 철학자보다 더 확실하게 믿을 수 있는 사람은 아무도 없을 것이다―왜냐하면 그는 활짝 펼쳐진 모든 시간의 날개 위에 있지 않으면 어디에 서 있어야 하는지 알지 못하기 때문이다. 그런데 현재적인 것과 순간적인 것을 무시하는 것은 철학적 고찰의 방법에 속한다. 그는 진리를 갖고 있다. 시간의 수레바퀴가 아무리 자신이 원하는 곳으로 굴러간다고 하더라도 진리에서 벗어날 수는 없을 것이다.

이런 사람들이 언젠가 살았다는 사실을 아는 것은 중요하다. 예컨대 사람들은 헤라클레이토스의 자긍심을 한가한 가능성으로만 상상하지는 않을 것이다. 인식을 얻기 위한 노력 자체는 본질상 영원히 만족되지 않으며 만족될 수 없는 것처럼 보인다. 그렇기 때문에 역사를 통해 배우지 않는다면, 어느 누구도 자신이 유일하게 성공한 진리의 자유인이라는 확신을, 고귀한 자존심을 믿으려 하지 않을 것이다. 그런 사람들은 자신들의 고유한 태양계 속에서 살고 있다. 우리는 이 태양계 속에서 그들을 찾아야 한다. 피타고라스와 엠페도클레스 같은 사람도 역시 자신들을 초인간적으로 평가했다. 뿐만 아니라 그들은 자신을 종교적 경외심을 가지고 대했다. 그렇지만 영혼회귀와 모든 생명체의 통일성에 관한 확신과 결합되어 있는 동정의 끈은 그들을 다시금 다른 사람들에게로 인도해, 이들을 구원하고 구제하도록 했다. 아르테미스 신전의 은둔자에게 깊이 스며든 고독의 감정으로부터 우리는 오직 가장 황량한 산야의 황무지에서 무엇인가가 죽어가고 있다는 것을 예감할 수 있을 뿐이다. 그에

게서는 어떤 강렬한 동정심의 감동도, 또 돕고 치유하고 구원하고
자 하는 어떤 욕망도 흘러나오지 않는다. 그는 마치 대기 없는 별과
같다. 내면을 향해 불타오르는 그의 눈은, 마치 허상에 지나지 않는
것처럼, 바깥을 향해서는 죽은 듯이 냉철하게 바라본다. 그의 지궁
심의 축제에 직접 참여하면서 광기와 전도의 파도들이 일어난다.
그는 구토를 느끼면서 이러한 것들에서 눈을 돌린다. 그러나 따스
한 마음을 가진 사람들 또한 이와 같은 유충을 피해간다. 그와 같은
존재는 아마 외딴 성전의 신상들 가운데서나, 그리고 차갑고 고요
하고 장엄한 건축물 곁에서나 이해될 수 있을지도 모른다. 인간으
로서의 헤라클레이토스는 사람들 가운데서는 황당무계했다. 우리
가 설령 떠드는 아이들의 놀이에 주목하고 있는 그의 모습을 본다
고 하더라도, 그는 어쨌든 어떤 사멸적 존재도 그러한 경우에 생각
해내지 못한 것, 즉 위대한 세계 어린이 제우스의 유희를. 그리고
세계 파괴와 세계 생성의 영원한 장난을 생각했다. 그는 자신의 인
식을 위해서도 인간을 필요로 하지 않았다. 우리가 인간에게 물을
수 있는 것과 또다른 현자들이 인간에게서 탐구하고자 했던 모든
것이 그에게는 상관없었다. "나는 내 자신을 찾고 탐구했다"고 사람
들이 바로 신탁의 탐구를 서술하는 바로 그 한마디의 명제로 말했
다. 마치 자신이 "너 자신을 인식하라"는 델피 신탁을 진정으로 완
성하고 성취한 유일한 사람이라는 듯이 그는 이렇게 말했다.

　그런데 그는 이 신탁에서 알아낸 것을 영원히 해석할 만한 가치
가 있는 불멸의 지혜로 간주했다. 이 지혜는 여자 예언자가 말하는
예언의 모범에 따라 아주 멀리까지 무한한 영향을 미친다고 생각되
었다. 가장 먼 훗날의 인류에게는 그것이 신탁처럼 해석되어, 헤라

클레이토스가 마치 델피의 신처럼 "언명하지도 않고 은폐하지도 않는 것"이라고 해도 괜찮다. 그가 그것을 설령 '아무런 미소도 없이 그리고 장식과 성유(聖油)도 없이' 오히려 '격분하는 입'으로 선포한다고 하더라도, 그것은 미래 수천 년 동안 계속되어야 한다. 왜냐하면 세계는 영원히 진리를 필요로 하는 까닭이다. 헤라클레이토스가 이 세계를 필요로 하지 않는다고 하더라도 이 세계는 헤라클레이토스를 영원히 필요로 한다. 그러니 그의 명예가 그와 무슨 상관이란 말인가? 영원히 흘러가버리는 가멸적인 존재들에게서의 명성이! 그는 이렇게 경멸하는 투로 외친다. 그와 같은 것은 가인과 시인들을 위한 것이며, 또 그보다 앞선 시대에 현인이라고 알려졌던 사람들을 위한 것이다―이들은 그들의 자기애가 쟁취한 가장 맛있는 이 조각을 삼킬 수 있을지도 모른다. 그러나 그에게는 이 음식이 너무나 추잡하다. 그의 명예는 인간들에게 중요하지만, 그에게는 중요치 않다. 그의 자기애는 진리애이다―바로 이 진리가 인류의 불멸성은 그를 필요로 하지만 헤라클레이토스 자신은 인간의 불멸성을 필요로 하지 않는다는 사실을 그에게 말해준다.

진리! 어떤 신의 열광적인 광기! 이 진리가 인간에게 무슨 상관이란 말인가!

그런데 헤라클레이토스의 '진리'는 어떠했는가!

그리고 이 진리는 어디를 향하고 있는가? 사라져버린 하나의 꿈, 다른 꿈들로 인류의 얼굴에서 지워진 꿈!―그것은 첫번째 진리는 아니었다!

아무런 감정도 없는 어떤 악령은 아마 우리가 '세계사', '진리', '명예'라는 당당한 비유로 부르는 것에 대하여 다음과 같은 말밖에

할 수 없을 것이다.

　"수많은 태양계에서 쏟아 부은 별들로 반짝거리는 우주의 외딴 어느 곳에 언젠가 영리한 동물들이 인식이라는 것을 발명해낸 별이 하나 있었다. 그것은 세계사에서 가장 의기충천하고 또 가장 기민 적인 순간이었다. 그러나 그것도 한 순간일 뿐이었다. 자연이 몇 번 숨쉬고 난 뒤 그 별은 꺼져갔고, 영리한 동물들도 죽을 수밖에 없었 다. 또한 그럴 시간이었다. 왜냐하면 그들이 이미 많은 것을 인식했 다고 아무리 뽐냈더라도, 그들은 결국 모든 것을 잘못 인식했다는 사실을 언짢은 감정으로 알게 되었기 때문이다. 그들은 죽어갔으 며, 진리의 죽음을 저주했다. 그것이 인식이라는 것을 발명했던 이 절망적 동물들의 방식이었다."

　인간이 단지 인식하는 동물에 지나지 않는다면, 이것은 인간의 운명일지도 모른다. 진리는 인간을 절망하게 하고, 파멸의 길로 몰 아넣을 것이다. 비진리에 대해 영원히 저주 받았다는 것이 바로 진 리다. 인간에게는 얻을 수 있는 진리에 대한 믿음, 친밀하게 다가오 는 환상에 대한 믿음만이 어울린다. 인간은 본래 지속적으로 기만 당함으로써 살아가지 않는가? 자연은 그에게 가장 흔한 것을, 그리 고 바로 가장 가까운 것을, 예컨대 자신의 신체를 숨기지 않는가? 인간은 자신의 신체에 관해 오직 환영과 같은 '의식'만을 가지고 있 을 뿐이다. 이 의식 속에 그는 갇혀 있다. 그리고 자연은 열쇠를 던 져버렸다. 아, 철학자의 숙명적인 호기심은 언젠가 작은 틈새로 의 식의 방에서 내다보고 내려다보기를 원한다. 그렇게 되면 그는 아 마 인간이 얼마나 탐욕적이고, 만족할 줄 모르고, 구역질 나고, 무 자비하고, 살인적인 것 위에 머물고 있는가를 예감할지도 모른다.

마치 호랑이 등 위에서 꿈결에 잠겨 있는 것처럼 그는 자신의 무지에 무관심하다.

"꿈결에 잠겨 있도록 내버려두어라"라고 예술은 외친다. "그를 깨워라"라고 철학자는 진리의 파토스에서 외친다. 그러나 잠들어 있는 사람을 흔들어 깨운다고 그가 생각하는 동안, 자신은 더 깊은 마법의 잠 속으로 빠져들어간다—그는 아마 '이념들'에 관해서 또는 불멸성에 관해서 꿈꿀 것이다. 예술은 인식보다 더 강하다. 예술은 삶을 원하지만, 인식은 궁극적 목표로 오직—파괴—만을 성취하기 때문이다.

2.
우리 교육기관의 미래

머리말

내가 기대하는 독자는 세 가지 특성을 가지고 있어야 한다. 그는 차분해야 하고 읽는 데 서두르지 말아야 한다. 그는 읽으면서 자기 자신과 자신의 '교양'을 개입시켜서는 안 된다. 끝으로 그는 마지막 결과물로 새로운 목록들을 기대해서는 안 된다. 나는 김나지움이나 다른 학교를 위한 목록과 새로운 일정표를 약속하지 않는다. 내가 오히려 경탄해 마지않는 것은 경험의 계곡에서 진정한 문화 문제의 고도에까지 오르고, 그곳에서 다시 내려가면서 메마른 규칙과 아기자기한 도표의 골짜기에 이르는 길을 전부 샅샅이 측량할 수 있는 사람들의 강력한 본성이다. 숨을 헐떡거리며 높은 산을 오른 뒤 확 트인 시야를 즐겨도 된다면, 나는 만족할 것이다. 그러나 나는 이 책을 통해 도표를 좋아하는 친구들을 만족시킬 수는 없을 것이다. 진지한 사람들이 완전히 혁신되고 정화된 교양 교육에 공동으로 종사하면서 다시 일상적 교육의—다시 말해 저 교양에 이를 수 있는 교육의—입법자가 되는 시대가 다가오고 있음을 나는 안다. 그들은 아마 다시금 도표를 만들어야 할 것이다. 그러나 이 시대는 아직도 얼마나 멀리 떨어져 있는가! 그리고 그 사이에 모든 일이 일어날 수 있지 않겠는가! 이 시대와 현재 사이에는 아마 김나지움의 파괴와 심지어 대학의 파괴, 아니면 적어도 방금 언급한 교육기관의 총체적인 변혁은 있을지도 모른다. 그래서 이들의 옛 도표들은 후세 사람들의 눈에는 수상가옥 시절의 잔재쯤으로 비쳐질지도 모른다.

이 책은 조용한 독자들을 위한 것이다. 이 책은, 굴러가는 우리 시대의 현기증 나는 성급함 속으로 아직 빨려 들어가지 않았으며 또 이 바퀴 밑으로 자신의 몸을 던질 때 아직 우상숭배의 쾌감을 느끼지 않는 사람들을 위한 것이다. 그러므로 이 책은 모든 사물의 가치를 시간 절약 또는 시간 낭비라는 척도에 따라 평가하는 데 익숙하지 않은 사람들을 위한 것이다. 이것은 말하자면—극히 소수의 사람들을 위한 것이다. 그러나 이들에게는 "아직 시간이 있다". 이들은 자기 자신 앞에서 얼굴을 붉히지 않고도 자신에게 주어진 날의 가장 생산적이고 강렬한 순간들을 찾아 모아, 우리 교양의 미래에 관해 사색하는 것이 허락된다. 이들은 매우 유익하고 품위 있는 방식으로, 다시 말해 미래의 생성을 명상하며 저녁을 맞이한다고 스스로 믿어도 된다. 이러한 사람은 읽으면서 사유하는 법을 아직 잊어버리지 않았다. 그는 여전히 행간을 읽는 비법을 이해하고 있다. 그렇다, 그는 너무나 낭비적인 기질을 가지고 있어 읽은 것에 관해서도 여전히 사색한다—아마도 그는 책에서 손을 뗀 지 오랜 뒤에도 그럴 것이다. 그것도 비평을 쓰거나 다시 한 권의 책을 쓰기 위해서가 아니라, 단지 사색하기 위해! 경솔하기 짝이 없는 낭비자가 아닌가! 너희가 내 독자이다. 왜냐하면 너희는 작가와 함께 오랜 길을 걸어갈 수 있을 만큼 조용할 것이기 때문이다. 작가는 이 길의 목표들을 볼 수 없다. 그러나 우리가 오직 본능에 이끌려 맹목적으로 더듬었던 것을 후세 사람들은 두 눈으로 분명히 볼 수 있도록, 그는 이 목표들을 진심으로 믿어야 한다. 만약 독자가 이와는 반대로 재빠른 도야와 낙천적 행동이 필요하다고 생각한다면, 만약 그가 국가로 인해 도입된 새로운 "조직"을 통해 모든 본질적인 것이 이미 성취되었다고 생각한다면, 우리는 그가 작가뿐만 아니라 본래적 문제도 이해하지 못한 것이 아닌지 우려하지 않을 수 없다.

마지막으로 가장 중요한 세 번째 요청이 그에게 제기된다. 그것은 독자는 어떤 경우에도 자신이 마치 모든 사물의 기준을 소유하고 있는 것처럼, 현대인의 방식에 따라 끊임없이 자기 자신과 자신의 '교양'을 하나의 척도로 내세워서는 안 된다는 요청이다. 우리는 그가 자신의 교양을 사소하게 생각하고 경멸할 정도로 충분한 교양을 갖추기를 바란다. 그러면 그는 아마 가장 신뢰하는 마음으로 작가가 인도하는 대로 따를 것이다. 그런데 작가는 오직 무지에서 그리고 무지를 아는 것에서 독자에게 감히 말하고자 하는 것이다. 그가 다른 사람들과는 달리 자신만이 유일하게 가지고 있다고 주장하는 것은 현재 우리의 야만성이 가진 특수성에 대해 극히 격앙된 감정, 즉 우리를 19세기의 야만인으로서 다른 야만인들보다 두각을 나타내게 만드는 것에 대한 고양된 감정뿐이다. 그는 이제 이 책을 손에 들고 비슷한 감정으로 동요하는 사람들을 찾고 있다. 내가 실존한다고 믿고 있는 너희 고독한 개별적 존재들을 사람들이 찾을 수 있도록 하라! 독일정신의 부패의 고통을 너희 자신에게서 느끼는 너희 무아의 존재들을! 너희 관조적인 인간들이여, 너희의 눈은 성급하게 탐색하며 한 표면에서 다른 표면으로 미끌어져갈 수 없지

않은가! 너희 고결한 자들이여, 너희는 위대한 명예와 위대한 작품
이 너희를 요구하는 곳이 아니면 아무런 행동도 하지 않고 단지 머
뭇거리며 삶을 살아간다고 아리스토텔레스가 찬양하지 않았던가!
나는 너희를 불러낸다. 이번만은 너희의 은거와 불신의 동굴로 기
어들어가지 말아라. 이 책은 너희의 사자(使者)로 보내졌다는 것을
생각하라. 너희가 스스로 무장하여 싸움터에 나타나면, 누가 너희
를 부르는 사자를 뒤돌아보고픈 욕망을 가지겠는가?—

3.
그리스 국가

머리말

신세대인들인 우리는 그리스인들보다 두 가지 개념을 더 가지고 있는데, 이 개념들은 말하자면 완전히 노예처럼 행동하면서도 '노예'라는 낱말을 두려워하고 피하는 세계를 위로하는 수단으로 주어져 있다. 우리는 '인간의 존엄'과 '노동의 존엄'에 관해 말한다. 이 가련한 삶이 가련하게나마 뿌리를 내리도록 모든 것이 온갖 애를 쓴다. 이 끔찍한 궁핍이 소모적인 노동을 강요하지만, '의지'에 홀린 인간—아니 더 정확하게 말하자면—인간 오성은 이따금 이 노동을 가치 있는 것이라 경탄해 마지않는다. 그러나 노동이 명예로운 칭호를 요구하려면, 실존이—노동은 이 실존을 위한 하나의 고통스러운 수단에 지나지 않는다—진지하게 생각하는 철학과 종교들에게서 나타났던 모습보다 더 많은 품위와 가치를 가져야 할 필요가 있을 것이다. 우리는 수백만이 겪고 있는 노동의 고통 속에서 어떤 희생을 치르고서라도 실존하고자 하는 충동 외에, 즉 쇠약한 식물들로 하여금 흙도 없는 돌 속에 뿌리를 내리도록 만드는 충동과 마찬가지의 강한 충동 외에 무엇을 발견할 수 있단 말인가!

이처럼 처절한 실존의 투쟁에서는, 자연이 진정한 의미에서 부자연스러운 것이라고 증오하는 실천적 염세주의에 빠지지 않으려고 곧 다시 예술가적 문화의 고귀한 광적 환상에 몰두하는 개인들만 벗어날 수 있을 뿐이다. 그리스적 세계와 비교해보면 대개 기형과 반인반수 같은 괴물들만을 만들어내는 새로운 세계에서, 개인은 호라티우스 시학의 서두에 나오는 저 우화적 존재처럼 여러 조각들로 화려하게 합성되어 있다. 그런데 이 세계에서는 종종 실존의 투쟁과 예술욕구의 탐욕이 같은 인간에게서 동시에 나타난다. 이렇게 부자연스러운 혼합에서 실존의 투쟁의 탐욕을 예술적 욕구 앞에서 용서하고 신성시해야만 할 필요성이 생겨난 것이다. 또한 이 때문에 사람들은 '인간의 존엄'과 '노동의 존엄'을 믿는 것이다.

그리스인들에게는 이러한 개념에 의한 환각이 필요하지 않다. 그들은 놀라운 개방성으로 노동이 치욕이라는 사실을 천명한다―그리고 좀더 감추어져 있고 드물게 이야기되지만 어디에서나 살아 있는 지혜는 인간이란 것은 굴욕적이고 형편없는 아무것도 아닌 존재이며 '그림자의 꿈'에 불과하다고 덧붙였다. 실존 그 자체가 아무런 가치도 없기 때문에 노동은 하나의 치욕이다. 그러나 만약 이제 정말 이 실존이 예술가적 환상의 매혹적인 장식을 걸치고 반짝거리며 하나의 가치를 지니고 있는 것처럼 보인다 하더라도, 노동이 하나의 치욕이라는 명제는 여전히 타당하다―그것도 적나라한 생존을 위해 투쟁하는 인간이 예술가일 수 있다는 것은 불가능하다는 느낌에서 그렇다. 신시대에 일반적 표상들을 규정하는 것은 예술을 필요로 하는 인간이 아니라 노예이다. 노예는 살기 위해 자신의 모든 관계를 자신의 본성대로 기만적인 이름으로 표시해야 한다. 인간의 존엄, 노동의 존엄과 같은 허깨비들은 자기 자신 앞에서 스스로를 감추는 노예제도가 만들어낸 빈약하기 짝이 없는 산물이다. 노예가 그런 개념들을 필요로 하고 또 자기 자신과 자기 자신을 초월하여 깊이 생각하도록 자극을 받는 시대는 얼마나 불행한 시대인가! 노예의 무구한 상태를 인식의 나무의 과실을 통해 파괴해버린 불길한 유혹자들! 이제 이 노예는 속이 훤히 들여다보이는 거짓말로, 이른바 '만인의 동등한 권한' 또는 '인간의 기본권', 인간으로서의 인간의 권리, 또는 노동의 존엄처럼, 예리한 시선을 가진 사람이면 누구나 알아차릴 수 있는 거짓말들로 하루하루를 이어가야 한다. 그렇다, 그는 어떤 단계와 수준에서 비로소 '존엄'에 관해 말할 수 있는지 깨달아서는 안 된다. 다시 말해 개인이 완전히 자기 자신을 넘어서서 개인적인 생존에 종사하고, 그것을 위해 생식하고 노동할 필요가 없는 곳에서야 비로소 존엄을 말할 수 있다는 사실을 말이다.

그런데 이렇게 높은 수준의 '노동'에서조차도 이따금 수치심처럼 보이는 감정이 그리스인들을 사로잡았다. 플루타르코스는 언젠가 고대 그리스적 본능으로 이렇게 말한 적이 있다. 고귀한 가문 출신의 젊은이는 피사에 있는 제우스를 보아도 스스로 피디아스 같은 사람이 되려고 하지 않을 것이며, 아르고스에 있는 헤라를 본다고 하여도 스스로 폴리클레이토스 같은 사람이 되고픈 욕망을 가지지는 않을 것이다. 마찬가지로 그가 아무리 아나크레온 필레타스와 아르킬로쿠스의 시들에서 커다란 기쁨을 느낀다고 할지라도 스스로 이들이 되고자 하지는 않을 것이다. 그리스인에게는 예술가의 창조도 모든 저속한 수공업과 마찬가지로 명예롭지 못한 노동의 개념에 속했다. 그렇지만 예술가적 충동의 강제력이 그의 내면 속에서 작용하면, 그는 창조해야만 했으며 노동의 노고를 떠맡아야 했다. 그리스인들의 감정은 마치 한 아버지가 자식의 아름다움과 재능을 찬탄하면서도 저 생성의 활동을 수치스러운 반감을 가지고 생각하는 것과 같았다. 아름다운 것에 관한 즐거운 감탄이 그로 하여금 이것을 만들어내는 데 눈이 멀도록 하지는 않았다―그에게는 이 생성이 자연 내의 모든 생성과 마찬가지로 폭력적인 궁핍 그리고 실존을 강력하게 추구하는 것으로 보였다. 인간이 비록 생식의 과정을 통해 개인의 보존보다 더 높은 목표에 기여한다고 할지라도 생식의 과정을 수치스럽게 감추어야 할 것으로 바라보는 감정, 바로 이와 같은 감정이 위대한 예술작품의 탄생을 에워싸고 있었다. 저 생식 과정을 통해 새로운 세대가 시작되는 것처럼 이 탄생을 통해 좀더 차원 높은 실존 형식이 시작됨에도 불구하고 말이다. 수치심은 인간이 개인이라는 개별 형태로 스스로 가질 수 있는 의지보다 무한히 더 큰 의지현상들의 도구로서만 존재하는 곳에서 생겨나는 것처럼 보인다.

　이제 우리는 그리스인들이 노동과 노예와 관련하여 가졌던 느낌들을 분류할 수 있는 일반적 개념을 가지고 있다. 노동과 노예는 그들에게 수치심을 느낄 만한 필연적 치욕으로, 다시 말해 치욕인 동시에 필연성으로 여겨졌다. 이러한 수치의 감정 속에 숨겨져 있는 것은, 본래의 목표는 저 전제조건들을 필요로 하지만 이 욕구들 안에는 스핑크스의 경악스럽고 맹수 같은 본성이 있다는 무의식적인 인식이다. 이 스핑크스는 예술가적으로 자유로운 문화생활을 예찬하면서 처녀의 몸을 그토록 아름답게 내뻗는다. 주로 진정한 예술욕구라 할 수 있는 교양은 경악스러운 토대 위에 자리잡고 있는데, 이

토대는 어렴풋이 느껴지는 수치심에서 인식될 수 있다. 예술이 발전할 수 있는 넓고 깊고 비옥한 땅이 있으려면, 엄청난 다수는 소수를 위해 종사해야만 하고, 자신들의 개인적인 욕구의 정도를 넘어서, 삶의 노고에 노예처럼 예속되어 있어야 한다. 저 특권 계급은 이다수의 희생과 잉여노동을 딛고 실존투쟁에서 벗어나서, 이제 새로운 욕구의 세계를 생산하고 만족시켜야 하는 것이다.

이에 따라서 우리는 문화의 본질에는 노예제도가 속해 있다는 사실을 잔인하게 들리는 진리로 평가하는 것을 이해해야 한다. 물론 이는 실존의 절대적 가치를 결코 회의하지 않는 진리다. 이 진리는 프로메테우스적 문화 후원자의 간을 갉아 먹는 독수리다. 힙겹게 삶을 이어가는 인간들의 고통은 소수의 올림푸스적 인간들이 예술 세계를 생산할 수 있도록 하기 위해 더욱 커져야 한다. 바로 여기에 공산주의자와 사회주의자들 그리고 더욱 창백한 그 후예들, 즉 '자유주의자들'이라는 백인종족이 예술과 고전적인 고대 그리스에 대해 품었던 원한의 원천이 있다. 만약 문화가 실제로 어떤 민족의 자의로 존재한다면, 그리고 이 문화 속에서 개인들에게는 법칙과 한계를 뜻하는 불가항력이 지배하고 있다면, 문화의 경멸, 정신의 빈곤에 대한 예찬, 종교개혁 시대의 우상파괴 운동과 같은 예술욕구의 파괴는 무위도식자 같은 개인들에 대한 억압받은 대중의 항거이상의 것을 의미할 것이다. 그것은 아마 문화의 장벽들을 무너뜨린 동정심의 외침일 것이다. 정의와 고통의 평등에 대한 본능은 다른 모든 표상을 침수시킬 것이다. 실제로 그 정도가 과도한 동정이 짧은 시간 동안 여기저기서 문화의 모든 제방들을 파괴했다. 기독교가 처음으로 빛을 발하기 시작하면서, 동정적 사랑과 평화의 무지

개가 나타났고, 이 무지개 아래에서 기독교의 가장 아름다운 열매
인 요한복음집이 탄생했다. 그러나 또한 막강한 종교들이 오랜 기
간에 걸쳐 특정한 문화수준을 석화시키고, 더 강력하게 번성하고자
하는 모든 것을 가차없는 낫으로 잘라버리는 예들도 있다. 한 가지
사실을 잊어서는 안 된다. 우리가 모든 문화의 본질 속에서 발견했
던 동일한 잔인성은 모든 강력한 종교의 본질 속에 들어 있을 뿐만
아니라 필연적으로 악한 권력의 본성 속에는 언제나 자리잡고 있다.
그래서 우리는 어떤 문화가 자유 또는 적어도 정의를 부르짖으면서
높이 쌓아올린 종교적인 주장들의 보루를 무너뜨릴 때에도 이를 잘
이해할 수 있다. 이처럼 경악스러운 사물들의 관계 속에서 살고자
하는, 즉 살아야 하는 것은 그 존재의 근본에서 근원적 고통과 근원
적 모순이 모사된 것이다. 따라서 '세계에 적합하고 땅에 적합한 기
관'은 우리의 눈에는 충족될 수 없는 실존에 대한 탐욕으로 보이고,
그것이 시간의 형식을 가질 때 영원한 자기모순, 즉 생성으로 보인
다. 모든 순간은 바로 앞서 지나간 순간을 삼켜버리며, 모든 탄생은
헤아릴 수 없는 존재들의 죽음이다. 생식, 생명과 살인은 하나이다.
그러므로 우리는 찬란한 문화를 피에 흠뻑 젖은 승자, 즉 패자들을
노예로 자신의 마차에 묶어 끌고 오면서 개선행진을 하는 승자와
비교해도 좋을 것이다. 자비를 베푸는 권력에 눈 먼 노예들은 마차
바퀴에 밟혀 거의 으스러지면서도 "노동의 존엄!" "인간의 존엄!"
이라고 외쳐댄다. 저 풍요로운 클레오파트라 문화는 가장 진귀한
진주들을 자신의 금잔에 계속해서 던져 넣는다. 이 진주들은 노예
들과 그들의 비참한 고통에 대한 동정의 눈물이다. 그런데 현재의
엄청난 사회적 궁핍 상태는 새로운 인간들의 유약화에서 생겨났지,

저 비참함에 대한 깊고 참된 연민에서 나온 것이 아니다. 만약 그리스인들이 노예제도로 말미암아 멸망했다는 사실이 참이라면, 우리가 노예제도의 결여 때문에 멸망하게 되리라는 또다른 사실은 훨씬 더 확실하다. 원시 기독교뿐만 아니라 게르만 문화도 이 노예제도를 비난할 만한 것이기는커녕 불쾌스러운 것으로도 생각하지 않았다. 자신들의 상전과 내면적으로 강하면서도 부드러운 법과 윤리관계를 견지하며 또 좁은 자신의 실존 주변에 사려 깊게 담을 친 중세의 노예들을 보는 일은 얼마나 우리의 기운을 돋우어주는가─얼마나 고무적이며─또 얼마나 비난할 만한 것인가!

그런데 우울함을 느끼지 않고서는 사회의 상태에 관해 사색할 수 없는 사람, 이 사회의 상태를 의무에서 면제된 문화인들의 고통스러운 지속적 탄생으로 파악할 줄 알고 이 문화인들을 위해 다른 모든 것이 소모되어야 한다는 사실을 아는 사람, 그는 이제 새로운 인간들이 국가의 기원과 의미에 관해 퍼트린 저 허구적인 광채에 더 이상 기만당하지 않을 것이다. 만약 국가가 앞서 묘사한 사회 과정을 진척시키고 그것이 부단하게 지속되도록 보장할 수 있는 수단이 아니라고 한다면, 그것은 도대체 우리에게 무슨 의미가 있단 말인가. 한 사람 한 사람의 인간 속에 있는 사회성의 본능이 너무나 강력할 수도 있다. 그래서 국가의 강철 같은 꺾쇠가 비로소 이 대중들을 강제로 결합시켜, 이제 피라밋 같은 새로운 구조를 가진 사회의 화학적 분리가 진행되어야만 하는 것일 수도 있다. 개인의 통찰과 이기주의를 훨씬 넘어서는 목표를 가진 국가의 갑작스러운 힘은 도대체 어디에서 나오는 것인가? 문화의 눈 먼 두더지, 노예는 어떻게 생겨났는가? 그리스인들은 우리에게 그들의 국제법적인 본능으

로 이것을 설명했다. 그들의 관습과 인간성이 가장 성숙하게 충만
했을 때도 이 본능은 청동의 입으로 다음의 말을 내뱉는다. "패자는
부인, 자식, 재산과 핏줄을 포함해 승자에게 속한다. 폭력은 최초의
권리를 제공한다. 그 토대에 있어 월권, 찬탈, 폭력이 아닌 권리는
5   존재하지 않는다."

    여기서 우리는 자연이 사회를 이루기 위해 얼마나 무자비하게 경
직되어 국가라는 잔인한 도구를—다시 말해 앞에서 말한 본능이
객관화된 다를 바 없는 강철의 손을 가진 저 정복자를—만들어내고
있는가를 다시금 볼 수 있다. 관찰자는 이러한 정복자들의 한없는
10 권력과 위대함에서 그것이 그들의 내면 속에서 나타나지만 그들의
시선 앞에서 은폐되는 어떤 의도의 수단에 지나지 않다는 것을 감
지한다. 약한 힘들은 마치 하나의 마법적인 의지가 그들에게서 나
오는 것처럼 이상하리만치 재빨리 그들에게 달라붙고, 또 놀랍게도
그들은 갑자기 불어나는 저 폭력의 눈사태에서 창조적인 핵심의 마
15 법에 걸려 이제까지 존립하지 않은 유사성으로 변한다.

    종속된 자들은 이제 더 이상 국가의 경악스러운 기원에 관심을
기울이지 않으며, 그래서 역사가 우리에게 가르쳐주지 않은 것은
어떤 종류의 다른 사건들보다 바로 이 갑작스럽고 폭력적이며 피비
린내 나는 그리고 적어도 한 가지 점에서 설명되지 않는 찬탈의 성
20 립과정이라는 것을 우리가 알게 되면, 그리고 형성되는 국가의 마
법에 우리의 마음이 무의식적으로 부풀어올라 계산적 오성이 힘들
의 덧셈만을 볼 수 있는 곳에서 좀더 심오한 보이지 않는 의도를 예
감한다면, 그래서 사람들이 이제 정말 진심으로 국가를 개인들의
희생과 의무의 목표와 정점으로 생각한다면, 이 모든 것은 국가의

엄청난 필연성을 말해주는 것이다. 국가 없이는 자연이 사회를 거쳐 가상, 즉 수호신의 거울 속에서 구원에 결코 이를 수 없다. 국가에 대한 본능적 쾌락이 어떤 인식인들 극복하지 않겠는가! 어떤 존재이든 한번이라도 국가의 성립 과정을 들여다보기만 하면 이때부터 그는 공포에 가득 차 국가에서 멀리 떨어진 곳에서만 자신의 구원을 찾게 될 것이라는 사실을 우리는 생각해야만 한다. 황폐해진 토지, 파괴된 도시, 야성화된 인간, 민족들 사이의 소모적인 증오 외에 어디에서 우리가 국가 성립의 기념비들을 볼 수 있단 말인가! 치욕스럽게 태어난 국가는 많은 사람들에게 끊임없이 흘러내리는 노고의 원천이며, 종종 그 시기가 되돌아오면 인류를 삼켜버릴 듯 타들어가는 횃불이다—국가는 그럼에도 불구하고 우리 자신을 잊게 만드는 음향이며, 진정으로 영웅적인 행동들을 수도 없이 고취시켰던 함성이고, 국가의 생명이 걸린 무시무시한 순간들에도 자신들의 얼굴에 저 낯선 위대함을 표현하는 맹목적이고 이기적인 대중들에게는 가장 존경할 만한 최고의 대상일지도 모른다!

그러나 그리스인들의 예술만이 유일무이하게 이른 태양같이 높은 수준을 바라보면, 우리는 선험적으로 그들을 '정치적 인간들 자체로' 구성하지 않을 수 없다. 그렇게 가공스러울 정도로 정치적 충동의 사슬이 풀리고, 다른 모든 관심을 이 국가 본능을 위해 무조건 희생시킨 또다른 예를 역사는 알지 못한다—사람들은 기껏해야 비교하는 차원에서 그리고 비슷한 이유에서 이탈리아 르네상스 시대의 인간들을 같은 칭호로 부를 수 있을 것이다. 그리스인들에게는 이 충동이 과다하게 충만해 있어, 그것은 거듭해서 자기 자신에 대해 격분하기 시작하고 이빨로 자신의 살을 물어뜯는다. 도시국가들

간의, 또 정당들 간의 피비린내 나는 질투, 작은 전쟁들의 살인적인
탐욕, 패배한 적의 시체 위에서 구가하는 표범 같은 승리, 즉 끊임
없이 재현되는 트로이아의 투쟁과 공포스런 장면들, 이러한 광경을
넋을 놓고 흐뭇하게 바라보면서 그리스인 호메로스가 우리 앞에 서
5 있다―그리스 국가의 이처럼 천진한 야만성은 무엇을 의미하는
가? 영원한 정의의 법정에서 어떻게 자신의 용서를 구할 수 있는
가? 국가는 당당하고 조용하게 이 법정으로 나선다. 그리고 그는
찬란하게 피어나는 여인, 즉 그리스 사회를 손에 이끌고 나온다. 바
로 이 헬레나를 위해 국가는 저 전쟁들을 치렀다―어떤 원로 재판
10 관, 수염이 하얀 재판관이 여기서 유죄판결을 내릴 수 있단 말인
가? ―

    국가와 예술, 정치적 탐욕과 예술가적 생산, 전쟁터와 예술작품
사이에 존립한다고 추측되는 이 비밀스러운 상관관계에서 우리는,
앞서 말한 바와 같이, 국가를 오직 사회의 과정을 강요하는 강철의
15 꺾쇠로만 이해한다. 반면 국가 없이 자연적인 '만인에 대한 만인의
투쟁상태'에서 사회는 좀더 폭넓게 그리고 가족의 영역을 넘어서
뿌리를 내릴 수 없다. 국가가 형성되는 것이 일반화된 지금 저 '만
인에 대한 만인의 투쟁'의 충동은 때때로 민족들 상호 간의 처절한
전운으로 농축되어, 드물긴 하지만 그만큼 더 강한 뇌우처럼 방출
20 된다. 그러나 중간의 휴식시간에는 저 투쟁이 내부를 향해 압축적
으로 작용하여 도처에서 싹을 틔우고 푸르게 성장할 수 있는 시간
이 사회에 주어져, 며칠만 따뜻하면 밝게 빛나는 수호신의 꽃들을
피우기도 한다.

    그리스인들의 정치 세계를 보면서 내가 현재의 어떤 현상들 속에

서 예술과 사회 모두에 대해 위협적이고 위험한 정치 영역의 위축
을 인식할 수 있는지 숨기지 않으려 한다. 출신 때문에 선천적으로
민족본능과 국가본능을 가지지 못했으며, 그래서 자신들의 이해관
계에 관련된 한에서만 국가를 인정하는 사람들이 있다고 한다면,
그런 사람들은 거대한 정치적 공통성들이 ―그 속에서 자신의 고유
한 의도를 추구하는 것이 모든 사람 앞에서 아무런 제한 없이 그들
에게 허용될 수 있는 그러한 공통성들이 ―가능한 한 방해받지 않
고 공존하는 것을 국가의 궁극적 목표로 생각할 것이다. 그들은 머
리 속에 이러한 표상으로 이런 의도에 최대의 확실성을 제공하는
정치를 장려할 것이다. 그러나 그들이 일종의 무의식적 본능 같은
것에 이끌려 자신의 의도에 반해 국가 경향에 자신을 희생시킨다는
것은 생각할 수조차 없다. 그들에게는 바로 이러한 본능이 결여되
어 있기 때문이다. 모든 다른 국가시민은 자연이 국가본능을 통해
그들에게서 무엇을 의도하는지 전혀 아무것도 알지 못하며, 그래서
맹목적으로 따른다. 오직 이 본능의 밖에 서 있는 사람들만이 그들
이 국가에게 무엇을 바라고 또 국가가 그들에게 무엇을 보장해야
하는가를 안다. 그렇기 때문에 이런 사람들이 국가에 대한 커다란
영향력을 획득하는 것은 피할 수 없는 일이다. 왜냐하면 그들은 국
가를 수단으로 생각해도 되는 반면, 저 국가의 무의식적 의도들의
힘에 영향받는 다른 모든 사람은 그 자체 국가목적의 수단에 불과
하기 때문이다. 그런데 국가의 수단을 통해 자신의 이기적인 목표
를 최대한 후원받으려면 무엇보다 국가가 전혀 예측할 수 없는 전
쟁의 경련에서 완전히 벗어나 합리적으로 이용될 수 있어야 한다.
따라서 그들은 가능한 한 의도적으로 전쟁이 불가능한 상태를 추구

한다. 이를 위해서는 우선 정치적인 특별한 본능들을 될 수 있으면
잘라내어 약화시키고, 같은 무게의 거대한 국가체제들을 건립하여
서로 호혜적 안전을 보장하게 함으로써 공격전쟁의 유리한 성공을
불가능하게 만들 뿐만 아니라 전쟁 자체를 비개연적인 것으로 만들
어야 한다. 다른 한편으로 그들은 오히려 대중 또는 대중의 대변인
들의 이기주의에 호소하기 위해 전쟁과 평화에 관한 문제를 결정할
수 있는 권한을 개별 권력자에게서 박탈하려고 한다. 그러기 위해
서 그들은 다시금 민족들의 군주적 본능을 천천히 해체시킬 필요가
있다. 이러한 목적에 부응하여 그들은 자유주의적-낙관주의적 세
계관을 가장 보편적으로 확산시킨다. 이 세계관은 프랑스 계몽주의
와 혁명, 즉 매우 비게르만적이고 전형적인 로만계의 피상적, 비형
이상학적 철학에 그 뿌리를 두고 있다. 나는 현재 유행하고 있는 민
족주의 운동과 이와 동시에 일어나는 일반적 표결권의 확산에서 특
히 전쟁의 공포가 미치는 영향을 보지 않을 수 없다. 그렇다, 이 운동
의 배후에서 나는 실제로 두려워하고 있는 사람들은 고향이 없는
진정한 의미의 국제적인 화폐은둔자들이라는 것을 발견하지 않을
수 없다. 이들은 국가적 본능이 선천적으로 결여된 상태에서 정치
를 증권시장과 국가와 사회의 수단으로, 즉 자신들의 부를 늘리는
장치로 오용하는 법을 배웠다. 바로 이런 측면에서 국가 경향이 화
폐 경향으로 전환되는 사태가 우려되는 것이다. 그런데 이러한 전
환에 대한 유일한 저항 수단은 전쟁 그리고 또 전쟁뿐이다. 전쟁의
흥분 상태를 통해 적어도 분명해지는 사실은 국가가 전쟁의 마신에
대한 공포에 근거하여 이기적 개인들의 보호장치로서 건립된 것이
아니라, 국가는 모국애와 군주애를 통해 좀더 높은 차원의 의미를

지시하는 일종의 윤리적 활기를 야기한다는 점이다. 그러므로 내가 현 정치의 위험한 특성으로 혁명사상이 이기적이고 무국가적인 화폐귀족제를 위해 사용되는 점을 든다면, 자유주의적 낙관주의가 광범위하게 확신되는 현상을 이상한 사람들의 손에 의해 장악된 현대 화폐경제의 결과로 파악한다면, 또한 내가 예술의 필연적 퇴락을 포함한 모든 사회 상태의 악화가 저 뿌리에서 싹이 돋아나 번성하고 있다고 생각한다면, 사람들은 내가 종종 부르는 전쟁 찬가를 좋게 봐주어야 할 것이다. 은으로 된 활은 아주 강하게 울려퍼진다. 그렇기 때문에 이 전쟁의 찬가는 마치 밤처럼 다가오지만, 그것은 국가를 축성하고 정화하는 신 아폴론이다. 〈일리아스〉의 서두에서 이야기되듯이, 아폴론은 우선 노새와 개들을 향해 화살을 쏜다. 그런 다음 그는 인간들을 맞춘다. 그러면 곳곳에서 시체들이 있는 장작더미가 불타오른다. 노예가 사회에 필수적인 것처럼 전쟁은 국가에 대해 하나의 필연성이라는 사실이 아마 이렇게 천명되었을 것이다. 만약 그리스 예술이 완성되지 못한 이유에 대해 진지하게 묻는 사람이라면 이러한 인식에서 벗어날 수 있겠는가?

전쟁과 전쟁의 획일화된 가능성 그리고 군사계급을 이제까지 서술된 국가의 본질과 관련하여 고찰하는 사람은 국가의 모사 또는 국가의 원형이 전쟁을 통해 그리고 군사계급 속에서 제시되고 있음을 통찰해야 한다. 여기서 우리는 전쟁 경향의 일반적인 효과로서 혼돈 상태의 대중들이 곧바로 **군사적 카스트** 계급들로 분리되고 분할되며, 노예 같은 하층계급이 가장 넓은 밑바탕을 구성하는 피라미드 형태의 구조, 즉 '전투적인 사회'의 구조가 이 계급들로부터 생성되는 것을 본다. 이 전체 운동의 무의식적 목적은 모든 개개인을 굴복시키며, 그들의 본성이 다양함에도 불구하고 그들의 특성을 화학적으로 변화시켜 그것을 저 목적과 친화력을 갖도록 만드는 것이다. 이와 같은 내면적 과정에서 근본적인 문제는 상위의 카스트 계급에서 더욱 많이 감지된다. 다시 말해 여기서 중요한 것은 군사적 수호신의 생산이다―우리는 이미 이 수호신을 국가의 근원적 건립자로 인식한 바 있다. 예컨대 스파르타의 리쿠르고스적 헌정에서처럼 많은 국가들에서 이 국가의 근본이념, 즉 군사적 수호신이 낳은 생산의 족적을 인지할 수 있다. 이제 우리가 가장 활력 있게 움직이며 본래의 '노동'을 하고 있는 군사적 원시국가를 생각해보고 전쟁의 전체 기술을 그려본다면, 우리는 우리가 곳곳에서 흡수한 '인간의 존엄', '노동의 존엄'의 개념들을 다음의 질문을 통해 수정하지 않을 수 없다. '존엄한' 인간들을 파멸시킬 것을 목적으로 하는 노동에 대해서도 또는 저 '존엄한' 노동을 하도록 위임받은 사람에 대해서도 과연 존엄이란 개념이 합당한 것인가? 아니면 국가의 전투적 과제에서는 저 개념들이 상호 모순되는 개념으로서 서로 부정하는 것은 아닌가? 나는 호전적인 인간은 군사적 수호신의 수단이며 또 그의 노동 역시 같은 수호신의 수단에 지나지 않는다고 생각한다. 수호신이 아닌 일정 정도의 존엄이 절대적 인간으로의 그에게가 아니라 수호신의 수단으로의―이 수호신은 전쟁의 예술작품의 수단으로서 그의 파멸을 원할 수 있다―그에게 부여될 수 있다. 다시 말해 수호신의 수단으로서 가치가 있다는 존엄이 부여될 수 있는 것이다. 그런데 여기서 개별적인 한 예에서 드러난 것은 가장 일반적인 의미에서도 타당하다. 모든 인간은 그의 전체 활동을 포함하여, 그가 의식적이든 무의식적이든, 수호신의 도구인 한에서만 존엄을 갖는다. 여기에서 즉시 도출될 수 있는 윤리적 결론은 '인간 자체', 즉 절대적 인간은 결코 존엄도 권리도 의무도 소유하지 않는다는 것이다. 무의식적 목적에 종사하는, 완전히 결정된 존재로서만 인간은 자신의 실존을 용서할 수 있다는 것이다.

이러한 고찰에 따르면 플라톤의 완전 국가는 그의 신봉자들 중에서도 더 열렬한 집단이 믿는 것보다 훨씬 위대한 것임에 분명하다. 여기서 우리는 '역사적' 교양을 갖춘 사람들이 이와 같은 고대의 열매를 거부할 때 짓는 조롱하는 듯한 우월감의 표정을 굳이 언급할 필요는 없다. 국가의 본래적 목표, 즉 올림푸스적 실존, 수호신의 반복적인 생산과 확산은 — 다른 모든 것은 이 수호신에 비해 오직 도구, 보조수단, 가능조건에 불과하다 — 여기서 시인의 직관에 의해 발견되어 거칠게 그려진다. 플라톤은 당시 형편없이 황폐화된 국가생활의 주상(柱像)을 깊이 통찰했고, 그 내면 속에서 신적인 것을 인지했다. 그는 이 신상을 제거할 수 있다고 또 지독하게 야만적으로 왜곡된 무서운 외면은 결코 국가의 본질에 속하지 않는다고 믿었다. 그는 자신의 온갖 정치적 열정과 숭고함은 이 믿음과 희망에 던졌다 — 그리고 그는 이 열정에 완전히 타버렸다. 그가 자신의 완전 국가 속에서 일반적 개념의 수호신이 아니라 지혜와 지식의 수호신만을 정점에 세운 사실, 그가 천재적인 예술가들을 자신의 국가에서 추방한 것은 예술에 대한 소크라테스적 판단의 필연적 귀결이었다. 플라톤은 자신과의 투쟁 속에서 결국 이 판단을 자기 것으로 만들었던 것이다. 그러나 다분히 표면적이고 거의 우연적인 이런 결함이 우리가 플라톤 국가의 전체 구상에서 국가와 수호신의 상관관계에 관한 심오하고 영원히 해석해야 할 비밀 교의의 위대하고 경이로운 상형문자를 인식하는 데 걸림돌이 되지는 않을 것이다. 우리가 이 머리말에서 말했던 것은 이 비밀문서에서 알아냈다고 추측되는 것들이다.

4.
쇼펜하우어 철학과
독일문화의 관계

머리말

　지금 비열한 독일에 교양이 퇴락하여 거리에 나뒹굴고 있다. 모든 위대한 것을 흘겨보는 시기심이 뻔뻔스럽게 지배하고 있고 '행복'을 향해 질주하는 사람들의 소란이 어디에서나 귀를 먹게 할 정도로 울려퍼져, 사람들은 여기서 하나의 문화가 생겨나고 있다고 희망할 수 있다. 그리고 이 문화를 위해 —'공공적으로 생각하는' 언론과는 반대로 공공적으로 가르치면서 —일할 수 있다는, 부조리한 믿음이라는 의미에서, 강한 믿음을 가지지 않을 수 없다. 민족에 대한 꺼지지 않는 염려를 가슴에 품고 있는 사람들은 그들에게 밀려오는 인상들, 즉 지금 여기 있고 현재 통용되는 것의 인상에서 억지로 벗어나서, 겉보기에는 자신들이 이것들을 마치 무관심한 사물들처럼 다룬다는 기색을 보여야 한다. 그들이 그렇게 보여야 하는 것은 그들이 사유하고자 하기 때문이며, 무명(武名)의 트럼펫 소리와 뒤섞인 어지러운 소란과 역겨운 광경이 그들의 사유를 방해하기 때문이다. 그러나 무엇보다도 그들은 독일적인 것을 믿고자 하지만

이 믿음과 함께 그들의 힘을 잃어버릴 것이기 때문이다. 그들이 먼 거리에서 자신들의 구원의 땅을 아래로 내려다본다고 해서, 그것이 이 신자들의 기분을 상하게 하지 않는다! 이제 독일 사람들 속에서 살아가는 선의의 외국인이 본래 독일적인 것으로 존경하게 되었던 저 위대한 개인, 작품, 행위들이 독일의 삶과 그다지 일치하지 않는다는 사실을 놀라워할 때 겪게 되는 경험들을 그들은 두려워하지 않는다. 독일인은 위대하게 일어설 수 없는 곳에서는 중간치보다 못한 인상을 준다. 충실, 자기제한, 근면, 겸손, 청결 같은 일련의 유익한 가정적 덕성들이 자유롭게 전개되어 신성한 모습으로 나타나는 유명한 독일 학문마저도 결코 이 덕성들의 결과가 아니다. 가까이서 보면 무제약적 인식을 향해 내달리는 독일적 동인은 힘들의 과잉보다는 오히려 결핍, 결함, 결점과 훨씬 유사하다. 그것은 거의 빈약하고 생기 없는 무형의 삶의 결과와도 같으며, 독일인이 전적으로 예속되어 있을 뿐만 아니라, 학문임에도 불구하고 종종 학문에서조차 나타나는 도덕적 편협함과 악의에서 도피하는 것과 같다. 삶, 인식, 판단에서 편협할 줄 아는 독일인들은 속물의 진정한 대가들이다. 어떤 사람이 이 독일인들을 숭고함으로 끌어올리려고 하면, 그들은 납과 같은 무게로 일을 어렵게 만든다. 그들은 참으로 위대한 인물들에게 납처럼 매달려, 가벼운 정기로 가득 찬 천공에서 자신이 처해 있는 빈약한 궁핍의 수준으로 이들을 끌어내린다. 이 속물적인 안락함은 아마 진정한 독일적 덕성의―개별적인 것, 작은 것, 가장 가까이 있는 것 속으로 또 개인의 신비 속으로 침잠하는 것이다―변종일 뿐인지도 모른다. 그러나 이제 이 부패한 덕성은 명백한 악덕보다 더 나쁘다. 문학적 자기찬미를 할 정도로 사람들이 이 특성을 진심으로 즐겁게 의식하게 된 이래로 특히 그렇다. 매우 세련되었다고 알려진 독일인들 가운데 '교양인'들과 익히 알려진 바와 같이 매우 교양 없는 독일인들 가운데 '속물'들은 이제 공공연히 손을 맞잡는다. 그리고 그들은 어떤 사람의 '교양'에 너무 뒤떨어지지도 않고 또다른 사람의 '쾌적함'에 너무 가까이 다가가지 않기 위해서 사람들이 장차 어떻게 쓰고 창작하고 음악을 연주하고 철학해야 하는가에 관한 협정을 서로 맺는다. 사람들은 이제 이것을 '현재의 독일문화'라고 부른다. 그렇다면 우리는 저 교양인을 어떤 특징들로 인식할 수 있는가라는 물음을 제기할 수 있을 뿐이다. 왜냐하면 우리는 이미 그의 젖형제, 즉 독일 속물이 순진함을 잃고 난 뒤에는 아무런 거리낌없이 온 세계에 자신이 교양인의 젖형제임을 알린다는 사실을 알고 있기 때문이다.

지금의 교양인은 특히 역사적 교양을 갖추고 있다. 그는 역사적 의식을 통해 숭고한 것으로부터 스스로를 구원한다. 속물은 자신의 '쾌적함'을 통해 이 구원에 이르지만, 무를 찬미하는 이 경탄자들의 목표는 이제 더 이상 역사가 자극하는─괴테는 이렇게 생각해도 되었다─열광주의가 아니라 모든 열광주의를 무감각하게 만드는 것이다. 그들이 모든 것을 역사적으로 파악하고자 한다면, 우리는 그들에게 이렇게 외쳐야만 할 것이다. "너희들은 세기적인 바보들이다! 역사는 너희에게 오직 너희들 수준에 맞는 고백만 할 뿐이다! 세계는 어느 시대나 온통 평범하고 무가치한 것으로 뒤덮여 있다. 너희들의 역사적 욕구에는 바로 이 평범하고 무가치한 것이, 바로 이것들만이 드러난다. 너희들은 수천 명씩 한 세기에 매달릴 수도 있을 것이다─그럼에도 불구하고 너희들은 예전과 마찬가지로 굶

주려하면서 너희 식의 굶주린 건강을 뽐내게 될지도 모른다. 아무튼 결과적으로 활력 있는 건강이 아니라 단식을 통한 건강을 자랑하게 된다(웅변가에 관한 대화Dial. de orator. c. 25). 역사는 너희에게 모든 본질적인 것을 말하고 싶어하지 않았다. 역사는 조소하듯 모습을 감추고 너희들 곁에 서서 이 사람에게는 국가의 활동을, 저 사람에게는 외교 대표부의 보고서를, 다른 사람에게는 연도와 어원과 같은 하나의 실용적인 거미줄을 손에 쥐어주었다. 너희들은 덧셈을 하듯이 역사를 전부 계산할 수 있다고 정말 믿는가. 너희는 상식적 오성과 수학적 교양으로 충분히 이 계산을 할 수 있다고 생각하는가? 아주 잘 알려진 시대의, 그러나 너희가 결코 파악하지 못할 사물들에 관해 다른 사람이 이야기하는 것을 듣는 일이 너희에게는 얼마나 불쾌하겠는가!"

그런데 스스로를 역사적이라고 부르는 경탄할 줄 모르는 이 교양과 모든 위대한 것에 대해 적대적이며 혐오의 말을 내뱉는 속물근성에 잔인하고 흥분한 세 번째 동지가─행복을 향해 질주하는 사람들의 동업조합이─합류하면, 온통 우리를 어지럽게 만들고 모든 관절이 탈구되게 만드는 야단법석이 벌어진다. 그러면 사유하는 사상가는 귀를 막고 눈을 가리고 가장 호젓한 황야로 도망친다─다시 말해 저 사람들이 결코 보지 못할 것을 볼 수 있으며 모든 자연의 계곡과 별들로부터 그에게 울려오는 것을 들어야 하는 곳으로 그는 도망친다. 여기서 그는 자신에게 다가오는 중요한 문제들과 상의하고 협의한다. 이 문제들의 목소리는 비역사적이고 영원하게 또 불쾌하고 섬뜩하게 울려퍼진다. 약자는 이 문제들의 차가운 입김 앞에서 달아나며, 계산하는 자는 이 입김을 느끼지 못하면서 이들을 거쳐 지나가버린다. 그러나 자기 나름대로 이따금 이 문제들과 씨름하는 '교양인'에게 이 문제들은 가장 견디기 어렵다. 그에게는 이 유령들이 개념의 거미줄과 내용 없는 음향도형으로 변한다. 그는 이들을 붙잡고 철학을 가졌다고 잘못 생각하며, 이들을 찾아 이른바 철학사 위를 이리저리 기어오른다.—그러나 그가 드디어 추상개념들과 틀에 박힌 모형들의 구름을 모두 찾아내 쌓아 올렸다고 하더라도—진정한 사상가가 그의 길을 가로막고 그것들을 날려 보내는 일이 그에게 일어날지도 모른다. '교양인'으로서 철학에 종사하는 것이 얼마나 절망적으로 거북한 일인가! 때때로 그에게는 '독일문화'라고 뽐내는 것과 철학의 불가능한 결합이 가능해진 것처럼 보인다. 어떤 잡종이 이 두 영역 사이를 오가며 희롱하고 추파를 던지면서 여기저기서 환상을 엉클어놓는다. 그러나 독일인들이 더 이상 혼란에 빠지지 않겠다고 생각하면, 우선 한 마디 조언이 그들에게 주어질 것이다. 그들은 지금 자신들이 '교양'이라 부르는 모든 것을 보고 스스로 이렇게 물을지도 모른다. 이것이 과연 우리가 오랫동안 열망하던 독일문화인가? 그것이 이 세기의 유일한 철학자인 아르투어 쇼펜하우어가 인정해야 할 정도로 진지하고 창조적이며 독일정신을 구원하고 또 독일적 덕성들을 정화하는 것인가?

너희들은 여기서 철학자를 보게 된다—이제 이 철학자에 합당한 문화를 찾아라! 너희들이 이런 철학자에 합당한 문화가 어떤 종류의 문화여야 하는지를 예감할 수 있다면, 너희는 이미 이 예감 속에서 이미 너희가 가진 모든 교양과 너희 자신에 대해—올바로 심판한 것이다!—

5.
호메로스의 경쟁

머리말

우리가 인간성에 관해 말할 때는 그것이 이미 인간을 자연에서 분리시켜 특징짓는 것일 수 있다는 생각이 그 밑바탕에 깔려 있다. 그러나 그러한 분리는 실제로 존재하지 않는다. '자연적' 특성들과 본래 '인간적'인 것으로 불리는 것들은 떼어놓을 수 없을 정도로 서로 얽혀 하나가 되었다. 인간이 자신의 가장 고귀한 최고의 힘을 가지고 있을 때, 그는 전적으로 자연이며 이 자연의 무시무시한 이중성격을 지니게 된다. 비인간적이라 여겨지는 그의 가공할 능력들조차 아마 비옥한 땅일지 모른다. 그것으로부터만 모든 인간성이 감동과 활동과 작품들을 통해 자라날 수 있는 그런 땅 말이다.

그래서 고대의 가장 인간적인 인간들인 그리스인들은 잔인함의 특성과 호랑이 같은 파괴충동의 특성을 지니고 있다. 이것은 그리스인이 그로테스크한 것으로까지 확대되어 투영된 상, 즉 알렉산드로스 대왕에게서 특히 뚜렷해지는 특성이다. 그러나 이 특성은 그리스의 전체 역사뿐만 아니라 그들의 신화를 통해 현대적 인간성이라는 유약한 개념을 가지고 그들과 맞서는 우리를 공포 속으로 몰

아닐 수밖에 없다. 알렉산드로스가 가자의 용감한 방어자 바티스의 발에 구멍을 뚫도록 하고, 그의 몸을 산 채 자신의 마차에 묶어 병사들의 조소 속에 질질 끌고 가도록 했다면, 그것은 헥토르의 시체를 밤중에 이와 비슷하게 끌고 다니면서 학대한 아킬레우스의─구역질 나는─풍자화이다. 그러나 이 특성 자체도 우리의 감정을 상하게 하고 전율을 불러일으키는 요소를 가지고 있다. 예컨대 우리가 코르키레이아 혁명에서처럼 두 그리스 파당이 지칠 줄 모르고 피비린내 나게 싸우는 것을 볼 때 이와 동일한 느낌을 갖는다. 만약 승자가 도시국가들 간의 싸움에서 전쟁권에 따라 남자 시민들을 전부 처형하고 그 부인과 아이들을 노예로 팔아버린다면, 우리는 이런 권리를 승인하는 것에서 그리스인이 자신의 증오심을 완전히 방출하는 것을 진지한 필연성으로 생각했다는 사실을 알게 된다. 억눌려 팽창된 감정은 그런 순간에 방출되어 가벼워진다. 호랑이가 달려오고, 엽기적인 육욕의 잔인함이 그의 무서운 눈에서 번득거린다. 그리스 조각가는 왜 전쟁과 투쟁들을 그토록 수없이 반복해 형상화할 수밖에 없었으며, 또 증오나 승리의 자만심으로 긴장한 힘줄의 사지를 내뻗고 있는 인간의 육체, 몸을 굽힌 부상자, 마지막 숨을 그렁거리며 죽어가는 자들을 조형할 수밖에 없었는가? 왜 〈일리아스〉의 전쟁 상에서 전체 그리스 세계는 환호성을 지르고 있는가? 나는 우리가 이것들을 충분히 '그리스적'으로 이해하지 못하는 것이 아닌가, 또 우리가 이것들을 일단 그리스적으로 이해하면 전율하게 되지 않을까 우려한다.

그런데 무엇이 모든 헬레니즘적인 것의 모태로 호메로스적 세계의 배후에 놓여 있는가? 우리는 이 세계 속에서 이미 비범한 예술가적 확실성, 선(線)들의 안정과 순수성을 통해 순수하게 질료적인 용해를 넘어선다. 이 세계의 색깔들은 예술적 기만을 통해 더욱 밝고, 부드럽고, 따뜻하게 나타난다. 이 세계의 인간들은 이 따뜻하고 색깔 있는 조명을 받아 더욱 선하고 더욱 호의적으로 보인다. ─그런데 만약 우리가 더 이상 호메로스의 손에 이끌리고 보호받지 않는다면, 우리는 어디를 바라보는가? 뒤돌아 호메로스 이전의 세계 속으로 들어가야 하는가? 오직 밤과 전율에 휩싸여, 잔혹함에 익숙한 환상의 산물들 속으로. 이 역겹고 가공스러운 신통기(神統記)적 전설들은 어떤 지상의 실존을 반영하는가? 그것들은 오직 투쟁, 사랑의 욕망, 착각, 노화와 죽음 같은 밤의 자식들만이 지배하는 삶을 반영한다. 헤시오도스의 시들이 풍기는 거의 숨쉴 수 없는 공기가─델피와 그 밖의 수많은 신전들에서 그리스 위로 불어오는 부드럽고 깨끗한 공기를 전혀 받지 않고─더욱 짙어지고 어두워졌다고 생각해보면, 그리고 이 뵈오치아의 진한 공기를 에트루리아 사람들의 어두운 육욕과 섞으면, 그러한 현실은 우리에게─우라누스, 크로노스와 제우스, 그리고 제우스에 대항한 거인족들의 전쟁이 해방처럼 생각되는─하나의 신화세계를 강요할 것이다. 이 짓누르는 분위기 속에서 투쟁은 행복이며 구원이다. 승리의 잔혹함은 삶의 환호의 정점이다. 그리스적 권리의 개념이 사실은 살인과 살인에 대한 속죄에서 발전했던 것처럼, 고귀한 문화는 첫번째 승리의 월계관을 살인에 대한 속죄의 제물을 바치는 제단으로부터 받는다. 저 피비린내 나는 시대의 배후에서 나온 파도의 고랑은 헬레니즘의 역사 속으로 길게 이어진다. 오르페우스, 무사이오스와 그들의 숭배예식들의 이름들은 투쟁과 잔혹함을 끊임없이 본다는 것이 어떤 결과를 가져오는지를 말해준다―그 결과는 실존에 대한 구토, 속죄의 벌로 이 실존을 파악하는 것, 그리고 실존과 빚진 존재는 같다는 믿음이다. 그러나 바로 이러한 결론들이 특별히 그리스적인 것은 아니다. 이 점에서 그리스는 인도 그리고 더 나아가 동양 전체와 관계가 있다. 그리스의 수호신은 '투쟁과 승리의 삶은 무엇을 원하는가?'라는 물음에 대해 다른 대답을 이미 가지고 있었고 그 대답을 그리스의 전 역사를 통해 제시하고 있다.

이를 이해하기 위해서 우리는 그리스의 수호신이 언젠가 그토록 가공스럽게 존재하는 충동을 인정했고 또 정당한 것으로 생각했다는 사실에서 출발해야 한다. 반면 오르페우스의 어법에는 그 근원에 이런 충동을 가지고 있는 삶은 살 만한 가치가 없다는 사상이 들어 있다. 투쟁과 승리의 쾌락은 인정되었다. 예컨대 그리스 세계를 불화와 시기와 같이 이로부터 파생되는 개개의 윤리적 개념들의 채색보다 더 우리 세계와 분리시키는 것은 없다.

파우사니아스가 그리스를 방랑하면서 헬리콘 산을 방문했을 때, 그리스인들은 그에게 자신들의 최초의 교훈시인 헤시오도스의《작품과 날들》의 고대본을 보여주었다. 그것들은 납판에 새겨졌지만 세월과 풍상에 상해 있었다. 그러나 적어도 그는 이 책이 흔한 다른 책들과는 달리 그 머리에 제우스에 대한 짧은 찬미가 없이 "두 명의 불화의 여신들이 지상에 있다"는 설명으로 시작한다는 사실을 알아낼 수는 있었다. 이것은 가장 주목할 만한 그리스 사상 중 하나이며, 후세의 사람들에게는 그리스 윤리의 대문에 새겨질 만한 가치가 있는 것이었다. "우리가 오성을 가지고 있다면, 우리는 다른 여신을 비난하는 것과 마찬가지로 한 명의 여신을 찬양하고자 할 것이다. 왜냐하면 이 두 여신은 전혀 다른 정서를 갖고 있기 때문이다. 한 여신은 끔찍한 전쟁과 불화를 요구한다. 잔인한 여신! 죽어야 할 운명의 어떤 존재도 이 여신을 당해낼 수 없다. 사람들은 불멸의 신들의 조언에 따라 고통이 주는 압박에 무겁게 짓누르는 이 복수의 여신에게 존경을 표한다. 이 여신은 연장자로서 어두운 밤을 낳았다. 그러나 최고의 지배자 제우스는 다른 여신을 대지의 뿌리와 인간들 편에 훨씬 선한 신으로 세워놓았다. 이 여신은 미숙한 남자를 노동으로 내몬다. 재산이 없는 한 남자는 부유한 다른 남자를 주의깊게 바라보고는, 재빨리 같은 방식으로 씨를 뿌리고 재배하고 집을 손질한다. 이웃은 번영을 추구하는 이웃과 경쟁한다. 이 불화의 여신은 인간들에게 선하다. 도공은 도공을 원망하고, 목공은 목공을 원망한다. 거지는 거지를 시기하고, 가수는 가수를 시기한다."

　　우리 학자들은 증오에 관해 말하고 있는 마지막 두 시구를 이 대목에서 이해할 수 없는 듯하다. 그들의 판단에 따르면 '증오'와 '시기'라는 술어들은 오직 악한 불화의 여신에게만 해당된다. 그러므로 그들은 이 시구를 가짜라고 표시하거나 아니면 우연히 여기에 잘못 삽입되었다고 주장하는 데 주저하지 않는다. 그러나 이 여신은 여기에서 자기도 모르게 그리스적인 것과는 다른 윤리를 만들도록 자극받았음에 틀림없다. 왜냐하면 아리스토텔레스는 이 시구와 관련하여 선한 불화의 여신에 대해 어떤 불쾌감도 느끼지 않기 때문이다. 아리스토텔레스뿐만 아니라 고대 그리스 전체는 증오와 시기에 대해 우리와는 다르게 생각하며, 언젠가 한 명의 불화의 여신을, 다시 말해 인간들로 하여금 서로 적대적인 파멸의 전쟁을 하게 만드는 여신을 악하다고 규정한 헤시오도스처럼 판단한다. 또 그는 질투와 증오와 시기의 여신으로서 인간들로 하여금 행동하도록 자극하지만, 파괴적 투쟁의 행동이 아니라 경쟁의 행동을 하도록 자극하는 다른 여신을 선하다고 규정한다. 그리고 그리스인들은 시기심이 강하여 이 특성을 결함으로 느끼지 않고 선의의 신의 작용으로 느낀다. 우리와 그리스인 사이의 윤리적 판단의 간격이 얼마나 큰가! 시기심이 강하기 때문에 그는 명예, 부, 영광과 행복이 지나칠 때면 언제나 신의 시기적인 시선이 자신을 향하고 있다고 느끼며, 이 시기심을 두려워한다. 이 경우 시기심은 그에게 모든 인간 운명의 무상함을 경고한다. 그는 자신의 행복 앞에서 전율하며, 이 행복 중에서 최선의 것을 희생하면서 신의 시기심 앞에 머리를 숙인다. 이러한 표상이 그의 신들을 그에게 낯설게 만들지는 않는다. 그와는 반대로 이 신들의 의미는 다음과 같이 분명히 표현된다. 그 영혼이 다른 살아 있는 모든 존재에 대한 시기심에 불타 작열하는 인간은 결코 신들과 경쟁을 해서는 안 된다. 예술의 신 뮤즈와 타미리스의 싸움, 아폴론과 마르시아스의 싸움 그리고 니오베의 감동적인 운명 속에는 서로 싸워서는 안 되는 두 힘, 즉 인간과 신의 끔찍한 대립이 나타났다.

그런데 어떤 그리스인이 위대하고 숭고하면 할수록 그의 야심의 불꽃은 더욱 밝게 빛나며, 이 불꽃은 그와 같은 길을 걷고 있는 모든 사람들을 삼켜버린다. 언젠가 아리스토텔레스는 이와 같은 적대적인 경기들의 목록을 대규모로 작성한 적이 있다. 그 중에서도 가장 눈에 띄는 예는 죽은 사람도 산 사람을 파괴적인 시기심에 불타도록 자극할 수 있다는 것이다. 아리스토텔레스는 콜로폰인 크세노파네스와 호메로스의 관계를 그렇게 서술했다. 만약 우리가 훗날 플라톤처럼 무시무시한 욕망을 이 공격의 뿌리로 생각한다면, 즉 몰락한 시인의 자리를 스스로 차지하고 그의 명예를 계승하고자 하는 이 엄청난 욕망을 공격의 근원으로 생각한다면, 우리는 시예술의 국민적 영웅에 대한 이와 같은 공격을 제대로 이해하지 못한다. 모든 위대한 그리스인이 계속해서 경쟁의 횃불을 전달한다. 모든 위대한 덕성에서 새로운 위대함의 불꽃이 타오른다. 청년 테미스토클레스가 밀티아데스의 월계관 생각 때문에 잠을 이룰 수 없었을 때, 일찍 일깨워진 그의 충동은 아리스티데스와의 오랜 경쟁을 통해 비로소 그의 정치적 행위의—유일하게 주목할 만하고 순수 본능적인—천재성으로 방출되었던 것이다. 투키디데스는 우리에게 이 천재성을 서술해준다. 페리클레스의 유명한 적수가 "당신과 페리클레스 중 누가 최고의 씨름꾼인가"라는 질문에 대한 다음과 같은 그의 답은 얼마나 독특한가. "설령 내가 그를 내던진다고 하더라도, 그는 패배했다는 사실을 부인할 것이고, 그의 패배를 목격한 사람들조차도 설득하여 자신의 의도를 성취할 것이다"라고.

우리가 아무런 꾸밈 없이 소박하게 표현되는 저 감정을 보고자 한다면, 즉 그것 없이는 국가 안녕이 유지되지 못하는 경쟁의 필연성에 관한 감정을 보고자 한다면, 패각(貝殼)추방의 본래적 의미를 생각하면 된다. 예를 들면 에페수스 사람들은 헤르모도르를 추방하면서 그 의미를 이렇게 말한다. "우리 가운데서는 어느 누구도 최강자가 되어서는 안 된다. 만약 누군가가 그렇다면 그는 다른 곳에서 다른 사람들에게서 그래야 한다." 왜 아무도 최강자가 되어서는 안 되는가? 그렇게 되면 경쟁이 말라서 고갈되고, 헬레니즘 국가의 영원한 생명근거가 위험해지기 때문이다. 훗날 패각추방은 경쟁에 대해 다른 태도를 갖게 된다. 서로 경쟁하는 위대한 정치인과 당수들 중 한 사람이 싸움의 열기에 달아올라 유해하고 파괴적인 수단을 사용하거나 위협적인 정변을 일으킨 위험이 분명해질 때 패각추방이 적용된다. 이 특별한 제도의 본래적 의미는 조절장치의 의미라기보다는 자극수단의 의미이다. 사람들은 힘들의 경쟁이 되살아날 수 있도록 뛰어난 개인을 제거한다. 현대적 의미에서 천재의 '독점'에 적대적인 사상은 사물들의 자연적인 질서 속에는 서로의 활동을 자극하는 천재들이 항상 여럿 있게 마련이며 또 그들은 서로 중용의 한계를 지킨다는 사실을 전제한다. 이것이 그리스적 경쟁-표상의 핵심이다. 이 사상은 일인지배를 혐오하며, 그것이 지닌 위험을 두려워한다. 이 사상은 천재에 대한 **보호수단**으로―제2의 천재를 욕망한다.

　모든 재능은 싸우면서 만개해야 한다. 이렇게 그리스의 국민교육은 지시한다. 반면 현대의 교육자들은 그 어떤 것보다도 소위 명예욕이 폭발하는 것에 대한 두려움에 가득 차 있다. 여기서 사람들은 이기심을 '악 자체'로서 두려워한다―이 점에서 고대인들과 같은 생각을 가지고 있으며 또 그렇기 때문에 우리 시대의 가장 효과적인 교육자일지도 모르는 예수회원들은 예외이다. 그들은 이기심, 즉 개인적인 것은 단지 가장 강력한 동인일 뿐이며, 이기심의 성격이 '선'하거나 '악'할 수 있는 것은 본질적으로 그것이 추구하는 목표에 달려 있다고 믿는 것처럼 보인다. 그러나 고대인들에게는 투쟁적 교육의 목표는 전체, 즉 국가사회의 안녕이었다. 예를 들면 모든 아테네 사람은 아테네에 최고로 유익할 수 있거나 아니면 적어도 해를 가져오지 않도록 경쟁을 통해 자기를 발전시켜야 했다. 대부분의 현대적인 명예욕이 그런 것처럼 헤아릴 수 없을 정도로 무한한 명예욕은 없었다. 경주를 하거나 창을 던지거나 노래를 할 경우에 청년은 모국의 복지를 생각했다. 그는 자신의 명예 속에서 모
5 국의 명예를 높이고자 했다. 그는 경기 심판관들이 머리에 얹어준 명예의 월계관들을 국가의 신들에게 헌정했다. 모든 그리스인은 국가들 간의 경쟁에서 모국의 안녕을 위한 도구이고자 하는 불타는 희망을 어려서부터 자신의 내면에서 느꼈다. 이를 통해 그의 이기심의 불길은 잦아들었으며, 이를 통해 그의 이기심은 통제되고 제
10 한되었다. 고대의 개인들은 자신들의 목표가 가까이 있고 잡을 수 있었기 때문에 더욱 자유로웠다. 이와 반대로 현대인은 어디에서나 엘레아인 제논의 비유에서 발빠른 아킬레우스와 마찬가지로, 무한성의 장애에 부딪힌다. 무한성이라는 것이 그를 방해한다. 그는 결코 거북이를 따라잡을 수 없다.
15 그런데 교육받는 청년들이 서로 경쟁하면서 교육되었던 것처럼, 교육자들 역시 상호 경쟁관계에 있었다. 음악의 위대한 대가들인 핀다로스와 시모니데스는 서로 시기하고 의심의 눈길을 보내며 마주 서 있고, 고대의 수준 높은 교사인 지혜론자는 경쟁을 통해 다른 지혜론자와 만난다. 가장 일반적인 훈계방식인 연극을 통한 교육마
20 저도 오로지 위대한 음악예술가와 연극예술가들의 거대한 투쟁의 형식으로만 민중들에게 베풀어졌다. 얼마나 놀라운 일인가! '예술가들조차 예술가를 증오한다.' 그런데 현대인은 예술가에게서 오직 개인적 투쟁의 충동만을 두려워하는데 반해, 그리스인은 오로지 개인적 투쟁 속의 예술가만을 알 뿐이다. 현대인이 예술작품의 약점을

예감하는 곳에서 그리스인은 그것이 지닌 최고의 힘의 원천을 찾지 않는가! 예컨대 플라톤의 《대화》에서 특별히 예술가적 의미를 지닌 것은 대개 웅변가와 지혜론자 그리고 그 당시 극작가의 예술에 대한 경쟁심의 결과이다. 그가 이들을 고안해낸 목적은 궁극적으로 다음과 같이 말할 수 있기 위해서였다. "보아라, 내 위대한 경쟁자들이 할 수 있는 것은 나도 할 수 있다. 그렇다, 나는 그들보다 더 잘할 수 있다. 어떤 프로타고라스도 나보다 더 아름다운 신화를 지어내지 못했고, 어떤 극작가도 이 철학적 대화의 《향연》과 같은 활력 있고 감동적인 전체를 만들어내지 않았으며, 어떤 연설가도 내가 《고르기아스》에서 한 것과 같은 연설을 하지 않았다—나는 이제 이 모든 것을 통틀어 비난하며, 이 모든 것은 모방하는 예술에 불과하다고 매도한다! 오직 경쟁만이 나를 시인으로 만들고, 지혜론자로 만들고, 웅변가로 만든다!" 우리가 예술작품의 개념과 경쟁의 관계에 관해 묻는다면, 어떤 문제가 해명되는가! —

그러나 만약 우리가 그리스적 삶에서 경쟁을 제거한다면, 우리는 호메로스 이전의 심연, 즉 증오와 파괴욕의 소름끼치는 야만성의 심연을 보게 된다. 이런 현상은 위대한 인물이 빛나는 행동을 통해 갑자기 경쟁에서 멀어지고 또 자신과 동료들에 의해 경쟁력에서 벗어났다고 판단될 때 유감스럽게도 종종 나타난다. 그 효과는 거의 예외 없이 가공할 만한 것이다. 우리는 이러한 효과들에서 그리스인은 명예와 행복을 견딜 수 없다는 결론을 끌어내지만, 더 정확하게는 다음과 같이 말해야 한다. 그리스인은 지속적인 경쟁 없이는 명예를 견뎌낼 수 없었으며, 경쟁이 끝났을 때의 행복을 견딜 수 없었다. 밀티아데스의 마지막 운명보다 더 분명한 예는 없다. 마라톤에서 비길 데 없는 성공을 거두어 고독한 정상에 서서 모든 동료 경쟁자를 훨씬 능가했을 때, 그는 자신의 내면에서 어릴 적부터 적대적인 관계에 있던 한 파로스 시민에 대한 저열한 복수심이 깨어나는 것을 느낀다. 이 충동을 충족시키기 위해 그는 명망, 국가의 재산, 시민들의 존경을 오용하고 스스로 불명예스럽게 된다. 실패의 감정 속에서 그는 비열한 음모를 꾸민다. 그는 농업의 여신 데메테르의 사제인 티모와 불경스러운 밀약을 맺어 어떤 사람도 들어가서는 안 되는 신성한 신전을 밤중에 침범한다. 그가 담을 넘어 여신의 성전에 가까이 다가갔을 때, 갑작스러운 공포의 섬뜩한 전율이 그를 갑자기 엄습한다. 거의 탈진해 아무런 의식도 없는 상태에서 그는 자신이 밀쳐지는 듯함을 느끼고, 다시 담을 뛰어넘다가 쓰러져 마비되어 중상을 입는다. 포위망은 해제되었고, 민중재판이 그를 기다린다. 그리고 치욕스러운 죽음의 낙인이 그의 찬란한 영웅적 생애에 찍혀, 이 생애는 모든 후세에게 가려진다. 마라톤의 전투 후 천상의 존재들의 시기가 그를 사로잡았던 것이다. 어떤 경쟁자도 적도 없는 인간이 고독한 명예의 정점에 서 있는 것을 보았을 때, 이 신의 시기심에 불이 붙었다. 이제 그의 옆에는 오직 신들만이 있을 뿐이다.─그는 신들을 적으로 만든다. 신들은 그를 오만의 행동으로 유도하고, 그는 이 오만 속에서 파멸한다.

아마 우리는 가장 고귀한 그리스 국가들이 업적과 행복을 통해 경주에서 벗어나 승리의 여신 니케의 신전에 이르렀을 때, 밀티아데스가 몰락한 것처럼 그들 역시 멸망하리라는 사실을 진술해야 할 것이다. 동맹국들의 독립성을 파괴하고 패배자들의 봉기를 엄격하게 징벌했던 아테네, 에고스포타모이의 전투 후 더욱 강하고 잔인한 방식으로 그리스에 대한 자신의 우월성을 주장했던 스파르타는 밀티아데스의 예에 따라 오만스런 행동들로 인해 자신들의 멸망을 불렀다. 그것은 시기와 질투와 경쟁하는 명예욕이 없다면 그리스 국가는 그리스인과 마찬가지로 타락한다는 사실을 증명했다. 그리

5   스 국가는 사악하고 잔인해지며, 복수심에 불타 패덕하게 된다. 간단히 말해, 그것은 '전(前)호메로스적'이 된다─그러면 이 국가를 쓰러뜨리고 파멸시키기 위해서는 갑작스러운 공포만 필요할 뿐이다. 스파르타와 아테네는 테미스토클레스와 알키비아데스가 그랬던 것처럼 페르시아로 망명한다. 그들은 가장 고귀한 그리스적 근

10   본사상, 경쟁을 포기하고 난 후 그리스적인 것을 배반한다. 그리고 그리스 역사의 거친 복제이고 약어인 알렉산드로스는 이제 평범한 그리스인, 이른바 '헬레니즘'을 발명한다. ─

                    1872년 12월 29일 글을 마치면서

주간지 《새로운 왕국에서》의 편집자에게
드리는 신년사

　　알프레드 도베Alfred Dove 씨는 의족을 한 듯 뻣뻣하게 씌어졌을
뿐만 아니라 모든 면에서 두려움을 일깨우는 글 〈독일의 정신노동
에 부치는 신년사〉에서 결국 정말 치욕적인 방식으로 미끄러져 넘
어지면서 다음과 같은 어투로 폭발하는 불행을 겪었다.

　　　"우리는 지난해 그래도 효과적인 경고들이 있었다고 언급
해야만 한다. 저명한 물리학자 칠너Zöllner는 천문학, 인식
론, 윤리학 이론이 혼합되어 있지만 전체적인 인상으로 볼
때 물론 대단한 책에서 매우 순수한 열정에 휩싸여 동료들에
게 자기 성찰과 그들의 관습이 가졌던 예전의 단순함으로 돌
아가라고 호소하는 참회의 설교를 행했다. 뮌헨의 의사인 푸
쉬만Puschmann은 최근 더욱 가혹하고 또 잔인할 정도로 예
리하게 리하르트 바그너의 과대망상을 이론적으로 증명하고
분쇄하려고 시도했다. 그것은 살아 있는 사람에 대한 인간적
재판으로는 너무 대담한 것이지만, 그래도 그는 가장 죄가
많은 사람을 끄집어냈다고 말해도 될 것이다. 두 책은 비록
많은 화를 불러일으켰지만 경고하는 힘만으로도 대단히 높
이 평가되어야 한다. 그것들은 반드시 유익한 효과를 발휘해
야 한다."

칠너의 고귀한 이름이 자격 없는 사람들의 손에 의해 역겨운 무리에 끼게 되었다는 사실에 우선 심심한 유감을 표한다. 그러나 거듭해서 우리의 놀라움을 터뜨리는 것 외에 달리 길이 없다. 어떻게? 편집인 도베, 그리고 적어도 그가 고려한 독자 집단은 특이한 별종이며 놀라운 별종임에 틀림없지 않은가? 다른 어떤 편집자도, 가장 사려 깊은 편집자와 가장 타락한 편집자조차도, 푸쉬만에 대한 자신의 취향을 그렇게 자유롭고 열정적으로 감히 고백하지는 않았다. 그렇게 하는 것이 예절에 어긋나는 것이라고 믿었기 때문임이 분명하다. 그렇다면 도베 씨는 그처럼 '자유로운' 열정으로 스스로를 어떤 종류의 청중으로 낮추는 것인가? '새로운 왕국'의 독자로. 이 새로운 왕국의 자기 집에서 편집자와 독자들끼리 있을 때면, 사람들은 그런 자유들을 즐기는 것처럼 보인다. 다른 경우에 그들은 단지 불쾌감을 유발하거나 구토를 불러일으킬 것이다. 불명예스러운 설립자 파울 린다우Paul Lindau조차도 유사한 욕망을 단지 간접적으로, 다시 말해 입증된 스캔들 제조자 푸쉬만을 자신의 스캔들 제조 동업자 명단에 포함시킴으로써만 드러낼 수 있었을 것이다. 그런 욕구가 있었다고 변명할 수도 있을 것이다. '현재'는 푸쉬만을 필요로 한다―스캔들 위에 설립된 것은 그런 욕구들을 가진다. 욕구들이여 미안하네! 그렇지만 알프레드 도베의 방식으로 푸쉬만을 공격할 욕구 없이 그와 공개적으로 악수하는 것―만약 그것이 필요하지 않았다면 가능한가? 어떤 영혼의 의사가 여기서 정보를 줄 수 있는가? 그것이 과연 필요했는가? 그 독자들은 감수성이 강한 알프레드 도베에게 어떤 강제를 행사했는가?―전혀 수사학적인 의도로 제기되지 않은 이 물음들이 대답되기 전에 우리는 우선 뮌헨의 '정신의학 전문가들'에게 새로운 동료 알프레드 도베를 얻게 된 것을 축하한다. 그는 신년사에서 마찬가지로 의사와 전문가로 행세했다. 그들은 함께 성장하고 번영할지어다. 푸쉬만과 도베, 도베와 푸쉬만은 얼마나 잘 어울리는 한 쌍의 동료인가? 우리가 두 사람에게 새해에 축원해주는 것처럼, 그들은 서로를 장려하기 위해서도 특히 학문적인 것처럼 들리는 떠버리 장사를 통해 자신들이나 (또는 자신들의 인쇄물을) 유통시킬 수 있는 가장 효과적인 비밀수단에 관해 조만간 은밀하게 의견을 교환해야 할 것이다. 그토록 장엄한 어투로 언급된 푸쉬만의 정신을 헛되이 불러낸 것은 분명 아닐 것이다. 장차 그는 '새로운 왕국'의 독자들이 가진 자연스럽지 못한 취향을 정신의학적으로 만족스러운 방식으로 해결하는 막중한 과제에서 알프레드 도베 씨를 지원해야 할 것이다.

교수 프리드리히 니체

그리스 비극 시대의 철학

아주 먼 옛날 사람들의 경우 그들을 전적으로 인정하거나 비난하려면 그들의 목표를 아는 것으로 충분하다. 우리와 가까운 시대 사람들의 경우에는 그들의 목표를 촉진시키기 위해 사용하는 수단에 따라 우리는 그들을 판단한다. 우리는 종종 그들의 목표를 비난하면서도 그들의 의지 수단과 방식 때문에 그들을 좋아한다. 그런데 철학적 체계들은 오직 그 창설자들에게만 전적으로 참이다. 훗날의 모든 철학자에게 그것은 으레 위대한 오류이고, 우둔한 사람들에게는 오류와 진리의 합계이다. 아무튼 그것은 최고의 목표로서는 하나의 오류이며, 이 점에서는 비난받을 만하다. 그렇기 때문에 많은 사람들은 어떤 철학자라 하더라도 비난하는데, 그것은 그들의 목표가 자신들의 목표가 아니기 때문이다. 그들은 멀리 서 있는 사람들이다. 이와는 반대로 위대한 사람들에게서 기쁨을 느끼는 사람들은 그들의 체계가 전적으로 오류라고 할지라도, 그것에서 역시 즐거워한다. 이 체계들에는 전혀 반박할 수 없는 점이 하나 있는데, 그것이 바로 개인적인 분위기이며 색깔이라는 것이다. 우리가 어떤 장소에서 자라는 식물을 보고 그 땅을 추론할 수 있듯이 철학자의 인상을 알아내기 위해 이 분위기와 색깔을 사용할 수 있다. 그 사는 방식과 인간사를 바라보는 방식은 어쨌든 과거에도 있었으며, 따라서 가능하다. '체계'라는 것은 바로 이와 같은 땅의 식물이거나 적어도 이 체계의 한 부분이다.

나는 그와 같은 철학자들의 역사를 단순화시켜 이야기하려 한다. 나는 인격의 일부이기도 한 관점, 또 반박할 수 없고 이의의 여지가 없는 것에 속해 역사가 보전해야만 하는 관점만을 그 체계에서 끄집어내어 부각시키고자 한다. 그것은 비교를 통해 저 본성들을 되찾고 재창조하고, 또 그리스적 본성의 다음(多音)이 다시 울려퍼지도록 하기 위한 하나의 시작이다. 우리가 항상 사랑해야 하고 존경해야 하는 것, 훗날의 어떤 인식을 통해서도 우리에게서 박탈할 수 없는 것, 즉 위대한 인간을 해명하는 것이 과제인 것이다.

고대 그리스 철학자들의 이야기를 하고자 하는 이 시도는 매우
간결하다는 점에서 유사한 다른 시도들과 구별된다. 우리가 다루는
모든 철학자에게서 오로지 소수의 학설만을 언급함으로써, 간단히
말해 불완전하게 서술함으로써 이 간결함에 이르렀다. 그렇지만 한
철학자의 인격적인 것이 가장 강렬하게 반영되어 있는 학설들이 엄
선되었다. 이에 반해 편람의 통상적인 방식처럼 전래된 모든 학설
을 가능한 한 완전하게 열거하려 한다면, 그것은 단지 인격적인 면
을 완전히 침묵하게 만들 뿐이다. 그럼으로써 이 보고서들은 매우
단조로워진다. 왜냐하면 부정된 체계들에서 우리의 관심을 끌 수
있는 것은 오직 인격적인 것이며, 또 이것은 영원히 부정될 수 없는
것이기 때문이다. 세 가지 일화만으로도 한 인간의 상을 그리는 것
은 가능하다. 나는 모든 체계에서 일화 세 개를 끄집어내려 시도할
것이며 나머지는 포기할 것이다.

1.

철학을 반대하는 사람들이 있다. 사람들은 이들의 말에 귀를 기울인다. 이 사람들이 병든 독일의 지성인들에게 형이상학을 금하면서 괴테처럼 자연을 통한 순화나 또는 리하르트 바그너처럼 음악을 통한 구원을 설파할 때 특히 그렇다. 민족을 치유하고자 하는 의사들은 철학을 배척한다. 그러므로 철학을 정당화하고자 하는 사람은 건강한 민족들이 무엇 때문에 철학을 필요로 하고 또 사용해왔는가를 보여주어야 한다. 만약 그가 이를 보여줄 수 있을 경우에는, 환자들 자신도 아마 이 철학이 유독 그들에게 유해한 이유에 관한 유익한 통찰을 얻을 수 있을 것이다. 철학이 전혀 필요 없거나 또는 철학을 유희로 적당하게 사용함으로써 생길 수 있는 건강의 예들은 물론 상당하다. 로마인들은 전성기에 철학 없이 살았다. 그렇지만 한 민족이 병들었을 때 철학이 이 민족에게 잃어버린 건강을 되찾아준 예들을 어디에서 발견할 수 있단 말인가? 철학이 정말 도움을 주고 구원이 되고 보호막으로 나타난다면, 그것은 건강한 사람들에게 그러할 뿐이다. 철학은 항상 병든 사람들을 더욱 병들게 만든다. 만약 한 민족이 분열되어 그 구성원인 개인과 느슨하게 결합되어 있다면, 철학은 결코 이 개인들을 전체로 다시 긴밀하게 결속시키지 않았다. 만약 어떤 사람이 자의적으로 떨어져나와 자신의 주위에 자족의 울타리를 쳤다면, 철학은 항상 그를 더욱 더 고립시키고 이 고립을 통해 그를 파괴시킬 용의가 있었다. 철학이 자신의 완전한 정당성을 갖지 못한 곳에서 철학은 위험하다. 물론 모든 민족은 아니지만 한 민족의 건강만이 철학에 이 정당성을 부여한다.

우리는 이제 한 민족에게서 건강하다는 것이 무엇을 의미하는지에 관한 저 최고의 권위를 살펴보기로 하자. 진정한 의미에서 건강한 사람들인 그리스인들은 그들이 철학했다는 사실을 통해 단번에 철학 자체를 정당화했다. 그것도 다른 모든 민족들보다도 훨씬 더 확고하게 철학을 정당화했다. 이 민족들은 제때 중단할 수조차 없었다. 왜냐하면 그들은 궁핍의 시기에도 마치 철학의 열렬한 숭배자인 것처럼 행동했기 때문이다. 그들은 마치 이미 기독교 교리를 경건하게 변호하고 성스럽게 캐묻는 것이 철학이라고 이해하는 것 같았다. 철학을 제때 중단할 수 없었기 때문에, 그들은 야만적인 후세에 미칠 수 있는 자신들의 공적을 매우 축소시켰다. 왜냐하면 미숙하고 성급한 청년기에 있는 이 후세는 예술적으로 섬세하게 짜여진 그물과 올가미에 갇혀 있어야 했기 때문이다.

이와는 반대로 그리스인들은 철학을 제때 시작할 줄 알았다. 그들은 언제 철학을 시작해야만 하는가에 관한 이론을 다른 어느 민족보다 분명하게 제시한다. 다시 말해 불쾌감에서 철학을 추론한 몇몇 사람들이 잘못 생각한 것처럼, 불행한 시기에 비로소 철학을 시작해서는 안 된다는 것이다. 철학은 오히려 행복할 때, 성숙한 장년기에, 용감하고 성공적인 장년기의 열렬한 명랑함에서 시작해야 한다. 바로 이러한 시기에 그리스인들이 철학했다는 사실은 우리에게 그리스인들 자신에 관해서뿐만 아니라 철학의 본질이 무엇이고 철학이 무엇이어야 하는가에 관해 가르쳐준다. 우리 시대의 학식 높은 속물들이 흔히 상상하는 것처럼 그리스인들이 냉정하고 영리하기 짝이 없는 실천가와 명랑한 사람들이었다면, 또는 학식 없는 공상가들이 즐겨 추정하듯이 그리스인들이 향락적인 탐닉과 오락과 느낌 속에서 살았다면, 철학의 원천이 결코 그리스인들에게서 만천하에 드러나지 않았을 것이다. 그렇다면 기껏해야 곧 모래 속으로 스며들어버리거나 안개 속으로 증발해버리는 실개울만 있었지, 우리가 그리스 철학으로 알고 있는 저 당당한 물결로 흘러내리는 드넓은 강은 결코 존재하지 못했을 것이다.

그런데 그리스인들이 얼마나 많은 것을 동양의 외국에서 발견하고 배울 수 있었으며 또 그들이 얼마나 많은 것을 그곳에서 가져왔는가를 지적하는 데 열성인 사람들이 있다. 동양 출신 선생과 서양 출신 학생을 결합시켜서, 헤라클레이토스와 함께 있는 조로아스터를, 엘레아 학파 곁에 인도인들을, 엠페도클레스 옆에 이집트인들 또는 유태인들 속에 있는 아낙사고라스와 중국 사람들 가운데 있는 피타고라스를 상상해 보자. 물론 멋진 광경이 연출될 것이다. 개별적으로는 별로 문제가 되지 않는다. 그러나 철학이 그리스에 수입되었을 뿐이고 자생적으로 성장한 것이 아니며, 그래서 철학은 낯선 것으로서 그리스인들을 발전시키기보다는 오히려 파괴시켰다는 주장으로 우리를 괴롭히지만 않는다면, 우리는 모든 생각을 용납할 수도 있다. 그리스인들이 토착 문명을 이룩했다는 주장처럼 어리석은 것은 없다. 그들은 오히려 다른 민족들의 모든 문명을 자신 속에 흡수했다. 그들은 창을 다른 민족이 놓아두었던 곳에서 더 멀리 던질 줄 알았기 때문에 더욱 발전할 수 있었다. 그들은 경이로울 정도로 알차게 배우는 기술을 가지고 있다. 그러므로 우리는, 그들처럼 학자적인 인식을 위해서가 아니라 삶을 위해서, 우리의 이웃에게 배워야 한다. 그리고 우리가 배운 모든 것을 이웃보다 더 높게 우뚝 설 수 있는 받침대로 이용해야 한다. 철학의 시원에 관한 물음들은 전혀 중요하지 않다. 왜냐하면 시원에는 어디에나 거친 것, 조야한 것, 공허한 것, 추한 것이 들어 있기 마련이기 때문이다. 그리고 어떤 사물에서나 오로지 더 높은 단계들만이 탐구할 가치가 있기 때문이다. 그리스 철학 대신 오히려 이집트 철학과 페르시아 철학에 종사하는 사람은 대개 그리스 철학이 '더욱 시원적이고' 아무튼 더 오래되었기 때문에 거기에 종사한다고 하는데, 그리스의 훌륭하고 심오한 신화를, 이 신화의 시원에까지 추적하기보다는 태양, 번개, 날씨와 안개처럼 사소한 물리적인 요소들로 환원시켜 알기 전에는 이 신화의 의미에 관해 안심하지 못하는 사람들처럼 그는 사려 깊지 못한 방법을 사용한다. 그런데 이 신화의 시원들은 예컨대 그리스인들의 다신주의적 종교보다는 온화한 인도게르만족에게서 나타나는, 하나의 천공에 대한 제한적 숭배에서 좀더 순수한 종교의 형식을 발견했다고 생각한다. 시원에 이르는 길은 어디에서나 야만으로 통한다. 또한 그리스인들을 연구하는 사람은 어느 시대를 막론하고 절제되지 않은 지식 충동이 지식에 대한 증오와 마찬가지로 우리를 야만화하며, 또 그리스인들은 삶에 대한 배려, 즉 이상적인 삶의 욕구를 통해 본래 제어할 수 없는 자신들의 지식 충동을 절제했다는 사실을 항상 명심해야 한다.—왜냐하면 그들은 자신들이 배운 것을 곧바로 삶으로 실천하고자 했기 때문이다. 그리스인들은 또한 문화인으로서 그리고 문화의 목표를 가지고 철학했다. 그러므로 그들은 그 어떤 토착적인 암흑으로부터 철학과 학문의 요소들을 다시 한번 발명하는 대신, 좀더 고차적인 의미와 더욱 순수한 영역에서 자신들 스스로 창조자가 될 수 있도록 수용한 것을 충족시키고 상승시키고 고양시키고 순화시키는 데 몰두했다. 다시 말해 그들은 전형적인 철학자적 지성을 만들어냈으며, 이후의 모든 세대는 그들이 발견한 것 외에 어떤 본질적인 것도 더 발견하지 못했다.

우리가 고대 그리스의 대가인 탈레스, 아낙시만드로스, 데모크리토스와 소크라테스의 집단처럼 놀라울 정도로 이상화된 철학자 집단을 언급하게 되면, 모든 민족은 부끄러워할 것이다. 이 모든 사람은 같은 대리석에서 조각된 것처럼 동일한 성격을 가지고 있다. 그들의 사유와 성격 사이에는 엄밀한 필연성이 지배하고 있다. 당시에는 철학자나 학자 신분이 따로 존재하지 않았기 때문에 그들을 구속할 규약이 없었다. 그들 모두는 당시 오직 인식을 위해 살았던 유일한 사람들로서 위대한 고독 속에 은둔하고 있다. 그들 모두는 고대 현인들의 덕성의 힘을 소유하고 있는데, 이 힘을 통해 자신의 고유한 형식을 발견하고 또 이 형식을 여러 가지 방식으로 변형시켜 아주 섬세하고 위대하게 만들어가는 데 후세 사람들을 능가한다. 왜냐하면 그 어떤 유행도 그들을 도와 일을 덜어줄 정도로 호의적이지 않았기 때문이다. 따라서 그들은 쇼펜하우어가 학자들의 공화국에 대립하는 천재들의 공화국이라고 일컬었던 바로 그것을 함께 형성했다. 한 명의 거인이 황량한 여러 시대의 간격을 두고 다른 거인을 소리쳐 부르면서, 그들 발치에서 기어다니고 있는 경망스럽고 요란한 난장이들을 개의치 않고 고고한 정신의 대화를 계속한다.

이 고고한 정신들의 대화에 관해, 나는 제대로 듣지 못하는 현대인들이 과연 이 대화의 어떤 것을 제대로 알아듣고 이해할 수 있는지 이야기하기로 작정했다. 물론 나는 아주 최소의 것만을 이야기할 것이다. 탈레스에서 소크라테스에 이르는 저 고대의 현인들은 이 몇 마디를 통해, 그것이 비록 가장 일반적인 형식으로 논의된다고 할지라도, 우리가 헬레니즘의 고유한 특성이라고 생각하는 것을 서술하는 것처럼 보인다. 그들은 자신들의 인격뿐만 아니라 대화 속에도 그리스 수호신의 위대한 특징들을 새겨 넣었다. 이 주조된 특징들이 지닌 그림자 같은 자국과 윤곽이 흐릿해져 불분명하게 복제된 것이 바로 전체 그리스 역사이다. 만약 우리들이 그리스 민족의 전체 삶을 올바로 해석한다면, 항상 그들의 최고 천재들을 통해 찬란하게 빛나는 상만 반영될 뿐이라는 사실을 발견하게 될 것이다. 그리스 땅에서 이루어진 철학의 첫번째 체험, 즉 일곱 현인들의 조처는 헬레니즘의 상에 그어진 잊혀질 수 없는 뚜렷한 선이다. 다른 민족들에게 성인이 있다면, 그리스인들에게는 현인들이 있다. 그래서 정당하게도 사람들은 이렇게 말한다. 한 민족은 위대한 사람들을 통해서뿐만 아니라 이 민족이 그들을 인식하고 존경하는 방식에 의해서 특징지워진다. 그 외의 다른 시대들에서 철학자는 언제나 적대적인 환경 속에 처해 있는 우연하고 고독한 방랑자다. 그는 몰래 숨어 다니거나 주먹을 불끈 쥐고 헤쳐나간다. 오로지 그리스인들에게서만 철학자는 우연적이지 않다. 만약 철학자가 기원전 6세기와 5세기 세속화의 엄청난 위험과 유혹의 시기에 나타나, 트로포니오스의 동굴에서 그리스 식민지의 사치, 발견의 행운, 풍요와 감성의 한가운데로 걸어 나온다면, 우리는 그가 고귀한 경고자로서 온다는 것을 예감할 것이다. 이 철학자가 온 목적은 바로 이 시기에 비극이 탄생하게 된 목적과 동일하며, 오르페우스의 밀교들이 그들의 관습에 관한 기괴한 상형문자들을 통해 알려주고 있는 목적과 같다. 삶과 실존 일반에 관한 이 철학자들의 판단은 현대의 판단보다 훨씬 많은 것을 말해준다. 왜냐하면 그들은 풍요롭게 완성된 삶을 눈앞에 가지고 있었기 때문이며, 또 사상가의 감정이 우리들에게서와는 달리 그들에게서는 자유, 아름다움, 삶의 위대함에 대한 소망과, '삶이란 도대체 무슨 가치가 있는가?'라고 묻기만 하는 진리에 대한 충동 간의 분열 때문에 혼란에 빠지지 않았기 때문이다. 철학자가 통일된 양식을 가진 실제 문화 속에서 충족시켜야 할 과제가 무엇인지는, 우리가 이와 같은 문화를 전혀 가지지 않은 까닭에 우리의 상태와 체험으로는 도저히 알아낼 수 없다. 오직 그리스 문화 같은 문화만이 철학자들의 과제에 관한 물음에 답할 수 있을 뿐이다. 내가 이미 말한 바와 같이 오직 그와 같은 문화만이 철학을 정당화할 수 있다. 그것은 이 문화만이 철학자가 왜 자의적으로 이곳저곳으로 돌아다니는 우연한 방랑자가 아닌지를 알고 증명할 수 있기 때문이다. 철학자를 진정한 문화에 묶어놓는 확고한 필연성이 존재한다. 그러나 만약 이 문화가 존립하지 않는다면, 그때는 어떠한가? 그때 철학자는 두려움을 불러일으키는 예측 불가능한 혜성이 될 것이다. 반면 잘 된 경우에 그는 문화의 태양계 내에서 중심 별로 빛날 것이다. 그러므로 그리스인들은 철학자를 정당화한다. 그들에게서만 철학자가 혜성이 아니기 때문이다.

2.

　이러한 고찰을 하고 난 다음에는 내가 플라톤 이전의 철학자들을
마치 서로 속해 있는 하나의 집단처럼 이야기하고 또 이들에게만
이 글을 바치려고 생각한다고 아무런 거리낌없이 여겨질 것이다.
플라톤으로 전혀 새로운 것이 시작된다. 또는 탈레스에서 소크라테
스에 이르는 천재들의 공화국과 비교해볼 때, 플라톤 이래로 철학
자들에게는 본질적인 것이 결여되어 있다고 말해도 마찬가지로 정
당할 것이다. 저 고대의 대가들을 시기하는 말을 하고자 하는 사람
은 그들을 편협한 사람들이라 부르고, 플라톤을 선두로 하는 아류
들을 박식한 사람들이라 부를 것이다. 그렇지만 후자를 철학적 잡
종들로, 전자를 철학자의 순수 유형으로 파악하는 것이 좀더 옳고
공정할 것이다. 플라톤 자신은 최초의 위대한 잡종 철학자이며, 이
러한 성격은 그의 인격뿐만 아니라 철학에도 각인되어 있다. 소크
라테스적 요소들과 피타고라스적 요소들, 그리고 헤라클레이토스
적 요소들이 그의 이데아론 속에 결합되어 있다. 그렇기 때문에 이
데아론은 결코 전형적으로 순수한 현상이라고 할 수 없다. 플라톤
은 인간으로서도 군왕처럼 고립되어 지극히 자족적인 헤라클레이
토스의 특징들과, 우울증적일 정도로 동정심이 많고 입법자적인 피
타고라스의 특징들, 그리고 영혼을 탐구하는 변증론자인 소크라테
스의 특징들을 혼합하여 보여준다. 이후의 철학자들은 모두 이와
같은 잡종들이다. 예컨대 그들 중에서 견유학파의 철학자들처럼 편
협한 요소가 등장하는 곳에서도 이 요소는 전형이라기보다는 일종
의 풍자이다. 그런데 이보다 훨씬 더 중요한 사실은 그들이 이단종

교의 창립자들이며, 이들이 창립한 이단종교들은 모두 헬레니즘 문화와 전래된 양식의 통일성에 대항하는 반대기관들이었다는 점이다. 그들은 나름의 방식으로 해결책을 찾았지만, 그것은 개개인들을 위한 것이거나, 아니면 기껏해야 가까운 친구들과 문하생 집단을 위한 것이었다. 고대 철학자들의 활동은, 그들이 설령 이를 의식하지는 못했다고 하더라도, 전체적으로 치료와 정화를 추구한다. 강력하게 진행되는 그리스 문화의 활동이 저지되어서는 안 되며, 공포를 불러일으키는 위험들은 이 발전의 길에서 제거되어야 한다. 철학자는 자신의 고향을 지키고 보호한다. 그런데 지금은 다시 말해 플라톤 이래로 철학자는 망명중이며, 모국에 대한 모반을 꾀하고 있다.—우리에게 이 고대의 철학의 대가들의 장점이 얼마 남아 있지 않으며 또 온전한 모든 것이 사라졌다는 사실은 참으로 불행한 일이다. 이와 같은 상실 때문에 우리는 부지중에 그들을 잘못된 잣대로 평가하고, 플라톤과 아리스토텔레스의 경우 평가자와 필사가들이 없지 않았다는 매우 우연한 사실을 통해 우리는 고대 철학자들에게 불리한 감정을 갖는다. 많은 사람들은 책을 위해 예정되어 있는 독특한 섭리가 있다고 생각한다. 책의 운명 같은 것 말이다. 그렇지만 만약 이 운명이 헤라클레이토스, 엠페도클레스의 경이로운 시, 고대인들이 플라톤과 같은 대열에 세웠을 뿐만 아니라 자연스러움에서는 플라톤을 능가하는 데모크리토스의 글들을 우리에게서 빼앗고, 그 대신 스토아 학파와 에피쿠로스 학파와 키케로를 손에 쥐어주는 것이 좋다고 생각했다면, 책의 운명은 어쨌든 대단히 악의적인 것일 수밖에 없다. 그리스 사상과 그것이 글로 표현된 것 중 가장 위대한 부분은 아마 유실되었을 것이다. 그것은 하나의 운명이다. 그러나 스코투스 에리게나Scotus Erigena의 불행이나 파스칼Pascal의 불행을 회상하고, 또 밝은 우리의 세기에서도 쇼펜하우어의 《의지와 표상으로서의 세계》의 초판이 휴지로 파기될 수밖에 없었다는 사실을 생각해본 사람은 이 운명에 대해 놀라지 않을 것이다. 누군가가 이런 일들을 주재하는 고유한 운명적인 힘이 있다고 가정하고자 한다면, 그는 아마 그렇게 할 것이며 괴테와 더불어 다음과 같이 말할 것이다. "아무도 천한 것에 관해서는 불평하지 않는다. 왜냐하면 그것은 바로 사람들이 네게도 경고해주는 강력한 것이기 때문이다." 그것은 진리의 힘보다 특별히 더 강하다. 인류는 진리의 군가, 즉 철학적 영웅주의의 노래를 대담하고 자유롭게 부르는 좋은 책을 좀처럼 산출하지 않는다. 그리고 그 책이 한 세기 후에도 살아남을 것인지 아니면 부패하여 흙이 될 것인지는 가련하기 짝이 없는 우연들, 두뇌의 갑작스러운 일식 현상, 미신적인 경련과 반감들에 달려 있으며, 그리고 마지막으로 글쓰기 싫어하는 손가락들 내지는 좀벌레와 우천에 달려 있기도 하다. 그렇지만 우리는 하소연하려고는 하지 않는다. 오히려 우리는 잃어버린 작품들을 애통해 하는 학자들을 향한 하만Hamann의 위로의 말과 맺음말에 귀 기울이려 한다. "렌즈를 가지고 바늘귀를 찾았던 예술가는 새로 얻은 기술을 연습하기에 충분한 한 통의 렌즈를 가지지 않았던가? 이 예술가가 렌즈를 사용하는 것보다 더 영리하게 고대인들의 작품들을 사용할 줄 모르는 지성인들에게 우리는 이 질문을 던지고자 한다." 그리스인들이 철학을 정당화한다는 일반적 학설을 확증하기 위해서는 우리에게 전래된 것 이상의 말과 일화 또는 연도수가 더 전래될 필요가 없으며, 또 현재 있는 것보다 훨씬 덜 보존되어 있어도 된다는 점을 아마 이 경우에 부언해야 할 것이다. —
소위 일반적 교양에 시달리기는 하지만 어떤 문화도, 그들의 삶 속
에 어떤 양식의 통일성도 없는 시대는 철학을 어떻게 하면 제대로
사용하는 것인지 모를 것이다. 설령 진리의 수호신이 직접 거리와
시장에서 철학을 주창할 때에도 그렇다. 이와 같은 시기에 철학은
오히려 고독하게 산책하는 사람의 현학적 독백으로 머물 것이며,
개인의 우연한 노획물 그리고 숨겨진 밀실의 비밀 또는 학계의 원
로들과 학생들 사이의 대수롭지 않은 수다로 그칠 것이다. 어느 누
구도 감히 철학의 법칙 자체를 충족시키려 해서는 안 된다. 언젠가
스토아 학파를 따르기로 했던 노인에게 그가 어디에 있든 무엇을
하든 스토아 학파처럼 행동하도록 강요하는 단순한 남성적 성실성
으로는 어느 누구도 철학적으로 살지 못한다. 현대의 모든 철학적
사유는 정치적이고 경찰적이다. 그래서 그것은 정부, 교회, 학회,
관습과 유행, 그리고 인간의 비겁함을 통해 현학적인 외관으로 축
소되어 있다. 현대의 철학함은 '만약 그렇다고 하더라도'라고 말하
는 한탄 또는 '예전에는'이라는 인식에 매달려 있다. 철학에는 정당
성이 없다. 그렇기 때문에 만약 현대인이 만약 용감하고 양심적이
기만 하다면 철학을 매도하고, 플라톤이 비극작가들을 국가에서 추
방할 때 했던 말과 유사한 말로 철학을 배척할 것임에 틀림없다. 물
론 저 비극작가들도 플라톤에 대항해 할말이 있었던 것처럼 철학에
도 어떤 항변의 말이 남아 있을지도 모른다. 철학이 만약 말을 하도
록 강요받는다면 다음과 같이 말할 수도 있을 것이다. "가련한 민족
아! 내가 너희들 가운데 예언자로서 나라를 배회하고, 내가 마치 죄
인이고 너희들이 내 재판관인 것처럼 숨고 위장해야 한다면, 그것

이 내 책임이란 말인가? 내 자매인 예술을 보아라! 예술의 처지도 나와 같다. 우리는 야만인들 한가운데로 떨어졌으며, 어떻게 우리 자신을 구해야 할지 더 이상 알지 못한다. 여기서는 우리에게 어떤 권리도 없다는 것은 사실이다. 그렇지만 우리에게 권리를 되돌려줄 재판관은 너희들을 재판하면서 이렇게 말한다. 우선 하나의 문화를 가져라, 그러면 너희는 철학이 무엇을 원하며 무엇을 할 수 있는가 를 알게 될 것이다."—

3.

그리스 철학은 하나의 무의미한 착상, 즉 물[水]이 만물의 근원이 며 어머니라는 명제로 시작하는 것처럼 보인다. 여기서 정말 정숙 하게 마음을 가다듬고 진지해질 필요가 있는가? 그렇다, 그것도 세 가지 이유에서. 첫째, 이 명제는 사물의 근원에 관해 말하고 있기 때문이며 둘째, 이 명제는 어떤 상징과 우화를 사용하지 않고 이를 말하기 때문이며 셋째, 이 명제 속에는 비록 번데기의 상태이기는 하지만 '만물은 하나다'라는 사상이 들어 있기 때문이다. 가장 먼저 언급한 이유는 탈레스를 여전히 종교적이고 미신적인 것에 묶어놓 고 있지만, 두 번째 이유는 벌써 그를 이 집단에서 해방시켜 자연의 탐구자로 보여준다. 그러나 탈레스가 최초의 그리스 철학자로 군림 하는 것은 세 번째 이유 덕택이다.—그가 "물에서 흙이 된다"고 말 했다면, 그것은 단지 하나의 과학적 가설일 뿐이다. 그것도 그릇되 기는 하지만 쉽게 부정할 수 없는 가설일 뿐이다. 그렇지만 그는 과

학적인 것을 넘어섰다. 탈레스는 물에 관한 가설을 통해 전일성(全
一性)의 사상을 서술함으로써 당시 낮은 수준의 물리학적 견해를
극복한 것이 아니라 기껏해야 뛰어넘은 것이다. 탈레스가 물, 더 정
확히 말하자면, 습한 것의 상태와 변형에 관해 경험적 방식으로 행
한 보잘것없고 무질서한 관찰들은 결코 이처럼 엄청난 일반화를 허
용하거나 권하지 않았을 것이다. 이런 일반화를 하도록 한 것은 하
나의 교리다. 그것은 신비적 직관 속에 근원을 두고 있는 명제이며,
이를 더욱 잘 표현하고자 하는 새로운 시도들을 포함하여 모든 철
학자에게서 우리가 만나게 되는 명제, 즉 '모든 것은 하나다' 라는
명제이다.

　　이와 같은 명제가 모든 경험적 사실을 얼마나 폭력적으로 다루고
있는지 주목할 만하다. 철학이 경험의 울타리를 뛰어넘어 마법적으
로 유혹하는 자신의 목표에 이르고자 할 때, 그것이 모든 시대에 어
떻게 했는가를 우리는 바로 탈레스에게서 배울 수 있다. 철학은 우
선 받침대 위에서 가볍게 앞으로 뛴다. 희망과 예감은 그의 발걸음
을 가볍게 한다. 계산하는 오성은 헐떡거리며 둔하게 뒤쫓아오면
서, 한층 더 신적인 동반자가 이미 도착한 저 매혹적인 목표에 자신
도 이르기 위해 더 좋은 받침대를 찾는다. 우리는 돌멩이까지 휩쓸
고 내려가는 거친 계곡에 두 명의 방랑자가 서 있다고 생각할 수 있
다. 한 사람은 가벼운 발걸음으로 건너 뛴다. 설령 돌이 그의 뒤에
서 갑자기 깊이 가라앉을지라도, 그는 이 돌들을 이용해 앞으로 뛰
어나간다. 다른 사람은 한동안 속수무책으로 서 있는다. 그는 우선
자신의 무겁고 조심스러운 발걸음을 견딜 수 있는 디딤대를 세워야
한다. 이따금 이 일도 제대로 되지 않을 때는 신마저도 계곡을 건너

도록 그를 도와줄 수 없다. 무엇이 철학적 사유로 하여금 그렇게 빨리 목표에 이르도록 하는가? 철학적 사유는 오직 넓은 공간을 더 빨리 건넌다는 점에서만 계산하고 측정하는 사유와 구별되는가? 아니다. 왜냐하면 철학적 사유의 발걸음을 받쳐주는 것은 하나의 낯설고 비논리적인 힘, 즉 환상이기 때문이다. 이 환상에 의해 높이 들려져, 철학은 한때 확고한 토대로 여겨졌던 한 가능성에서 다른 가능성으로 멀리 건너 뛴다. 철학적 사유는 날아가면서도 여기저기서 확고한 토대를 붙잡는다. 천재적인 예감이 그에게 이 토대들을 가르쳐주며, 또 이 예감은 증명될 수 있는 토대가 바로 이 지점에 있다는 사실을 멀리에서도 알려준다. 그런데 환상의 힘은 특히 유사성들을 순간적으로 포착하고 밝혀주는 데 강하다. 반성적 사유는 그 다음에야 비로소 자신의 잣대와 모형을 가지고 와서는 유사성들을 동일성으로 그리고 동시에 나란히 관조된 것을 인과율로 대체하려고 한다. 그러나 이것이 불가능할 경우, 즉 탈레스의 경우에조차도 증명될 수 없는 철학적 사유는 여전히 가치를 지니고 있다. 모든 토대가 무너져버렸다면, 즉 경험의 경직성과 논리가 '모든 것은 물이다' 라는 명제로 건너뛰고자 한다면, 과학적 건축물이 파괴되고 난 뒤에도 여전히 유물은 남아 있는 것이다. 바로 이 유물 속에 움직이는 힘과 동시에 미래의 풍요로움에 대한 희망이 들어 있다.

나는 물론 이 사상이 제한되거나 약화된 형태로서 또는 하나의 비유로서 일종의 '진리' 를 포함하고 있다고 생각하지는 않는다. 예컨대 어떤 조형예술가가 폭포수 앞에 서 있다고 생각해보자. 이 예술가는 뿜어나오는 물이 빚어낸 여러 형태들 속에서 사람과 동물의 몸, 가면, 식물, 바위, 요정, 노인들과 같이 존재하는 모든 유형을

만들어내는 물의 예술가적 유희를 보면서, '모든 것은 물이다'라는
명제가 자신에게는 증명된 것이라고 생각할 것이다. 탈레스의 사상
은 오히려—이 명제가 증명될 수 없음을 인식하고 난 다음에도—
이 명제가 바로 비신화적이며 비유적이 아니라는 점에서 가치를 가
지고 있다. 탈레스를 갑자기 주목하게 된 그리스인들은 이 점에서
모든 실재론자의 반대자들이었다. 실재론자들은 본래 인간과 신들
의 실재를 믿었으며, 동시에 전체 자연을 이와 같은 신-인간들의
위장, 변장과 변형이라고 여겼다. 인간은 그들에게 진리와 사물의
핵심이었으며, 그 밖의 다른 것들은 오직 현상이고 기만적인 유희
였다. 바로 이 때문에 개념을 개념으로 파악하는 것이 그들에게는
무척 힘든 일이었다. 이와 반대로 신세대에게는 가장 인격적인 것
마저도 추상적 개념으로 승화되었으며, 가장 추상적인 것이 그들에
게는 점점 더 하나의 인격으로 굳어졌다. 그러나 탈레스는 이렇게
말했다. "만물의 실재는 인간이 아니라 물이다." 그는 적어도 물을
믿는 한, 자연을 믿기 시작한다. 그는 수학자와 천문학자로서 신비
적이고 비유적인 모든 것에 대해 냉담했다. 그가 '모든 것은 하나이
다'라는 순수 추상에 이를 정도로 냉철해질 수 없을 때도 또 물리적
인 표현에 머무를 수밖에 없을 때도 그는 여전히 동시대의 그리스
인들 중 기이하고 희귀한 사람이었다. 유난히 눈에 띄었던 오르페
우스 교도들이 아마 그보다 더 높은 수준에서 추상적 개념들을 파
악하고 비조형적으로 사유할 수 있는 능력을 소유했을 것이다. 그
렇지만 이들은 추상적 개념들을 오직 비유의 형식으로만 표현할 수
있었다. 시기상으로뿐만 아니라 많은 물리적 개념들에서 탈레스와
가까운 시로스의 페레키데스도 추상적 개념들을 표현할 때는 신화

와 비유가 서로 결합하는 중간 영역에서 배회하고 있다. 그래서 그
는 감히 흙을 비유적으로 넓게 펴진 가지를 달고 공중에 달려 있는
날개 달린 참나무로 표현하고자 한다. 그리고 크로노스를 제압하고
난 후 제우스 신은 자신이 순수 땅과 물, 강들을 수놓은 화려한 예
복을 걸친다. 거의 알아볼 수 없을 정도로 불투명하게 옮겨놓는 비
유적 철학함에 비해 탈레스는 어떤 환상적 우화 없이도 자연의 깊
은 곳을 보기 시작한 창조적 대가이다. 그가 이 과정에서 과학과 증
명 가능한 것을 이용하기는 하지만, 곧바로 이를 뛰어넘었다면, 그
것은 마찬가지로 철학적 지성의 전형적 특징이다. '현인'을 서술하
는 그리스 낱말은 어원학적으로 '나는 맛을 본다'는 사피오sapio,
'맛보는 사람'의 사피엔스sapiens, 예리한 미각을 가진 사람인 시
지포스에 속한다. 다시 말해 이 민족의 의식에 따르면 예리하게 판
별해냄과 인식함, 해석적 구별은 철학자의 고유한 기술을 이룬다.
만약 사람들이 자기 자신의 용무에서 선과 이익을 잘 찾아내는 사
람을 영리하다고 말한다면, 철학자는 영리하지 않다. 그래서 아리
스토텔레스는 정당하게도 다음과 같이 말한다. "사람들은 탈레스와
아낙사고라스가 알고 있는 것을 비범하고, 경이롭고, 어렵고, 신적
인 것이라 하지만 무용하다고 부른다. 왜냐하면 그것은 그들에게서
는 인간적 가치와 관련된 것이 아니기 때문이다." 무용한 것을 강조
함으로써 스스로를 영리함과 구분하듯이, 철학은 비범한 것, 경이
로운 것, 어려운 것, 신적인 것을 정선함으로써 과학과의 경계를 설
정한다. 과학은 이와 같이 정선하지도 않고 섬세한 미적 감각도 없
이 알 수 있는 모든 것에 달려들며, 어떤 희생을 치르고서라도 모든
것을 인식하고자 하는 맹목적인 호기심을 가지고 있다. 이와는 반

대로 철학적 사유는 항상 알 만한 가치가 있는 사물들의 길, 위대하고 중요한 인식들의 길을 걸어간다. 그런데 위대함의 개념은 도덕적 영역에서뿐만 아니라 미학적 영역에서도 변할 수 있다. 그래서 철학은 위대함의 입법으로서 시작한다. 일종의 이름 짓는 것이 철학과 결합되어 있다. "그것은 위대하다"고 철학은 말한다. 이렇게 함으로써 철학은 인간으로 하여금 맹목적이고 무절제한 인식충동의 욕망을 딛고 일어서게 한다. 철학은 위대함의 개념을 통해 대개는 사물의 본질과 핵심에 관한 가장 위대한 인식이 성취될 수 있으며 또 성취되었다고 간주함으로써 이 충동을 제어한다. 탈레스가 "모든 것은 물이다"라고 말하면, 인간은 벌레처럼 개별 과학들을 일일이 기어다니면서 알아보는 행위에서 느닷없이 벗어나게 된다. 그는 사물들의 궁극적 해답을 예감하며, 이 예감을 통해 낮은 단계의 인식에 통속적으로 묶여 있던 것을 극복하게 된다. 철학자는 세계의 전체 음(音)을 자신의 내면 속에서 다시 울리도록 하며, 이 음을 자신에게서 꺼내 개념으로 표현한다. 그가 조형예술가처럼 관조적이고, 종교적인 사람처럼 동정적이고, 과학적 인간처럼 목적과 인과율을 찾고, 그 자신이 대우주로 팽창되는 것을 느낄 때도, 그에게는 스스로를 세계의 반영으로 냉철하게 관조할 수 있는 분별력이 여전히 있다. 그것은 연극예술가가 다른 사람으로 변하여 말하지만, 씌어진 시구에 따라 이 변신을 바깥으로 투사할 줄 알 때 그가 소유할 수 있는 바로 그 분별력이다. 여기서 시구가 작가에게 의미하는 것은 철학자에게는 변증법적 사유이다. 철학자는 자신의 마법적 변신을 고정시켜 석화시키기 위해 변증법적 사유를 택한다. 낱말과 구절이 극작가에게는 자신이 살고 관조한 것을 말하기 위해 낯선 언어로 더듬거리며 말하는 것에 지나지 않는 것처럼, 변증법과 과학적 반성을 통한 모든 심오한 철학적 직관의 표현은, 한편으로 관조된 것을 전달하기 위한 유일한 수단이기는 하지만 하나의 빈약한 수단에 불과하다. 그렇다, 그것은 근본적으로 상이한 영역과 언어로의 비유적인, 그러나 전적으로 불충실한 번역이다. 그렇게 탈레스는 존재자의 통일성을 관조했다. 그리고 그가 자신을 표현하고자 했을 때, 그는 물에 관해 말했다!

4.

탈레스의 상에서 철학자의 일반적인 전형은 단지 안개에서 서서히 모습을 드러내는 반면 그의 위대한 계승자의 상은 훨씬 더 분명하게 우리에게 말을 한다. 고대 최초의 철학적 작가인 밀레의 아낙시만드로스는, 이상한 요청으로 인해 솔직함과 순진함이 박탈되지 않는 한, 전형적인 철학자가 하게 될 바로 그런 방식으로 글을 쓴다. 대단한 양식의 글, 구절구절이 새로운 깨우침의 증언이며 숭고한 명상에 침잠해 있음을 표현한다. 사상과 이 사상의 형식은 저 최고의 지혜에 이르는 길에서 시금석이다. 이와 같이 간결하고 호소력 있는 형식으로 아낙시만드로스는 언제가 이렇게 말한다. "사물들은 그들이 생성되어 나온 바로 그곳으로 필연적으로 소멸해간다. 왜냐하면 그들은 시간의 질서에 따라 벌의 대가를 치러야 하며 그들이 저지른 불의에 대해 심판을 받아야 하기 때문이다." 진정한 염세주의자의 불가사의한 말, 그리스 철학의 시금석에 씌어 있는 신탁명(神託銘), 우리는 이것을 어떻게 해석할 것인가?

세속화된 우리 시대의 유일한 진지한 도덕가는《철학적 소품》제 2권 327쪽에서 유사한 통찰을 우리에게 간곡하게 전한다. "모든 사람을 판단할 수 있는 유일한 척도는 그가 본래 실존해서는 안 되지만 여러 가지 고통과 죽음을 통해 자기 실존의 대가를 치러야 하는 존재라는 사실이다. 우리는 그런 존재에게 도대체 무엇을 기대할 수 있는가? 그렇다면 우리는 모두 죽음을 선고받은 죄인이란 말인가? 우리는 우선 삶을 통해 그리고 둘째로는 죽음을 통해 우리 탄생의 대가를 치른다"(《철학적 소품》, 제2권, 22쪽). 일반적 인간운명의 인상으로부터 이런 학설을 읽어내고, —사람의 생애를 다루는 데 급급한 전기의 전염병에 익숙한 우리 시대가 인간의 존엄에 관해 다르게 그리고 상당히 많이 생각하는 것처럼 보일지라도—어떤 것도 가까이에서 주의 깊게 관찰될 수 없다는 사실에서 이미 모든 인간 생명의 나쁜 기본 특성을 인식하는 사람, 그리고 쇼펜하우어처럼 '인도적 대기로 가득 찬 저 높은 고원에서' 실존의 도덕적 가치에 관한 신성한 말을 들었던 사람, 이런 사람은 지극히 의인관적(擬人觀的)인 비유를 하지 않을 수 없으며 또 인간의 삶에 국한된 이 우울한 학설을 끄집어내어, 전의를 통해 모든 실존의 일반적 성격에 적용하지 않을 수 없다. 그것은 논리적이지 않을 수도 있지만, 어쨌든 지극히 인간적이다. 그것은 그 밖에도 바로 앞에서 서술했던 철학적 비약의 양식을 띠고 있다. 그래서 아낙시만드로스는 모든 생성을 죄의 대가를 치러야 하는 '영원한 존재로부터의 해방'으로, 즉 소멸로 보상해야 할 불의로 간주하고 있다. 한번 생성된 모든 것은 다시 사라진다. 우리가 여기서 인간의 생명을 생각하든, 물혹은 온기와 냉기를 생각하든 그렇다. 특정한 특성들이 지각되는 곳에서는 어디에서나 우리는 이 특성들의 소멸을 엄청나게 많은 경험-증거에 따라 예언해도 된다. 따라서 특정한 특성들을 소유하고 있을 뿐만 아니라 이 특성들로 구성된 존재는 결코 사물의 근원과 원리가 될 수 없다. 그래서 아낙시만드로스는 이렇게 결론을 내린다. 진정한 존재자는 어떤 특정한 특성들도 소유할 수 없다. 만약 그렇지 않다면 그것은 다른 모든 사물과 마찬가지로 생성된 것일테며 또 소멸해야만 한다. 따라서 생성의 과정이 중단되지 않으려면 원존재는 무제약적이어야만 한다. 원존재의 불멸성과 영원성은― 아낙시만드로스의 해석자들이 흔히 가정하는 것처럼―무한성과 소진 불가능성에 있는 것이 아니라, 그것이 소멸해가는 특정한 특성들을 전혀 갖고 있지 않다는 사실에 토대를 두고 있다. 그렇기 때문에 원존재는 '무규정자'라는 이름을 달고 있다. 이렇게 명명된 원존재는 생성을 초월하며, 바로 이 때문에 영원성과 중단 없는 생성의 과정을 보장한다. 물론 인간은 이 무규정자 속의 궁극적 통일성, 즉 만물의 자궁을 오직 부정적으로만 서술할 수 있다. 즉 그것은 존립하는 생성의 세계로부터는 어떤 술어도 부여될 수 없는 것으로 서술될 수 있을 뿐이다. 그렇기 때문에 그것은 칸트의 '물자체'와 대등한 것으로 간주된다.

그런데 이것이 도대체 어떤 종류의 원질료였는지, 과연 이것은 공기와 물 사이의 중간 사물인지 아니면 공기와 불 사이의 중간 사물인지에 관해 다른 사람들과 논쟁할 수 있는 사람은 물론 우리의 철학자를 전혀 이해하지 못했다. 아낙시만드로스가 자신의 원질료를 존립하는 모든 질료의 혼합물로 생각한 것은 아닌가 하고 진지하게 묻는 사람들에게도 마찬가지 말을 할 수 있다. 우리는 오히려 다음의 사실을 배울 수 있는 곳으로 우리의 시선을 돌려야 한다. 그 것은 아낙시만드로스가 앞에서 인용한 저 간결한 명제에 이르기까 지 이미 이 세계의 출처에 관한 물음을 더 이상 순수 물리적으로 다

5 루고 있지 않다는 사실이다. 그가 생성된 사물의 다양성 속에서 오 히려 실존의 대가를 치르는 불의들의 합계를 본다면, 그는 가장 심 오한 윤리적 문제의 실타래를 대담하게 재빨리 붙잡은 최초의 그리 스인인 것이다. 존재할 수 있는 권리를 가진 것이 어떻게 소멸할 수 있는가! 저 끊임없는 생성과 탄생은 어디에서 오는가, 자연의 얼굴

10 에 있는 저 고통스러운 일그러짐의 표현은 어디에서 오는가, 모든 실존의 영역에서 그칠 줄 모르는 조사(弔詞)는 어디에서 오는가? 아낙시만드로스는 사물들의 근원적인 통일성에서 파렴치하게 탈선 한 이 불의의 세계에서 나와 형이상학적 성으로 도망친다. 그는 이 성에서 몸을 내밀어 먼 곳을 두루 바라보다가, 오랜 사색의 침묵 뒤

15 에 마침내 모든 존재에게 다음의 질문을 던진다. 너희들의 실존은 어떤 가치가 있는가? 만약 가치가 없다면 너희는 무엇을 위해 실존 하는가? 나는 너희가 너희들의 죄 때문에 실존하고 있음을 안다. 너희들은 죽음으로 그 죄의 대가를 치러야만 할 것이다. 너희의 대 지가 어떻게 시들고 있는가를 보아라. 대양은 줄어들어 말라가고

20 있다. 산 위에 있는 바닷조개들은 바다가 이미 얼마나 말라버렸는 지를 너희에게 보여주고 있다. 불은 지금 벌써 너희의 세계를 파괴 하고 있다. 너희의 세계는 결국 연기와 증기로 사라질 것이다. 그러 나 이같은 무상성의 세계는 항상 다시 세워질 것이다. 누가 너희를 생성의 저주에서 구원할 수 있는가?

이런 질문을 던지는 사람의 훨훨 날아오르는 사유는 곧바로 달을 향해 최고의 비약을 하기 위해 부단히 경험의 올가미를 찢는다. 이런 사람이 모든 종류의 삶을 다 환영하지는 않았을 것이다. 우리는 오히려 그가 특히 품위 있는 의복을 입고 돌아다녔으며 또 태도와 생활습관을 통해 참으로 비극적인 자긍심을 보였다는, 전래되는 이야기를 믿는다. 그는 자신이 글쓰는 방식대로 살았다. 그는 옷 입는 방식처럼 그렇게 화려하게 말했다. 그는 마치 이 실존이 하나의 비극이고 자신은 주인공으로 이 비극을 연기하도록 태어난 것처럼 손을 들고 발을 내디뎠다. 모든 점에서 그는 엠페도클레스의 위대한 모범이었다. 그의 동료 시민들은 그를 선출하여, 밖으로 이주하는 한 집단을 영도하도록 했다.—그들은 아마 그를 존경하지만 동시에 그에게서 벗어날 수 있다는 사실에 기뻐했을 것이다. 그의 사상 또한 밖으로 나가 식민지를 건립했다. 에페수스와 엘레아의 사람들은 그에게서 벗어나지 못했다. 사람들이 그가 있는 곳에 머물기로 결심할 수 없었을 때에 그들은 이제 그 없이도 계속 나아갈 수 있는 지점까지 그에 의해 인도되었다는 사실을 알았다.

탈레스는 다수성의 영역을 단순화시켜 유일하게 존립하는 하나의 특성, 즉 물의 단순한 전개와 위장으로 격하시키고자 하는 욕망을 보인다. 아낙시만드로스는 그를 두 걸음 앞서 나간다. 그는 한번은 이렇게 묻는다. 만약 영원한 통일성이 도대체 존재한다면, 저 다수성은 어떻게 가능한가? 그러고는 자기 자신을 소모하고 부정하는 이 다수성의 자기모순적 성격에서 대답을 얻는다. 이 다수성의 실존은 그에게 하나의 도덕적 현상이 된다. 그것은 정당화되지 않고 오히려 소멸을 통해 끊임없이 죄의 대가를 치른다. 그렇지만 다음과 같은 질문이 떠오른다. 영겁의 시간이 벌써 지나갔다면, 형성된 모든 것은 왜 이미 오래 전에 소멸하지 않았는가? 항상 새롭게 시작하는 생성의 물결은 어디에서 유래하는가? 그는 오직 신비적 가능성들을 통해서만 이 질문을 무사히 넘어갈 수 있다. 영원한 생성
5 은 자신의 근원을 오직 영원한 존재 속에 가지고 있으며, 이 존재로부터 불 속에 있는 생성으로 이반(離反)하는 조건들은 항상 같다. '무규정자' 의 모태에서 개별자의 생성은 끝도 없이 이어진다는 것이 사물들 상호관계의 특성이다. 아낙시만드로스는 여기서 멈춘다. 이것은 그런 세계관의 산맥 위에 거대한 유령처럼 드리워져 있는
10 깊은 그림자 속에 그가 머물러 있다는 것을 의미한다. 어떻게 무규정자에게서 특정한 규정자가, 영원한 것에서 시간적인 것이 그리고 정의로운 것에서 타락으로 인해 불의가 생겨날 수 있는가 하는 물음에 접근하면 할수록, 밤은 더욱 커져만 간다.

15

5.

생성에 관한 아낙시만드로스의 문제를 에워싸고 있는 이러한 신비로운 밤 한가운데로 에페수스의 헤라클레이토스가 들어와 신적
20 인 섬광으로 이 밤을 밝혀놓았다. "나는 생성을 관조한다고 그는 외친다. 아무도 사물들의 이 영원한 파동과 리듬을 주의깊게 바라보지 않았다. 그런데 나는 무엇을 보았는가? 규칙성, 틀림없는 확실성, 언제나 한결같은 정당성의 궤도, 모든 법칙의 위반을 배후에서 심판하는 복수의 여신, 온 세계는 이 세계를 주재하는 하나의 정의

와 이에 종사하는, 그리고 악령처럼 어느 곳에나 편재하는 자연력들의 연극이다. 나는 생성된 것의 처벌이 아니라 생성의 정당화를 보았다. 확고한 형식들과 신성하게 존중된 법칙들 가운데서 모독과 타락은 언제 출현했는가? 불의가 지배하는 곳에는 자의와 무질서, 무규칙성과 모순이 있다. 그렇지만 이 세계에서처럼 법칙이며 제우스의 딸, 즉 정의의 여신 디케Dike만이 지배하는 곳에 죄, 속죄, 심판의 영역이 어떻게 존재할 수 있으며, 동시에 저주받은 모든 것의 재판소가 어떻게 존재할 수 있단 말인가?"

헤라클레이토스는 이 직관에서 서로 연관된 두 가지 부정을 끌어냈다. 이 부정들은 그의 선구자들의 명제들과 비교함으로써 비로소 해명된다. 그는 우선 아낙시만드로스가 가정할 수밖에 없었던 전적으로 상이한 세계들의 이중성을 부정했다. 그는 더 이상 물리적 세계와 형이상학적 세계를, 그리고 규정된 특성들의 영역과 정의할 수 없는 미규정성의 영역을 서로 구별하지 않았다. 이 첫걸음이 이루어진 지금, 그는 아무 거리낌 없이 더 과감한 부정을 감행했다. 그는 존재 자체를 부정했다. 왜냐하면 그에게 남겨진 이 하나의 세계는—씌어지지 않은 영원한 법칙으로 에워싸여 리듬의 엄격한 박자에 따라 아래 위로 흐르면서—영속성이나 불멸성을, 다시 말해 강의 흐름을 막아줄 방벽을 어디에서도 보여주지 않기 때문이다. 헤라클레이토스는 아낙시만드로스보다 더 큰 목소리로 다음과 같이 외친다. "나는 생성 외에는 어떤 것도 보지 못한다. 착각하지 말아라! 너희가 생성과 소멸의 바다 한가운데 어디에선가 확고한 육지를 본다고 믿는다면, 그것은 너희의 짧은 시선 때문이지 결코 사물의 본질이 그런 것은 아니다. 너희들은 사물의 이름이 마치 굳건한 영속성을 가지고 있는 것처럼 그것을 사용한다. 그렇지만 너희가 같은 강물에 두 번째로 들어갈 때, 그 강물은 처음 들어갔을 때의 강물이 아니다."

헤라클레이토스는 직관적 표상이라는 최고의 힘을 자신의 당당
한 재산으로 삼고 있다. 그는 개념과 논리적 결합을 통해 실행되는
다른 표상 방식, 즉 이성에 대해서는 차갑고 냉담하며 적대적이기
까지 한 태도를 취한다. 그는 직관적으로 획득한 진리를 가지고 이
이성에 반대할 수 있을 때 만족을 느끼는 것처럼 보인다. 그리고
'모든 것은 항상 대립된 것 그 자체를 지니고 있다' 와 같은 명제들
을 통해 이성에 거리낌없이 반대함으로써 그가 모순율을 위배하는
최고의 범죄를 저질렀다고 아리스토텔레스는 이성의 법정에서 꾸
짖는다. 그런데 직관적 표상은 두 가지를 포괄한다. 하나는 모든 경
험을 통해 우리에게 밀려오는 다양하고 변화무쌍한 현재의 세계이
며, 다른 하나는 이 세계의 경험을 비로소 가능하게 만드는 제 조건
들, 즉 시간과 공간이다. 왜냐하면 시간과 공간은 비록 특정한 내용
을 가지고 있지 않다고 하더라도 모든 경험과 관계 없이 독립적이
고 그 자체로 순수 직관적으로 지각될 수 있으며, 다시 말해 관조될
수 있기 때문이다. 헤라클레이토스가 이제 이런 방식으로 시간을
모든 경험에서 분리된 것으로 고찰한다면, 그는 직관적 표상의 영
역에 속할 수 있는 모든 것의 가장 교훈적인 낙관(落款)을 바로 시
간에서 발견했던 것이다. 그가 시간을 인식했던 것과 같은 식으로
쇼펜하우어도 시간을 인식했다. 쇼펜하우어는 시간에 관해 반복해
서 말한다. 시간 속에서 매 순간은 선행하는 순간, 즉 자신의 아버
지를 죽이고 그 자신도 마찬가지로 빨리 소멸되는 한에서만 존재한

다. 과거와 미래는 무릇 꿈과 같이 무상하기 짝이 없지만, 현재만이 이 양자 사이의 늘어나지 않고 비영속적인 경계일 뿐이다. 그런데 시간과 마찬가지로 공간도, 그리고 공간과 마찬가지로 시간과 공간 속에 동시에 존재하는 모든 것 역시 오직 상대적 실존을 가지고 있을 뿐이며, 오직 그와 같은 종류의 타자를 통해서만 그리고 이 타자를 위해서만 마찬가지로 존립하는 것으로서 존재한다. 이것은 누구에게나 접근 가능한 최고의 직접적인 직관의 진리이며, 그렇기 때문에 개념과 이성을 통해서는 이르기 매우 어렵다. 그러나 이 진리를 목도하는 자는 곧바로 헤라클레이토스적 결론으로 나아가서, 현실성의 전체 본질은 오직 작용일 뿐이며 또 현실에 대해서는 다른 어떤 종류의 존재도 있지 않다고 말해야만 한다.(《의지와 표상으로서의 세계》, 제1권, 10쪽) : "오직 작용하는 것으로서만 현실은 공간을 채우고, 시간을 채운다. 직접적인 대상에 대한 현실의 작용은 직관을 규정하는데, 작용은 바로 이 직관을 통해서만 이루어진다. 어떤 물질적 대상이 다른 대상에 미친 작용의 결과는 이 후자의 대상이 전자의 대상과는 달리 직접적인 대상에 작용을 하는 한에서만 인식될 뿐이며, 바로 그 점에서 존립한다. 따라서 원인과 결과는 물질의 전체 본질이다. 물질의 존재는 물질의 작용이다. 그렇기 때문에 독일어에서 모든 물질적인 것의 총괄 개념이 현실성Wirklichkeit 이라고 불리는 것은 지극히 정당하다. 현실성이라는 낱말은 실재성 Realität보다 훨씬 많은 것을 말해준다. 그것이 작용을 하는 대상은 다시금 물질이다. 그러므로 물질의 전체 존재와 본질은 그것의 한 부분이 다른 부분 속에서 야기하는 법칙적인 변화 속에서만 존립하며, 따라서 바로 시간과 공간이 그러한 것처럼, 그 한계 내에서만 타당한 관계에 따라 전적으로 상대적이다."

유일하고 영원한 생성, 즉 헤라클레이토스가 가르치고 있듯이 끊임없이 작용하고 생성될 뿐 존재하지 않는 모든 현실적인 것의 철저한 비영속성은 우리를 마비시키는 공포의 표상이며, 이 표상이 끼치는 영향은 지진이 일어나 확고부동한 땅에 대한 믿음을 상실할 때 느끼는 감정과 가장 유사하다. 이 작용을 대립된 것, 즉 숭고한 것과 행복한 경이로 옮겨놓는 데는 놀라운 힘이 필요했다. 헤라클레이토스는 모든 생성과 소멸의 과정을 관찰함으로써 이에 이르렀다. 그는 이 과정을 양극성의 형식으로, 즉 하나의 힘이 질적으로 상이하고 대립되지만 재통합을 추구하는 두 활동들로 분리되는 것으로 파악했다. 하나의 성질은 끊임없이 자기 자신과 불화하여 서로 대립하는 것들로 분리된다. 그리고 이 대립물들은 하나가 되려고 부단히 서로를 지향한다. 사람들은 무엇인가 굳건하고, 완성되고, 영속적인 것을 인식한다고 생각하지만, 사실은 매 순간 빛과 어둠, 쓰라림과 달콤함이 두 명의 결투자처럼 서로 같이 붙어 있다. 즉 마치 어떤 때는 이 전사가, 어떤 때는 다른 상대방이 우위를 획득하는 것처럼 서로 결합되어 있는 것이다. 헤라클레이토스에 의하면 꿀은 쓰면서 달다. 그리고 세계 자체는 끊임없이 휘저어야 할 혼합용 항아리이다. 대립자의 투쟁에서 모든 생성이 발생한다. 우리에게 지속적인 것으로 나타나는 특정한 성질들은 한 전사의 순간적인 우위만을 표현할 뿐이다. 그러나 투쟁은 이로써 끝나는 것이 아니라, 결투는 영원히 계속된다. 모든 것은 이 분쟁에 따라 생겨나고, 이 분쟁이 바로 영원한 정의를 계시한다. 분쟁은 영원한 법칙에 묶여 있는 엄격하고 통일적인 정의가 지속적으로 지배하는 것이라고 고찰한 것은 헬레니즘의 가장 순수한 샘물에서 길어낸 경이로운 표상이다. 단 한 명의 그리스인만이 이 표상을 우주 정당화의 토대로 재발견할 수 있었다. 그것은 헤시오도스의 불화의 여신 에리스를 세계원리로 변용시킨 것이다. 그것은 또한 개별적인 그리스인과 그리스 국가의 투기(鬪技) 사상을 체육관과 운동장, 예술인들의 경쟁장, 정당과 도시국가들의 분쟁으로부터 가장 일반적인 것으로 전용한 것이다. 그래서 우주의 톱니바퀴가 이제는 이 일반적 원리에 따라 회전한다. 모든 개개의 그리스인들이 자신만이 정당한 것처럼 투쟁하듯이, 그리고 무한히 확고한 심판의 척도가 매순간 승리가 어느 쪽으로 기울지 규정하듯이 성질들은 투쟁에 내재하고 있는 변함없는 법칙과 척도에 따라 서로 싸운다. 인간과 동물의 편협한 머리가 확고하고 영속적이라고 믿는 사물들 자체는 결코 어떤 본래적 실존도 없다. 그것은 빼어든 칼들의 번쩍거리는 섬광이다. 그것들은 대립된 성질들의 투쟁에서 퍼져나오는 승리의 빛이다.

모든 생성에 고유한 저 투쟁, 즉 승리의 영원한 변동을 쇼펜하우어는 다시금 이렇게 묘사한다.(《의지와 표상으로서의 세계》, 제1권, 175쪽) : "영속적 질료는 형상을 지속적으로 변화시켜야 한다. 이것은 기계적, 물리적, 화학적, 유기체적 현상들이 각각 자신의 이념을 계시하고자 인과율에 따라 서로 질료를 빼앗으면서 출현하려고 야단법석을 떨면서 이루어진다. 이 분쟁은 전체 자연을 통해 확인될 수 있다. 그렇다, 전체 자연은 바로 이와 같은 분쟁을 통해서만 존립한다." 이어지는 면에서는 이 분쟁의 가장 주목할 만한 묘사가 제시된다. 단지 이 묘사의 기본 색조가 헤라클레이토스의 것과는 항상 다를 뿐이다. 쇼펜하우어에게 투쟁은 의지가 삶으로 자기분열하는 것의 증명이며, 이 암울하고 숨막히는 충동의 자기소모로서 전적으로 경악스러운 현상이지 결코 행복한 현상은 아니다. 이 투쟁의 무대와 대상은 질료이다. 질료는 자연의 힘들을 서로 빼앗으려고 시도하는데, 시간과 공간과 마찬가지로 인과율에 따른 자연의 힘들이 결합한 것이 바로 질료이다.

6.

헤라클레이토스의 상상력이 행복한 관객의 시선으로, 즉 즐거운 투기 경기에서 엄격한 심판관의 통제 아래 즐겁게 싸우고 있는 수많은 쌍들을 관람하는 관객의 시선으로 부단히 움직여온 우주, '현실'을 관찰하고 측정하는 동안, 더욱 고고한 예감이 그를 엄습했다. 그는 더 이상 결투하는 쌍들과 심판관을 서로 분리된 것으로 생각할 수 없었다. 심판관들 자신이 싸우고 있는 것처럼 보였으며, 전사들은 스스로를 심판하는 것처럼 보였다. ─그렇다. 그는 근본적으로 영원히 지배하는 하나의 정의만을 지각했기 때문에 감히 다음과 같이 외칠 수 있었다. "다수의 투쟁 자체가 하나의 정의다! 그리고 일반적으로 일자(一者)는 다수이다. 저 모든 성질들은 본질적으로 무엇이란 말인가? 그것들은 불멸의 신들인가? 그들은 처음부터 아무런 목표 없이 자신을 위해 작용하는 분리된 존재들인가? 우리가 바라보는 세계가 오직 생성과 소멸만을 알 뿐 어떤 영속도 알지 못한다면, 저 성질들은 다른 종류의 형이상학적 세계를 구성해야 한단 말인가? 펄럭거리는 다수의 베일 뒤에서 아낙시만드로스가 찾았던 저 통일성의 세계는 아니라고 하더라도 영원하고 본질적인 다수성의 세계를 구성해야 하는가? 헤라클레이토스는 우회로를 거쳐 자신이 그토록 격렬하게 부정했던 이중적 세계질서에 결국 다시 빠진 것은 아닌가? 한편으로는 수많은 불멸의 신들과 악령들―다시 말해 다수의 실재들의―올림푸스 세계와 다른 한편으로는 올림푸스 신들의 투쟁으로 이는 먼지 구름과 번쩍거리는 신들의 창만을― 즉 생성만을―볼 수 있는 인간세계로 구성된 이중적 세계질서에 빠진 것은 아닌가? 아낙시만드로스는 규정된 성질들 앞에서 바로 형이상학적 '무규정자'의 품으로 도망쳤다. 왜냐하면 그가 이 무규정자들에게서 진정하고 핵심적인 실존을 박탈했다면, 이들은 생성되고 소멸할 것이기 때문이다. 그런데 이제는 생성이 단지 영원한 성질들의 투쟁이 가시화된 것에 지나지 않는 것처럼 보이지 않는가?―아마 사물의 본질 속에는 어떤 생성도 존재하지 않고 오직 다수의 진정한, 생성되지 않고 파괴될 수 없는 실재들이 병존할 뿐인데도―우리가 생성에 관해 말한다면, 그것은 인간의 인식 특유의 연약함에 기인하는 것은 아닌가?

　이것들은 비헤라클레이토스적인 해결책이며 잘못된 길이다. 그는 다시 한번 말한다. "일자는 다수이다." 다수의 지각 가능한 성질은 영원한 실체도 우리 감각의 환상도 아니다. (아낙사고라스는 훗날 전자로 생각하며, 파르메니데스는 후자로 생각한다.) 그것들은 영속적인 독단적 존재도 아니며 인간의 머리 속에서 변하는 덧없는 가상도 아니다. 헤라클레이토스에게 유일하게 남겨진 세 번째 가능성은 어느 누구도 변증법적 직감이나 계산적 사유를 통해서 추측할 수 없을 것이다. 왜냐하면 그가 여기서 발명한 것은 신비적 불가사의와 예기치 않은 우주적 은유의 영역에서조차도 실로 드문 것이기 때문이다.—세계는 제우스의 유희이며, 또는 물리적으로 표현하자면 불이 자기 자신과 하는 유희이다. 일자는 오직 이런 의미에서만 동시에 다수이다. —

나는 세계를 형성하는 힘으로 불을 처음으로 도입하기 위해, 아낙시만드로스가 사물의 근원으로의 물에 관한 학설을 어떤 방식으로 계속 발전시켰는가를 상기하고자 한다. 아낙시만드로스는 이 점에서 본질적으로는 탈레스에게 신뢰를 보내고 그의 관찰을 강화하고 확대하면서도, 물 앞과 또 물 뒤에 더 이상 어떤 단계의 성질도 존재하지 않는다는 사실을 확신할 수는 없었다. 오히려 그에게는 온기와 냉기에서 습한 것 자체가 형성되는 것처럼 보였으며, 그렇기 때문에 온기와 냉기는 물의 전단계로 더욱 근원적인 성질들인 것처럼 보였다. 이 성질들이 '무규정자'의 근원존재에서 떨어져나옴으로써 생성은 시작된다. 물리학자로서 아낙시만드로스의 해석에 예속되어 있던 헤라클레이토스는 이 아낙시만드로스적 온기를 숨, 따뜻한 입김, 건조한 증기처럼 습한 것으로 재해석한다. 헤라클레이토스는 불에 관해서도 탈레스와 아낙시만드로스가 물에 관해 말했던 것과 동일한 것을 말한다. 불은 이제 수많은 변신을 통해 생성의 과정을 거치는데, 특히 따뜻한 것, 습한 것, 딱딱한 것의 세 가지 주요 상태를 거친다. 왜냐하면 물은 하강하면 부분적으로 흙이 되고, 상승하면 불로 변형되기 때문이다. 또는 더 정확한 표현으로 간주되는 헤라클레이토스의 말에 의하면 바다로부터는 순수한 증기만이 상승하여 천체의 천상적 불의 자양분이 되고, 흙으로부터는 오직 어둡고 안개 같은 증기들이 나와 습한 것의 양분이 된다. 순수한 증기들은 바다가 불로 변하는 것이고, 불순한 증기들은 흙이 물로 변하는 것이다. 따라서 불의 두 가지 변신의 궤도, 즉 상승과 하강, 전진과 후퇴는 나란히 진행된다. 그래서 불에서 물로, 물에서 흙으로, 흙에서 다시 물로, 그리고 물에서 불로 변한다. 헤라클레이토스는 이러한 표상들 중 가장 중요한 표상, 예컨대 불은 증발로 유지되고 또 물에서 부분적으로 흙이 그리고 부분적으로는 불이 분리되어 나온다는 표상에서 여전히 아낙시만드로스의 추종자이지만, 아낙시만드로스가 냉기를 온기와 동등한 것으로 정당화하여 이 두 가지에서 습한 것이 발생한다고 생각한 반면, 헤라클레이토스는 냉기를 물리적 과정에서 배제했다는 점에서 독자적이고 아낙시만드로스와 대립된다. 이렇게 하는 것이 헤라클레이토스에게는 물론 필연적이었다. 왜냐하면 모든 것이 불이라고 한다면, 그것의 변신 가능성에도 불구하고 불의 절대적 대립일 수 있는 것은 아무것도 없기 때문이다. 따라서 헤라클레이토스는 사람들이 냉기라고 부른 것을 단지 온기 정도로 해석했을 것이며, 그리고 이 해석을 아무런 어려움 없이 정당화할 수 있었다. 그러나 이와 같은 아낙시만드로스 학설에서 일탈하는 이러한 요소들보다 훨씬 더 중요한 것은 그 밖의 또다른 일치점이다. 헤라클레이토스는 아낙시만드로스와 마찬가지로 주기적으로 반복하는 세계 멸망을 믿고, 모든 것을 파멸시키는 세계의 대화재로부터 다른 세계가 새롭게 출현한다는 것을 믿는다. 세계가 모든 것이 순수한 불로 해체되는 이 대화재를 향해 나아가는 기간을 그는 아주 독특한 한 방식으로 욕망과 욕구로 규정하고, 불에 의해 완전히 용해된 상태를 충족으로 서술한다. 그런데 그가 새롭게 자라나는 세계를 형성하고자 하는 충동과 스스로를 다수의 형식들로 쏟아 붓는 자기유출을 어떻게 이해하고 명명했는가는 여전히 의문으로 남는다. 그리스 격언은 "만족은 오만(히브리스)을 낳는다"는 사상으로 우리에게 도움을 주는 것처럼 보인다. 실제로 우리는 한 순간 헤라클레이토스가 저 다수성으로 회귀하는 것을 오만으로부터 추론하지는 않았는가 하고 물을 수 있다. 한번쯤 이 사상을 진지하게 받아들이자. 우리의 시선 아래에서 헤라클레이토스의 얼굴은 이 사상의 빛을 받고 변하고, 당당하게 빛나는 그의 눈은 빛을 잃으며, 고통스러운 체념과 무력함의 주름이 새겨진다. 후기 고대인들이 그를 왜 '우는 철학자'라고 불렀는지 알 것 같다. 이제 전체 세계 과정은 오만의 처벌 행위가 아닌가? 다수성은 오만의 결과인가? 순수한 것이 비순수한 것으로 변신하는 것은 불의의 결과인가? 이제 죄가 사물들의 핵심으로 옮겨져서, 생성과 개인들의 세계가 비록 죄로부터 벗어나기는 했지만 동시에 그 결과를 책임지도록 항상 새롭게 다시 선고받은 것은 아닌가?

7.

히브리스라는 저 위험한 낱말은 실제로 모든 헤라클레이토스 추종자에 대한 시금석이다. 이 낱말은 그가 과연 자신의 스승을 이해했는지 아니면 오해했는지를 보여줄 수도 있다. 이 세계에는 죄, 불의, 반대, 고통이 존재하는가?

그렇다고 헤라클레이토스는 외친다. 그러나 이는 분리해서는 보지만 종합하여 볼 줄 모르는 편협한 인간에게만 해당될 뿐, 모든 것을 같이 보는 통각적인 신에게는 적용되지 않는다. 서로 저항하는 모든 것이 헤라클레이토스에게는 하나의 조화로 합쳐진다. 그것이 비록 평범한 인간의 눈에는 보이지 않지만, 헤라클레이토스처럼 관조직 신과 유사한 사람은 이해한다. 그의 불 같은 시선 앞에서는 한 방울의 불의도 그의 주위에 형성된 세계 속에 남아 있지 않다. 그래서 순수한 불이 어떻게 불순한 형상들 속으로 들어갈 수 있는가 하는 저 기본적인 반격조차도 그의 숭고한 비유를 통해 극복된다. 생성과 소멸, 건축과 파괴는 아무런 도덕적 책임도 없이 영원히 동일한 무구의 상태에 있으며, 이 세계에서는 오직 예술가와 어린아이의 유희만 있을 뿐이다. 어린아이와 예술가가 놀이를 하듯 영원히 생동하는 불은 순진하게 놀이를 하면서 세웠다가 부순다. ─영겁의 시간 에온은 자기 자신과 이 놀이를 한다. 마치 아이가 바닷가에서 모래성을 쌓듯이 그는 물과 흙으로 변신하면서 높이 쌓았다가는 부수곤 한다. 이따금 그는 놀이를 새롭게 시작한다. 충족도 한 순간, 그런 다음에는 새로운 창조활동을 예술가에게 강요하는 것과 유사한 욕구에 새롭게 사로잡힌다. 다른 세계를 소생시키는 것은 오만의 욕구가 아니라 항상 새롭게 깨어나는 유희의 충동이다. 어린아이는 놀이기구를 던져버리지만, 곧 그는 순진무구한 기분에서 놀이를 다시 시작한다. 그가 건축을 하면, 곧 내면적 질서에 따라 법칙적으로 결합하고 조합하고 형성한다.

오로지 심미적 인간만이 세계를 이렇게 직관한다. 그는 예술작품의 생성 과정과 예술가에게서 다수성의 투쟁 자체가 법칙과 정당성을 지닐 수 있다는 것을 경험했으며, 또 예술가가 관조적으로 예술작품 속에 작용하고 있을 뿐만 아니라 예술작품을 넘어서 있다는

것을, 필연성과 유희, 투쟁과 조화가 예술작품을 탄생시키기 위해
서는 서로 결합해야만 한다는 것을 경험했다.

누가 이런 철학에서 '너는 무엇무엇을 해야만 한다'는 필연적인
명법의 윤리학을 요청할 수 있단 말인가! 그리고 누가 이런 윤리학
이 없다고 헤라클레이토스를 비난할 수 있단 말인가! 인간은 그의
세세한 힘줄에 이르기까지 필연적이며 따라서 철저하게 '부자유'
스럽다. ─자유를 마치 의복을 갈아입듯 자신의 본질을 자의적으로
바꿀 수 있다는 어리석은 주장으로 이해한다면 말이다. 그런데 모
든 진지한 철학은 이제까지 이 주장을 합당한 경멸의 눈으로 배척
해왔다. 사람들이 그렇듯 모든 것을 조망하는 예술가적 시선의 이
성과 절제 속에 있는 의식으로는 살아가지 못한다는 사실은 그들의
영혼이 습하며, 또 '축축한 진흙이 그들의 영혼을 차지하면' 사람의
눈과 귀 그리고 그들의 지성 자체가 좋지 않은 도구가 된다는 사실
에서 기인한다. 사람들은 불이 왜 물과 흙으로 되는지 묻지 않듯,
그것이 왜 그러한지 거의 묻지 않았다. 헤라클레이토스에게는 (라
이프니츠와는 달리) 이 세계가 최선의 세계라는 사실을 증명해야
할 필요가 없었다. 그에게는 이 세계가 영원한 시간 에온의 아름답고
무구한 유희라는 사실만으로 충분했다. 인간은 그에게 일반적으로
비이성적 존재로 여겨졌다. 그렇다고 해서 이와 같은 인간이해가
모든 것을 지배하는 이성의 법칙이 인간의 본질 속에서 충족된다는
사실과 배치되지는 않는다. 인간은 자연 내에서 결코 특별한 지위
를 차지하지 않는다. 자연의 최고 현상은 불 또는 천체이지 결코 단
순한 인간이 아니다. 만약 인간이 필연성을 통해 불과 관계한다면,
그는 조금 더 이성적이 된다. 그러나 그가 물과 흙으로 되어 있다

면, 그의 이성이 처한 상황은 고약하다. 그가 단순히 인간이기 때문에 로고스를 인식해야 한다는 책무는 존재하지 않는다. 그렇다면 물은 왜 있고, 흙은 왜 있는 것인가? 이 물음은 헤라클레이토스에게 왜 인간이 그렇게 어리석고 형편없는가 하는 물음보다 훨씬 더 진지한 문제이다. 동일한 내재적 법칙성과 정의는 최고의 인간과 최악의 인간에게서 똑같이 나타난다. 그런데 우리가 "불은 왜 항상 불이 아닌가?" "불은 왜 지금은 물이고 또 흙인가?" 하고 헤라클레이토스에게 묻는다면, 그는 단지 다음과 같이 대답할 뿐이다. "그것은 하나의 유희일 뿐이다. 그것을 너무 비장하게 특히 도덕적으로 받아들이지 말라!" 헤라클레이토스는 오직 현존하는 세계를 묘사할 뿐이며, 예술가가 완성되어가는 자신의 작품을 바라볼 때 느끼는 직관적 희열을 이 세계에서 느낄 뿐이다. 인간의 본성에 대한 그의 기술에 불만족스러울 충분한 이유를 가진 사람들만이 그가 불명료하고, 암담하고, 우울하고, 비탄에 빠져 있고, 어둡고, 염세주의적이고, 그렇기 때문에 증오받아 마땅하다고 생각한다. 그러나 헤라클레이토스는 그들의 반감과 호감, 증오와 애정을 포함한 이 모든 것에 무관심하며, 그들에게 다음과 같은 교훈을 가르쳐줄 뿐이다. "개들은 자기가 알지 못하는 모든 것에 짖는다." 또는 "당나귀에게는 황금보다 왕겨가 더 가치 있다."

　　헤라클레이토스적 양식의 불명료성에 관한 수많은 비난은 이와 같은 불만족에서 기인한다. 그런데 아마 어느 누구도 그보다 더 밝고 명료하게 서술할 수는 없었을 것이다. 물론 매우 짧게 서술하기 때문에 달리기 선수처럼 빨리 읽는 사람에게는 불명료하다. 그러나 어떤 철학자가—사람들이 흔히 헤라클레이토스에 대해 말하듯이

―의도적으로 불명료하게 서술했다는 것은 도저히 설명될 수 없는 일이다. 그에게 사상을 숨길 이유가 없거나 또는 그가 말로 사상의 결여를 숨길 정도로 사기꾼이 아니라면 말이다. 우리는 쇼펜하우어가 말한 바와 같이 통상적이고 실천적인 삶의 문제에서 가능한 오해들을 명료하고 신중하게, 미연에 방지해야 한다. 그렇게 한다면 가장 어렵고 난해하며 결코 이를 수 없는 사유의 대상, 즉 철학의 과제에 대해 어떻게 불명료하고 신비롭게 표현할 수 있겠는가? 간단명료함에 관해 장 파울Jean Paul이 다음과 같이 유익한 교훈을 준다. "모든 위대한 것이―그것은 하나의 희귀한 의미에 대한 다양한 감각인데―단지 간단하고 불명료하게 표현될 뿐이라면, 그래서 꾸밈없는 직선적인 정신이 그것을 자신의 공허한 말로 옮겨놓기보다는 오히려 무의미한 것이라 단언한다면, 그것은 전체적으로 정당하다. 왜냐하면 평범한 정신의 소유자들은 지극히 심오하고 의미 풍부한 잠언에서조차도 자신들의 일상적 견해밖에 보지 못하는 형편없는 기술을 가지고 있기 때문이다." 그럼에도 불구하고 꾸밈없는 정신들은 헤라클레이토스를 놓치지는 않았다. 이미 스토아 학파들은 그를 평이하게 재해석했으며, 세계의 유희에 관한 그의 심미적 근본사상을―인간에게 이익이 되도록―세계의 합목적성에 대한 일반적 통찰로 끌어내렸다. 그래서 헤라클레이토스의 물리학은 이들을 통해 찬양의 말을 어중이떠중이에게 끊임없이 요구하는 조야한 낙관주의가 되어버렸다.

8.

헤라클레이토스는 자긍심이 강했다. 그리고 철학자가 자긍심을 갖게 되면, 그것은 대단한 자긍심이 된다. 그의 활동을 보면 그는 어떤 '청중'에게도, 즉 대중의 갈채와 동시대인들의 환호성에 귀 기울이지 않았다. 고독하게 길을 걷는 것은 철학자의 본질에 속한다. 그의 재능은 아주 희귀한 것이었으며, 어떤 의미에서는 아주 부자연스러웠다. 그것은 같은 종류의 재능들에 대해서조차도 배타적이고 적대적이었다. 그의 자족의 성벽이 파괴되고 부서지지 않으려면, 그것은 다이아몬드로 되어 있어야 할 것이다. 왜냐하면 모든 것이 그의 재능에 대항하는 방향으로 움직이고 있기 때문이다. 불멸을 향한 그의 여행은 다른 어느 것보다 더 어렵고 장애가 많다. 그럼에도 불구하고 이 여정의 목표에 이르리라고 이 철학자보다 더 확실하게 믿을 수 있는 사람은 아무도 없을 것이다―왜냐하면 그는 활짝 펼쳐진 모든 시간의 날개 위에 있지 않으면 자신이 어디에서 있어야 하는지를 알지 못하기 때문이다. 그런데 현재적인 것과 순간적인 것을 무시하는 것은 위대한 철학적 인간의 본성에 속한다. 그는 진리를 갖고 있다. 시간의 수레바퀴가 아무리 자신이 원하는 곳으로 굴러갈 수 있다 하더라도, 그것은 진리에서 벗어날 수는 없을 것이다. 이런 사람들이 언젠가 살았다는 사실을 아는 것은 중요하다. 그것을 안다면, 예컨대 사람들은 헤라클레이토스의 자긍심을 한가한 가능성으로만 상상하지는 않을 것이다. 모든 인식의 추구 자체는 그 본질상 영원히 만족되지 않으며 만족될 수 없는 것처럼 보인다. 그렇기 때문에 역사를 통해 배우지 않는다면, 어느 누구도 자신이 유일하게 성공한 진리의 자유인이라는 확신과 고귀한 자존심을 믿으려 하지 않을 것이다. 그런 사람들은 자신들의 고유한 태양계 속에서 살고 있다. 우리는 이 태양계 속에서 그들을 찾아야 한다. 피타고라스와 엠페도클레스 같은 사람 역시 자신들을 초인간적으로 평가했다. 그들은 그뿐만 아니라 스스로를 종교적 경외심을 가지고 대했다. 그렇지만 영혼회귀와 모든 생명체의 통일성에 관한 확신과 결합되어 있는 동정(同情)의 끈은 그들을 다시금 다른 사람들에게로 인도하여, 이들을 구원하고 구제하도록 했다. 아르테미스 신전의 은둔자에게 깊이 스며든 고독의 감정으로부터 우리는 가장 황량한 산야의 황무지에서 무엇인가가 죽어가고 있다는 것만을 예감할 수 있을 뿐이다. 어떤 강렬한 동정심의 감동도 또 돕고 치유하고 구원하고자 하는 어떤 욕망도 그에게서는 흘러나오지 않는다. 그는 대기 없는 별이다. 내면을 향해 불타오르는 그의 눈은, 마치 허상에 지나지 않는 것처럼, 바깥을 향해서는 죽은 듯이 냉철하다. 그의 자긍심의 축제에 직접 참여하면서 광기와 전도의 파도들이 그의 주변에 철썩댄다. 그는 구토의 감정을 느끼면서 이러한 것들에서 눈을 돌린다. 그렇지만 따스한 마음을 가진 사람들도 마치 청동으로 주조된 듯이 뻣뻣한 그런 유충은 피해간다. 그와 같은 존재는 아마 외딴 성전의 신상들 가운데서나, 그리고 차갑고 고요하고 장엄한 건축물 곁에서나 이해될 수 있을지도 모른다. 인간으로서 헤라클레이토스는 사람들 가운데서는 황당무계했다. 떠들면서 노는 아이들의 유희에 주목하고 있을 때도, 그는 어쨌든 아무도 그 경우에 생각해내지 못하는 것을 생각했다. 즉 위대한 세계 어린이 제우스의 유희를 생각했다. 그는 자신의 인식을 위해서도 인간을 필요로 하지 않았다. 우리가 인간에게서 물을 수 있는 것과 또다른 현자들이 인간에게서 탐구하고자 했던 모든 것이 그에게는 상관없었다. 그는 질문하고 수집하는, 다시 말해 '역사적인' 인간들에 대해 경멸투로 말한다. "나는 내 자신을 찾고 탐구했다"고 그는 자기 자신에 관해 말했다. 그것은 사람들이 바로 신탁의 탐구를 서술하는 명제이다. 마치 자신 외에는 "너 자신을 인식하라"는 델피 신탁의 진정한 완성자이고 성취자가 없다는 듯 그는 이렇게 말한다.

그런데 그는 이 신탁에서 알아낸 것을 영원히 해석할 만한 가치가 있는 불멸의 지혜로, 여자 예언자의 예언을 모범으로 하여 멀리까지 무한한 영향을 미치는 지혜로 간주했다. 가장 먼 훗날의 인류에게는 그것이 신탁들처럼 해석되어, 헤라클레이토스가 델피의 신처럼 '언명하지도 않고 은폐하지도 않는 것'이라고 해도 괜찮다. 그가 그것을 설령 '아무런 미소도 없이 그리고 장식과 성유(聖油)도 없이 오히려 격분하는 입으로 선포한다고 하더라도, 그것은 미래의 수천 년 동안 지속되어야 한다. 왜냐하면 세계가 영원히 진리를 필요로 하는 까닭에, 헤라클레이토스가 이 세계를 필요로 하지 않는다고 하더라도 이 세계는 헤라클레이토스를 영원히 필요로 한다. 그러니 그에게 그의 명예가 무슨 상관이란 말인가? 영원히 흘러가 버리는 가멸적인 존재들에게서의 명성이! 그는 이렇게 경멸하는 투로 외친다. 그의 명예는 인간들에게 중요하지만, 그에게는 중요하지 않다. 인류의 불멸성은 그를 필요로 하지만, 헤라클레이토스 그는 인간의 불멸성을 필요로 하지 않는다. 그가 관조했던 것, 즉 생성 속의 법칙과 필연성 속의 유희에 관한 학설은 이제부터 영원히 관조적으로 파악되어야 한다. 그는 이 위대한 연극의 막을 올렸다.

9.

    헤라클레이토스의 모든 말 속에 진리의, 그것도 논리의 밧줄 사
다리를 타고 올라가 획득한 진리가 아니라 직관적으로 파악된 진리
의 존엄과 자긍심이 표현되는 반면, 또 그는 신비로운 도취 상태에
서 관조하되 탐색하지 않으며, 인식하되 계산하지 않는 반면, 그의
동시대인 파르메니데스는 그와는 전혀 다른 상으로 대립한다. 파르
메니데스 역시 진리의 예언자라는 유형에 속하지만, 불보다는 얼음
으로 만들어져 에일 듯이 차가운 빛을 주위에 내뿜는다. 파르메니
데스는, 아마 고령이 되어서야 비로소 그렇기는 하지만, 어떤 현실
에 의해서도 흐려지지 않은 가장 순수하고 핏기 없는 추상화를 성
취했다. 존재론을 산출한 ― 200년 동안의 비극 시대에 있어 그 어
떤 사람보다도 비그리스적인 ― 이 계기는 그의 삶 전체에서 시금석
이 되었으며, 이 시금석은 그의 생애를 두 시기로 나눈다. 이 계기
는 동시에 소크라테스 이전의 사유를 두 부분으로 구별했다. 처음
부분은 아낙시만드로스적인 시기로, 그리고 둘째 부분은 바로 파르
메니데스적인 시기로 명명되어도 좋을 것이다. 파르메니데스 자신
의 철학함에서 좀더 오래된 첫째 시기는 여전히 아낙시만드로스적
인 모습을 지니고 있다. 이 시기는 아낙시만드로스의 물음들에 대
한 대답으로 철저하게 사유된 철학적-물리학적 체계를 산출했다.
훗날 얼음처럼 차가운 저 추상화의 전율이 그를 엄습하여 그가 존
재와 비존재에 관한 가장 간단한 명제를 세웠을 때, 그가 파괴한 수
많은 낡은 학설들 속에는 자신의 체계도 포함되어 있었다. 그렇지
만 그는 자신의 청년기가 산출한 힘세고 아름다운 자식에 대한 아

버지로서의 외경심을 모두 상실하지는 않은 것처럼 보인다. 그렇기 때문에 그는 다음과 같이 말할 수 있었다. "단 하나의 올바른 길만 이 존재하기는 한다. 그러나 우리가 언젠가 다른 길을 가고자 할 때, 예전의 내 견해 역시 그것이 가지고 있는 이점과 견론에 따르면 나름대로 유일하게 정당한 것이다." 이렇게 방향을 전환함으로써 스스로를 보호하면서, 그는 본래 진리에 이르는 유일한 이정표로 새로운 견해를 주장해야 할 자연에 관한 위대한 시에서조차 예전의 물리학적 체계에 가치와 확장된 공간을 부여했다. 설령 그것을 통 해 오류 하나가 슬며시 끼어들었다고 하더라도 그것은 아버지다운 배려이며, 논리적 경직성을 통해 완전히 굳어져 거의 하나의 사유 기계로 변해버린 특성에도 불구하고 여전히 남아 있는 일말의 인간 적인 지각이다.

파르메니데스가 아낙시만드로스와 개인적 교분을 가졌다는 것이 내게는 의심의 여지가 없는 것처럼 보이며, 또 그가 아낙시만드로 스의 이론에서 출발했다는 것은 믿을 만할 뿐만 아니라 확실하다. 그런데 파르메니데스는 헤라클레이토스와 마찬가지로 세계를 오로 지 존재하는 세계와 오직 생성되는 세계로 완전히 분리하는 것을 불신했다. 이 불신은 헤라클레이토스에게서는 존재의 부정을 야기 했다. 양자는 모두 이중적 세계질서의 대립과 분리로부터의 출구를 모색했다. 아낙시만드로스로 하여금 단번에 생성의 영역과 경험적 으로 주어진 이 영역의 특성들에서 도피하도록 만들었던 규정될 수 없는 무규정자로 비약하는 것은 헤라클레이토스나 파르메니데스와 같이 독립적인 지성들에게는 쉬운 일이 아니었다. 그들은 우선 갈 수 있는 데까지 나아가고자 했으며, 발 밑에 더 이상 디딜 토대가 없어 떨어지지 않기 위해서는 뛸 수밖에 없는 지점에 이를 때까지 비약을 유보했다. 두 사람은 모두 아낙시만드로스가 감상적으로 평가하여 악의의 장소인 동시에 생성의 불의에 대한 회개 장소로 천명했던 이 세계를 거듭하여 관조했다. 그들의 직관을 통해 헤라클레이토스는, 우리가 익히 알고 있는 바와 같이, 얼마나 경이로운 질서와 규칙성과 확실성이 이 생성 속에 계시되고 있는가를 발견했다. 그는 이 발견으로부터 생성 자체는 결코 악의적이거나 불의일 수 없다는 결론을 도출했다. 그런데 파르메니데스의 시각은 완전히 달랐다. 그는 성질들을 서로 비교하여, 이들이 모두 같은 종류의 것들이 아니라 두 가지 부류로 구분되어야만 한다는 것을 발견했다고 생각했다. 예컨대 그가 빛과 어둠을 비교하면, 두 번째 특성은 오직 첫번째 성질의 부정으로 나타났다. 그는 이렇게 긍정적 성질과 부정적 성질을 구별했으며, 자연의 전 영역에서 이 대립을 다시 발견하고 명시하려고 진정으로 노력했다. 이 과정에서 사용된 그의 방법은 다음과 같았다. 그는 예를 들면 가벼운 것과 무거운 것, 얇은 것과 두꺼운 것, 능동적인 것과 수동적인 것 같은 몇 가지 대립들을 채택했으며, 이들을 전형적인 대립인 빛과 어둠으로 분류했다. 밝은 것에 상응하는 것은 긍정적인 것이었으며, 어두운 것과 일치하는 것은 부정적인 성질이었다. 예를 들어 무거운 것과 가벼운 것을 선택하면, 가벼운 것은 밝은 것에 해당했고 무거운 것은 어두운 것의 편에 속했다. 따라서 무거운 것이 그에게는 단지 가벼운 것의 부정에 지나지 않았으며, 가벼운 것은 긍정적 성질이었다. 이러한 방법으로부터 이미 감각의 간섭을 차단하면서 추상적–논리적 절차를 수행할 수 있는 능력이 산출된다. 무거운 것은 사실 우리의 감각에 긍정적 성질로 와 닿는 것처럼 보인다. 그렇다고 해서 파르메니데스는 무거운 것을 부정적으로 낙인찍는 데 주저하지 않았다. 그는 마찬가지로 흙을 불과 대립시키고, 차가운 것을 따뜻한 것과 대립시키고, 두꺼운 것을 얇은 것과, 여성적인 것을 남성적인 것과 그리고 수동적인 것을 능동적인 것과 대립시켜 이들 모두를 오직 부정의 형식으로만 표시했다. 그래서 그의 시각에서 보면 우리의 경험세계는 두 개의 분리된 영역, 즉—밝고 불과 같고 따뜻하고 가볍고 얇고 능동적이고 남성적인 성격을 지닌—긍정적 성질들의 영역과 부정적 성질들의 영역으로 나뉜다. 후자의 성질들은 오직 다른 긍정적 성질들이 결여되어 있음과 그것을 부정하는 것만을 나타낸다. 따라서 그는 긍정적 성질들이 결여되어 있는 영역을 어둡고, 흙과 같고, 차갑고, 무겁고, 두껍고, 여성적이고 수동적인 성질들로 표현한다. 그는 '긍정적'과 '부정적'이라는 표현 대신에 '존재적'과 '비존재적'이라는 확고한 용어를 사용했다. 그는 이와 함께 아낙시만드로스와는 모순되는 명제, 즉 우리의 이 세계는 존재하는 것을 포함하고 있으며, 또한 비존재적인 것도 포함하고 있다는 공식에 이르렀다. 우리는 존재자를 세계의 밖에서 그리고 우리의 지평 너머에서 찾을 필요가 없다. 우리의 바로 앞에, 도처에 그리고 모든 생성 속에는 존재하는 것이 포함되어 있으며, 그것은 활동 중이다.

이 경우 그에게는 '생성이란 무엇인가?'라는 물음에 대해 좀더 정확하게 대답해야 할 과제만이 남아 있을 뿐이었다.—설령 파르메니데스 같은 성향의 사람들에게 모든 비약 자체가 하나의 추락으로 여겨진다고 할지라도, 그가 떨어지지 않기 위해서 뛰어야만 하는 순간이 바로 여기에 있다. 말하자면 우리는 안개 속으로, 숨겨진 성질들의 신비 속으로, 신화 속으로 빠져들었던 것이다. 파르메니데스는 헤라클레이도스와 마찬가지로 일반적인 생성과 유동을 관조하지만, 소멸은 비존재자의 탓임에 틀림없다는 식으로 소멸 과정을 해석할 수밖에 없다. 존재자가 어떻게 소멸의 책임을 질 수 있겠는가! 그런데 생성도 마찬가지로 비존재자의 도움을 통해서만 이루어져야 한다. 왜냐하면 존재자는 항상 거기에 현존하는 까닭에 그 자체로부터는 결코 생성될 수 없으며, 따라서 어떤 생성도 설명할 수 없기 때문이다. 그러므로 생성뿐만 아니라 소멸은 부정적 성질들을 통해서 발생한다. 그런데 생성자는 하나의 내용을 갖고 있고 또 소멸하는 것은 하나의 내용을 상실한다는 사실은 긍정적 성질들이—다시 말해 앞에서 언급한 저 내용이—두 과정에 관여하고 있다는 것을 전제한다. 간단히 말하면, 다음과 같은 공리가 추론된다. '생성을 위해서는 비존재자뿐만 아니라 존재자도 필요하다. 그들이 공동으로 작용하면 생성이 이루어진다.' 그런데 긍정적인 것과 부정적인 것이 어떻게 상호작용을 할 수 있는가? 이와는 반대로 이들은 대립하는 것으로서 서로 영원히 도피해야 하지 않는가? 그래서 생성을 불가능하게 만들어야 하지 않는가? 파르메니데스는 여기서 숨겨진 성질, 즉 서로 가까워지고 서로를 끌어당기는 대립물의 신비적인 성향에 호소한다. 그는 이 대립을 아프로디테라는 이름으로, 다시 말해 경험적으로 잘 알려진 남성적인 것과 여성적인 것의 상호지향적 관계로 상징적으로 표현한다. 서로 대립하는 것, 즉 존재자와 비존재자를 결합시키는 것은 바로 아프로디테의 힘이다. 하나의 욕망이 서로 투쟁하고 증오하는 요소들을 결합시킨다. 그 결과가 바로 생성이다. 이 욕망이 충족되면, 증오와 내면적 분쟁은 존

재자와 비존재자를 다시 분리시킨다. ─ 그렇게 되면 사람들은 "사물이 사라진다"라고 말한다. ─

5

10.

그러나 어느 누구도 '존재자'와 '비존재자' 같은 가공스러운 추상개념들을 아무런 처벌도 받지 않고 자기 것으로 만들 수 없다. 우리가 만지면, 피는 점차 응고해버린다. 어느날 파르메니데스에게 이상한 생각이 떠올랐다. 이 착상은 그가 행한 예전의 모든 사상적 결합들의 가치를 박탈하는 것처럼 보였으며, 그래서 그는 다 닳아빠진 헌 동전들로 가득 찬 주머니처럼 그것을 옆으로 던져버리고 싶었다. 사람들은 보통 '존재자'와 '비존재자' 같은 개념들 자체로부터의 필연적 귀결뿐만 아니라 또 하나의 외면적인 인상이 이 날의 착상에 영향을 미쳤을 것이라고 가정한다. 그것은 많은 곳을 떠돌아다닌 음유시인이며 신비주의적 자연숭배의 가인(歌人)이며 콜로폰 사람인 크세노파네스Xenophanes의 신학과의 만남이었다. 크세노파네스는 일생 동안 방랑하는 시인으로 특별한 삶을 살았으며, 많은 여행을 통해 제대로 물을 줄 알고 이야기할 줄 아는 박식하고 교양있는 사람이 되었다. 그렇기 때문에 헤라클레이토스는 그를 앞서 언급한 의미에서 다변가, 즉 '역사적'인 성향을 가진 사람들 중 한 사람으로 분류했다. 크세노파네스에게서 영원히 머무르며 하나의 통일성을 이룬 신비주의적 성향이 언제, 어디에서 왔는지 어느 누구도 추정할 수 없을 것이다. 그것은 어쩌면 마침내 정착하게 된

이 노인이 만들어낸 개념일지도 모른다. 오랜 방황의 불안을 겪고 끊임없이 공부하고 탐구하고 난 다음, 가장 높고 위대한 것이 신적인 평온의 비전의 형태로 그리고 모든 사물이 범신론적 평화 속에 영속적으로 존립하고 있는 형태로 그의 영혼에 찾아들었다. 어쨌든 나에게는 엘레아라는 동일한 장소에서 두 사람이 한동안 같이 살았으며, 그들 모두 동일성의 사상을 생각해냈다는 것이 전적으로 우연으로 보인다. 그들은 어떤 학파도 형성하지 않았으며, 한 사람이 다른 사람에게서 배웠다거나 또는 가르쳤다고 할 수 있는 어떤 공통점도 가지지 않았다. 왜냐하면 동일성 사상의 근원이 서로 완전히 달라, 한 사람의 것은 다른 사람의 것과 대립하기 때문이다. 설령 한 사람이 다른 사람의 학설을 알게 되었다고 하더라도, 이 학설을 이해하기 위해서는 그것을 자신의 언어로 번역해야만 했다. 그렇지만 이러한 번역 과정에서 다른 학설의 특성이 사라져버릴 것이다. 파르메니데스가 오직 추정된 논리적 귀결을 통해 존재자의 통일성에 이르고 또 존재와 비존재의 개념에서 통일성을 끄집어냈다면 크세노파네스는 일종의 종교적 신비주의자로서 그 신비적 통일성 때문에 본래 기원전 6세기에 속한다고 할 수 있다. 그가 비록 피타고라스처럼 혁명적인 인물은 아니었다고 하더라도, 돌아다니면서 사람들을 개선하고, 정화하고, 치유하고자 하는 동일한 성향과 충동을 가지고 있다. 그는 윤리적인 교사이기는 하지만 여전히 음유시인의 단계에 있다. 만약 조금 늦은 시기였다면, 그는 지혜론자였을 것이다. 기존의 관습과 가치평가들을 대담하게 물리치는 데 그를 필적할 자는 그리스에 아무도 없었다. 이를 위해 크세노파네스는 헤라클레이토스나 플라톤처럼 결코 고독 속으로 은둔하지 않고 오히려 대중들 앞에 나섰다. 그는 호메로스에 대한 대중들의 열광적인 찬미, 체육 축제의 명예를 얻고자 하는 열정적인 성향, 인간적인 모습으로 만들어진 석물에 대한 숭배 따위를 분노와 경멸로 혹평했다. 그렇다고 해서 그가 말다툼이나 하고 비난이나 일삼는 사람은 아니었다. 개인의 자유는 그에게서 정점을 이루었다. 그는 저 궁극적이고 신적인 통일성의 관점에서보다 모든 관습에서 거의 무한히 벗어났다는 점에서 파르메니데스와 유사하다. 그가 언젠가 그 시대에 합당한 환상의 상태에서 직관적으로 파악했던 통일성은 파르메니데스의 존재와는 말이나 표현에서, 근원에서는 더더욱 어떤 공통점도 가지고 있지 않다.

존재의 학설을 발견했을 당시 파르메니데스가 처해 있던 상태는 오히려 이와는 반대였다. 그날 바로 이 상태에서 파르메니데스는 공동으로 작용하는 두 개의 대립을 탐색했다.—이 대립들의 욕망과 증오는 세계와 생성을 구성하고, 존재자와 비존재자 그리고 긍정적 성질과 부정적 성질들을 구성한다—그리고 그는 갑자기 부정적 성질인 비존재자의 개념에 불신의 눈길을 보내면서도 거기에 매달렸다. 존재하지 않는 것이 도대체 하나의 성질일 수 있는가? 또는 더 근본적으로 질문하면, 존재하지 않는 것이 존재할 수 있는가? 우리가 즉시 무조건적인 신뢰를 보낼 수 있고 또 그것을 부정한다는 것은 미친 짓이나 마찬가지인 유일한 인식의 형식은 'A는 A다'라는 동어반복이다. 그런데 바로 이 동어반복적 인식이 그에게 가차없이 다음과 같이 외친다. "존재하지 않는 것은 존재하지 않는다! 존재하는 것은 존재한다!"

그는 갑자기 엄청난 논리적 죄악이 자신의 삶을 압박하고 있다고 느꼈다. 그는 부정적 성질들, 간단히 말해 비존재자가 존재한다고, 따라서 공식적으로 표현하면 'A≒A'라고 아무 주저 없이 가정하지 않았던가. 그렇지만 이러한 공식을 세운다는 것은 단지 완전히 도착된 사유에 지나지 않는다. 물론 대다수 사람들은 그가 생각해낸 것과 같이 똑같이 도착적으로 판단한다. 그 자신도 단지 논리에 대한 일반적인 범죄에 참여했을 뿐이었다. 그러나 그가 이러한 죄를 저지르는 것과 같은 순간에 발견의 영광이 그를 감쌌다. 그는 모든 인간의 광기 저편에서 세계의 비밀에 이르는 열쇠, 즉 하나의 원리를 발견했다. 그는 이제 존재에 관한 동어반복적 진리라는 확고하고 가공할 만한 손에 이끌려 사물들의 심연으로 내려간다.

심연으로 내려가는 길에서 그는 헤라클레이토스를 만난다―얼마나 불행한 만남인가! 존재와 비존재의 엄격한 분리에 모든 것을 걸고 있는 그에게 헤라클레이토스의 이율배반의 유희는 몹시 혐오스러운 것이었음에 틀림없다. "우리는 존재하면서도 동시에 존재하지 않는다", "존재와 비존재는 동일한 것이며 동시에 동일하지 않다"는 명제, 즉 파르메니데스가 막 해명하고 해결했던 모든 것을 다시 불투명하고 불가해하게 만드는 이 명제는 그를 격노하게 만들었다. 두 개의 머리를 가지고 있는 것처럼 보이지만 아무것도 알지 못하는 사람들은 저리 가라! 그들에게는 모든 것이, 그들의 사유조차도 유동적이지 않은가! 그들은 사물들을 둔감하게 바라본다. 그들은 대립들을 뒤섞어놓을 정도로 귀가 먹고 눈이 멀었음에 틀림없지 않은가! 유희적인 이율배반을 통해 찬미되고 모든 인식의 절정으로 찬양받는 대중들의 비이성은 그에게 고통스럽고 불가해한 체험이었다.

그는 이제 경악할 만한 추상적 개념들의 목욕탕에 들어갔다. 진정으로 존재하는 것은 영원한 현재 속에 있어야 한다. 이에 관해서는 '그것은 있었다' 또는 '그것은 있을 것이다'라고 서술될 수 없다. 존재자는 생성된 것일 수 없다. 왜냐하면 존재자가 도대체 무엇으로부터 생성될 수 있단 말인가? 비존재자로부터란 말인가? 그렇지만 비존재자는 존재하지 않으며, 아무것도 산출할 수 없다. 존재자로부터란 말인가? 그렇다면 그것은 존재자가 자기 자신을 생산하는 것과 다를 바 없다. 소멸도 마찬가지다. 그것은 생성처럼, 즉 모든 변화, 증가, 감소와 같이 불가능하다. 그렇기 때문에 다음의 명제가 일반적으로 타당하다. '과거에 존재했다' 또는 '미래에 존재할 것이다'라고 서술될 수 있는 모든 것은 존재하지 않는다. 그런데 존재자에 대해서는 '그것은 존재하지 않는다'고 서술될 수 없다. 존재자는 분할될 수 없다. 그것을 분할할 수 있는 제2의 힘이 어디에 있단 말인가? 존재자는 움직이지 않는다. 그것이 도대체 어느 곳으로 움직인단 말인가? 존재자는 무한히 크지도 또 무한히 작지도 않다. 왜냐하면 그것은 완성된 것이며, 완성된 형태로 주어진 무한성이란 모순이기 때문이다. 그러므로 존재자는 제한되어 있고, 완성되어 있고, 부동적이고, 마치 하나의 공처럼 어느 곳에서나 균형을 이루고 어느 지점에서나 완성된 형태로 부유하지만, 그렇다고 해서 특정한 공간 속에 존재하는 것은 아니다. 만약 그렇다면 이 공간은 두 번째 존재자일 것이기 때문이다. 그런데 다수의 존재자들이 존재할 수는 없다. 왜냐하면 이들을 분리시키기 위해서는 그 자체의 존재자 형식으로 존재하지 않는 것이 존재해야만 하기 때문이다. 그렇지만 이는 스스로를 부정하는 하나의 가정이다. 따라서 오직 영원한 통일성만이 존재할 뿐이다.

그러나 이제 파르메니데스가 예전에는 풍부한 의미의 사상들을 통해 그 실존을 파악하려고 시도했던 생성의 세계로 시선을 돌렸을 때, 그는 자신의 눈이 생성 일반을 보고 있으며 또 자신의 귀가 생성 일반을 듣고 있다는 사실에 분노했다. 이제 그의 명법은 이렇게 말한다. "저 우둔한 눈을 따르지 말라, 메아리처럼 울리기만 하는 저 귀 또는 혀를 믿지 말라, 오직 사유의 힘만으로 확인해보아라!" 이로써 그는 인식기관에 대한 중요한 비판을 수행했다. 그것이 설령 불충분하고 치명적인 결과를 가져오기는 했다고 하더라도 말이다. 그는 추상적 개념들을 사유할 수 있는 능력, 즉 이성과 감각을 마치 두 개의 분리된 능력인 것처럼 예리하게 떼어놓음으로써 지성 자체를 파괴했으며, 완전히 그릇된 '정신'과 '육체'의 분리를 조장했다. 그런데 이 분리는 특히 플라톤 이래 마치 하나의 저주처럼 철학을 억누르고 있다. 모든 감각적 지각은 오직 착각만을 제공할 뿐이라고 파르메니데스는 판단한다. 그리고 이 지각들의 주된 기만은 그것들이 비존재자 역시 존재하며 또 생성 역시 하나의 존재를 가지고 있다고 위장한다는 점이다. 경험적으로 알려진 세계의 다수성과 다양성, 이 세계의 성질들의 변화, 이들의 상승과 하강에서의 질서는 단순한 가상과 공상으로서 가차없이 폐기처분되었다. 이것에서 아무것도 배울 것이 없으며, 따라서 사람들이 감각에 의해 기만당하고 꾸며진 그래서 철저하게 가치 없는 이 세계에 쏟는 모든 수고는 헛된 것이다. 파르메니데스처럼 그렇게 전체적으로 판단하는 사람은 개별적인 것에서는 자연탐구자이기를 그만둔다. 현상들에 대한 그의 관심은 시들어버리고, 이 감각의 영원한 기만을 떨쳐버릴 수 없다는 증오심이 일어난다. 진리는 이제 모든 내용이 다 빠져버려 창백하기 짝이 없는 일반성들 속에서만, 즉 아무것도 규정해주지 않는 말들의 빈 껍데기 속에서만 머물고 있다는 것이다. 마치 거미줄로 이루어진 십 속에 갇혀 있는 것처럼. 바로 이런 '진리'의 곁에 이제 철학자가 앉아 있다. 마치 하나의 추상적 개념처럼 핏기 없이 온통 공식들의 거미줄에 갇혀 있는 것처럼. 그렇지만 거미들은 제물의 피를 요구할 것이다. 그런데 파르메니데스적 철학자는 바로 이 제물의 피를 증오한다. 그에 의해 희생된 경험의 피를.

11.

그리스인 한 사람이 있었는데, 그의 전성기는 대충 이오니아 혁명이 발발한 시기와 일치했다. 이 그리스인은 기만적인 상상력의 도식주의에서 도망치듯 내용이 풍부한 현실에서 도망칠 수 있었다. 그러나 그는—플라톤처럼 완전무결하고 파괴될 수 없는 사물의 원형들을 통해 눈을 즐겁게 해주기 위해 영원한 이데아의 땅과 세계 조물주의 작업실로 도망친 것이 아니라—아무것도 말해주지 않는 가장 차가운 개념, 즉 존재라는 경직된 죽음의 정적 속으로 도망친 것이다. 이와 같이 기이한 사실을 그릇된 유추를 통해 해석하는 일은 피하고자 한다. 이 도피는 인도철학자가 말하는 의미에서의 세계도피는 아니었기 때문에 현존의 퇴락, 무상과 불행에 관한 깊은 종교적 확신을 요청하지는 않았다. 그것은 존재 속의 안정이라는—이것은 모든 것을 만족시키는 일종의 무아적 표상으로의 신비적 침잠인데 일반인들에게는 수수께끼이며 불쾌한 일이었다―궁극적 목표를 추구하지 않았다. 파르메니데스의 사유 그 자체는 결코 인도적 사유가 갖고 있는 도취의 향기를 지니고 있지 않다. 아마 피타고라스나 엠페도클레스의 경우에는 이 향기를 전혀 맡을 수 없을 정도는 아니었다. 이 시기에는 오히려―한 명의 그리스인에게서!―향기도 없고 색깔도 없고 영혼도 없고 형식도 없는 것, 피와 종교성과 윤리적 온기의 철저한 결핍, 즉 추상적이고 도식적인 것이 발견된다는 사실이 이상한 일이었다. 그러나 또한 무엇보다도 신비적으로 사유하고 극도로 탄력적이고 환상적인 시대에 확실성을 추구하는 가공할 만한 에너지가 있다는 것이었다. "신들이여, 저에게 오로지 확실성을 주소서!"가 파르메니데스의 기도이다. "그 확실성이 불확실성의 바다 위에서 눕기에 충분한 널빤지 하나라도 좋습니다! 생성하고, 풍요롭고, 다양하고, 번영하는 모든, 이 모든 것은 오직 당신께서 가지십시오. 그리고 내게는 빈약하고 공허하면서도 유일한 확실성만을 주소서!"

파르메니데스의 철학에서는 존재론의 주제가 전주곡으로 연주되고 있다. 경험은 어디에서도 그가 생각했던 존재를 제공해주지 않았다. 그러나 그는 자신이 존재를 사유할 수 있다는 사실에서 이 존재가 실존할 수밖에 없다고 추론했다. 그것은 우리가 경험과는 관계 없이 사물의 본질에 이를 수 있는 인식기관을 가지고 있다는 전제조건에 토대를 두고 있는 결론이다. 우리 사유의 재료는 파르메니데스에 따르면 직관 속에 있는 것이 아니라 다른 곳에서, 즉 우리가 사유를 통해서만 직접적으로 접근할 수 있는 초감각적 세계에서 부가된 것이다. 그런데 아리스토텔레스는 이와 유사한 모든 추론에 반대하여 이미 실존은 본질에 속하지 않으며 또 현존은 결코 사물의 실체에 속하지 않는다고 주장했다. 바로 그렇기 때문에 '존재' 의 —존재의 본질은 바로 존재이다—개념으로부터는 결코 존재의 실존을 추론할 수 없다. '존새' 와 '비존재' 의 대립이 갖고 있는 논리적 진리는, 만약 추상을 통해 이 대립을 추론할 수 있는 밑바탕에 놓여 있는 대상과 직관이 주어질 수 없다면, '존재' 와 '비존재' 의 대립이 갖고 있는 논리적 진리는 완전히 공허하다. 그것이 직관으로 환원될 수 없다면 표상들의 유희에 지나지 않는다. 그리고 이러한 유희를 통해서는 실제로 아무것도 인식되지 않을 것이다. 왜냐하면 칸트가 가르쳐주듯이 진리의 단순한 논리적 기준, 즉 오성과 이성의 일반적이고 형식적인 법칙들과 인식의 일치는 필수조건이기는 하지만 동시에 모든 진리의 부정적 조건이기 때문이다. 그런데 논리는 더 이상 나아갈 수 없다. 논리는 형식이 아니라 내용과 관련된 오류를 어떤 시금석을 통해서도 발견할 수 없다. '존재하고 있는 것은 존재하고, 존재하지 않는 것은 존재하지 않는다' 는 대립의 논리적 진리에 대한 내용을 찾는 즉시, 우리는 실제로 이러한 대립에 따라 엄격하게 이루어진 어떤 현실도 발견하지 못한다. 나는 한 그루의 나무에 관해 이렇게 말할 수 있다. 그 밖의 다른 사물들과 비교하여 '그것은 존재한다' 고, 다른 시간에 있는 이 나무 자신과 비교하여 '그것은 생성되고 있다' 고, 그리고 마침내 내가 덤불을 바라보고 있는 동안에 '그것은 존재하지 않는다' 또는 '그것은 나무가 아니다' 라고 말할 수 있다. 낱말들은 오직 사물들 상호 간의 관계와 우리와 이 사물들 사이의 관계에 대한 상징일 뿐이며, 절대적 진리와는 아무 상관이 없다. '존재' 라는 낱말도, '비존재' 라는 낱말과 마찬가지로 모든 사물들을 결합시키는 가장 일반적인 관계를 서술할 뿐이다. 만약 사물들의 실존 자체가 증명될 수 없다면, 사물들 상호 간의 관계, 소위 '존재'와 '비존재' 역시 우리를 진리의 나라에 한 걸음도 더 가까이 데려다 줄 수 없을 것이다. 낱말과 개념들을 통해서 우리는 결코 관계들의 벽 뒤로, 다시 말해 우화와 같은 사물들의 근원에 이를 수 없다. 우리는 감성과 오성의 순수형식들, 즉 공간과 시간과 인과율을 통해서도 영원한 진리와 유사한 어떤 것도 볼 수 없을 것이다. 주체가 자기 자신을 넘어서 무엇인가를 보고 인식하고자 하는 것은 절대 불가능하다. 따라서 인식과 존재가 모든 영역 중에서 서로 가장 모순되는 영역이라는 것도 불가능하다. 파르메니데스가, 당시 지성비판이 지닌 무지에 가까울 정도의 순진함 때문에 영원히 주체적인 개념에서 즉자존재로 나아갈 수 있다고 생각했다면, 오늘날 여기저기서 특히 철학자 행세를 하고자 하는 형편없는 신학자들이 '의식을 통해서 절대자를 파악하는 것'을 철학의 과제로 제기하는 것은, 칸트에 의하면 무모한 무지이다. 그들은 헤겔이 표현했던 것처럼 "절대자는 이미 존재하고 있어야 한다. 그렇지 않다면 어떻게 그것을 탐구할 수 있단 말인가?"라는 형식으로, 또는 "존재는 어떻게 해서든 주어져 있어야 하며 또 어떤 형태로든 우리에게 접근 가능해야 한다. 그렇지 않다면 우리는 존재의 개념조차 가질 수 없을 것이다"라는 베네케Beneke의 변형된 표현을 통해 철학의 과제를 서술한다. 이 존재의 개념을 보라! 이 낱말의 어원은 이미 형편없는 경험적 근원을 나타내고 있지 않은가! 왜냐하면 '존재esse'는 본래 '숨을 쉬다'는 것만을 뜻하기 때문이다. 그런데 인간이 다른 모든 사물에 대해서도 이 낱말을 사용한다면, 그는 그 자신이 숨을 쉬고 살아 있다는 확신을 하나의 비유를 통해, 다시 말해서 전혀 논리적이지 않은 것을 통해 다른 사물들에 전용하여, 그들의 실존을 인간적 유추에 따라 하나의 숨으로 파악하는 것이다. 그렇게 되면 이 낱말의 본래적 의미는 곧 소실되지만, 그래도 여전한 사실은 인간이 여전히 다른 사물들의 실존을 자신의 실존에 유비하여 의인관적으로, 어쨌든 비논리적 전용을 통하여 표상한다는 점은 여전하다. 이와 같은 전용을 도외시한다고 하더라도 '나는 숨쉰다, 고로 존재는 있다' 는 명제는 인간에 대해서조차도 불충분하다. 우리는 이 명제에 대해서 "나는 걸어간다, 고로 나는 존재한다 또는 자아는 있다" 라는 명제에 대해서와 마찬가지로 동일한 이의를 제기할 수밖에 없다.

12.

  비록 자신의 제자 제논만큼 재치있게 사용하지는 못했지만, 존재자라는 개념보다 더 많은 것을 함축하고 있는 다른 개념이 파르메니데스가 고안한 바로 무한자의 개념이다. 무한한 것은 결코 존재할 수 없다. 왜냐하면 우리가 이와 같은 것을 가정하면, 완성된 무한성이라는 모순적인 개념이 생겨날 것이기 때문이다. 그런데 우리의 현실, 즉 우리 앞에 존립하는 세계는 어디에서나 저 완성된 무한성의 성격을 지니고 있는 까닭에 그것은 본질적으로 논리적인 것과 실재적인 것에 대한 모순을 의미하며, 따라서 그것은 착각과 거짓과 환상이다. 제논은 특히 간접적인 증명 방법을 사용했다. 예를 들면 그는 다음과 같이 말했다. "한 장소에서 다른 장소로의 운동은 있을 수 없다. 만약 그런 운동이 있다고 한다면, 무한성이 완성된 형태로 주어져 있어야 하기 때문이다. 그러나 이것은 불가능하다." 아킬레우스는 약간 앞서 있는 거북이를 결코 따라잡을 수 없다. 왜냐하면 거북이가 출발한 지점에 이르기 위해 아킬레우스는 이미 수많은, 즉 무한히 많은 공간들을 지나쳐야 하기 때문이다. 다시 말해 처음에는 그 공간의 절반을, 그러고 나서는 4분의 1, 8분의 1, 16분의 1, 이런 식으로 무한히 지나가야 한다. 그가 실제로 거북이를 따라잡는다면, 그것은 하나의 비논리적인 현상이며, 어떤 진리와 실재, 어떤 진정한 존재도 아닌 오직 하나의 착각일 뿐이다. 왜냐하면 무한성을 완성한다는 것은 불가능하기 때문이다. 이 학설에 관한 다른 대중적인 서술 수단은 날아가지만 결국 정지해 있는 화살의 예이다. 화살은 날아가는 매 순간 하나의 위치를 가지고 있다. 그리고 화살은 이 위치에서는 정지해 있다. 그렇다면 무한히 계속되는 이 정지 상태들의 합이 운동과 일치한단 말인가? 무한히 반복된 정지가 자신의 반대인 운동이란 말인가? 무한자는 여기서 현실성의 왕수(王水)로 이용되고 현실은 이 물에서 완전히 용해되어버린다. 그러나 개념들이 확고하고 영원하며 존재한다면―존재와 사유는 파르메니데스에게서는 일치한다―다시 말해 무한자는 결코 완성될 수 없으며 정지는 결코 운동이 될 수 없다면, 화살은 사실 날아간 것이 아니다. 화살은 정지하고 있는 지점에서 전혀 나아가지 않았으며, 어떤 시간도 흐르지 않았다. 다음과 같이 달리 표현할 수 있다. 소위 이 추정된 현실 속에는 시간도 공간도 운동도 존재하지 않는다. 결국 화살 자체는 하나의 착각인 것이다. 왜냐하면 그것은 다수성, 즉 감각들을 통해 만들어진 비유일자의 환상에서 유래하기 때문이다. 만약 화살이 하나의 존재를 갖고 있다고 가정한다면, 이 화살은 부동적이고 무시간적이고 형성된 것이 아니라 고정되고 영원한 것일 것이리라—얼마나 어처구니없는 표상인가! 운동이 정말 실재한다고 가정하면, 화살에게는 어떤 정지도 어떤 위치도 어떤 공간도 있을 수 없을 것이다—얼마나 어처구니없는 표상인가! 만약 시간이 실재한다고 가정하면, 그것은 무한히 분할될 수 없을 것이다. 화살이 필요로 하는 시간은 제한된 수의 시간의 계기들로 구성되어 있으며, 또 이와 같은 시간계기들의 매순간은 하나의 원자임에 틀림없을 것이다—얼마나 어처구니없는 표상인가! 우리의 모든 표상은 경험적으로 주어진, 즉 이 직관적 세계에서 길어낸 그들의 내용이 영원한 진리로서 간주되자마자, 모순에 빠지게 된다 적대적 운동이 있다면, 어떤 공간도 있을 수 없다. 절대적 공간이 있다면, 어떤 운동도 있을 수 없다. 절대 존재가 있다면, 어떠한 다수성도 있을 수 없다. 절대적 다수성이 있다면, 어떤 통일성도 있을 수 없다. 그러므로 우리는 이런 개념들로는 사물들의 심장을 결코 건드릴 수 없으며 또 실재의 매듭을 풀 수 없다는 사실을 분명히 인식해야 할 것이다. 이와 반대로 파르메니데스와 제논은 개념들의 진리와 보편타당성을 고집하면서, 직관적 세계를 참되고 보편타당한 개념들의 반대로서 비논리적이고 모순된 것의 객관화라고 비난한다. 모든 증명 과정에서 우리가 개념의 능력을 통해 존재와 비존재에 관한, 즉 객관적 실재와 그 반대에 관한 최고의 결정적 기준을 소유하고 있다는 전혀 증명될 수 없는 비개연적 전제조건에서 출발한다. 이 개념들은 실제로 현실로부터 추론된 것이기 때문에 현실을 통해 검증하거나 수정될 필요가 없으며, 오히려 그 반대로 현실을 측정하고 판단해야 하고, 논리적인 것과 모순될 때는 배척해야 한다는 것이다. 이 개념들에 재판관의 권한을 주기 위해, 파르메니데스는 이 개념들에 동일한 존재를 부여하여 그것만이 오직 유일한 존재로서 타당성을 갖도록 했다. 존재의 이원성이란 있어서는 안 되기 때문에 저 생성되지 않은 존재자의 완전한 구형과 사유는 이제 더 이상 존재의 상이한 영역으로 파악될 수 없었다. 그래서 사유와 존재가 서로 일치한다고 천명하는 무모한 착상이 필요하게 되었다. 여기서는 어떤 직관의 형식도, 어떤 상징과 비유도 도움이 될 수 없었다. 그런 착상은 상상도 할 수 없는 것이었지만 필요했다. 그렇다, 이 착상은 감각적으로 서술하여 파악할 수 있는 가능성이 결여되어 있음에도 불구하고 이 세계에 대해 그리고 감각의 요청에 대해 최고의 승리를 이끌어냈다. 동글뭉뚝하고 구형처럼 동그랗고 전혀 생기 없이 덩치만 크고 굳어 움직이지 않는 존재라는 것과 사유는, 파르메니데스의 명법에 따라, 모든 상상을 초월해서 하나로 일치해야만 하고, 완전히 동일한 것이 되어야 한다. 이 동일성이 감각과 모순되어도 좋았다! 이것이 바로 이 동일성이 감각에게서 빌려온 것이 아니라는 사실을 보증하는 것이다.

13.

그런데 파르메니데스에 대하여 한 쌍의 아주 강력한—상대방의 주장을 인정하여 감정에 호소하는—반대 논증을 제시할 수 있었다. 물론 이 논증에 의해 진리가 밝혀질 수는 없었지만 적어도 감각세계와 개념세계의 절대적 분리, 존재와 사유의 동일성의 비진리성이 폭로될 수 있었다. 첫째 논증은 다음과 같다. 개념을 통한 이성의 사유가 실재적이라면, 다수성과 운동 역시 실재성을 가져야 한다. 왜냐하면 이성의 사유는 개념에서 개념으로의 운동으로서 지속적으로 움직이는 까닭에 다수의 실재성 속에 있어야 하기 때문이다. 이로부터 도피할 수는 없다. 사유를 하나의 경직된 고정으로, 다시 말해 영원히 움직이지 않는 통일성의 자기사유로 규정짓는 것은 전적으로 불가능하다. 둘째 논증, 감각으로부터는 오직 기만과 가상이 나타날 뿐이며 실제로는 오직 존재와 사유의 현실적 동일성이 있다고 한다면, 감각들 자체는 도대체 무엇이란 말인가? 아무튼 그것들은 가상에 불과하다. 왜냐하면 그것들은 사유와 일치하지 않고, 그 산물인 감각세계는 존재와 일치하지 않기 때문이다. 그러나 감각들 자체가 가상이라고 한다면, 그것들이 누구에게 가상이란 말인가? 비실재적인 것들이 어떻게 기만할 수 있단 말인가? 비존재자는 기만할 수조차 없다. 그렇다면 이 기만과 가상의 기원은 하나의 수수께끼와 모순으로 남는 것인가? 우리는 이와 같은 반대 논증을 각각 운동하는 이성에 대한 반론과 가상의 기원에 대한 반론이라고 부른다. 만약 파르메니데스의 주학설, 즉 존재에 관한 학설이 이미 증명된 것으로 받아들여졌다고 가정한다면, 첫째 반론에서는 운동과 다수의 실재성이 그리고 둘째 반론에서는 파르메니데스적 가상의 불가능성이 추론된다.

그의 주요 학설은 오직 다음과 같은 사실, 즉 존재자만이 존재를 갖고 있다, 비존재자는 그렇지 않다는 것을 의미할 뿐이다. 만약 운동이 이와 같은 존재라고 한다면, 존재자 일반에 대해 타당한 것이 역시 운동에도 타당하다. 운동은 생성되지 않았으며 영원하고 파괴될 수 없고 증가하지도 감소하지도 않는다. 가상의 근원에 대한 질문을 던짐으로써 가상이 이 세계에서 완전히 제거되었다면, 소위

5 생성과 변화의 무대, 즉 부단히 변화하는 우리의 다양하고 풍부한 실존이 파르메니데스의 부정으로부터 보호된다면, 이 변동과 변화의 세계를 진정으로 존재하고 영원히 실존하는 실체들의 합계로 특징지울 필요가 있다. 물론 이와 같은 가정에도 불구하고 엄격한 의미에 있어서의 변화, 즉 생성에 관해 말하는 것은 아니다. 그런데

10 다수성은 이제 진정한 존재를 갖고, 모든 성질은 하나의 진정한 존재를 가지며, 운동도 마찬가지다. 설령 이와 같이 자의적으로 선택된 계기들이 수천 년 동안 서로 분리되어 있었다고 하더라도, 이 세계의 모든 계기에 관해서 다음과 같이 서술될 수 있어야 한다. 이 세계 속에 존립하고 있는 모든 진정한 실체는 전부 그리고 동시에

15 실존하고 있으며, 변화하지도 않고 줄어들지도 않으며, 증가하지도 감소하지도 않는다. 천년 후에도 그것들은 동일하며, 아무것도 변화하지 않았다. 그럼에도 불구하고 세계가 한번은 다른 때와 전혀 다르게 보인다면, 그것은 결코 착각도 아니고 가상적인 것도 아니라 영원한 운동의 결과이다. 진정한 존재자는 때로는 이렇게 때로

20 는 저렇게 움직이며, 서로 결합되기도 하고 분리되기도 하면서, 위로 아래로, 하나로 또는 뒤섞여 움직인다.

14.

    이러한 표상과 함께 우리는 이미 아낙사고라스Anaxagoras 학설
의 영역으로 한 걸음 들어섰다. 파르메니데스에 대한 두 가지의 반
론, 즉 운동하는 사유에 대한 반론과 가상의 기원에 대한 반론이 아
낙사고라스에 의해 강력하게 제기된다. 그렇다고 하더라도 주요명
제에 있어서 파르메니데스는 모든 젊은 철학자와 자연탐구자들을
굴복시켰다. 그들은 모두 대중의 감각이 그렇게 생각하고 또 아낙
시만드로스와 헤라클레이토스가 냉철한 분별력을 가지고 사유했지
만 무분별하게 가정했던, 생성과 소멸의 가능성을 부정한다. 무로
부터의 신화적인 발생과 무에로의 소멸, 무엇인가로의 무작위적인
변화, 성질들의 자의적인 교환과 배척과 유인은 그때부터 무의미한
것으로 여겨졌다. 탈레스나 헤라클레이토스의 방식으로 주장되었
던 일자에서 다수가 발생하는 것, 유일한 근원적 성질에서 다양한
특성들이 발생하는 것, 간단히 말해 근원적 질료에서 세계가 파생
되는 것은 같은 이유에서 마찬가지로 무의미하게 여겨졌다. 이제는
오히려 감각에 의한 착각과 가상의 이론으로 도망칠 필요도 없이
생성되지 않고 소멸하지도 않는 존재의 이론을 이 현존 세계에 적
용하는 것이 근본적인 문제로 설정되었다. 만약 경험세계가 가상이
아니어야 한다면, 사물들이 무로부터 나오지도 않고 하나의 질료에
서 파생될 수 없다면, 이 사물들은 스스로 진정한 존재를 포함하고
있어야 한다. 그들의 질료와 내용은 아무런 제약도 받지 않고 실재
해야 한다. 모든 변화는 오직 형식, 즉 영원하고 동시에 실존하는
이 실체들의 위치, 질서, 배열, 혼합과 분리와 연관될 수 있다. 그렇

다면 그것은 주사위 놀이와 같은 것이다. 항상 같은 주사위이지만, 떨어지는 면에 따라서 그것들은 우리에게 다른 것을 의미한다. 고대의 모든 이론은 생성의 원인과 모태로 근원적 요소를—이것이 물이든, 공기이든 아니면 아낙시만드로스의 무규정자이든— 설정했다. 이와는 반대로 아낙사고라스는 이제 동일한 것에서 동일하지 않은 것이 결코 나올 수 없으며, 하나의 존재에서 결코 변화가 설명될 수 없다고 주장한다. 우리가 설령 하나의 질료를 가정하고, 그것을 희석된 것으로 또는 농축된 것으로 생각한다 하더라도, 우리는 이와 같은 농축과 희석을 통해 설명하고자 하는 것, 즉 성질들의 다수성에 결코 이를 수 없을 것이다. 그런데 세계가 실제로 다양한 성질들로 충만해 있고 그것들이 가상이 아니라면, 이 성질들은 하나의 존재를 갖고 있어야 한다. 다시 말해 그것들은 영원히 생성되지도 않고 동시에 소멸하지도 않으면서 실존해야만 한다. 가상의 기원에 대한 물음이 대답되지 않은 채로 있을 뿐만 아니라 그 자체로 "아니오!"로 대답되는 까닭에 그 성질들은 가상일 수가 없다. 고대의 탐구자들은 모든 생성의 가능성을 내면에 지니고 있는 단 하나의 실체만을 설정함으로써 생성의 문제를 단순화하고자 했다. 그런데 이제는 그 반대가 이야기되고 있다. 수많은 실체들이 있는데, 이들은 늘지도 줄지도 않으며 새롭게 생기지도 않는다. 오직 운동만이 이 실체들을 항상 새로 섞을 뿐이다. 아낙사고라스는 파르메니데스에 반대하여 운동이 진리이며 가상이 아니라는 사실을, 우리의 사유 속에서 표상들이 의심의 여지없이 연속되고 있다는 것을 통해 증명한다. 우리는 우리가 사유하고 표상들을 가진다는 사실에서 가장 직접적으로 운동과 연속의 진리를 통찰하는 셈이다. 어쨌든 파르메니데스의 고정되고 정지하고 죽은 유일한 존재는 제거되었고 이제는 다수의 존재자들이 존재한다. 또한 이 모든 다수의 존재자들(실존들, 실체들)이 운동 속에 있다는 것도 확실하다. 변화는 운동이다―그렇다면 운동은 어디에서 기인하는가? 이 운동은 저 독립적이고 고립된 실체들의 본질을 전혀 건드리지 않는가? 그래서 운동은 존재자의 가장 엄격한 개념에 따르면 실체들과 무관한 것인가? 아니면 그럼에도 불구하고 운동은 사물들 자체에 속한 것인가? 우리는 중요한 결정의 기로에 서 있다. 선택하는 방향에 따라 우리는 아낙사고라스의 영역으로 또는 엠페도클레스의 영역으로 아니면 데모크리토스의 영역으로 들어서게 된다. 이제 다음과 같은 깊이 생각해봐야 할 문제가 제기되어야 한다. 만약 다수의 실체들이 있고 이들이 움직인다면, 무엇이 이들을 움직이게 하는가? 그들은 서로를 움직이는가? 오직 중력 같은 것만 그들을 움직이는가? 아니면 끌어당기는 인력 또는 밀쳐내는 척력의 마법적인 힘들이 사물들 자체 안에 있는가? 아니면 운동의 동인은 이 다수의 실체들 밖에 있는 것인가? 더 엄격하게 다음과 같이 물을 수 있다. 두 개의 사물이 연속되거나 또는 상호 간의 상태 변화를 보인다면, 이것은 그들 자체에서 발생하는 것인가? 이는 기계론적으로 설명될 수 있는 것인가 아니면 마법적으로 설명될 수 있는 것인가? 만약 사태가 그렇지 않다면, 그들을 움직이는 제3의 것이 존재하는가? 그것은 매우 난해한 문제다. 왜냐하면 설령 파르메니데스가 많은 실체들이 있다는 것을 인정한다고 하더라도, 그는 아낙사고라스에 반대하여 여전히 운동의 불가능성을 증명할 수 있었을 것이기 때문이다. 다시 말해 그는 이렇게 말할 수 있었다. 그 자체로 존재하는 실체 둘을 가정해보자. 그리고 이 실체들이 각각 서로 다른 종류의 독립적이고 무제약적인 존재를—아낙사고라스의 실체들이 이런 종류의 것들이다—가지고 있다고 가정해보자. 이들은 결코 서로 부딪치고, 움직이고, 끌어당길 수 없다. 그들 사이에는 어떤 인과관계도 없으며, 서로를 이어주는 어떤 다리도 없다. 그들은 서로 방해하지도 않고, 서로 아무런 관련도 맺지 않는다. 그렇다면 충돌은 마법적 유인과 마찬가지로 도저히 설명될 수 없다. 자신에게 절대적으로 낯선 것은 서로에게 어떤 종류의 영향도 미칠 수 없으며, 서로 움직이거나 움직이도록 할 수 없다. 파르메니데스는 심지어 다음과 같이 덧붙였을 것이다. 너희에게 남아 있는 유일한 해결책은 사물들 자체에 운동을 부여하는 것이다. 그러나 그렇게 되면 너희들이 운동이라고 알고 보고 있는 모든 것은 하나의 착각일 뿐이며 진정한 운동은 아니게 된다. 왜냐하면 무제약적으로 독립적인 실체들에게 귀속될 수 있는 유일한 종류의 운동은 어떤 외부적 작용도 없는 자기의 고유한 운동일 것이기 때문이다. 그런데 너희는 변동, 공간 내의 전이, 변화, 간단히 말해서 사물들 상호 간의 인과성과 관계들을 설명하기 위해 운동을 가정한다. 그렇게 한다고 해서 이러한 작용들이 설명되는 것은 아니며, 예전과 마찬가지로 여전히 문제점으로 남을 것이다. 따라서 운동을 가정하는 것이 왜 필요한가는 전혀 이해되지 않는다. 왜냐하면 운동은 너희가 요구하는 일을 전혀 해내지 못하기 때문이다. 운동은 사물들의 본질에 속하지 않으며, 사물과는 영원히 이질적이다.

엘레아 학파의 부동의 통일성에 대한 반대자들은 감성에서 유래하는 선입견의 유혹을 받아 이런 논증을 무시했다. 모든 진정한 존재자는 공간을 차지하고 있는 하나의 물체이고, 크든 작든 공간적으로 연장된 한 덩어리의 물질이며, 따라서 두 개 또는 그 이상의 물질 덩어리들이 한 공간 속에 존재할 수 없다는 사실은 반박의 여지가 없는 것처럼 보였다. 이러한 진제조건하에서 아낙사고라스는 훗날 데모크리토스와 마찬가지로 이 물질들이 서로를 향해 운동하게 되면 충돌할 수밖에 없으며, 또 그들은 같은 공간을 서로 차지하려고 하며 그리고 바로 이 투쟁이 모든 변화를 야기한다고 가정했다. 다른 말로 표현하면, 완전히 고립되어 있고 전적으로 상이하며 영원히 변하지 않는 실체들이 그렇게 절대적으로 상이하다고는 생각되지 않았으며, 그들은 오히려 특정한 성질을 제외하고는, 전체적으로 매우 동일한 종류의 실체를 가지고 있다는 것으로 여겨졌다. 즉 그것들은 공간을 차지하는 한 조각 물질이었다. 물질에 관여하고 있다는 점에서 그들은 모두 똑같으며, 그렇기 때문에 서로 작용하여 충돌할 수 있었다. 도대체 변화라는 것은 모두 이 실체들의 상이성에 달려 있는 것이 아니라 물질로서의 동질성에 달려 있는 것이다. 이와 같은 아낙사고라스의 가정들에는 하나의 논리적 오류가 깔려 있다. 왜냐하면 진정한 의미에서 그 자체로 존재하는 것은 전적으로 무제약적이어야 하며, 본래적으로 존재해야 하며, 따라서 자기 외의 어떤 원인도 가정해서는 안 되기 때문이다—반면 아낙사고라스의 모든 실체는, 하나의 제약자로서이기는 하지만 물질을 가지고 있으며 또 이 물질의 실존을 이미 전제하고 있다. 예를 들면 '빨갛다'라는 실체는 아낙사고라스에게서는 빨강 그 자체일 뿐만 아니라, 그 밖에도 암묵적으로는 아무런 성질이 없는 한 조각의 물질이다. 그런데 '빨강 자체'는 단지 이 물질들을 통해 다른 실체들에 작용한다. 즉 빨간 것으로서가 아니라 빨갛지 않고 색이 없으며 아무런 성질로도 규정되지 않은 것으로 작용하는 것이다. 만약 빨 강이 빨강으로 엄격하게 파악되어 어떤 물질도 가지지 않는 본래적 인 실체로 이해되었다면, 아낙사고라스는 분명 — 예컨대 '빨강 자 체'는 '육체적인 것 자체'로부터 받아들인 운동을 충돌을 통해 계 속 이어간다는 표현을 사용하여 — 다른 실체들에 대한 빨강의 작용 에 관해 감히 말하지 않았을 것이다. 그랬다면 진정한 존재자는 결 코 움직여진 것일 수 없다는 점이 분명해졌을 것이다.

15.

파르메니데스의 전제가 가진 뛰어난 장점들을 인정하기 위해서 는 엘레아 학파의 반대자들을 주시할 필요가 있다. '도대체 얼마나 많은 실체들이 있는가?'라는 질문이 제기될 경우, 아낙사고라스와 실체들의 다수성을 믿는 모든 사람은 얼마나 커다란 난관에 — 파르 메니데스는 이를 피해 갔다 — 부딪히겠는가? 아낙사고라스는 비약 하면서 눈을 감고 "무한히 많이 있다"고 말했다. 이런 방식으로 그 는 적어도 특정한 수의 기초 물질들을 힘들게 증명해야 하는 일에 서 벗어났다. 이 무한히 많은 기초 물질들은 증가하지도 않고 변화 하지도 않고 영원히 실존해야 하기 때문에 이 가정 속에는 종결되 고 완성된 것으로 사유되어야 하는 무한성이라는 모순이 들어 있 다. 간단히 말해서 파르메니데스가 존재에 관한 놀랄 만한 명제를 통해 배척했던 다수성, 운동, 무한성은 유배지에서 다시 돌아와 파르메니데스의 반대자들에게 무기를 던져주었다. 그들은 이 무기를 가지고 치유 불가능한 상처를 낼 수 있었다. 파르메니데스의 반대자들은 분명 엘레아 학파의 사상이 지닌 다음과 같은 가공할 만한 힘에 관해 어떤 확실한 의식도 가지고 있지 않다. "어떤 시간도, 운동도, 공간도 있을 수 없다. 왜냐하면 우리는 이 모든 것을 오직 무한한 것으로만 생각할 수 있기 때문이다. 그것도 한번은 무한히 큰 것으로, 그리고는 무한히 분할될 수 있는 것으로 생각한다. 그렇지만 무한한 모든 것은 존재를 갖고 있지 않으며, 실존하지 않는다." 존재라는 낱말의 의미를 엄격하게 파악하고, 예컨대 완성된 무한성과 같은 모순은 있을 수 없다고 생각하는 사람은 이 점을 의심치 않는다. 그러나 현실이 우리에게 모든 것을 오로지 완성된 무한성의 형식으로만 보여준다면, 이 현실은 분명 스스로 모순되며 따라서 어떤 진정한 실재도 갖지 않는다. 그러나 반대자들이 "너희의 사유 자체 속에도 여전히 연속은 존재한다. 따라서 너희의 사유는 실재적일 수 없으며 아무것도 증명할 수 없다"고 이의를 제기하고자 했다면, 파르메니데스는 비슷한 경우 같은 비난에 대해 칸트가 했던 것과 같이 대답했을 것이다. "나의 표상들은 서로 뒤따라 연속적으로 일어난다고 말할 수는 있다. 그렇지만 그것은 우리가 이러한 사실을 오직 시간의 순열에 따라, 즉 내면적 감각의 형식에 따라 의식하고 있다는 사실을 의미할 뿐이다. 따라서 시간 그 자체는 존재하고 있는 것이 아니며 결코 사물에 객관적으로 귀속되어 있는 규정도 아니다." 다시 말하면 파르메니데스의 존재와 같은 무시간적 순수 사유와 이 사유에 대한 의식을 구별하는 것이다. 그리고 후자는 이미 사유를 가상의 형식, 즉 순열과 다수성과 운동의 형식으로 번

역했다. 파르메니데스가 이와 같은 해결책을 이용했을 것이라는 점
은 다분히 개연적이다. 어쨌든 스피르K. Spir가 칸트에게 제기했던
것(《사유와 현실》, 264쪽)과 같은 이의를 그에게 제기할 수 있다.
"만약 계속해서 이어지는 순열의 항들을 동시에 내 의식 속에 갖고
있지 않다면, 내가 이 순열을 순열로 알 수 없다는 것은 우선 분명
하다. 따라서 순열에 관한 표상 자체는 결코 연속적이지 않으며, 결
국 우리 표상들의 순열과는 전적으로 상이하다. 둘째로 칸트의 가
정은 너무나 명백한 불합리성을 함축하고 있어서, 그가 이것을 등
한시했다는 것은 지극히 놀라운 일이다. 가정에 따르면 카이사르와
소크라테스는 실제로 죽은 것이 아니라 이천 년 전과 마찬가지로
살아 있으며, 나의 '내면적 감각'이라는 장치 때문에 단지 죽은 것
처럼 보일 뿐이다. 미래의 인간들은 지금 이미 살고 있다. 그리고
그들이 지금 살고 있지 않은 것처럼 보인다면, 그것은 마찬가지로
'내면적 감각' 탓이다. 그런데 여기서 무엇보다도 다음과 같은 질문
이 제기된다. 의식적 삶 자체의 시작과 끝, 그리고 이 삶이 갖고 있
는 모든 내면적, 외면적 감각들은 어떻게 내면적 감각 안에서만 실
존할 수 있는가? 우리가 변화의 실재를 부정할 수 없다는 것은 하나
의 사실이다. 우리가 이것을 창문 밖으로 내던지면, 그것은 열쇠구
멍을 통해 슬그머니 들어온다. 사람들은 아마 "내게는 오직 상태와
표상들이 변하는 것처럼 보인다"고 말할 것이다—그렇지만 이 가
상 자체도 역시 객관적으로 존립하는 것이며, 이 가상 속에서 순열
은 의심할 여지없는 객관적 실재성을 갖는다. 이 가상 속에서 무엇
인가가 실제로 이어서 일어나는 것이다.—그 밖에도 우리는 전체의
이성비판이 우리의 표상들은 우리에게 있는 그대로 나타난다는 전

제조건하에서만 근거와 정당성을 가질 수 있다는 사실에 주목해야 한다. 왜냐하면 만약 표상들이 우리에게 실제의 모습과는 다르게 보인다면, 우리는 이 표상들에 관해 어떤 타당한 주장도 내세울 수 없으며, 따라서 어떤 인식론도 또 객관적 타당성에 관한 어떤 '초월적' 탐구도 성취할 수 없다. 그런데 우리의 표상들 자체가 우리에게 순열적인 것으로 나타난다는 사실은 이제 의심의 여지가 없다.

이와 같이 의심의 여지없이 확실한 순열과 운동에 관한 고찰은 아낙사고라스로 하여금 탐구할 만한 가치가 있는 가설을 세우도록 했다. 표상들은 분명히 스스로 움직였고, 다른 것에 의해 밀쳐지지 않았으며, 그 운동의 원인이 표상의 외부에 있지 않았다. 따라서 운동의 근원과 시작을 자기 자신의 내면 속에 지니고 있는 것이 존재한다고 그는 말했다. 그런데 그는 둘째로 이러한 표상이 자기 자신뿐만 아니라 전혀 다른 것, 즉 신체도 움직인다는 점을 주지했다. 다시 말해 그는 직접적인 경험을 통해 연장된 물질에 미치는 표상들의 작용을 발견한 것이다. 여기서 물질은 표상들의 운동으로 인식된다. 이러한 점은 그에게 사실로 여겨졌다. 그는 비로소 이러한 사실들을 해명하고픈 자극을 받았다. 그러기에 충분했다. 아낙사고라스는 세계 내의 운동을 설명할 수 있는 규제적 도식을 가지고 있었던 것이다. 이제 그는 이 운동을 표상하는 것, 즉 정신Nous에 의한 진정한 고립적 실체들의 운동으로 이해하든가 아니면 이미 움직여진 것을 통한 운동으로 이해했다. 그러나 그는 두 번째 종류의 운동, 즉 운동과 충돌의 기계론적 전용이 자신의 근본적인 가정에서 하나의 문제를 함축하고 있다는 사실을 아마 인식하지 못했던 것 같다. 충돌에 의한 작용의 통속성과 일상성은 아마 이 수수께끼같은 문제의 난해성을 볼 수 있는 그의 시선을 둔감하게 만들었을 것이다. 그 대신 그는 즉자적으로 존재하는 실체들에 대한 표상들의 작용이 모순투성이의 성질을 가진다는 점을 제대로 지각했다. 그래서 그는 이러한 작용도 자신에게 이미 설명되었다고 여겨진 기계적 충돌로 환원시켰다. 정신은 어쨌든 그렇게 즉자적으로 존재하는 실체였으며, 그는 이것을 사유라는 특수한 성질을 가진 부드럽고 섬세한 물질로 특징지웠다. 이와 같이 가정된 성격에 따르면 다른 물질에 대한 이 물질의 작용은 물론 다른 실체가 제3의 실체에 미치는 작용, 다시 말해 밀침과 충돌에 의해 기계론적으로 움직이는 작용과 같은 종류의 것일 수밖에 없었다. 아무튼 정신은 이제 스스로를 움직이고 다른 것을 움직이는, 그래서 그것의 운동이 밖에서부터 오지 않고 어떤 것에도 의존하지 않는 실체를 가지고 있었다. 반면 이 자기 운동을 어떻게 사유해야 하는지, 예컨대 그것을 아주 부드럽고 둥글고 작은 수은분자들이 이리저리 움직이는 것이라 생각할 수 있는지는 중요하지 않은 것처럼 보였다. 운동과 관련된 모든 물음 중 운동의 시원에 관한 물음보다 더 성가신 것은 없다. 우리가 그 밖의 모든 운동을 결과 작용들로 생각해도 된다 하더라도, 최초의 시원적 운동은 항상 설명되어야 한다. 그런데 기계적 운동들에서 연쇄적 운동의 첫번째 항이 기계적인 운동일 수가 없다. 왜냐하면 그것은 자기 원인이라는 모순개념에 의존하는 셈이기 때문이다. 그러나 영원하고 무제약적인 사물들에게 처음부터 그 실존의 선물로 고유한 운동을 부과하는 것도 마찬가지로 불가능하다. 왜냐하면 운동은 '어디로' 또 '어느 곳으로' 라는 방향이 없으며, 따라서 운동은 오직 관계와 조건으로만 표상될 수 있기 때문이다. 그런데 사물은 본성에 따라 필연적으로 그의 외부에 실존하는 것과 관계를 맺는다면, 그것은 더 이상 즉자적으로 존재하지 않으며 무제약적이지도 않다. 이러한 난관에 처한 아낙사고라스는 스스로 움직이는 독립적 정신 속에서 대단한 도움을 얻고 해결책을 발견했다고 잘못 생각했다. 이 정신의 본질은 너무나 어둡고 은폐되어 있어, 이 가정 역시 근본적으로는 금지된 자기원인을 함축하고 있다는 사실에 생각이 미치지 못했던 것이다. 그런데 경험적으로 고찰할 경우 표상은 자기 원인이 아니라 두뇌의 작용이라는 것은 이미 결정된 사실이다. 그렇다. '정신', 즉 두뇌의 산물을 그 원인으로부터 분리하고, 그런 다음 이것을 실존한다고 생각하는 것은 경험적 고찰의 경우 경악할 만한 방종임에 틀림없다. 그런데 아낙사고라스는 그렇게 했다. 그는 두뇌를 망각했으며, 두뇌의 놀랄 만한 예술성과 유연성, 복잡한 활동 경로들을 잊어버리고 '정신 자체'에게 지시했다. 이 '정신 자체'는 자의를 가졌다, 모든 실체 중에서 유일하게 자의를 가졌다―이 얼마나 대단한 인식인가! 정신은 언젠가 한번 자신의 외부에 있는 사물들의 운동과 무엇인가를 시작할 수 있었다. 그러나 그는 대신 엄청난 시간을 자기 자신에게 몰두했다―간단히 말해서 아낙사고라스는 소위 모든 생성과 변화, 영원한 실체와 그 부분들의 모든 전이와 전환의 근원지로 태고 시대의 최초의 운동 계기를 가정해도 되었다. 설령 정신 자체가 영원하다고 할지라도, 정신은 물질의 종자들을 영겁의 시간 동안 이리저리 옮기는 데 골머리를 앓을 필요는 없었다. 아무튼 시간이 존재했고, 저 물질들의 상태가 존재했다―짧은 기간 동안이든 아니면 긴 기간 동안이든, 정신이 이 물질들에 아직 작용하지 않았던, 그래서 그들이 아직 움직이지 않았던 상태가 있었다. 이것은 아낙사고라스적 혼돈의 시기이다.

16.

아낙사고라스적 혼돈은 곧바로 명료하게 이해될 수 있는 개념이 아니다. 이것을 파악하려면, 우리는 이른바 생성에 관한 이 철학자의 표상을 이해했어야만 한다. 왜냐하면 운동이 있기 전의 모든 상이한 종류의 기본적인-존재들은 반드시 모든 '사물의 종자들'의 절대적 혼합을 가져오는 것은 아니었기 때문이다. 그런데 그의 표현이 말해주듯이 아낙사고라스는 이 혼합을 가장 작은 부분에 이르기까지 철저하게 뒤섞인 상태로 상상했다. 그것은 마치 모든 기본적인-존재들이 절구 안에서처럼 잘게 부서지고 먼지 같은 원자들로 분해되어서, 종자들을 뒤섞는 통과 같은 저 혼돈 속에서 이제 서로 뒤섞일 수 있는 것과 같았다. 사람들은 이러한 혼돈의 개념이 필연적이지 않다고 말할 수 있을 것이다. 사람들은 오히려 모든 존재의 우연적인 상태만을 가정할 뿐이지 이 존재들이 무한히 분할될 수 있다는 것을 가정할 필요가 없을 것이다. 규칙 없이 나란히 있는 것만으로도 이미 충분하다. 어떤 혼합도 필요하지 않은데, 철저한 혼합은 두말할 나위도 없다. 그런데 아낙사고라스는 어떻게 이처럼 난해하고 복잡한 표상에 이르렀는가? 이미 말한 바대로 경험적으로 주어진 생성에 관한 견해를 통해서였다. 그는 자신의 경험에서 우선 생성에 관한 매우 분명한 명제를 도출했으며, 혼돈에 관한 학설은 이 명제로부터의 필연적 귀결이었다.

아낙사고라스는 이전의 학문체계를 고려함으로써가 아니라 자연 내의 발생 과정을 관찰함으로써 모든 것은 모든 것으로부터 발생한다는 이론을 얻었다. 이것은 다양하지만 근본적으로는 한없이 빈약한 귀납에 토대를 두고 있는 자연 탐구자의 확신이었다. 그는 이것을 이렇게 증명했다. 만약 반대가 그 반대로부터 발생할 수 있다면, 예컨대 검은 것이 흰 것으로부터 발생할 수 있다면 모든 것이 가능하다는 것이다. 그러나 검정은 흰 눈이 검은 물에 녹을 때 발생한다. 또 그는 육체가 영양을 섭취하는 것을 이렇게 설명했다. 음식물 속에는 보이지 않을 정도로 미세한 살과 피 또는 뼈의 구성성분이 들어 있어 영양분이 섭취될 때 서로 분리되어 몸 속에 있는 같은 종류의 것들과 결합하는 것이 틀림없다는 것이다. 그렇지만 모든 것이 모든 것으로부터 생성될 수 있다면, 그래서 고체가 액체에서, 딱딱한 것이 부드러운 것에서, 검은 것이 흰 것에서, 살이 피에서 생성될 수 있다면, 모든 것은 동시에 모든 것 속에 포함되어 있어야 한다. 사물들의 이름은 종종 지각되지 않는 작은 물질들 속에서 하나의 실체가 다른 실체들에 대해 우위를 점하고 있다는 것만을 표현할 뿐이다. 금속, 다시 말해 사람들이 금이라는 이름으로 부르는 것 속에는 은, 눈, 피, 살 역시 포함되어 있어야 한다. 그러나 아주 작은 양만 포함되어 있어서 우세한 것, 즉 금의 실체에 따라 전체 이름이 명명된다.

그런데 하나의 실체가 우세하고 다른 실체들보다 더 많은 양으로 어떤 사물을 채우는 일이 어떻게 가능한가? 경험을 통해 알 수 있는 것은 운동에 의해 이 우세가 점차적으로 산출되며, 우세는 우리가 통상 생성이라고 부르는 과정의 결과라는 점이다. 이에 반해 모든 것은 모든 것 속에 있다는 것은 어떤 과정의 결과가 아니라, 오히려 그 반대로 모든 생성과 운동의 전제조건이다. 달리 표현하면 경험은 같은 것이 예컨대 영양섭취를 통해 끊임없이 같은 것으로 이끌리며, 따라서 그것이 본래 서로 함께 혼합되어 있는 것이 아니라 분리되어 있다는 것을 가르쳐준다. 눈으로 볼 수 있는 경험적인 과정들 속에서는 같은 것이 항상 같지 않은 것으로부터 산출되어 움직인다 (예를 들면 영양섭취 과정에서 살은 피로부터 생겨난다). 따라서 상이한 요소들의 혼합 상태는 더 오래된 사물의 구성 형식이며, 시간적으로 모든 생성과 운동에 앞서 존재한다. 그러므로 소위 모든 생성이 분리이고 또 하나의 혼합을 전제한다면, 이 혼합이 본래 어떤 정도에서 이루어졌던가 하는 물음이 제기된다. 과정은 비록 같은 종류의 것이 같은 종류의 것으로 움직이는 운동이지만, 그리고 생성은 이미 엄청난 시간 동안 계속되고 있지만, 그럼에도 불구하고 우리는 모든 사물 속에는 지금도 여전히 다른 모든 사물의 잔여물과 종자들이 포함되어 있어 분리되기를 기다리고 있다는 사실을 인식한다. 또한 우리는 단 하나의 우세 상태만이 여기저기서 이루어지고 있다는 사실을 알고 있다. 근원적 혼합은 완전한, 즉 무한히 작은 것에까지 이르는 혼합이었음에 틀림없다. 왜냐하면 그 혼합이 무한한 시간을 소모하기 때문이다. 본질적 존재를 소유하고 있는 모든 것은 자신의 특수성을 상실하지 않으면서도 무한히 분할될 수 있다는 사상이 여기서 엄격하게 견지되고 있다.

이러한 전제조건에 따라 아낙사고라스는 세계의 근원적 실존을, 마치 무한히 작은 점들로 이루어진 먼지 같은 덩어리로 표상한다. 이들 점들은 각각 특수한 방식으로 단순하며 단 하나의 특성을 가지고 있지만, 이 특수한 성질은 무한히 많은 개별적인 점들 속에서 재현된다. 아리스토텔레스는 이러한 점들이 같은 종류의 전체를 구성하는 서로 같은 종류의 부분들이라는 사실을 고려하여 이들을 동질소라고 불렀다. 그러나 우리가 모는 점, 즉 '사물들의 종자들' 의 근원적 혼합을 아낙시만드로스의 근원적 물질과 동일시한다면, 커다란 오류를 저지르게 된다. 왜냐하면 '무규정자' 라고 불리는 후자는 철저하게 통일적이고 동일한 종류의 덩어리이지만, 전자는 물질들의 혼합물이기 때문이다. 우리는 물론 이 물질들의 혼합체에 관해 아낙시만드로스가 '무규정자' 에 관해서 했던 것과 똑같은 말을 할 수 있다. 아리스토텔레스처럼 말이다. 그것은 희지도 않고 회색도 아니고 검지도 않고 어떤 색깔도 가지고 있지 않다. 그것은 맛도 냄새도 없으며, 전체로는 양적으로도 질적으로도 규정될 수 없다. 아낙시만드로스의 무규정자와 아낙사고라스의 근원적 혼합은 이런 점에서 서로 일치한다. 이와 같은 부정적 일치를 제외하면, 후자는 합성된 것이고 전자는 통일성이라는 점에서 이들은 긍정적으로 구별된다. 아낙사고라스는 적어도 혼돈을 전제했기 때문에 다수를 일자로부터, 생성자를 존재자로부터 연역할 필요가 없다는 점에서 아낙시만드로스를 훨씬 뛰어 넘어선 것이다.

그는 물론 모든 종자가 혼합되어 있다고 전제하면서도 한 가지 예외를 허용해야만 했다. 정신은 혼돈의 상태에서도 존재하지 않았으며, 지금 역시 어떤 사물에도 혼합되어 있지 않다. 왜냐하면 정신이 하나의 존재자와라도 혼합되어 있다면, 근원적 혼합은 무한히 분할된 부분들과 모든 사물 속에 거주하고 있어야만 하기 때문이다. 이 예외는 논리적으로 지극히 의심스러우며, 앞에서 서술한 정신의 물질적 본성을 고려하면 더욱 그렇다. 이 예외는 어딘가 신화적이며 자의적으로 보이지만, 아낙사고라스의 전제조건에 따르면 엄격한 필연성이었다. 다른 모든 질료와 마찬가지로 무한히 분할될 수 있는 정신이 분할될 때면 다른 질료를 통해서가 아니라 스스로 분할된다. 이 정신은 이렇게 스스로를 분할하고, 어떤 때는 크게 또 어떤 때는 작게 자기 자신을 구성하면서 영원히 동일한 질량과 성질을 갖는다. 지금 이 순간 전체 세계 속에서, 동물과 식물과 인간에게서 정신인 것은, 그것이 설령 다르게 분배되었다고 할지라도, 천년 전에도 아무런 가감 없이 동일한 정신이었다. 그렇지만 다른 실체와 관계를 가졌을 때 정신은 결코 그것과 혼합되지 않았으며, 오히려 이 실체를 마음대로 장악하여 자의에 따라 이리저리 움직였다. 간단히 말해서 정신은 그 실체를 지배했다. 오직 자신의 내면 속에 운동의 원인을 갖고 있는 정신만이 세계를 지배하고, 기체-종자들을 움직임으로써 이러한 지배를 보여준다. 그런데 정신은 이들을 어디로 움직이는가? 아무런 방향과 궤도도 없는 운동을 생각할 수 있는가? 정신이 언제 밀치고 언제 밀치지 않는지가 전혀 자의적인 것처럼, 정신이 어느 곳으로 밀친 것인가도 마찬가지로 자의적인가? 간단히 말해서 운동 속에는 우연, 즉 가장 맹목적인 자의성이 지배하고 있는가? 바로 이 경계 지점에서 우리는 아낙사고라스의 표상 영역의 가장 신성한 것을 발견하게 된다.

17.

새로운 실체와 힘들이 증가하지 않고도 천체의 규칙적인 궤도와
계절과 하루의 규칙적인 변화, 다양한 아름다움과 질서를 갖추고
있는 이 세계가 혼돈적 혼합에서 생성되려면, 간단히 말해 혼돈으
로부터 우주가 생성되기 위해서는 모든 운동이 있기 이전의 저 혼
돈의 근원 상태에 어떤 일이 일어나야만 하는가? 우주는 오직 운
동, 그것도 잘 계획된 특정한 운동의 결과일 수 있다. 이 운동 자체
는 정신의 수단이다. 정신의 목표는 동일한 것을 완전히 분리하는
것이리라. 그러나 이것은 아직 성취되지 않은 목표이다. 왜냐하면
무질서와 혼합은 태초에 무한한 것이었기 때문이다. 이 목표는 오
직 엄청난 과정을 통해서만 성취될 수 있지, 신화적인 마법을 통해
단번에 이룩할 수 있는 것이 아니다. 무한히 먼 훗날 언젠가 같은
종류의 모든 것이 한데 모이고 더 이상 분할되지 않는 근원적 존재
들이 서로 아름다운 질서를 이루게 된다면, 모든 부분이 자신의 동
료와 고향을 찾고, 실체들의 거대한 분할과 분열이 있은 뒤에 위대
한 평화가 찾아와서 더 이상 분할되고 분열된 것이 존재하지 않는
다면, 정신은 다시 자기운동으로 되돌아가게 될 것이다. 정신은 이
제 더 이상 스스로 분열하여 어떤 때는 큰 덩어리로 그리고 어떤 때
는 작은 덩어리로, 식물정신 또는 동물정신으로 세계를 떠돌아다니
지 않고 다른 물질 속에 거주하지도 않을 것이다. 물론 이러는 동안
과제가 완수되지는 않는다. 그러나 이 과제를 해결하기 위해 정신
이 생각했던 운동의 방식은 놀랄 만한 합목적성을 보여준다. 왜냐
하면 과제는 이 운동을 통해 매 순간 점점 더 해결되기 때문이다.

다시 말해 이 운동은 계속되는 순환운동의 성격을 지니고 있다. 혼돈적 혼합의 어느 순간에 운동은 시작되었고, 작은 회전과 점점 더 커지는 궤도의 형식을 통해 이 순환운동은 존립하는 모든 존재를 섞어서, 어디에서나 같은 것이 재빨리 같은 것과 결합하도록 만들었다. 이 회전하는 운동은 처음에는 모든 조밀한 것을 조밀한 것과, 희박한 것을 희박한 것과 결합시켰으며 어두운 것, 밝은 것, 습한 것, 건조한 것들을 모두 같은 종류의 것들과 결합했다. 이 모든 분류항목을 넘어서는 더 포괄적인 두 항목이 있다. 즉 따뜻하고 밝고 희박한 모든 것을 일컫는 에테르와 어둡고 차갑고 무겁고 단단한 모든 것을 일컫는 아에르가 그것이다. 에테르적인 물질들이 아에르적인 물질들에서 분리되어 나옴으로써, 정지해 있는 물 속에서 소용돌이를 만들 때와 유사한 것이 생겨나는데, 그것은 점점 더 커다란 원을 그리며 돌아가는 바퀴의 첫번째 작용이다. 이러한 작용을 통해 조금 더 무거운 구성성분들은 가운데로 모여 응축된다. 마찬가지로 계속 진행하는 저 혼돈 속의 물기둥은 바깥쪽은 에테르적인 희박하고 가벼운 성분으로, 안쪽은 어둡고 무겁고 습한 성분으로 형성된다. 그리고 나서는 이러한 과정이 진행됨에 따라 안쪽에서 서로 둥글게 뭉쳐 있는 에테르적 물질들에서 물이 분리되고, 물에서 다시 흙이 분리되고, 흙에서는 엄청난 냉기의 작용으로 돌이 분리된다. 일부 돌물질들은 회전의 무게로 말미암아 다시 흙에서 떨어져나와 뜨겁고 밝은 에테르의 영역으로 던져진다. 여기서 이 물질들이 갖고 있는 불의 요소들은 작열하여 에테르적인 순환운동을 통해 사방으로 퍼져 빛을 발하며, 태양과 별들로서, 본래 어둡고 차가운 땅을 밝혀주고 따뜻하게 해준다. 이러한 전체 구상은 놀라울 정도로 대담하고 단순하며, 사람들이 자주 아낙사고라스의 이름과 연관시켰던 저 조잡하고 인간 중심적인 목적론의 흔적은 찾아볼 수가 없다. 그의 사상은 순환 운동으로부터 생성의 전 우주를 도출한다는 점에서 바로 위대성과 자긍심을 가지고 있다. 이에 반하여 파르메니데스는 참된 존재자를 마치 하나의 정지해 있는 죽은 공과 같은 것으로 파악했다. 저 원이 제일 먼저 움직이고 정신에 의해 계속 원운동을 하게 되었다면, 세계의 모든 질서, 합법칙성과 아름다움은 저 첫번째 충격의 자연스러운 결과이다. 만약 사람들이 이 사상 속에서 드러나고 있는 목적론의 단념을 비난하고 그의 정신에 관해 그것이 자동해결사인 신인 것처럼 이야기한다면, 이것은 아낙사고라스를 상당히 부당하게 대하는 것이다. 아낙사고라스는 오히려 신화적이고 인격신적인 기적의 장치와 의인관적인 목적과 유용성들을 제거했다는 점에서 칸트가 하늘의 자연사에서 사용했던 것과 같은 자신만만한 말들을 사용할 수도 있었을 것이다. 우주의 웅장함과 항성궤도의 경이로운 장치를 순수 기계적인 단순한 운동으로 그리고 동시에 수학적 도형 운동으로 환원시키는 것은 얼마나 숭고한 사상인가. 다시 말해 자동해결사인 신의 간섭하는 손과 의도로 환원시키지 않고, 언젠가 한번 시작하기만 하면 필연적으로 규정된 운동 과정을 거치며 또 예리한 판단력의 가장 현명한 계산과 철저하게 사유된 합목적성에—실제로는 계산과 합목적성이 아니면서도—필적하는 효과들을 산출하는 저 원운동의 방식으로만 환원시키는 것은 얼마나 멋진 사상인가. 칸트는 이렇게 말한다. "나는 자의적으로 지어낸 허구의 도움 없이도 이미 형성된 운동법칙의 작용에 따라 질서가 잘 잡힌 하나의 전체가 만들어지는 것을 보는 기쁨을 누린다. 이 전체는 우리 자신의 세계체제와 너무 흡사하게 보여, 나는 그것을 같은 것으로 생각하지 않을 수 없다. 우리는 여기서 아무런 오만도 없이 일정한 오성을 가지고 다음과 같이 말할 수 있다고 나는 생각한다. 나에게 질료를 달라, 그러면 나는 그것으로 하나의 세계를 건립할 것이다!"

18.

우리가 저 근원적 혼합을 올바로 해명했다고 가정한다 하더라도, 우선 역학에서 세계의 건립이라는 위대한 기획에 대한 몇 가지 회의가 제기된다. 정신이 어느 한 지점에서 원운동을 야기한다고 하더라도, 이 원운동이 계속된다고 상상하기는 무척 힘들다. 왜냐하면 원운동은 무한히 계속되어야 하고 또 점차적으로 존립하는 모든 물질을 진동시켜야 하기 때문이다. 우리는 처음부터 남아 있는 모든 물질의 압력이 막 시작된 작은 원운동을 멈추게 할 것임에 틀림없다고 추측할 수 있을 것이다. 운동을 야기하는 정신의 측에서는 정신이 엄청난 힘으로 갑자기 시작하면 이런 일이 일어나지 않을 것이라고 전제한다. 이 운동은 어쨌든 너무나 빨라서 우리는 이것을 소용돌이라고 불러야 한다. 데모크리토스도 마찬가지로 이와 같은 소용돌이를 상상해냈다. 그런데 이 소용돌이는 이를 억누르는 무한한 세계의 압력에 의해 정지되지 않기 위해서는 무한히 강해야 하기 때문에, 소용돌이는 무한히 빠를 것이다. 왜냐하면 힘은 본래 오로지 속력을 통해서만 나타날 수 있기 때문이다. 이와는 반대로 동심원이 넓어지면 넓어질수록 이 운동의 속도는 느려지게 된다. 만약 이 운동이 언젠가 무한히 팽창된 세계의 끝에 이를 수 있다면, 이 운동의 선회 속도는 무한히 작을 것임에 틀림없다. 반대로 운동이 최초로 시작한 때 이 운동이 무한히 크다고, 즉 무한히 빠르다고 생각한다면, 이때 최초의 원은 틀림없이 무한히 작을 것이다. 그러므로 우리는 출발점으로 무한히 작은 물질적 내용을 가지고 자기 자신을 중심으로 회전하는 하나의 점을 가지게 된다. 그렇지만 이 점으로는 그 외의 다른 운동을 설명할 수 없을 것이다. 우리는 근원적 물질들의 모든 점 자체가 자기를 중심으로 스스로 회전하고 있지만, 이 전체 물질 덩어리는 움직이지 않고 분리되어 있지 않다고 생각할 수 있다. 정신에 의해 충격을 받아 움직이게 된 무한히 작은 물질적 점이 자기를 중심으로 스스로 회전하지 않고 그 대신 크기가 제각각인 하나의 원주를 형성할 경우, 이것은 다른 물질적 점들에 충격을 가하여 계속 움직이게 하고 튀어나가게 하며 서로 충돌하도록 하여 점차 확산되는 하나의 운동의 소요를 야기하기에 충분할 것이다. 이 소요적 운동을 통해 다음 결과로 아에르적 물질들과 에테르적 물질들이 분리될 것임에 틀림없다. 운동의 시작 자체가 정신의 자의적 활동인 것처럼 최초의 운동이 점보다는 큰 반지름의 원을 형성한다면 이것 역시 정신의 자의적 활동과 같은 것이다.

19.

우리는 여기서 물론 다음과 같이 물을 수 있다. 정신에게 떠올랐

던 생각, 즉 수많은 점 가운데 하나의 자의적인 질료점에 충격을 가
해 선회운동을 하게 한다는 생각이 왜 더 빨리 떠오르지 않았는가.
아낙사고라스는 이 물음에 대해 이렇게 대답할 것이다. 정신은 자
의의 특권을 가지고 있다. 그것은 언제든지 임의적으로 시작해도
된다. 다른 모든 것은 외부에 의해 결정되어 있는 반면 정신은 자기
자신에만 의존한다. 정신은 의무도 없으며 반드시 추구해야 할 어
떤 목적도 가지고 있지 않다. 가령 정신이 운동을 시작하여 스스로
하나의 목적을 설정했다면, 그것은 오직―대답이 쉽지 않지만 헤
라클레이토스는 이렇게 보완할 것이다―하나의 유희에 불과하다.
　이것은 항상 그리스인들의 혀에 맴돌고 있는 마지막 해답 또는
정보였던 것처럼 보인다. 아낙사고라스적 정신은 예술가이며, 그것
도 가장 간단한 재료로 가장 훌륭한 형식과 궤도들과 동시에 움직
이는 건축물을 창조하는 천재, 그렇지만 항상 예술가의 심연에 놓
여 있는 저 비합리적인 자의를 가지고 마음대로 창조하는 역학과
건축술의 비범한 천재이다. 마치 아낙사고라스가 피디아를 가리키
면서 파르테논 신전 앞에 서 있는 것처럼 거대한 예술가의 작품, 즉
우주를 바라보며 우리에게 외치는 것처럼 보인다. 생성은 결코 도
덕적 현상이 아니라, 오직 예술가적 현상일 뿐이라고. 실존이 도대
체 무엇 때문에 그에게 가치 있는가라는 질문에 아낙사고라스는
"하늘을 바라보고 우주의 전체 질서를 관조하기 위해" 가치 있다고
대답했다는 이야기를 아리스토텔레스는 우리에게 전한다. 그는 물
리적 사물들을 그만큼 경건하게 다루었으며, 우리가 고대 신전 앞
에 서 있을 때 느끼는 불가사의한 경외심으로 대했다. 그의 학설은
이교적 송시를 통해 대중으로부터 스스로를 보호하고 아테네 최고

의 귀족사회에서 추종자를 신중히 선발하면서 일종의 자유정신적 종교수련이 되었다. 아테네 아낙사고라스 학파의 배타적인 공동체에서 민중의 신화는 오직 상징적 언어로만 허용될 뿐이다. 모든 신화와 신 그리고 모든 영웅이 여기서는 오직 자연해석의 암호문자로만 타당성을 가졌다. 호메로스의 서사시조차도 정신의 지배활동과 자연의 투쟁과 법칙에 관한 계율적 노래였다. 숭고한 자유정신들이 모여 있는 이 집단에서 나오는 목소리가 여기저기서 민중 속으로 파고들었다. 특히 언제나 무모하리 만큼 대담하게 새로운 것을 추구하는 위대한 에우리피데스는 비극의 가면을 통해 마치 하나의 화살처럼 민중의 감각에 예리하게 파고든 것, 오직 익살스러운 풍자와 우스꽝스러운 해석을 통해서만 그들이 벗어날 수 있는 것들을 세상에 알리고자 했다.

그런데 아낙사고라스 학파에 속하는 가장 위대한 사상가는 세상에서 가장 막강하고 위엄있는 사람으로 여겨지던 페리클레스 Perikles이다. 플라톤은 바로 이 사람에 관해 아낙사고라스의 철학이 유일하게 그의 천재성에 비상의 날개를 달아주었다고 증언한다. 만약 페리클레스가 연설가로 민중 앞에 나섰다면, 대리석으로 된 올림푸스신의 멋진 부동의 자태로, 이제 고요하게 자신의 외투에 감싸여 주름살을 움직이지도 않고 얼굴 표정을 바꾸지도 않으면서 비대중적으로, 즉 페리클레스적으로 말하고 우레와 같이 외치고 파괴하고 구원했다면―그는 아낙사고라스적 우주의 축소판이었고, 스스로 가장 아름답고 우아한 집을 지은 정신의 상징이었으며, 건립하고 움직이고 분리하고 정리하고 통괄하는 정신의 예술가적으로 미결정된 힘이 가시적으로 인간화된 모습이었다. 인간은 손 같은 놀랄 만한 기관들을 가지고 있기 때문에 가장 이성적인 존재이며 또 자신의 내면에 다른 어떤 존재보다 정신을 더 많이 가지고 있어야 한다고 아낙사고라스 스스로 말했다. 이러한 사실에서 아낙사고라스는 정신이 물질적 물체들을 지배하는 정도와 양에 따라 이 물질을 가지고 이 양적 정도에 일치하는 도구들을 만들어낸다고 추론했다. 따라서 정신이 가장 많이 나타날 경우에 가장 아름답고 합목적적인 도구들이 만들어졌다. 정신의 가장 경이롭고 합목적적인 활동이—이때 정신이 분할되지 않고 자기 자신 속에 결합되어 있었기 때문에—저 근원적인 원운동이어야 했던 것처럼, 경청하는 아낙사고라스에게는 페리클레스 연설의 효과가 종종 저 시원적 원운동의 상징처럼 보였다. 왜냐하면 그는 여기서도 우선은 엄청난 힘으로, 그러나 질서 있게 움직이는 사상의 소용돌이를 감지했기 때문이다. 이 사상의 소용돌이도 동심원을 그리면서 처음에는 가장 가까이 있는 것을 장악하고, 점차적으로 가장 멀리 있는 것까지 장악해 나가면서, 그것이 끝에 다다랐을 때 전체 민중을 정렬시키고 분리하면서 다른 형태로 변화시켰던 것이다.

아낙사고라스가 세계를 설명하기 위해 자신의 정신을 사용했던 방식은 고대 후기 철학자들에게는 생소했을 뿐만 아니라 도저히 용납할 수 없었다. 그들에게는 아낙사고라스가 훌륭한 도구를 발견했지만 올바로 이해하지 못한 것처럼 보였다. 그래서 그들은 이 발견자가 소홀히 했던 것을 보완하려고 했다. 그러나 그들은 자연과학적인 방법의 가장 순수한 정신에 영감을 받고 아낙사고라스의 포기가 어떤 의미를 가지고 있는지를 인식하지 못했다. 이 포기는 무엇보다도 '사물은 무엇 때문에 존재하는가' (목적인causa efficiens)라고 묻지 않고 '사물은 무엇으로 인해 존재하는가' (작용인causa finalis)만을 묻는다는 것을 의미했다. 아낙사고라스는 오로지 '무엇으로 인해 운동이 있고 또 무엇으로 인해 규칙적인 운동들이 있는가?' 라는 물음에 답하기 위해 정신을 끌어들였다. 그런데 플라톤은 아낙사고라스가 모든 사물이 자기 방식대로 자신의 장소에서 가장 아름답고 선하고 합목적적으로 존재한다는 사실을 보여주어야 함에도 불구하고 이를 하지 않았다고 비난한다. 그러나 아낙사고라스는 어떤 경우에도 이렇게 주장하지 않았을 것이다. 그에게 존립하고 있는 세계는 사유될 수 있는 세계들 중에서 가장 완전한 세계조차도 아니다. 왜냐하면 그는 모든 사물이 모든 사물에서 생겨난다고 보았고, 정신이 실체들을 분리하는 것은 모든 공간이 가득 채워진 세계의 끝에서도 또 개별적인 존재 속에서도 결코 실행되고 완수될 수 없다고 생각했기 때문이다. 계속적인 운동을 통해 철저하게 혼합된 혼돈으로부터 하나의 가시적인 질서를 창조할 수 있는 운동을 발견한 것으로 그는 충분한 인식을 얻었다고 생각했다. 그리고 그는 운동의 '무엇 때문에?' 에 관한 물음, 즉 운동의 이성적 목적에 관한 물음을 제기하는 것을 삼가했다. 만약 정신이 자신의 본질에 따라 운동을 통해 필연적인 목적을 충족시켜야 했다면, 언젠가 운동을 시작하는 것은 더 이상 정신의 자의에 달려 있지 않았다. 정신이 영원한 한, 정신은 이 목적에 의해 이미 영원히 규정되어야 한다. 만약 그렇다면 운동이 결여되어 있는 순간은 절대 있어서는 안 될 것이다. 그렇다. 운동의 시작점을 가정한다는 것은 논리적으로 금지될 것이다. 그렇게 되면 아낙사고라스의 전체 세계해석의 토대인 근원적 혼돈에 관한 표상 역시 논리적으로 불가능해질 것이다. 목적론에서 파생되는 이와 같은 난점에서 벗어나기 위해 아낙사고라스는 정신이 자의적이라는 사실을 강조하고 맹세해야만 했다. 정신의 모든 활동은, 저 시원적 운동의 활동까지도, '자유의지'의 활동들이라는 것이다. 이에 반해 다른 전체 세계는 엄격하게, 게다가 기계적으로 결정되어 있으며 저 시원적 계기에 따라서 형성된다. 그렇지만 절대적 자유의지는, 말하자면 어린아이의 놀이나 예술가적 유희충동과 같은 식으로 무목적적인 것처럼 사유될 수 있다. 만약 우리가 흔히 그렇듯이 아낙사고라스를 목적론자로 혼동한다면, 그것은 오류이다. 이 목적론자는 유기체 내에서 전체와 부분이 일치한다는 데 대해, 또 나아가 합목적적이라는 사실에 대해 감탄하면서 "지성을 위해 실존하는 것은 지성을 통해 파악되며 또 지성이 목적개념의 인도 아래 이룩한 것은 자연에 의해서도 목적개념의 숙고를 통해서만 성취되어야 한다"고 전제할 것이다(쇼펜하우어, 《의지와 표상으로서의 세계》, 제2권, 373쪽). 그러나 아낙사고라스식으로 생각해보면, 사물들의 질서와 합목적성은 반대로 맹목적인 기계적 운동의 결과에 지나지 않는다. 단지 이 운동을 유발시키기 위해, 또 죽음과 같은 혼돈의 고요에서 언젠가 한번 빠져나오기 위해 아낙사고라스는 자기 자신에만 의존하는 자의적 정신을 가정했다. 그가 높이 평가한 정신의 특성은 바로 자의적으로 존재할 수 있는, 즉 결정되지 않고 무제약적으로 또 어떤 원인과 목적에 의해서도 인도되지 않고 작용할 수 있는 특성이었다.

비도덕적 의미에서의
진리와 거짓에
관하여

1.

　수많은 태양계에서 쏟아 부은 별들로 반짝거리는 우주의 외딴 어느 곳에 언젠가 영리한 동물들이 인식이라는 것을 발명해낸 별이 하나 있었습니다. 그것은 '세계사'에서 가장 의기충천하고 또 가장 기만적인 순간이었습니다. 그렇지만 그것도 한 순간일 뿐이었습니다. 자연이 몇 번 숨쉬고 난 뒤 그 별은 꺼져갔고, 영리한 동물들도 죽을 수밖에 없었습니다―누군가가 이런 우화를 지어낼 수 있을 것이다. 그러나 그것만으로는 인간의 지성이 자연 내에서 차지하는 우월성이 얼마나 가련하고 무상하며, 얼마나 무목적적이고 자의적인가를 서술하기에는 충분하지 않다. 인간이 존재하지 않았던 영겁의 시간이 있었다. 또 인간의 존재가 다시 끝난다고 하더라도 아무런 일도 일어나지 않을 것이다. 왜냐하면 인간의 지성은 인간의 생명을 넘어서는 어떤 사명도 가지고 있지 않기 때문이다. 그 지성은 인간적일 뿐이다. 오로지 인간 지성의 소유자와 생산자만이 마치 세계의 축이 인간 지성을 중심으로 도는 것처럼 그것을 숭고하게 받아들일 뿐이다. 그러나 만약 우리가 모기들과 의사소통을 할 수 있다면, 우리는 그들 역시 이와 같은 파토스를 가지고 하늘을 날고 있으며 자신의 내면에서 움직이는 세계의 중심을 느낀다는 사실을 알게 될 것이다. 저 인식의 힘의 작은 입김에 고무풍선처럼 곧바로 부풀어오르지 않는 것도 자연에서는 하찮지 않고 비난받지 않는다.

모든 짐꾼이 자신의 일을 칭찬해줄 사람을 필요로 하듯이, 자부심이 가장 강한 인간인 철학자는 우주의 눈들이 사방에서 망원경을 통해 자신의 행위와 사유에 맞추어져 있다고 생각한다.

지성이 이 모든 일을 해낸다는 것은 기이한 일이다. 불행하고 연약하기 짝이 없는 존재들을 한 순간이나마 실존하게 하기 위해 오로지 보조수단으로 이들에게 부여된 저 지성이 말이다. 이 선물이 없었다면, 그들 레싱의 아들처럼 재빨리 이 실존에서 도망칠 이유가 충분히 있었을 것이다. 인식과 지각과 결합되어 있는 저 오만, 인간의 눈과 감관을 덮어 현혹시키는 안개는 인식 자체에 관해서도 가장 듣기 좋은 가치평가를 함축함으로써 이 존재들로 하여금 실존의 가치에 관해 착각하게 만든다. 인식의 가장 일반적인 효과는 착각이다―물론 가장 개별적인 효과들 역시 이런 성질을 조금은 지니고 있다.

개체 보존을 위한 수단으로서 지성은 자신의 주된 힘을 표상을 통해 전개한다. 왜냐하면 표상은 뿔을 갖거나 또는 맹수의 예리한 이빨을 가진 자들과 생존을 위해 투쟁할 능력이 없는 약하고 건장하지 못한 개체들이 스스로를 보존하는 수단이기 때문이다. 이 표상의 기술은 인간에게서 정점에 이른다. 여기서는 기만, 아첨, 거짓과 사기, 등 뒤의 험담, 체면 차리는 행동, 휘황찬란한 꾸밈 속에서의 삶, 가면 속의 존재, 은폐의 규약, 다른 사람들과 자신 앞에서의 연극 간단히 말해 허영심이라는 불꽃을 향한 나방의 끊임없는 날갯짓은 이제 너무나 당연한 규칙이 되어, 어떻게 저 진지하고 순수한 진리를 향한 충동이 사람들 가운데서 생겨날 수 있었는가 하는 것보다 더 불가해한 것은 없다. 인간들은 환상과 꿈의 영상에 깊이 빠

져 있으며, 그들의 눈은 오직 사물의 표면 위에서만 미끄러지고 맴
돌면서 '형식들'을 본다. 그들의 지각은 어느 곳에서도 진리에 이르
지 못하고 오직 자극을 수신하는 것으로 만족할 뿐이다. 이는 마치
사물들의 등을 더듬는 놀이를 하는 것과 같다. 인간은 밤마다 아니
평생 동안 꿈속에서 속는다. 그런데 자신의 도덕적인 감정이 이것
을 방해한 적은 한 번도 없다. 물론 강력한 의지로 코고는 것을 그
만둔 사람들이 있다고도 한다. 인간은 도대체 자기 자신에 대해 무
엇을 아는가! 그렇다, 인간은 한번이라도―조명이 있는 유리상자
에 누워서―자기 자신을 완전히 지각할 수 있단 말인가? 자연은 인
간을 에워싸고 있는 대부분의 것과 그의 몸에 관해서조차도 숨겨,
꾸불꾸불한 내장과 혈액의 빠른 흐름과 복잡하게 얽혀 있는 힘줄의
요동에서 멀리 떨어져 있는 저 거만하고 요술 같은 의식 속으로 추
방해 가두어놓고 있지 않는가! 자연은 열쇠를 던져버렸다. 언젠가
작은 틈새를 통해 의식의 방에서 내려다볼 수 있었던 저 숙명적인
호기심은 얼마나 고통스러운가. 이제 이 호기심은 감지한다. 인간
이 무자비한 것, 탐욕적인 것, 만족할 줄 모르는 것, 잔인한 것 위에
―이를 모르고 있다는 사실에도 무관심한 채―쉬고 있다는 것을.
이는 인간이 흡사 호랑이 등 위에서 꿈을 꾸며 매달려 있는 것과 같
다. 정황이 이렇다면, 진리를 향한 의지는 도대체 세계의 어느 곳에
서 나온 것인가!

개체가 다른 개체들에 대항하여 스스로를 보존하고자 한다면, 그
는 사물의 자연적 상태에서 지성을 대개 위장을 위해서만 사용한
다. 그러나 인간은 궁핍과 권태 때문에, 사회적으로 그리고 무리를
지어 실존하고자 하기 때문에 평화조약을 필요로 하고, 그 후에는

조야하기 짝이 없는 만인에 대한 만인의 투쟁이 자신의 세계에서 사라지도록 노력한다. 그런데 이 평화조약은 저 수수께끼 같은 진리충동에 이르는 첫걸음처럼 보이는 무엇인가를 동반한다. 다시 말해 지금부터 '진리'여야 할 것이 이제 고정된다. 즉 똑같이 타당하고 구속력 있는 사물들의 표시가 발명되고, 언어의 입법은 또한 진리의 첫번째 법칙을 제공한다. 왜냐하면 여기에서 처음으로 진리와 거짓의 대비가 생겨나기 때문이다. 거짓말쟁이는 비현실적인 것이 현실적으로 보이도록 하기 위해 통용되는 타당한 표시들과 낱말들을 사용한다. 예를 들면 거짓말쟁이는 "나는 부유하다"고 말하지만, 이 상태에는 아마 "빈곤하다"가 바로 적확한 용어일지도 모른다. 그는 이름들을 멋대로 바꾸거나 전도시킴으로써 확고한 규약을 오용한다. 그가 이를 자기 자신의 이익을 위해서, 게다가 피해를 가져오는 방식으로 행한다면, 사회는 그를 더 이상 신뢰하지 않을 것이며, 그렇게 함으로써 그를 사회에서 축출할 것이다. 이 경우 사람들은 사기당한다는 사실보다는 오히려 사기를 통해 피해 보는 것을 기피한다. 그들은 또한 이 단계에서 기만을 혐오하는 것이 아니라 어떤 종류의 기만들이 가져오는 나쁘고 적대적인 결과를 혐오한다. 마찬가지의 제한적 의미에서, 인간 역시 오직 진리만을 추구한다. 그는 진리가 가져다주는 삶을 보존하는 편안한 효과들을 욕망한다. 그는 효과 없는 순수 인식에 대해서는 무관심하며, 유해하고 파괴적인 진리들에 대해서는 적대적이기까지 하다. 그런데 이 점에 관해 다음의 문제가 제기된다. 그렇다면 언어의 규약들은 어떤 상황에 있는가? 그것들은 인식과 진리감각의 산물들인가? 표시와 사물들은 일치하는가? 언어는 모든 실재와 일치하는 표현인가?

446 유고(1870년~1873년)

인간은 오직 건망증을 통해서만 '방금 언급한 것과 같은 정도의 진리를 소유하고 있다'는 공상을 할 수 있게 된다. 만약 그가 동어 반복의 형식을 띤 진리, 즉 빈 껍데기에 만족하지 않으려 한다면, 그는 영원히 환상을 진리로 바꿔야 할 것이다. 낱말은 무엇인가? 그것은 신경자극을 음성으로 모사한 것이다. 그러나 신경자극으로부터 우리의 외부에 있는 하나의 원인을 추론하는 것은 이미 근거율을 그릇되고 정당하지 않게 적용한 결과이다. 어떻게 우리가 그럴 수 있단 말인가. 만약 언어의 발생 과정에서 진리만이 유일하게 중요하고 또 표시에서 확실성의 관점만이 유일하게 결정적이었다고 한다면, 우리는 어떻게 '돌이 단단하다'고 말할 수 있다는 것인가! 우리가 마치 '단단하다'는 것을 주관적인 자극으로뿐만 아니라 그 밖에 또다른 어떤 것으로 알고 있는 것처럼! 우리는 사물들을 성에 따라 분류한다. 우리는 나무를 남성으로, 식물을 여성으로 표시한다. 이 얼마나 자의적인 전용들인가! 확실성의 규준을 얼마나 멀리 넘어서는 것인가! 우리들은 뱀에 관해 말한다. 이 기호는 비틀려 꼬이는 모습을 표시할 뿐이다. 따라서 그것은 지렁이에게도 해당될 수 있다. 얼마나 자의적으로 경계를 설정하는 것이며, 얼마나 일방적으로 한 사물의 특징을 선호하는 것인가! 다양한 언어들을 나란히 세워놓고 보면, 낱말에서 중요한 것은 진리도, 일치하는 표현도 아니라는 것이 드러난다. 그렇지 않으면 그렇게 많은 언어들이 있을 수 없기 때문이다. '물 자체'는 (이것도 마찬가지로 효과 없는 순수 진리일 것이다) 언어 창조자에게는 도저히 이해할 수 없는 것이고, 추구할 만한 가치도 전혀 없는 것이다. 그는 인간에 대한 사물들의 관계를 표시하고, 이것을 표시하기 위해 대담한 비유들의 도움을 받는다. 신경자극을 우선 하나의 영상으로 옮기는 것! 첫번째 비유. 영상을 다시 하나의 음성으로 만드는 것! 두 번째 비유. 그리고 그때그때마다 영역을 완전히 건너뛰어, 전혀 다른 새로운 영역으로 들어간다. 우리는 완전히 귀가 먹어 한 번도 음향과 음악을 지각한 적이 없는 사람을 그려볼 수 있다. 이 사람이 아마 평판에 모래를 뿌려놓고 그 판을 진동시켜 생기는 음향 도형을 놀라서 바라보다 그 원인이 현의 진동이라는 것을 발견하고서는 이제 사람들이 음이라고 부르는 것이 무엇인지를 안다고 확신하는 것처럼 우리 모두는 언어를 그렇게 생각한다. 우리가 나무, 색깔, 눈과 꽃들에 관해 말할 때, 우리는 사물 자체에 관해 무엇인가를 알고 있다고 믿는다. 그렇지만 우리는 본래의 본질들과는 전혀 일치하지 않는 비유들 외에는 사물들에 관해 아무것도 갖고 있지 않다. 음이 모래 위의 도형으로 드러나는 것처럼, 물 자체의 수수께끼 같은 X는 한번은 신경자극으로, 그러고는 영상으로, 마지막에는 음성으로 작용한다. 어쨌든 언어의 발생은 논리적으로 진행되지 않는다. 훗날 진리의 인간, 즉 탐구자와 철학자가 작업하고 세우는 전체 재료는, 그것이 설령 공중 누각에서 나온 것은 아니라고 하더라도, 아무튼 사물들의 본질에서 유래하는 것은 아니다.

특히 개념들이 형성되는 것을 생각해보자. 모든 낱말은 그것이 전적으로 개별화된 일회적 원체험에—개념이 생성되는 것은 이 원체험의 덕택이다—대한 기억으로 기능하기보다는, 어느 정도 유사하기는 하지만 엄밀히 말해서 결코 동일하지 않은, 즉 온통 상이한 경우들에 상응해야 함으로써 곧 개념이 된다. 모든 개념은 동일하지 않은 것을 동일하게 만듦으로써 생성된다. 어떤 나뭇잎이 다른 잎과 전혀 같지 않은 것이 확실하지만, 나뭇잎이라는 개념은 이와 같은 개별적 차이들을 임의로 단념함으로써, 즉 구별짓는 차이들을 망각함으로써 형성되는 것이 확실하다. 이제 이 개념은 자연 속에는 마치 많은 나뭇잎들 외에 '나뭇잎'이라는 것, 즉 하나의 원형이 존재한다는 생각을 일깨운다. 이 원형에 따라 모든 나뭇잎은 엮어지고 도안되며 정확히 재어지고 채색되며 주름이 잡히지만, 그것은 미숙한 손에 의해 이루어져서 어떤 표본도 원형의 충실한 모사로서 정확하지도 않고 믿을 만하지도 않다는 생각을 일깨우는 것이다. 우리는 어떤 사람을 진실하다고 말하고, "그는 오늘 왜 그렇게 진실하게 행동했는가?" 하고 묻는다. "그의 진실성 때문이야"라고 대답하는 것이 예사다. 진실성이라고! 그것은 다시금 나뭇잎은 나뭇잎들의 원인이라는 것을 의미한다. 우리는 진실성이 뜻하는 본질적 특성에 관해 전혀 알지 못한다. 그러나 우리는 우리가 동일하지 않은 것을 지움으로써 동일하게 만들어 지금은 진실한 행위라고 표시하는 개별화되고 동일하지 않은 수많은 행위들에 관해서는 알고 있다. 우리는 마침내 이 행위들로부터 신비로운 특성을 끄집어내어 진실성이라는 이름으로 표현한다.

개별적인 것과 현실적인 것을 무시하는 것이 우리에게 형상을 제공하듯이 마찬가지로 개념을 준다. 이에 반해 자연은 어떤 형상과 개념, 따라서 어떤 종(種)도 알지 못하며 단지 우리에게 접근 불가능하고 정의할 수 없는 X만을 알고 있을 뿐이다. 왜냐하면 개체와 종의 대립은 인간의 관점에서 본 의인관적 대립이며, 설사 우리가 이 대립이 사물의 본질과 일치하지 않는다고 말하지는 않는다고 하더라도 그것은 사물의 본질에서 유래하지 않는다. 만약 우리가 그렇게 주장한다면, 그것은 독단적이며 그 반대 주장과 마찬가지로 증명할 수 없는 것이다.

　그렇다면 진리는 무엇인가? 유동적인 한 무리의 비유, 환유, 의인관들이다. 간단히 말해서 시적, 수사학적으로 고양되고 전용되고 장식되어 이를 오랫동안 사용한 민족에게는 확고하고 교의적이고 구속력이 있는 것으로 여겨지는 인간적 관계들의 총계이다. 진리는 환상들이다. 진리는 마멸되어 감각적 힘을 잃어버린 비유라는 사실을 우리가 망각해버린 그런 환상이며, 그림이 사라질 정도로 표면이 닳아버려 더 이상 동전이기보다는 그저 쇠붙이로만 여겨지는 그런 동전이다. 우리는 진리를 향한 충동이 어디에서 나오는지 여전히 알지 못하고 있다. 왜냐하면 우리는 이제까지 사회가 실존하기 위해 세워놓은 '진실되어야 한다'는, 즉 관습적 비유들을 사용해야 한다는 책무에 관해서만 들어왔기 때문이다. 그것은, 도덕적으로 표현하자면, 확고한 규약에 따라 거짓말해야 한다는, 모든 사람에게 타당한 양식으로 무리지어 거짓말해야 한다는 책무이다. 그런데 인간은 물론 사태가 그러하다는 것을 잊는다. 그러므로 그는 언급한 방식대로 무의식적으로 그리고 수백년 동안의 습관에 따라 거짓말을 한다. 인간은 바로 이 무의식성을 통해, 즉 망각을 통해 진리의 감정에 이르는 것이다. 어떤 사물을 붉다고, 다른 사물을 차갑다고, 그리고 또다른 사물을 벙어리라고 표현해야 할 의무가 있다는 감정에서 진리와 연관되는 도덕적 충동이 일어난다. 모든 사람이 믿지 않고 배척하는 거짓말쟁이의 반대로부터 인간은 진리의 신성함, 신뢰성, 유용성을 구체적으로 설명한다. 그는 이제 자신의 행위를 이성적인 것으로 설정하여 추상화의 지배에 예속시킨다. 이제 그는 갑작스러운 인상과 직관들에 사로잡히는 고통을 당하지 않는다. 그는 이 모든 인상을 우선 탈색된 무미건조한 개념들로 만들고 난 다음, 이 개념들에 삶과 행위라는 수레를 연결시킨다. 인간을 동물들과 구별짓는 모든 것은 바로 생생한 직관적 비유들을 하나의 도식으로

⁵ 휘발시키는, 즉 어떤 영상을 하나의 개념으로 용해시키는 능력에 달려 있다. 왜냐하면 생생한 첫인상 아래에서는 성취될 수 없는 것이 저 도식의 영역에서는 가능하기 때문이다. 위계와 정도에 따라 거대한 피라미드 모양의 질서를 건립하는 것, 법칙과 특권과 종속과 경계 설정의 새로운 세계를 창조하는 것이 가능해진다. 첫인상

¹⁰ 들로 이루어진 다른 구체적 세계와 대립하는 이 세계는 더 확고하고 더 일반적이며 더 알려지고 더 인간적인 것으로, 그렇기 때문에 규제적이고 명법적인 것이 된다. 모든 직관의 비유는 개별적이고 똑같은 것이 없으며, 따라서 표제어를 붙일 수 없는 데 비해, 거대한 개념의 건축물은 로마 납골당의 융통성 없는 규칙성을 보여 주고 있

¹⁵ 으며 또 그 논리에서는 수학에 특징적인 엄밀함과 냉정함을 내뿜고 있다. 한번이라도 이 냉정한 기운을 쐰 사람은 개념 역시—예를 들면 주사위처럼 각이 지고 팔각형이며 또 주사위처럼 옮겨놓을 수 있는 개념—어떤 비유의 잔재에 지나지 않는다는 사실을 거의 믿을 수 없으며, 또 신경자극을 영상들로 예술적으로 옮겨놓는다는 환상

²⁰ 이 모든 개념, 설령 어머니는 아니라고 하더라도, 할머니라는 사실을 믿지 못할 것이다. 그런데 개념들의 주사위 놀이 안에서 '진리'가 뜻하는 바는—모든 주사위를 표시된 대로 사용하는 것, 즉 주사위의 눈을 정확히 읽고 올바른 제목을 달고 카스트 질서와 카스트 계급의 순서를 절대 어기지 않는 것이다. 로마인들과 에트루리아인

들이 하늘을 엄격한 수학적 선으로 분할하고, 이와 같이 경계지어진 하나의 공간을 성당으로 하여 이 속으로 신을 추방했던 것처럼, 모든 민족은 자신들 위에 이와 같이 수학적으로 분할된 개념의 하늘을 갖고 있으며 또 그들은 진리의 요청에 따라 모든 개념 신은 오로지 그의 영역에서만 찾아야 한다고 생각한다. 우리는 여기서 인간을 대단한 건축 천재로 경탄할 수도 있을 것이다. 그는 마치 흐르는 물 위와 같은 움직이는 토대 위에다 무한히 복잡한 개념의 대성당을 쌓아 올리는 데 성공한다. 물론 이와 같은 토대를 지주로 삼으려면, 그것은 거미줄로 엮인 것과 같은 건축물이어야 하며, 파도와 함께 옮겨 다닐 수 있을 정도로 부드러워야 하고, 바람에 산산조각이 나지 않을 정도로 확고해야 한다. 이 정도로 인간은 건축 천재로서 꿀벌을 훨씬 능가한다. 꿀벌은 자연에서 끌어 모은 밀랍으로 짓지만, 인간은 그가 자신으로부터 비로소 만들어내야 하는 훨씬 더 부드러운 개념의 재료를 가지고 짓는다. 이 점에서 인간은 매우 경탄할 만하다. 그러나 단지 그의 진리를 향한 충동, 즉 사물의 순수 인식에 대한 충동 때문에 그런 것은 아니다. 어떤 사람이 물건 하나를 덤불 뒤에 숨겨놓은 다음 그것을 바로 그 자리에서 찾고 또 발견한다면, 이 찾고 발견하는 일에 칭찬할 만한 것이라고는 아무것도 없다. 그런데 이성-영역 안에서 '진리'를 찾고 발견하는 일도 같은 상황이다. 만약 내가 포유동물에 대한 정의를 하고, 낙타 한 마리를 보고 난 다음 "봐라, 포유동물이다"라고 설명한다면, 이로써 진리가 해명되었을지는 모르지만 그것은 매우 제한된 가치만 가지고 있을 뿐이다. 내 생각에 이 진리는 전적으로 인간의 관점에서 본 진리이며, '진리 자체'로서 인간과는 상관없이 현실적이고 일반적으로 타당한 어떤 관점도 포함하고 있지 않다. 그와 같은 진리들을 찾는 탐구자는 근본적으로 인간 안에서 세계의 변형을 찾고 있을 뿐이다. 그는 세계를 인간과 같은 종류의 사물로 이해하려고 애쓰며, 기껏해야 동화(同化)의 감정을 쟁취할 뿐이다. 천문학자가 별들을 인간을 위해, 즉 인간의 행복과 고통의 관점에서 바라보는 것과 마찬가지로, 그와 같은 탐구자들은 전체 세계를 인간과 결합되어 있는 것으로, 인간이라는 한 근원적 음향이 무한히 굴절되는 반향으로, 인간이라는 원형의 다양한 모사로 본다. 이 탐구자의 방법은, 인간을 척도로서 모든 사물에 적용하는 것이다. 그렇지만 그는 이 과정에서 이 사물들을 순수 대상으로서 자신 앞에 직접적으로 가지고 있다고 믿는 오류에서 출발한다. 그는 본래의 직관적 비유가 비유라는 사실을 망각하고, 이들을 사물 자체로 받아들이는 것이다.

오직 저 원시적 비유 세계를 망각함으로써만, 인간적 환상의 근원적 능력에서 본래 뜨거운 액체의 형태로 뿜어 나오는 영상들 덩어리가 굳어지고 경직됨으로써만, 이 태양과 이 창문과 이 책상이 진리 자체라는 정복될 수 없는 믿음을 통해서만, 간단히 말해서 인간이 자기 자신이 주체라는 것을, 그것도 예술가적으로 창조하는 주체라는 것을 망각함으로써만, 그는 어느 정도 평온과 안정과 성과를 가지고 살아간다. 만약 그가 한 순간이라도 이와 같은 믿음의 감옥에서 벗어날 수만 있다면, 그의 '자기의식'은 끝장날 것이다. 곤충이나 새는 인간과는 달리 전혀 다른 세계를 지각한다는 사실, 두 세계의 지각들 중 어떤 것이 올바른 것인가 하는 물음이 전혀 무의미하다는 사실을 인정하는 것만도 그에게는 엄청난 노력을 필요로 한다. 왜냐하면 이 물음에 답하려면 이미 올바른 지각이라는 척도,

즉 본래 있지도 않은 척도를 가지고 재야 하기 때문이다. 그런데 올바른 지각이라는 것—이것은 아마 주체 내에서 객체의 올바른 표현을 의미할 것이다—이 내게는 모순되기 짝이 없는 넌센스처럼 보인다. 왜냐하면 주체와 객체같이 절대적으로 상이한 영역들 사이에는 어떤 인과율, 올바름, 표현도 있지 않으며, 기껏해야 심미적 태도만 있을 뿐이기 때문이다. 내가 말하고자 하는 것은 암시적 전용, 즉 전혀 다른 언어로 더듬거리며 따라 말하는 듯한 번역이다. 그런데 이를 위해서는 아무튼 자유롭게 창작하고 자유롭게 발명하는 중간-영역과 중간힘이 필요하다. 현상이라는 낱말은 많은 유혹을 함축하고 있는 까닭에 나는 가능한 한 이 단어를 피한다. 왜냐하면 사물들의 본질이 경험세계 내에서 현상한다는 것은 사실이 아니기 때문이다. 손이 없어 자신에게 떠오르는 영상을 노래로 표현하고자 하는 화가는 이 영역들을 뒤바꾸어놓음으로써, 경험세계가 사물들의 본질에 관해 말해주는 것보다는 훨씬 많은 것을 보여줄 것이다. 사실 산출된 영상에 대한 신경자극의 관계조차도 그 자체로 필연적인 것이 아니다. 그렇지만 만약 그 영상이 수백만 번이나 산출되고 몇 세대에 걸쳐 많은 인류에게 유전되어서 마침내 전인류에게 그때마다 동일한 자극의 결과로 나타난다면, 이 영상은 결국 인간에게 마치 유일하게 필연적인 영상인 것처럼 그리고 산출된 영상에 대한 원천적 신경자극의 저 관계가 엄밀한 인과관계인 것과 같은 그런 의미를 지니게 된다. 그것은 마치 어떤 꿈이 영원히 반복되면 단연 현실로 지각되고 판단되는 것과 마찬가지다. 그렇지만 어떤 비유가 굳어지고 경직된다고 해서, 그것이 이 비유의 필연성과 배타적 타당성을 보장해주지는 않는다.

이와 같은 고찰에 친숙한 사람은 누구나, 자신이 그렇게 종종 자연법칙의 영원한 결과, 편재성(遍在性)과 무류성(無謬性)에 관해 분명히 확신했던 것처럼, 그런 종류의 관념론에 대해서는 뿌리 깊은 불신감을 느꼈음이 확실하다. 그는 결론을 내렸다. 여기서는 모든 것이 우리가 침투해 들어가는 만큼 망원경의 높이와 현미경의 깊이에 따라 확실하고, 확장되며, 무한하고, 법칙적이며, 결함이 없다. 학문은 영원히 이 구덩이 속에 성공적으로 매장되어야 할 것이며, 발견된 모든 것은 서로 일치하고 모순되지 않을 것이다. 이것이 환상의 산물과 같다고는 할 수 없지 않은가. 왜냐하면 이것이 환상의 산물이라고 한다면, 그것은 어디에선가 가상과 비현실을 내비쳐야만 할 것이기 때문이다. 이와는 반대로 이렇게 말할 수 있을 것이다. 우리 모두 각자 상이한 감각적 지각을 가졌다면, 우리 스스로는 아마 어떤 때는 새로, 어떤 때는 지렁이로, 그리고 어떤 때는 식물로 지각할 수도 있을 것이다. 또는 우리 중 한 사람은 동일한 자극을 빨간 것으로 보고, 다른 사람은 푸른 것으로 보며, 세 번째 사람은 그것을 음으로 들을지도 모른다. 그렇게 되면 어느 누구도 자연의 법칙성에 관해 말하지 않고, 그것을 오로지 지극히 주관적인 구성물로만 파악할 것이다. 그렇다면 우리에게 자연법칙이란 도대체 무엇인가? 자연법칙은 우리에게 그 자체로 알려져 있지 않으며, 오직 그 효과를 통해서만, 즉 우리에게 다시금 관계로서 알려져 있는 다른 자연법칙들에 대한 관계 안에서만 알려져 있을 뿐이다. 따라서 이 모든 관계는 항상 서로서로를 지시하며, 그 본질에서는 우리에게 전적으로 불가해하다. 예컨대 시간, 공간, 계승관계와 숫자들처럼 우리가 덧붙이는 것만이 우리에게 실제로 알려진 것이다. 우

리가 바로 자연법칙에서 경탄해 마지않으며 또 우리의 설명을 요구
하고 우리로 하여금 관념론을 불신하도록 유혹할 수도 있는 모든
놀라움은 오직 시간 표상과 공간 표상의 수학적 엄밀성과 불변성에
만 전적으로 기반을 두고 있다. 그런데 우리는 이 표상들을, 거미가
5 거미줄을 짓는 것과 같은 필연성을 가지고, 우리의 내면에서 그리
고 우리 자신으로부터 생산한다. 우리가 만약 모든 사물을 오직 이
런 형식을 통해서만 파악하도록 강요받는다면, 우리가 모든 사물에
서 단지 이러한 형식들만을 파악한다는 것은 그렇게 놀라운 일이
아니다. 왜냐하면 이 모든 것들은 수(數)의 법칙을 스스로 지니고
10 있어야 하며, 숫자가 바로 사물들에게서 가장 놀라운 것이기 때문
이다. 우리에게 너무나 큰 감명을 불러일으키는 별의 운행과 화학
적 과정의 그 모든 법칙성은 근본적으로 우리 자신이 사물들에 붙
여놓은 특성들과 일치하므로, 우리는 결국 우리 자신을 경탄해 마
지않는 것이다. 그런데 예술가적 비유의 형성은—우리 내면에서
15 모든 지각은 이것으로 시작한다—이미 앞의 형식들을 전제하며,
따라서 이 형식들을 통해 실행된다는 사실이 드러난다. 추후에 다
시 이 비유들로부터 개념의 건축물이 구성될 수 있는 가능성은 오
직 이 근원적 형식들을 확고하게 고수한다는 사실을 통해서만 설명
된다. 더 정확히 말하자면 개념의 건축물은 비유의 토대 위에서 시
20 간 관계와 공간 관계, 수의 관계를 모방한 것이다.

2.

우리가 살펴본 바와 같이, 개념들을 건축하는 작업에는 본래 언어가, 그리고 나중에는 **학문**이 참여한다. 꿀벌이 꿀벌 집의 봉방은 짓고 동시에 이 방들을 꿀로 채우는 것처럼, 학문은 끊임없이 저 거대한 개념들의 납골당과 직관의 무덤을 짓는 작업을 하고 항상 더 높고 새로운 층을 쌓아올리며, 낡은 방에 버팀목을 세우고 청소하고 개축한다. 학문은 특히 엄청나게 쌓아올린 이 건축물을 채우는 데, 또 모든 경험세계, 즉 의인관적 세계를 정돈하는 데 온갖 노력을 다한다. 만약 행위하는 인간이 휩쓸려 떠내려가지 않으려고 또 자기 자신을 상실하지 않기 위해 자신의 삶을 이성과 이 이성의 개념들에 묶어놓는다면, 탐구자는 자신의 오두막을 바로 학문의 탑 곁에 지어서, 이 탑을 쌓는 데 도울 수 있기도 하고 이미 존립하고 있는 방벽을 통해 스스로를 보호하기도 한다. 그런데 그에게는 보호가 필요하다. 왜냐하면 지속적으로 그에게 덮쳐오는 무서운 힘들, 즉 학문적 진리에 대항해 가지각색의 문패를 달고 있는 전혀 다른 종류의 '진리들'을 내세우는 가공할 힘들이 있기 때문이다.

비유를 형성하고자 하는 충동—우리가 이것을 배제하면 인간 자체를 배제하게 되기 때문에 한 순간도 배제할 수 없는 인간의 기초적 충동이다—은 휘발되어 사라져버린 자신의 산물들, 즉 개념들로부터 하나의 규칙적이고 고정된 새로운 세계가 그를 위한 성채로 건립된다고 해도 결코 압도되거나 제어되지 않는다. 이 충동은 영향을 미칠 수 있는 새로운 영역과 하상(河床)을 스스로 찾아나서고, 그것을 신화와 예술 속에서 발견한다. 그것은 새로운 전용과 비유와 환유를 세움으로써 개념들의 제목과 방을 끊임없이 혼동시킨다. 이 충동은 깨어 있는 인간의 존립하는 세계를 다채롭게, 불규칙적으로, 아무런 결과도 연관성도 없이 아름답게 그리고 영원히 새롭게 만듦으로써 그것이 꿈의 세계처럼 보이도록 하고자 하는 욕망을

5 끊임없이 보여준다. 그렇다, 깨어 있는 사람은 사실 경직되고 규칙적인 개념의 거미줄을 통해서만 자신이 깨어 있다는 사실을 명확히 안다. 그렇기 때문에 그는 그 개념의 거미줄이 예술을 통해 찢겨지는 날이면 자신이 꿈을 꾸고 있다고 믿게 된다. 우리가 매일 밤 똑같은 꿈을 꾼다면 우리가 매일 낮에 보는 사물들에 매달리듯이 이

10 꿈에 매달리게 될 것이라고 파스칼이 주장한다면, 그는 옳다. "어떤 수공업자가 매일 밤 열두 시간 동안 쭉 자신이 왕이라는 꿈을 꾼다고 확신한다면, 그는 매일 밤 열두 시간 동안 자신이 수공업자라고 꿈을 꾸는 왕과 똑같이 행복할 것이라고 나는 생각한다"고 파스칼은 말한다. 신화에 의해 고무된 민족, 예컨대 고대 그리스 민족의

15 깨어 있는 낮은, 기적이 지속적으로 작용한다고 신화가 가정하는 것처럼, 학문적으로 무미건조해진 사상가들의 낮보다는 꿈에 훨씬 가깝다. 모든 나무가 언젠가 요정처럼 말을 하거나 또는 어떤 신이 황소 거죽을 뒤집어쓰고 처녀들을 끌고 간다면, 아테네의 여신이 아름다운 마차를 타고 피시스트라투스Pisistratus와 함께 아테네의

20 시장을 돌아다니는 모습이 — 진정한 아테네인은 이렇게 믿는다 — 갑자기 목격된다면, 꿈속에서처럼 모든 것이 매 순간 가능해진다. 그러면 전체 자연은 마치 각양각색의 모습으로 인간을 속이는 것을 유일한 재미로 삼았던 신들이 변장한 것처럼 인간을 에워싼다.

그런데 인간에게는 기만당하고자 하는 어쩔 수 없는 경향이 있

다. 음유시인이 그에게 서사적 동화를 사실인 것처럼 이야기해주거나 또는 배우가 연극에서 현실이 보여주는 것보다 더 왕답게 왕을 연기하면, 인간은 기뻐서 어쩔 줄 모른다. 위장의 대가인 지성은 해를 끼치지 않고 속일 수 있는 한에서만 자유롭고, 노예의 노역에서 벗어날 수 있으며, 또 자유분방한 축제를 즐긴다. 지성이 이때보다 더 풍부하고 풍요롭고 긍지가 있고 기민하고 대담한 적은 없다. 그는 창조적 여유와 안락함으로 비유들을 뒤섞어놓고, 추상화의 경계선을 옮겨놓는다. 그는 예컨대 강물을, 사람이 본래 가고자 하는 곳으로 그를 옮겨주는 움직이는 길이라고 표현한다. 그는 이제 노예관계의 표식을 자신에게서 떨쳐버렸다. 평상시 지성은 실존의 강력한 욕구를 가진 개인에게 길을 가르쳐주고 도구를 보여주는 바쁜일에 비참하게 매달려 있지만, 이제 그는 주인을 위해 강도짓하고 약탈하러 나가는 노예처럼 주인이 되어, 자신의 이마에서 곤궁의 표현을 지워버려도 되는 것이다. 그가 지금 무엇을 하든, 과거의 그의 활동과 비교해보면 예전의 활동이 왜곡의 특성을 지녔듯 모든 것은 이제 위장의 특성을 지닌다. 그는 인간의 삶을 모사하지만, 그것을 좋은 것으로 간주하고 이제는 만족하는 것처럼 보인다. 궁핍한 인간이 삶을 구원하기 위해 매달렸던 개념의 거대한 들보와 판자들은 자유로워진 지성이 자신의 가장 모험적인 예술작품에 사용할 수 있는 구조물이며 장난감일 뿐이다. 그가 이 건축물을 부셔서 뒤섞어놓은 다음, 다시 가장 낯선 것들을 짝짓고 가장 가까운 것들은 떼어놓는 방식으로 역설적으로 결합시킨다면, 이는 자신에게는 궁핍으로부터의 응급수단이 더 이상 필요하지 않으며 또 지금은 개념이 아니라 직관이 자신을 인도하고 있다는 사실을 보여주고자 하기 때문이다. 이 직관들로부터 저 유령 같은 도식과 추상들의 나라에 이르는 어떤 규칙적인 길도 존재하지 않는다. 이 추상들을 위해 낱말이 만들어진 것이 아니다. 인간은 이 도식과 추상들을 보면 침묵하거나 또는 적어도 낡은 개념의 한계를 부수고 경멸함으로써 강력한 현재의 직관의 인상들에 창조적으로 대응하기 위해 순전히 금지된 비유와 들어보지 못한 개념어군들로 말한다.

이성적 인간과 직관적 인간이 나란히 서 있는 시대가 있다. 한 사람은 직관에 대해 불안해하고, 다른 사람은 추상을 경멸한다. 후자가 비이성적인 것처럼, 전자는 비예술가적이다. 양자는 모두 삶을 지배하기를 욕망한다. 전자는 사전의 예방책, 영리함, 규칙성을 통해 주된 궁핍에 대처하는 데 반하여, 후자는 '너무 기쁜 사람'으로서 궁핍을 보지 못하고 오직 가상과 아름다움으로 위장된 삶만을 실재로 받아들인다. 고대 그리스에서처럼 한때 직관적 인간이 자신의 무기를 강력하게 그리고 성공적으로 사용하면, 유리한 경우에 이에 대한 대립으로 하나의 문화가 형성될 수 있으며, 삶에 대한 예술의 지배가 기초를 세울 수 있다. 위장, 궁핍의 부정, 비유적 직관의 광채, 다시 말해 기만의 직접성이 그와 같은 삶의 모든 표현을 수반한다. 어떤 집도, 걸음도 그리고 어떤 의상과 토기 잔도 이들이 궁핍의 발명품이라는 사실을 말해주지 않는다. 이들 모두에게서 마치 숭고한 행복과 올림푸스적 명랑함 그리고 동시에 진지함과의 유희가 천명되어 있는 것처럼 보인다. 개념과 추상들에 의해 인도되는 인간은 이 추상들로부터 행복을 쟁취해내기보다는 오히려 이들을 통해 불행을 막기만 하는 데 반해 그리고 그가 고통에서 가능한 한 자유로워지려고 애쓰는 데 반해, 직관적 인간은 문화의 한가운데

서서, 악을 저지하는 것 외에도 이미 자신의 직관에서 끊임없이 분출되는 해명과 명랑과 구원의 결실을 얻는다. 물론 그가 고통을 당할 경우에는 그만큼 더 격렬하게 고통을 당한다. 그렇다, 그는 경험을 통해 배울 줄 모르고 또 한번 빠졌던 구덩이에 늘 빠지기 때문에, 그는 더 자주 고통을 당한다. 고통을 당할 때도 그는 행복할 때와 마찬가지로 비이성적이다. 그는 소리 높여 외치지만, 어떤 위안도 얻지 못한다. 경험을 통해 배우고 개념을 통해 스스로를 통제하는 스토아적 인간이 똑같은 재난을 당하면 어떠한가! 평상시 정직, 진리, 착각으로부터의 자유, 우리를 매혹시키는 기습적 사건으로부터의 보호만을 찾는 그는 불행을 당한 지금, 직관적 인간이 행복한 상태에서 그랬던 것처럼, 위장의 걸작품을 벗어 던진다. 그는 미동도 하지 않는 얼굴 표정을 지으며, 균형 잡힌 표정의 탈을 쓰고 있다. 그는 소리치지도 않고 음성을 바꾸지도 않는다. 그는 자신의 머리 위의 먹구름에서 소나기가 쏟아져도 외투 속에 자신을 감싸고 천천히 그곳을 떠난다.

독일인에게 드리는 경고

우리는 경청되기를 바랍니다. 우리는 경고하는 사람으로 말합니다. 그리고 경고자의 목소리는, 그가 누구이고 또 그의 목소리가 어디에서 울려퍼지든 간에, 항상 나름의 정당성을 가집니다. 말을 건네받는 여러분에게는 경고하는 사람들을 솔직하고 통찰력 있는 사람들로 받아들일 것인지를 결정할 권리가 있습니다. 여러분이 위험에 처해 있을 때에만 시끄러워지고, 여러분이 그토록 말이 없고, 무관심하고, 무지하다는 것을 알고는 깜짝 놀랍니다. 그러나 우리는 진심으로 말하고 또 그렇게 함으로써 우리가 원하고 찾는 것이 바로 여러분의 것이라는 사실을 스스로 확인해도 될 것입니다―그것은 다름 아닌 독일정신과 독일 이름의 복지와 명예입니다.

작년 5월에 바이로이트에서 어떤 축제가 열렸는지 여러분에게 보도되었습니다. 그것은 그 밑에 수많은 두려움들을 영원히 묻어버리고 또 그것을 통해 가장 고귀한 우리의 희망들이 확정되었다고 믿었던―또는 우리가 오늘날 말해야 하는 것처럼, 오히려 확정되었다고 잘못 생각했던―주춧돌을 놓는 것이라고 여겨졌습니다. 왜냐하면 거기에는 망상이 많이 있었기 때문입니다. 지금도 여전히 두려움들은 살아 있습니다. 만약 우리가 희망하는 법을 결코 잊어버리지 않았다면, 오늘의 조언과 경고의 외침은 우리가 희망을 가지기보다 훨씬 더 두려워하고 있다는 사실을 알게 해줍니다. 그런데 우리의 공포는 여러분을 향해 있습니다. 여러분은 어떤 일이 일어나고 있는가를 전혀 알려고 하지 않으며, 어쩌면 무지로 인해 어떤 일이 일어나는 것을 방해하고 있습니다. 그렇게 무지한 채 있다는 것은 이미 오래전부터 더 이상 적절하지 않습니다. 위대하고 용감하고 저지할 수 없는 불굴의 전사 리하르트 바그너가 이미 수십 년 동안 거의 모든 국가가 주의 깊게 지켜보는 가운데, 자신의 바이로이트 예술작품을 통해 마지막 최고의 형식을 부여하고 진정 승리에 빛날 정도로 완성시켰던 사상들을 옹호한 후 아직도 누군가가 있다는 것은 거의 불가능한 것처럼 보입니다. 그가 여러분에게 선사하고자 하는 보물을 단지 집어드는 것조차 여러분이 여전히 방해한다면, 여러분은 도대체 그것으로 무엇을 성취했다고 생각하십니까? 우리는 바로 이 점을 다시 한번 그리고 거듭해서 공개적으로 강렬하게 비난해야 합니다. 그래서 여러분은 무엇을 할 시간이며 또 무지한 사람의 행세를 하는 것조차 여러분의 뜻에 달려 있지 않다는 것을 아셔야 합니다. 왜냐하면 이제부터 외국은 여러분이 제공하는 연극의 증인과 심판관이 될 것이기 때문입니다. 그리고 외국의 거울에서 여러분은 대략 정당한 후세 사람들이 언젠가 여러분에 관해 그리게 될 여러분 자신의 모습을 재발견할 수 있을 것입니다.

여러분이 무지, 불신, 비밀, 조소와 중상을 통해 바이로이트 언덕 위의 건물을 아무런 목적 없는 폐허로 만드는 데 성공했다고 가정해봅시다. 완성된 작품이 현실이 되고, 효과를 발휘하고, 자신을 위해 유리하게 증언하는 것을 여러분이 참을 수 없는 악의에서 허용하지 않는다고 가정해봅시다. 그러면 여러분은 독일 바깥 세계의 눈들 앞에서 수치스러워해야 하는 것처럼 후세 사람들의 판단을 두려워해야 합니다. 프랑스나 영국 또는 이탈리아의 어떤 사람이 모든 여론과 공적 세력들에도 불구하고 매우 대단하고 위대한 스타일의 작품 다섯 개를 선사한 후, 북에서 남에 이르기까지 사람들이 그를 끊임없이 요구하고 환호한다면, ─그런 사람이 "기존의 연극들은 민족의 정신과 일치하지 않습니다. 그것들은 공공 예술로서 하나의 수치입니다! 민족 정신에 하나의 성지를 마련할 수 있도록 저를 도와주십시오!"라고 외친다면, 모든 것이 그에게 도움이 되지 않겠습니까? 그리고 그것이 설령 존경심 때문일지라도 말입니다. 그리고 정말입니다! 여기서 존경심만 필요한 것은 아닙니다. 나쁜 험담에 대한 맹목적 두려움만 필요한 것도 아닙니다. 함께 돕기로 결심함으로써 여러분은 여기서 함께 느끼고, 함께 배우고, 함께 알고 또 가슴 깊숙이 함께 기뻐할 수 있습니다. 여러분은 모든 학문을 아끼지 않고 비용이 많이 드는 실험의 작업장으로 무장시킬 것입니다. 모험하고 실험하는 독일 예술의 정신에 그러한 작업장이 건립되어야 한다면, 여러분은 뒷짐지고 아무런 일도 하지 않을 것입니까? 리하르트 바그너가 '미래의 예술작품'이라고 이름붙인 사상이 생생한 현실이 되어야 하는 지금보다 더 중요한 문제들이 해결되어야 하고 또 더 풍부한 자극이 풍요롭게 경험되어야 했던 순간을 여러분은 우리 예술의 역사에서 알고 계십니까? 독일 민족을 대변하는 동료들의 눈앞에서 네 개의 탑처럼 쌓아올린 니벨룽엔의 거대한 건물이 오로지 그 창조자로부터만 배울 수 있는 리듬에 따라 땅에서 솟아오름으로써 어떤 종류의 사상, 행위, 희망과 재능의 운동이 시작됩니까. 그리고 그 운동이 결실이 가장 많고, 희망이 가장 풍요로운 먼 미래에까지 미칠 것인가요 ─누가 여기서 단지 예감만이라도 할 정도로 대답할 수 있겠습니까? 파도가 곧 다시 가라앉아서,

마치 아무런 일도 일어나지 않았다는 듯이 표면이 다시 매끄럽게 된다면, 그것 역시 운동 창시자의 책임이 아닐 것입니다. 만약 작품이 이루어져야 하는 것이 우리의 첫번째 근심이어야 한다면, 아무튼 바로 다음의 무시무시한 효과를 심화하고 확장하기에는 우리가 충분히 성숙하지도 준비되어 있지도 않고 민감하지도 않은 상태일 수 있다는 회의는 두 번째 근심으로 우리를 마찬가지로 어렵게 만듭니다.

사람들이 리하르트 바그너에게서 자극을 받았고 또 자극받곤 하는 곳에서는 어디에서나 우리 문화의 크고 풍요로운 문제 하나가 숨겨져 있다는 점을 언급했다고 생각합니다. 그러나 사람들이 그것을 단지 주제넘게 트집잡고 조소하는 동기로만 생각하고 좀처럼 사색의 동기로 삼지 않는다면, 그것은 유명한 '사상가의 민족'이 이미 끝까지 사유했고 또 사상과 망상을 맞바꾸었는가 하는 수치스러운 의심을 우리에게 불러일으킵니다. 1872년 5월의 바이로이트 사건이 새로운 연극의 창립과 혼동되지 않도록 막으려고만 해도, 또 어떤 기존의 연극도 그 시도의 의미와 일치할 수 없다는 점을 천명하려고 해도 우리는 오해의 소지가 많은 수많은 항변들과 마주쳐야만 합니다. 의도적이든 의도적이지 않든 보지 못하는 사람들로 하여금 '바이로이트'라는 낱말에는 예컨대 특별한 음악 욕구를 가진 집단과 같은 일정 수의 사람들뿐만 아니라 민족 전체가 고려되고 있다는 사실을 분명하게 볼 수 있도록 만들고, 독일 국가의 경계를 넘어서 연극예술을 정화하고 고귀하게 만드는 것을 간절히 바라고 또 언젠가 오페라에서 좀더 고귀한 형태의 비극이 발전하게 될 것이라는 실러의 놀라운 예감을 이해한 모든 사람에게 진지하고 활동적인 참여를 호소했다는 사실을 분명하게 볼 수 있도록 만드는 데는 상당히 많은 노력이 듭니다. 사색하는 법을 아직 잊어버리지 않은 사람은—그것이 다시금 단지 존경심에서라고 할지라도—예술가적인 시도를 **도덕적으로** 의미 깊은 현상으로 생각하고 지지해야 합니다. 그런 시도는 이 수준에서 모든 참여자의 헌신적이고 사심 없는 의지에 의해 유지되고, 진지하게 천명된 그들의 고백에 의해 신성하게 됩니다. 그들은 예술을 높이 평가하고 가치 있는 것으로 생각하며, 게다가 독일 음악과 민중의 연극을 신성하게 만드는 독일 음악의 영향이 진정으로 독일적 삶을 장려할 수 있는 가장 중요한 것이 되리라고 기대합니다. 만약 우리가 더 높고 일반적인 것을 믿는다면, 독일인은 자신이 두려운 존재이며 또 자신이 가진 가장 높고 고귀한 예술과 문화의 힘을 다 모음으로써 자신이 두려운 존재였다는 사실을 잊게끔 한다는 점을 보여준다면 비로소 다른 민족들에게 존경할 만하고 축복을 가져다주는 존재로 나타날 것입니다.

이 순간에 우리 독일인이 가진 이러한 과제를 상기시키는 것이 우리의 의무라고 간주했습니다. 독일 수호신의 위대한 예술 행위를 온 힘을 다해 지지하기를 요청하는 바로 지금 말입니다. 우리는 진지한 사색의 무리들이 흥분한 우리 시대에 스스로를 보존한 곳에서만 공감하는 즐거운 호응의 소리를 들을 수 있다고 기대합니다. 요청된 지지를 따르겠다는 입장을 개별적으로나 공동으로 표명할 것을 특히 독일 대학들, 학술원들, 예술학교들에게 까닭 없이 호소한 것은 아닙니다. 마찬가지로 독일 복지를 위한 제국의회와 주의회의 정치적 대변인들은 지금 그 어느 때보다 더 진정한 독일 예술을 고상한 마법과 공포를 통해 정화하고 신성하게 만드는 것이 민족에게 필요하다는 점을 생각해볼 중요한 계기를 지니고 있습니다. 강렬하게 자극된 정치적, 민족적 열정의 충동들과 우리 삶의 골상에 씌어진 행복과 향락을 좇는 성향들이 후세대로 하여금 우리 독일인은 마침내 자신을 되찾기보다는 자신을 잃기 시작했다고 고백을 하도록 강요해서는 안 된다면 말입니다.

해설

비극적 사유의 탄생

이진우

I.

"비극적 인식의 철학자. 그는 족쇄가 풀려 맹위를 떨치는 지식의 충동을 억제한다. 그러나 형이상학을 통해서가 아니다. 그는 새로운 믿음을 세우지 않는다. 그는 무너져버린 형이상학의 토대를 비극적으로 느끼지만, 여러 학문들의 혼잡한 놀이에 결코 만족하지 않는다. 그는 새로운 삶을 건립한다. 그는 예술에게 본래의 권리를 되돌려준다." 니체 철학의 전체적 성격을 말해주는 이 글은 1872년 여름에서 1873년 봄까지의 유고에 포함되어 있다. 이 명제가 여기에 실려 있는 글들과 같은 시점에 서술되었다는 사실에서 우리는 이 책의 색깔과 음조를 가늠할 수 있다. 현대에 대한 철저한 회의를 통해 현대를 극복하고자 하는 '비극적 사유의 탄생', 그것은 유고라는 사실 외에는 어떤 연관관계도 없는 것처럼 보이는 이 책의 글들을 관통하는 실마리이다.

그러나 '비극적 사유의 탄생'은 1870년에서 1873년까지의 유고들에만 해당하는 제목은 아니다. 우리가 니체 사상 초기의 글들에 주목해야 하는 가장 커다란 이유는 '힘에의 의지', '위버멘쉬', '동일한 것의 영원한 회귀', '관점주의', '예술가 형이상학' 등의 개념으로 대변되는 니체의 핵심 사상이 이 글들 속에서 이미 잉태되고 있다는 점이다. 니체의 사상은 단계적으로 다른 모습을 보이고 있지만, 다양한 모습들 뒤에는 통일적인 사유가 일관된 맥을 이루고 있다. 이런 관점에서 보면 형이상학의 붕괴를 비극적으로 느끼면서도 새로운 형이상학적 믿음을 세우기보

다는 예술을 통해 새로운 삶을 건립하려는 니체의 핵심 사상은 거칠기는
하지만 이미 초기에 모습을 드러내고 있는 것이다.

　뿐만 아니라 '비극적 사유의 탄생'은 포스트모더니즘으로 대변되는
현실에도 여전히 타당성을 가지고 있다. 니체가 말하는 형이상학의 붕괴
와 포스트모더니즘이 주장하는 "메타 이야기에 대한 회의"는 맥을 같이
하지 않는가? 포스트모더니즘이 강력한 물음표를 붙이고 있는 인간의
해방, 역사의 발전, 정신의 의미 등은 이미 니체에 의해 철저하게 회의되
었던 메타 이야기들이다. 그렇다면 비극적 사유는 아직도 우리의 삶과
행위를 규정하는 시대정신임에 틀림없다. 우리가 니체와 포스트모더니
즘의 상관관계를 언급하는 것은 단지 철학사적 흥미 때문은 아니다. 니
체가 자신의 시대를 이해하기 위하여 고대 그리스의 비극시대로 돌아갔
듯이 우리도 니체의 비극적 사유를 통해 우리 시대를 이해할 수 있기 때
문에 여기에 실린 글들은 의미가 있는 것이다. 이 글들을 통해 우리는 한
편으로 니체의 삶과 사상을 관통하는 실마리를 포착할 수 있고, 다른 한
편으로는 우리의 시대정신을 개념적으로 파악할 수 있다. 니체를 알고
또 니체를 통해 우리 자신을 알고자 한다면, 이 책은 반드시 짚고 넘어가
야 하는 징검다리이다.

II.

　1870년에서 1873년 사이 스위스 바젤 시기에 씌어진 글들에는 자신의
사상과 동시에 그것을 표현할 수 있는 문학적 수단을 열정적으로 탐구하
는 긴장된 니체의 모습이 그대로 담겨 있다. 형이상학의 전통적 사유가
더 이상 불가능하다는 비극적 인식을 토대로 새로운 사상을 모색하는 니

체의 조바심은 거친 문체로 표현되고, 고대의 철학적 문제들을 비전문적 용어로 풀어내려는 니체의 시도는 이미 문헌학자로서의 직업적 위기를 함축하고 있다. 《비극의 탄생》과 관련된 일련의 유고들에서 알 수 있듯이 니체는 자신의 사상을 끊임없이 수정한다. 그의 삶과 사상을 규정하는 회의주의자로서의 자기비판이 일찍이 일깨워진 것이다. 물론 니체 전집 편집자인 콜리Giorgio Colli가 언급하는 것처럼 "이 문학적 형식의 단계에서는 아직 확신이 결여되어 있다"고 말할 수도 있다. 그렇지만 니체라는 이름을 들으면 반드시 떠오르는 형식과 내용, 글과 사상의 일치는 이 글들에서도 강렬하게 느껴진다.

훗날 니체는 "미래의 철학"에 관한 수많은 계획과 초안들을 말하지만, 실제로 완성된 형태로 인쇄되어 모습을 드러낸 것은 일부에 지나지 않는다. 자기비판의 엄정한 그물을 통과하지 못한 단편과 잠정적 작업들이 우리에게 '유고'로 남겨진 것이다. 니체의 눈에는 '창조적 실패의 산물들'로 비쳐진 것들이 우리에게는 편견과 선입견으로 박제된 니체의 이름으로부터 그의 사상을 구원할 수 있는 '생산적 실마리들'이다. 특히 초기의 글들에는 사상을 바로 표현함으로써 완전한 작품을 쓰려는 니체의 경향이 강하게 반영되어 있다. 따라서 이 글들은 한편으로 양식에 있어서 거칠고 일면적이고 불완전할 수 있지만, 다른 한편으로는 니체 자신에 의해 출간된 후기의 작품들에서 명시적으로 밝혀지지 않은 주제, 관점, 그리고 시도들이 동시에 응축되어 있다.

여기서 우리는 〈비도덕적 의미에서의 진리와 거짓에 관하여〉라는 글에 대한 니체 자신의 말을 기억할 필요가 있다. 1886년 여름에서 1887년 봄 사이에 씌어진 것으로 추정되는 유고에서 니체는 "이 시기에 은밀히 숨겨놓은 글 '비도덕적 의미에서의 진리와 거짓에 관하여'가 탄생하였다"고 언급하면서, 《비극의 탄생》과 함께 이 글은 회의주의를 철저하게 극단화함으로써 쇼펜하우어의 염세주의를 극복하였다고 고백한다. 1884년의 한 유고는 니체가 "이 시대에 대한 더욱 자유로운 통찰을 지녔을 때" 이 글을 썼다고 밝히고 있다. 우리는 이 두 글을 거꾸로 읽어낼 수 있다. 초기의 글들에는 니체가 오랫동안 숨겨놓았던 관점이 서술되어 있으며, 우리는 이 글들을 통해 우리 시대를 더욱 자유로운 관점에서 바라볼 수 있다. 초기의 글들은 형식에서는 확신이 결여되어 있을지 모르지만 사상의 방향과 색깔은 이미 분명하게 드러내고 있는 것이다.

이 유고집에는 1870년에서 1873년까지의 '유고들'이 포함되어 있다. 물론 이 시기에는 1872년과 1874년 사이 니체가 직접 출간한 작품들과 1869년부터 1874년까지 쓰어진 단편들의 유고도 있다. 별도로 편집된 이 글들을 제외하고 이 책에는 처음에는 《비극의 탄생》을 위한 사전 작업의 성격을 띠었지만 1870년에서 1873년까지 독자적인 글로 탄생한 강연들과 일련의 논고들이 포함되었다. 여기서는 니체가 1871년 출간하였고 ― 몇몇 치환과 변형을 제외하고는 ―《비극의 탄생》의 8~15장과 글자 그대로 일치하는 〈소크라테스와 그리스 비극〉도 "유고"로 채택되었다. 그리스 비극에 관한 니체의 사상이 《비극의 탄생》으로 최종 완성되기 전에 쓰어졌던 모든 논고들을 함께 봄으로써 니체의 사상이 어떤 산고를 겪고 태어났는가를 체험할 수 있을 것이다.

니체가 1870년 크리스마스에 코지마 바그너(Cosima Wagner)를 위해 집필한 〈비극적 사유의 탄생〉도 이 전집에서 처음으로 소개되었다. 이 글은 니체가 〈디오니소스적 세계관〉의 일부를 베껴서 조금 변화시킨 것이다. 이처럼 바젤 시기의 유고작들은 모두 《비극의 탄생》과 밀접한 연관을 맺고 있다. 그 중에서도 특히 1870년에 쓰어진 두 강연문 〈그리스의 음악 드라마〉와 〈소크라테스와 비극〉, 그리고 같은 해에 쓰어진 두 논문 〈디오니소스적 세계관〉과 〈비극적 사유의 탄생〉은 니체의 예술철학을 이해하는 데 결정적인 단서들을 제공한다. 1870년 여름에 쓰여진 〈디오니소스적 세계관〉은 처음으로 '디오니소스적인 것'과 '아폴론적인 것'을 예술의 두 원리로 도입하고 있다. 여기서 우리가 주목할 점은 니체가 '디오니소스적 세계관'을 '비극적 사유'와 동일시하고 있다는 점이다. 그러므로 1870년부터 1873년까지의 유고들을 모아놓은 이 책은 '비극적 사유의 탄생'이라는 통일적인 관점에서 읽혀질 수 있다.

이 책을 구성하는 강연과 논고들은 대체로 세 부분으로 분류될 수 있다. 첫째,《비극의 탄생》과 관련이 있는 예술 철학적 글들. 둘째, 당대를 철학적으로 해명하고 파악하려는 문화 철학적 글들. 셋째, 형이상학적 이성을 철저하게 회의하는 이성 비판적 글들. 이 글들은 물론 서로 밀접하게 얽혀 있어, 한 문제를 건드리면 다른 문제들은 자동적으로 함께 거론된다. 니체는 이성에 대한 믿음이 실종된 허무주의 시대에 새로운 삶을 건립하기 위하여 왜 예술에 새로운 권리를 부여하려 하는가? 이 책은 이 물음에 대한 명쾌한 답변을 제공한다.

III.

형이상학의 종말은 이미 하나의 사실이다. 그렇다면 형이상학은 어떤 관점에서 이미 끝난 것인가? 이 명제와 밀접하게 연관된 '철학의 종말'은 우리에게 어떤 의미가 있는 것인가? 유행의 상투적 현학성을 벗어 던지고 극단적으로 단순화시켜 표현하면, 철학의 종언은 '삶과의 관계 상실'을 의미한다. 니체는 철학이 삶에 대한 의미를 상실한 것은 주로 지식의 비정상적 비대 현상에서 기인한다고 진단한다. 현대의 기술문명은 과학적 지식의 해방과 이 지식의 기술적 응용으로 특징지어진다. 그러나 니체는 지식충동의 해방을 비극적으로 인식한다. 세계를 인식할 수 있을 뿐만 아니라 변형시킬 수도 있다는 소크라테스주의의 출현은 이성을 지나치게 절대화함으로써 오히려 삶에 기여하지 못하였다는 것이다. 니체의 비극적 인식은 형이상학의 종언과 관련하여 세 가지 의미를 가진다. 첫째, 지식충동의 해방은 비극적이다. 둘째, 고대 그리스에서 지식의 충동은 철학, 즉 형이상학에 의해서 제어되었다. 셋째, 현대과학의 발전으로 말미암아 해방된 지식충동은 더 이상 형이상학에 의해 제어될 수 없다는 것이 현대의 비극이다.

니체는《비극의 탄생》에 대한 자기비판의 시도에서 "학문을 예술가의 관점에서 보고, 그러나 예술을 삶의 관점에서 보는 것"이 자신의 목적이라고 밝힌다. 형이상학에 바탕을 둔 전통 학문이 더 이상 삶에 기여하지 못한다는 '비극적 인식'과 그리스 비극시대에 그랬던 것처럼 오늘날 학문의 억제는 오직 예술에 의해서만 가능하다는 '예술가적 통찰'은 이처럼 맞물려 있는 것이다. 니체는 서양의 형이상학적 이성에 대한 비판을 통해 한편으로는 삶과 유리된 문화적 현상을 철저하게 파헤치고, 다른 한편으로는 이를 극복할 수 있는 예술적 사유를 제시한다. 바젤 시기에 유래하는 처음 세 편의 글들은 모두《비극의 탄생》의 산고를 표현한다.

위기와 종말은 항상 근원으로의 회귀를 함축하고 있다. 철학의 종말에 관한 비극적 인식은 니체로 하여금 고대 그리스에서 철학이 본래 지고 있었던 문화적 의미를 반성하도록 만든다. 이런 맥락에서 보면 니체가 주목하고 있는 고대 그리스의 비극은 단순한 예술의 한 장르를 가리키지 않는다. 비극은 삶과 예술, 삶과 사유가 유기적으로 결합하는 고유한 방식을 의미한다. 그렇기 때문에 니체는〈소크라테스와 그리스 비극〉에서 그리스 비극이 다른 예술 장르들과는 다른 방식으로 멸망하였다고 단언하는 것이다. 니체는 고대 그리스 비극이 "자살"로 죽어갔다고 말하면서, 고대 그리스 비극의 죽음과 함께 무시무시한 공허함이 발생하였다고 진단한다.

비극이 멸망한 원인으로 제시되고 있는 "자살"은 과연 무엇을 의미하는 것일까? 그것은 소크라테스의 이름을 통해 상징적으로 대변되는 삶의 합리화를 통해 반(反)디오니소스적 경향이 강력해졌다는 것을 의미한다. 소크라테스와 에우리피데스를 향한 니체의 비판은 필연적으로 아리스토파네스를 모범으로 내세움으로써《비극의 탄생》에서보다는 훨씬 더 설득력 있고 납득할 수 있는 구체적 이유를 제시한다. 여기서 에우리피데스는 비극을 부패시킨 사람으로서가 아니라 오히려 불행한 개혁자로 묘사된다. 아테네의 관중들에게 낯설어진 비극에 새로운 생명을 불어넣으려는 그의 노력이 헛된 시도로 끝난 것이다. 이 논고에 따르면 비극의 위기는 두 번째 배우의 도입에서 기인한다. 이때부터 합창이 치명적으로 약화되고, 그것은 그리스 비극이 반디오니소스적 경향을 띠게 되는 데 결정적 역할을 담당하였다. 디오니소스는 이렇게 그리스 비극뿐만 아니라 서양 형이상학의 종말과 밀접하게 관련된 핵심 개념으로 떠오른다.

엄밀하게 말해서 비극은 삶의 다양성에서 기인한다. 삶의 유기적 다양성이 하나의 형이상학적 원리로 환원될 때 비극의 종말은 시작된다. 〈그리스 음악 드라마〉에서 니체는 너무 지나치게 바그너에 묶여 있기는 하지만, 비극의 다양성의 예술적 표현이라는 점을 정확하게 포착하고 있다. 악극으로도 번역될 수 있는 '무직드라마Musikdrama'를 바그너의 악극과 구별하기 위하여 '음악 드라마'로 번역한 이유도 여기에 있다. 니체는 프랑스 고전주의의 비극을 비판하기 위하여 현대 오페라와 고대 그리스의 음악 드라마를 대립시킨다. 고대 그리스의 음악 드라마에서는 다양한 예술적 표현들이 융해되어 있기 때문에 음악도 특정 목적을 표현하기 위한 수단에 지나지 않는다.

1870년 씌어진 〈디오니소스적 세계관〉에서는 이러한 삶의 다양성은 점차 디오니소스와 아폴론이라는 신의 이름으로 대변되는 예술의 두 원리로 설명되기 시작한다. 물론 초기에 아폴론과 디오니소스는 논리적 체계성에 영향을 받지 않고 비교적 자유롭게 해석된다. 니체는 초기에 "디오니소스적 무리들"이나 또는 "디오니소스적 자연생명"이라는 표현에서 볼 수 있듯이 이 개념에 비교적 탄력적 의미를 부여한다. 그뿐만 아니라 변증법과 관련하여 소크라테스의 "아폴론적 명료성"을 언급할 정도로 '아폴론적'이라는 형용사는 비(非)예술적 의미에서 사용된다. 물론 '디오니스소적인 것'과 '아폴론적인 것'은 일차적으로 "예술가적" 근원 본능과 동일시된다. 예술가는 아폴론적인 것에서 꿈과 유희하며, 디오니소스적인 것에서는 도취와 유희한다는 것이다. 그러므로 배우의 활동이라고 할 수 있는 '유희'는 두 가지 체험의 영역들을 통합한다. 《비극의 탄생》에서는 꿈과 예술가의 창조가 동일시되고 예술의 영역이 아폴론적인 것에 귀속된다는 점을 상기하면, 예술을 두 원리의 통합으로 서술하고 있는 〈디오니소스적 세계관〉의 해석은 주목할 만한 가치가 있다. 디오니소스적인 것은 단지 순수한 내면성으로만 해석되어야 하는가? 그것은 쇼펜하우어적 의미의 형이상학적 의미, 즉 세계의 고통을 예감할 수 있는 신비적 요소로만 해석되어야 하는가? 이런 물음에 대해 초기의 유고들은 《비극의 탄생》을 새롭게 해석할 수 있는 단초들을 제공하기도 한다.

IV.

니체의 예술 철학이 삶과 세계를 해석할 수 있는 새로운 관점을 제공한다면, 이 관점은 '지금 그리고 여기'의 문화적 현상, 즉 우리의 현실적 삶을 도덕적-철학적으로 비판할 수 있는 입장을 동시에 드러낸다. 이것은 《비극의 탄생》(1872)과 《반시대적 고찰》(1873~1876)의 시기적인 일치와 연속성에서도 잘 나타난다. 1872년에 쓰여진 〈우리 교육기관의 미래〉와 〈씌어지지 않은 다섯 권의 책에 대한 다섯 개의 머리말〉은 모두 반시대적 고찰을 배태하고 있는 문화 비판적 글들이다. 물론 여기서도 니체는 고대 그리스로 돌아간다. 그리스 철학과 예술의 해석자인 니체가 도덕주의자로 변모하는 것이다. 고대 그리스의 의미는 여전히 중심을 이루지만, 그것은 이제 인식의 대상보다는 교육수단으로서의 역할을 부여받는다.

니체의 문화 비판은 특히 "교양"과 "문화"의 두 개념을 축으로 해서 이루어진다. 니체가 제시하는 명제들은 한결같이 파격적이고 충격적이다. 니체는 〈우리 교육기관의 미래〉에서 자신의 글을 읽는 독자에게 세 가지 특성을 기대한다. 읽는 데 서두르지 않는 조용한 독자, 읽으면서 자기 자신과 자신의 교양을 개입시키지 않는 독자, 독서의 결과물로서 새로운 목록을 기대하지 않는 독자. 언뜻 단순하고 천진난만해 보이는 이 요구들이 파격적인 것은 무엇 때문일까? 그것은 우리 시대를 특징짓는 주도적 경향에 정면으로 대립하기 때문이다. 한마디로, 그의 통찰은 시대를 거스르고 시대에 적합하지 않는 반(反)시대적 성격을 띠고 있다. 니체는 이렇게 말한다. "이 책은, 굴러가는 우리 시대의 현기증 나는 성급함 속으로 아직 빨려 들어가지 않았으며 또 이 바퀴 밑으로 몸을 던질 때 아직 우상 숭배적 쾌감을 느끼지 않는 사람들을 위한 것이다." 성급함을 특징으로 하는 속도의 시대에 삶 자체가 망각된다면, 니체는 여전히 우리의 동시대인인 것이다.

니체는 이러한 현상의 문화-병리적 원인을 삶과 유리된 지식 '교양'의 비대증과 삶의 문제를 직시하지 않는 '노예' 근성에서 찾는다. 니체는 고대 그리스를 교양의 토대로 제시한다. 물론 여기서 교양은 현대적 의미에서 이해되고 있는 지식과 학식을 의미하지 않는다. 현대의 학교는 한결같이 '유용한 것'을 목표로 하고, 대중적 확산을 지향하고, 학문적 전문화를 추구한다. 니체는 오늘날 당연한 것으로 여겨지고 있는 교양의 유용성, 대중성, 전문성에 정면으로 반기를 든다. 니체에 의하면 고대 그리스의 문화는 이 모든 것의 정반대였다는 것이다. 그러나 현대인들은 고대 그리스의 교양을 장려하기는커녕 그것의 진정한 본성을 이해할 수 없기 때문에 철학자가 현실적인 교육자로 등장해야 한다고 니체는 주장한다. 이 글들에서 묘사되고 있는 철학자가 쇼펜하우어의 영향을 받았다는 것은 의심의 여지가 없다. 현실에 자신의 낙인을 찍을 수 있는 문화적 창조자로서의 철학자. 니체는 "당신이 교양이다! 당신이 문화이다!"라고 말할 수 있는 이러한 철학자를 평생 동안 꿈꾸고 추구하였는지도 모른다. 여기서 우리는 니체의 문화 철학에 함축되어 있는 반(反)민주주의적 성격에 불편해 할 필요는 없다. 우리가 추구하는 지식이 우리의 삶에 기여하기보다는 오히려 삶을 훼손할 수 있다는 그의 통찰은 여전히 곱씹어볼 만한 가치가 있기 때문이다.

1872년 말 코지마 바그너에게 보낸 〈다섯 개의 머리말〉은 교양에서 정치·사회적 주제로 문화 비판적 시각을 확대한다. 주제들은 여전히 고대 그리스, 교양, 철학자를 맴돌고 있지만, 그의 시각은 훨씬 포괄적이 되었고 깊어졌다. 니체는 예술의 해석만으로는 고대 그리스의 현실을 올바로 파악할 수 없다는 인식에 이른 것처럼 보인다. 우리의 문화를 구성하는 잔인하고 어두운 측면들에 눈을 감지 않고 직시하는 진실성의 태도는 특히 〈그리스 국가〉에서 가장 분명하게 드러난다. 그는 현대인들이 "완전히 노예적으로 행동하면서도 '노예'라는 낱말을 두려워하고 피하기" 위하여 "인간의 존엄"과 "노동의 존엄"과 같은 위로 수단을 발명했다고 진단하면서, "문화의 본질에는 노예제도가 속해 있다"는 충격적인 명제를 내세운다.

니체는 위대한 개인들의 창조를 위하여 그리스의 노예제도가 필연적이었다고 말한다. 니체의 가혹한 판단은 물론 대중을 염두에 둔 것이 아니지만, 이러한 판단 속에는 이미 기독교에 대한 적대감이 자리를 잡고 있음에 틀림없다. 그러나 더욱 중요한 것은 우리가 당연하고 이성적인 것으로 판단하는 문화의 전제조건들이 실제로는 잔혹한 배경에서 생겨났다는 인식이다. 훗날 《도덕의 계보》에서 정점을 이루는 철학적 방법론이 이미 초기의 유고에서 전개되고 있는 것이다. 니체는 인간의 행위에 내재하고 있는 야만성이 오직 철학에 의해서만 제어될 수 있다고 주장한다. 이런 맥락에서 소크라테스 이전의 철학자들은 문화적 위대함의 모범으로 묘사된다. 그들은 철학자인 동시에 자신의 철학을 삶으로 실현한 위대한 문화적 예술가들이었다는 것이다.

V.

초기의 유고에서 니체의 '예술 철학'과 '문화 철학'은 마침내 서양 형이상학의 이성에 대한 철저한 비판으로 이어진다. 니체의 이성비판은 특히 〈그리스 비극시대의 철학〉과 〈비도덕적 의미에서의 진리와 거짓에 관하여〉에서 정점을 이룬다. 우리는 이 두 글이 니체 사상의 전체적 성격을 규정하는 핵심적 토대를 이루고 있을 뿐만 아니라 니체의 모든 저작 중에서 독보적이고 독창적인 위치를 차지하고 있다고 확신한다. 철학사적인 관점에서 볼 때 소크라테스 이전의 자연철학자들은 헤겔의 철학사에서 비로소 주목을 받기 시작하였다. 그러나 헤겔은 소크라테스를 이성의 발전 과정에서 긍정적인 전환점으로 서술한다. 진정한 철학은 소크라테스와 플라톤, 아리스토텔레스에게서 발전된 이성 철학에서 비로소 탄생했다는 것이다. 이에 반해 니체는 이들의 이성중심주의가 서양문화를 타락시킨 주원인이라고 주장한다. 그러므로 니체가 진정한 철학자의 원형을 소크라테스 이전의 자연철학자들에게서 찾는 것은 자명한 일이다. 간단히 말하면, 헤겔과 니체는 소크라테스 이전의 자연철학자들을 해석하는 상반된 입장을 대변한다. 〈그리스 비극시대의 철학〉은 바로 니체의 해석이 가장 정제된 형태로 서술되어 있는 글이다.

〈비도덕적 의미에서의 진리와 거짓에 관하여〉는 후기의 유고에까지 일관되게 유지되고 있는 니체의 진리이론과 언어철학의 정수이다. 이 글은 니체의 철학적 방향을 압축적으로 제시하는 강령의 성격을 띠고 있을 뿐만 아니라 서양 형이상학에 대한 가장 명료한 비판이라는 점에서 포스트모더니즘의 근본 텍스트이기도 하다. 우리는 이 두 글의 배경을 이해하기 위해서라도 이 책을 읽을 필요가 있다.

두 글은 초기에 집필되기는 했지만 청년 니체에 상당한 영향을 주었던 바그너와 쇼펜하우어로부터 사상적으로 독립하는 시기에 탄생했다. 〈그리스 비극시대의 철학〉은 니체가 오랜 기간의 사전작업을 통해 1873년 완성하여 바이로이트를 방문하는 동안 바그너를 중심으로 형성된 그룹에서 발표된 원고의 제목이다. 니체의 강연이 비록 바그너에게 친숙한 쇼펜하우어의 사상에 토대를 두고 있었지만, 바그너 그룹의 반향은 별로 좋지 않았던 것으로 전해지고 있다. 코지마 바그너는 니체의 강연에 대해 이렇게 적고 있다. "우리는 저녁마다 리하르트Richard의 농담처럼 '탈레스의 아들들', 즉 아낙시만드로스, 헤라클레이토스, 파르메니데스를 니체 교수의 작업을 통해 듣고자 했다. 그런데 대화만으로도 우리는 바이로이트에서 시도할 때 종종 겪게 되는 경험 속으로 깊이 빠져들어,

어두운 분위기를 어찌할 수 없었다." 이틀 뒤 코지마 바그너는 니체의 강연에 대해 "대화가 별로 없었다"고 간단히 적고 있다.

이에 반해 〈비도덕적 의미에서의 진리와 거짓에 관하여〉는 70년대 초기에 씌어진 니체의 글들 중에서 바그너 그룹에서 발표되지 않은 유일한 논문이다. 니체가 〈그리스 비극 시대의 철학〉을 발표했을 때 바그너가 보였던 비호의적 태도가 물론 그로 하여금 이 글을 숨기도록 했는지도 모른다. 그러나 이 글은 〈그리스 비극 시대의 철학〉과 마찬가지로 니체가 이미 바그너의 문화이념과 거리를 두고 있다는 것을 말해준다. 니체는 이 두 글을 통해 비로소 자신의 철학에 이르렀다고 해도 과언이 아니다.

독창적인 사상가는 독립적이고 창조적일수록 철학사에서 멀어지는 것이 아니라 더욱 철학사 속으로 되돌아간다. 니체도 예외가 아니다. 고대 그리스 비극시대로의 회귀는 현대의 문화적 현상에 대한 반시대적 의미를 갖고 있으며 동시에 도래하는 새로운 시대를 정초할 "미래 철학"의 준비를 뜻하기도 한다. 니체의 사유에 있어서는 고대 그리스 비극시대, 즉 소크라테스 이전의 철학자들이 바그너와 쇼펜하우어의 자리를 차지한다. "탈레스에서 소크라테스에 이르는 길은", 문화의 관점에서 보면, "무시무시한 것을 갖고 있다"고 니체는 고백한다. 여기서 우리는 니체가 철학을 문화적 힘으로 정당화할 수 있는 가능성을 소크라테스 이전 철학자들에게서 찾고 있음을 간파할 수 있다.

그렇다면 니체가 소크라테스 이전의 철학자들에게서 발견한 철학의 유형은 무엇인가? 이러한 물음에 대해 니체는 다음과 같이 간단하게 답한다. "진정한 의미에서 건강한 사람들인 그리스인들은 그들이 철학했다는 사실을 통해 단번에 철학 자체를 정당화했다." 비극시대의 철학자들이 "삶의 형식"으로서 철학했다는 사실은 그들을 다른 시대의 철학자들과 분명하게 갈라놓는다. 철학은 그들에게 일차적으로 "삶의 방식과 인간사를 바라보는 방식"이다. 삶에 토대를 두고 있는 건강한 철학이 타락하게 된 가장 커다란 이유중의 하나는 두말할 나위도 없이 언어와 개념, 존재와 진리에 대한 오해 때문이다.

〈비도덕 의미에서의 진리와 거짓에 관하여〉는 언어에 관한 새로운 해석을 통해 객관적 진리의 개념을 정면으로 공격한다. "진리는 무엇인가?"라는 물음에 니체는 간단히 대답한다. "유동적인 한 무리의 비유들 ein bewegliches Heer von Metaphern이다." 언어는 근본적으로 비유에서 발생하지만, 전통 형이상학은 이 점을 망각하고 개념이 비유에 우선하는 것으로 파악했다는 것이다. 이러한 입장은 실로 독창적이고 대담한 것이다. 왜냐하면 진리는 지성과 사태의 일치, 즉 개념과 존재의 일치라는 전통적 진리이론이 부정되기 때문이다. 지성과 사태를 자명한 사실로 전제하는 전통 철학과는 달리 니체는 이에 대해서는 어떤 확실성도 있을 수 없다고 단언하면서, 우리에게 알려진 것은 오직 특정한 형태로 이루어진 지성과 사태의 '관계'일 뿐이라고 주장한다. 훗날 니체는 이렇게 말한다. "대응적 표현방식에 대한 요청은 무의미하다. 표현수단인 언어는 본질상 단지 관계만을 표현하도록 되어 있다. '진리' 개념은 반의미적 모순이다…… '인식 자체'가 있을 수 없듯이 '존재 자체'도 있을 수 없다." 존재하는 것은 삶과 세계에 의미를 부여하는 우리의 해석들뿐이다. 니체는 이러한 해석을 통해 어쩌면 우리의 비극적 상황을 극복할 수 있는 비유를 제공하려는지도 모른다.

우리가 아무리 현실을 해석하더라도 어떠한 해석도 삶과 현실 자체를 정확하게 담아낼 수 없다는 사실이 비극적 사유를 탄생시켰을까? 그렇기 때문에 비극적 사유는 필연적으로 비유를 수단으로 하는 예술적 사유일 수밖에 없는 것일까? 아무튼, 니체는 고대 그리스의 비극시대로 되돌아가면서 "현재의 최고의 힘으로써만 과거의 것을 해석할 수 있다"고 말한다. 그는 과거와 현재를 결합시킬 수 있는 비유를 추구하고 있는 것이다. 여기에 실린 글들은 시대에 역행하여 사유함으로써 도래하는 시대에 영향을 주고자 하는 니체의 창조적 작업의 결정체들이다. 1870년대 초기에 씌어졌지만 생전에 발표되지 않은 이 글들 속에는 청년 니체의 열정을 통해 과거와 현재, 현재와 미래가 교차하고 있다. 우리는 이 글들에서 교양이나 지식을 요구할 필요는 없다. 니체가 기대하는 독자처럼 읽는 데 서두르지 않는다면, 이 글들은 독자에게 '읽으면서 사유하는' 기회를 제공할 것이다.

연보

1844년

10월 15일 목사였던 카를 루드비히 니체Carl Ludwig Nietzsche와 이웃 고장 목사의 딸 프란치스카 윌러Franziska Öhler 사이의 첫 아들로 뢰켄에서 태어난다. 1846년 여동생 엘리자베트가, 1848년에는 남동생 요제프가 태어난다. 이듬해 아버지 카를이 사망하고 몇 달 후에는 요제프가 사망한다.

1850년

가족과 함께 나움부르크Naumburg로 이사한다. 그를 평범한 소년으로 교육시키려는 할머니의 뜻에 따라 소년 시민학교Knaben-Bürgerschule에 입학한다. 하지만 학교에 적응하지 못하고 곧 그만둔다.

1851년

칸디다텐 베버Kandidaten Weber라는 사설 교육기관에 들어가 종교, 라틴어, 그리스어 수업을 받는다.

이때 친구 쿠룩의 집에서 처음으로 음악을 알게 되고 어머니에게서 피아노를 선물받아 음악교육을 받기 시작한다.

1853년

돔 김나지움Domgymnasium에 입학한다.

대단한 열성으로 학업에 임했으며 이듬해 이미 작시와 작곡을 시작한다. 할머니가 사망한다.

1858년

14세 때 김나지움 슐포르타Schulpforta에 입학하여 철저한 인문계 중등교육을 받는다. 고전어와 독일문학에서 비상한 재주를 보일 뿐만 아니라, 작시도 하고, 음악서클을 만들어 교회음악을 작곡할 정도로 음악적 관심과 재능도 보인다.

1862년

〈운명과 역사Fatum und Geschichte〉라는 글을 작성한다. 이것은 이후의 사유에 대한 일종의 예견서 같은 역할을 한다. 이 외에도 다양한 문학적 계획을 세운다.

이처럼 그는 이미 소년 시절에 창조적으로 생활한다. 그렇지만 음악에 대한 천부적인 재질, 치밀한 분석능력과 인내를 요하는 고전어에 대한 재능, 그의 문학적 능력 등에도 불구하고 그는 행복하지는 못한 것 같다. 아버지의 부재와 여성들로 이루어진 가정, 이 가정에서의 할머니의 위압적인 중심 역할과 어머니의 불안정한 위치 및 이들의 갈등 관계, 자신의 불안정한 위치의 심적 대체물로 나타난 니체 남매에 대한 어머니의 지나친 보호 본능 등으로 인해 그는 불안스러운 어린 시절을 보내게 되며 이런 환경에서 아버지와 가부장적 권위, 남성상에 대한 동경을 품게 된다.

1864년

슐포르타를 우수한 성적으로 졸업한다. 본Bonn 대학에서 1864/65년 겨울학기에 신학과 고전문헌학 공부를 시작한다.

동료 도이센과 함께 '프랑코니아Frankonia'라는 서클에 가입하며 사교적이고 음악적인 삶을 살게 된다. 한 학기가 지난 후《신약성서》에 대한 문헌학적인 비판적 시각이 형성되면서 신학공부를 포기하려 한다. 이로 인해 어머니와의 첫 갈등을 겪은 후 저명한 문헌학자 리츨F. W. Ritschl의 강의를 수강한다.

1865년

1865/66년 겨울학기에 리츨 교수를 따라 라이프치히로 학교를 옮긴다. 라이프치히에서 니체는 리츨의 지도하에 시작한 고전문헌학 공부와 쇼펜하우어의 발견에 힘입어 학자로서의 삶을 시작하다. 하지만 육체적으로는 아주 어려운 시기를 맞게 된다. 소년 시절에 나타났던 병증들이 악화되고 류머티즘과 격렬한 구토에 시달리며 매독 치료를 받기도 한다. 늦가을에 고서점에서 쇼펜하우어의《의지와 표상으로서의 세계》를 우연히 발견하여 탐독한다. 그의 염세주의 철학에 니체는 한동안 매료되었으며, 이러한 자극 아래 훗날《음악의 정신으로부터의 비극의 탄생*Die Geburt der Tragödie aus dem Geist der Musik*》(이하《비극의 탄생》)이 씌어진다. 이 시기에 또한 문헌학적 공부에 전념한다.

1866년

로데E. Rhode와 친교를 맺는다. 시인 테오그니스Theognis와 고대 철학사가인 디오게네스 라에르티우스Diogenes Laertius의 자료들에 대한 문헌학적 작업을 시작한다. 디오게네스에 대한 연구와 니체에 대한 리츨의 높은 평가로 인해 문헌학자로서 니체라는 이름이 알려지기 시작한다.

1867년

디오게네스 논문이 《라인문헌학지*Rheinische Museum für Philologie*(이하 RM)》, XXII에 게재된다. 1월에 아리스토텔레스 저작의 전통에 대해 강연한다. 호메로스와 데모크리토스에 대한 연구를 시작하고, 칸트 철학을 접하게 된다. 이어 나움부르크에서 군대생활을 시작한다.

1868년

여러 편의 고전문헌학적 논평을 쓰고 호메로스와 헤시오도스에 대한 학위논문을 구상한다. 이렇게 문헌학적 활동을 활발히 해나가면서도 문헌학이 자신에게 맞는가에 대한 회의를 계속 품는다. 이로 인해 그리스 문헌학에 관계되는 교수자격논문을 계획하다가도 때로는 칸트와 관련된 철학박사논문을 계획하기도 하고(주제: Der Begriff des Organischen seit Kant), 칸트의 판단력 비판과 랑에G. Lange의 《유물론의 역사*Geschichte des Materialismus*》를 읽기도 하며, 화학으로 전공을 바꿀 생각도 잠시 해보았다. 이 다양한 논문 계획들은 1869년 초에 박사학위나 교수자격논문 없이도 바젤의 고전문헌학 교수직을 얻을 수 있다는 리츨의 말을 듣고 중단된다. 3월에는 말에서 떨어져 가슴에 심한 부상을 입고 10월에 제대한 후 라이프치히로 돌아간다. 11월 8일 동양학자인 브로크하우스H. Brockhaus의 집에서 바그너를 처음 만난다. 그와 함께 쇼펜하우어와 독일의 현대철학 그리고 오페라의 미래에 대해 의견을 나눈다. 이때 만난 바그너는 니체에게 깊은 인상을 심어준다. 이 시기에 나타나는 니체의 첫번째 철학적 작품이 〈목적론에 관하여Zur Teleologie〉이다.

1869년

4월 바젤Basel 대학 고전어와 고전문학의 원외교수로 위촉된다. 이 교수직은 함부르크 대학으로 자리를 옮긴 키슬링A. Kiessling의 후임자리로, 그가 이후 독일 문헌학계를 이끌어갈 선두적 인물이 될 것이라는 리츨의 적극적인 천거로 초빙되었다. 5월 17일 트립센에 머물던 바그너를 처음 방문하고 이때부터 그를 자주 트립센에 머물게 한다. RM에 발표된 그의 논문과 디오게네스 라테리우스의 자료들에 대한 연구를 인정받아 라이프치히 대학으로부터 박사학위를 받는다. 부르크하르트Jacob Burckhardt를 존경하여 그와 교분을 맺는다. 스위스 국적을 신청하지 않은 채 프로이센 국적을 포기한다.

1870년

1월과 2월에 그리스인의 악극 및 소크라테스와 비극에 대한 강연을 한다. 오버벡F. Overbeck을 알게 되고 4월에는 정교수가 된다. 7월에는 독불전쟁에 자원 의무병으로 참가하지만 이질과 디프테리아에 걸려 10월에 다시 바젤로 돌아간다.

1871년

〈Certamen quod dicitur Homeri et Hesiodi〉를 완성하고, 새로운 RM(1842~1869)의 색인을 작성한다. 2월에는 《비극의 탄생》의 집필을 끝낸다.

1872년

첫 철학적 저서 《비극의 탄생》이 출판된다. 그리스 비극 작품의 탄생과 그 몰락에 대해서 쓰고 있는 이 작품은 바그너의 기념비적인 문화정치를 위한 프로그램적 작품이라고 여겨지기도 하지만 니체의 독창적이고도 철학적인 초기 사유를 제시하고 있다고 평가받는다. 그렇지만 이 시기의 유고글들을 보면 그가 얼마나 문헌학적 문제와 문헌학에 대한 근본적인 비판에 전념하고 있는지를 알 수 있다.

《비극의 탄생》에 대한 학계의 혹평으로 상심한 후 1876년 바그너의 이념을 전파시키는 데 전념할 생각으로 바이로이트 축제를 기획하고 5월에는 준비를 위해 바이로이트로 간다.

1873년

다비드 슈트라우스에 대한 첫번째 저작 《반시대적 고찰 Unzeitgemässe Betrachtungen : David Strauss, der Bekenner und der Schriftsteller》이 발간된다. 원래 이 책은 10~13개의 논문들을 포함할 예정이었지만, 실제로는 4개의 주제들로 구성된다. 다비드 슈트라우스에 대한 1권, 삶에 있어서 역사가 지니는 유용함과 단점에 관한 2권, 교육자로서의 쇼펜하우어를 다룬 3권은 원래의 의도인 독일인들에 대한 경고에 충실하고, 바그너와의 문제를 다룬 4권에서는 바그너에 대한 긍정적 평가가 행해진다. 여기서 철학은 진정한 삶을 가능하게 하는 예술의 예비절차 역할을 하며, 다양한 삶의 현상들은 문화 안에서 미적 통일을 이루는 것으로 제시된다. 이러한 시도는 반년 후에 쓰이는 두 번째의 《반시대적 고찰》에서 이루어진다.

1872년 초에 이미 바이로이트에 있던 바그너는 이 저술에 옹호적이기는 했지만, 양자의 관계는 점점 냉냉해진다. 이때 니체 자신의 관심은 쇼펜하우어에서 볼테르로 옮겨간다. 이 시기에 구토를 동반한 편두통이 심해지면서 육체적 고통에 시달린다.

1874년

《비극의 탄생》 2판과 《반시대적 고찰》의 2, 3권이 출간된다. 소크라테스 이전 사상가에 대한 니체의 1873년의 강의를 들었던 레P. Ree와의 긴밀한 관계가 형성되기 시작한다. 10월에 출간된 세 번째의 《반시대적 고찰》인 '교육자로서의 쇼펜하우어Schopenhauer als Erzieher'에서는 니체가 바그너와 냉정한 거리를 유지한다는 사실이 드러난다.

1875년

《반시대적 고찰》의 4권인 《바이로이트의 바그너 *Richard Wagner in Bayreuth*》(1876년에 비로소 출간된)는 겉으로는 바그너를 위대한 개인으로 형상화시키지만, 그 행간에는 니체 자신의 청년기적 숭배를 그 스스로 이미 오래 전에 멀리해버린 일종의 기념물쯤으로 생각하고 있다는 사실이 숨겨져 있다. 이것이 출판되고 나서 한 달 후, 즉 1876년 8월 바이로이트 축제의 마지막 리허설이 이루어질 때 니체는 그곳에 있었지만, 바그너에 대한 숭배의 분위기를 더 이상 견뎌내지 못하고 축제 도중 바이로이트를 떠난다.

겨울학기가 시작할 때 쾨젤리츠Heinrich Köselitz라는 한 젊은 음악가가 바젤로 찾아와 니체와 오버베크의 강의를 듣는다. 그는 니체의 가장 충실한 학생 중의 하나이자 절친한 교우가 된다. 니체로부터 페터 가스트Peter Gast라는 예명을 받은 그는 니체가 사망한 후 니체의 여동생 엘리자베트와 함께 《힘에의 의지》 편집본의 편집자가 된다. 이 시기에 니체의 건강은 눈에 띄게 악화되어 10월 초 1년 휴가를 얻어 레와 함께 이탈리아로 요양을 간다. 6월과 7월에 니체는 《반시대적 고찰》의 다른 잠언들을 페터 가스트에게 낭독하여 받아 적게 하는데, 이것은 나중에 《인간적인 너무나 인간적인 *Menschliches, Allzumenschliches*》의 일부가 된다.

1876년

《인간적인 너무나 인간적인》의 원고가 씌어진다. 3월 제네바에 있는 '볼테르의 집'을 방문하고 그의 정신을 잠언에 수록하려고 한다.

1877년

소렌토에서의 강독모임에서 투키디데스, 마태복음, 볼테르, 디드로 등을 읽으며 8월까지 요양차 여행을 한다. 9월에는 바젤로 돌아와 강의를 다시 시작한다. 가스트에게 《인간적인 너무나 인간적인》의 내용을 받아 적게 했는데, 이 텍스트는 다음해 5월까지는 비밀로 해달라는 부탁과 함께 12월 3일에 출판사에 보내진다.

1878년

5월 바그너가 《인간적인 너무나 인간적인》의 1부를 읽으면서 니체와 바그너 사이의 열정과 갈등, 좌절로 점철되는 관계는 실망으로 끝난다. 12월 말경에 《인간적인 너무나 인간적인》의 2부 원고가 완결된다.

《인간적인 너무나 인간적인》의 1부, 2부는 건설의 전 단계인 파괴의 시기로 진입함을 보여주며 따라서 문체상의 새로운 변화를 보인다.

1879년

건강이 악화되어 3월 19일 강의를 중단하고 제네바로 휴양을 떠난다. 5월에는 바젤 대학에 퇴직 희망을 밝힌다. 9월에 나움부르크로 오기까지 비젠Wiesen과 모리츠St. Moritz에서 머무르며, 《인간적인 너무나 인간적인》

의 2부 중 한 부분인 《혼합된 의견 및 격언들*Vermischte Meinungen und Sprüche*》을 발간한다. 모리츠에서 지내는 여름 동안 2부의 다른 부분인 《방랑자와 그의 그림자*Der Wanderer und sein Schatten*》가 씌어지고 1880년에 발간된다.

1880년
1월에 이미 《아침놀*Morgenröthe*》을 위한 노트들을 만들고 있었으며, 이 시기에 특히 도덕문제에 대한 독서를 집중적으로 한다. 가스트와 함께 3월에 베네치아로 간 후 여러 곳을 전전하여 11월에는 제노바로 간다.

1881년
다른 작품들과 마찬가지로 《아침놀》의 원고들이 가스트에 의해 옮겨 적혀 7월 1일에 출간된다. 7월 초 처음으로 실스 마리아Sils-Maria로 간다. 그곳의 한 산책길에서 영원회귀에 대한 구상이 떠올랐다는 이야기는 유명하다. 10월 1일 제노바로 다시 돌아간다. 건강 상태, 특히 시력이 더욱 악화된다. 11월 27일 처음으로 비제의 〈카르멘〉을 보고 감격한다. 《아침놀》에서 제시되는 힘의 느낌은 나중에 구체화되는 《힘에의 의지》를 준비하는 단계이다.

1882년
《아침놀》에 이어 1월에 가스트에게 첫 3부를 보내다. 이것들은 4부와 함께 8월 말에 《즐거운 학문*Die fröhliche Wissenschaft*》이라는 제목으로 출판된다. 3월 말에는 제노바를 떠나 메시나Messina로 배 여행을 하며 그곳에서 4월 20일까지 머무른다. 〈메시나에서의 전원시Idyllen aus Messina〉에 대한 소묘들은 이 여행 며칠 전에 구상되었다. 이것은 니체가 잠언적인 작품 외에 유일하게 발표한 시가로서 《인터나치오날레 모나츠슈리프트*Internationale Monatsschrift*》5월호에 실린다(267~275쪽). 4월 24일에 메시나를 떠나 로마로 가고 모이센부르크의 집에서 살로메를 소개받는다. 5월 중순에는 타우텐부르크에서 여동생과 살로메와 함께 지낸다. 27일 살로메가 떠난 뒤 나움부르크로 되돌아오고, 10월에 라이프치히에서 살로메와 마지막으로 만난 후 11월 중순부터 제노바를 거쳐 이탈리아의 여러 곳을 전전하면서 《차라투스트라는 이렇게 말했다》의 첫 부분을 구상하기 시작한다.

지속적인 휴양 여행, 알프스의 신선한 공기나 이탈리아나 프랑스의 온화한 기후도 육체적인 고통을 덜어주지는 못한다. 아주 한정된 사람들과 교제를 했고, 특히 이 교제방식이 살로메와의 만남으로 인해 변화의 조짐을 보이지만, 그는 다시 고독한 삶의 방식으로 되돌아갈 수밖에 없었다.

1883년

《차라투스트라는 이렇게 말했다》의 1부가 씌어진 후 아주 빠른 속도로 3부까지 씌어진다.

1884년

1월에 《차라투스트라는 이렇게 말했다》의 4부를 완성한다.

건강은 비교적 호전되었고, 정신적인 고조를 경험하면서 그의 사유는 정점에 올라 있었다. 그러나 이 시기에 여동생 및 어머니와의 화해와 다툼이 지속된다. 여동생이 푀르스터B. Förster라는, 반유대주의자이자 바그너 숭배자이며, 파라과이에 종족주의적 원칙에 의한 독일 식민지를 세우려는 계획을 갖고 있던 자와 약혼을 결정하면서, 가까스로 회복된 여동생과의 불화는 다시 심화된다.

1885년

《차라투스트리는 이렇게 말했다》의 4부를 출판할 출판업자를 찾지 못하여 이 책을 자비로 출판한다. 5월 22일 여동생이 결혼하지만 결혼식에 참석하지 않는다. 6월 7일부터 9월까지 실스 마리아에서 지내고, 그 후 나움부르크, 뮌헨, 플로렌츠를 경유하여 11월 11일 니차로 온다. 실스 마리아에서 여름을 보내면서 《힘에의 의지》라는 책을 쓸 것을 구상한다. 저술 제목으로서 '힘에의 의지'는 1885년 8월의 노트에 처음으로 등장한다. 이후에 따르는 노트들에는 힘에의 의지라는 제목으로 체계적이고 일반적인 내용을 서술하겠다는 구상들이 등장한다. 이 구상은 여러 번의 변동을 거치다가 결국에는 니체 자신에 의해 1888년 8월에 포기된다.

1886년

《선악의 저편Jenseits von Gut und Böse》역시 자비로 8월 초에 출판한다. 이전의 작품들을 다시 발간하는 데 관심을 가지고 이전의 작품들에 대한 새로운 서문을 쓰기 시작한다. 《인간적인 너무나 인간적인》의 서문, 《비극의 탄생》을 위한 〈자기비판의 시도Versuch einer Selbstkritik〉라는 서문, 《아침놀》과《즐거운 학문》의 서문들이 이때 쓰어졌다.

1887년

악화된 그의 건강은 6월에 살로메의 결혼소식을 접하면서 우울증이 겹쳐 심각해진다. 이런 상태에도 불구하고 그의 의식은 명료했다.

1887년

6월에 《아침놀》과 《즐거운 학문》, 《차라투스트라는 이렇게 말했다》의 재판이 출간된다. 6월 12일 이후 실스 마리아에서 《도덕의 계보Zur Genealogie der Moral》를 집필하며 11월에 자비출판한다.

1888년

4월 2일까지 니차에 머무르면서 '모든 가치의 전도'에 대한 책을 구상하고 이 책의 일부를 《안티크리스트Der Antichrist》란 제목으로 출판한다. 7월에는 《바그너의 경우-Der Fall Wagner》를 출판사로 보낸다. 6월에 투린을 떠나 실스 마리아에서 《우상의 황혼Götzen-Dämmerung》을 쓴다. 투린으로 다시 돌아가 《이 사람을 보라Ecce Homo》를 11월 4일에 끝내고 12월에 출판사로 보낸다. 그 사이 《바그너의 경우》가 출판된다. 《디오니소스 송가 Dionysos-Dithyramben》를 포함한 이 시기에 씌어진 모든 것이 인쇄를 위해 보내진다.

1887~88년이라는 그의 지적 활동의 마지막 시기의 유고글에서도 니체는 여전히 자신을 실현시키고자 하는 강한 저술적 의도를 보인다. 그렇지만 그는 파괴와 건설작업에서 그가 사용했던 모든 도구들이 더 이상은 쓸모없다는 생각을 한다.

1889년

1월 3일(혹은 1월 7일) 카를로 알베르토 광장에서 졸도하면서 심각한 정신이상 신호가 나타나기 시작한다. 오버벡은 니체를 바젤로 데리고 가서 정신병원에 입원시킨다. 1월 17일 어머니에 의해 예나 대학 정신병원으로 옮겨진다. 《우상의 황혼》, 《니체 대 바그너Nietzsche contra Wagner》, 《이 사람을 보라》가 출판된다.

1890년
3월 24일 병원을 떠나 어머니 옆에서 머무르다가 5월 13일 나움부르크로 돌아오다.

1897년
4월 20일 어머니가 71세의 나이로 사망하고 여동생을 따라 바이마르로 거처를 옮긴다. 1892년 가스트는 니체 전집의 편찬에 들어가고, 같은해 가을에 차라투스트라의 4부가 처음으로 한 권으로 출판된다. 1894년 초에 여동생은 가스트의 전집을 중지할 것을 종용하고, 니체 전집의 편찬을 담당할 니체 문서보관소Nietzsche Archiv를 설립한다.

1900년
8월 25일 정오경 사망.

■ 옮긴이 이진우

연세대학교 독문과를 졸업한 뒤, 독일 아우크스부르크 대학에서 〈허무주의의 정치철학. 정치학과 형이상학의 관계에 관한 니체의 재규정Politische Philosophie des Nihilismus〉이라는 논문으로 박사 학위를 취득했다. 이 논문은 1990년 아우크스부르크 대학 최우수 논문상으로 선정되었다. 계명대 철학과 교수를 거쳐 같은 대학 총장을 지냈으며, 현재 포스텍 석좌교수 겸 인문사회학부장으로 있다. 저서로는 《탈이데올로기 시대의 정치철학》, 《도덕의 담론》, 《프라이버시의 철학》, 《니체, 실험적 사유와 극단의 사상》, 《니체의 차라투스트라를 찾아서》, 《테크노 인문학》 외 다수가 있고, 《공산당선언》, 《책임의 원칙》, 《현대성의 철학적 담론》, 《인간의 조건》, 《덕의 상실》, 《탈형이상학적 사유》 등을 옮겼다.

니체전집 3(KGW III2) 유고(1870년~1873년)

초판 1쇄 발행 2001년 4월 5일
초판 6쇄 발행 2021년 1월 4일

지은이 프리드리히 니체
옮긴이 이진우

펴낸이 김현태
펴낸곳 책세상
등록 1975. 5. 21. 제1-517호
주소 서울시 마포구 잔다리로 62-1, 3층(04031)
전화 02-704-1250(영업) 02-3273-1334(편집)
팩스 02-719-1258
이메일 editor@chaeksesang.com
광고·제휴 문의 creator@chaeksesang.com
홈페이지 chaeksesang.com
페이스북 /chaeksesang   **트위터** @chaeksesang
인스타그램 @chaeksesang   **네이버포스트** bkworldpub

ISBN 978-89-7013-255-6 04160
        978-89-7013-542-7 (세트)

* 잘못되거나 파손된 책은 구입하신 서점에서 교환해드립니다.
* 책값은 뒤표지에 있습니다.